JN410143

중아함경 3

中阿含經

중아함경 3

中阿含經

김월운 옮김

동국역경원

중아함경 3

| 차 례 |

제31권

제32권

제33권

제34권

제35권

제36권

제37권

제38권

제39권

제40권

제41권

제42권

제43권

제44권

제45권

중아함경中阿含經 제 31 권

11. 대품大品 ③

132) 뇌타화라경賴吒惒羅經[1]〔제3 염송〕

나는 이와 같이 들었다.

어느 때 부처님께서 구루수拘樓瘦를 유행하실 때에 큰 비구들과 함께 유로타鍮盧吒로 가셔서 유로타촌 북쪽에 있는 시섭화尸攝惒[2] 동산에 머무셨다. 그때 유로타의 범지와 거사들은 이런 소문을 들었다.

'석종釋種의 아들 사문 구담瞿曇은 석가 종족을 버리고 출가하여 도를 배워, 구루수를 유행하면서 큰 비구들과 함께 이 유로타로 와서 유로타 북쪽에 있는 시섭화 동산에 계신다. 그 사문 구담은 큰 명성이

---

1 이 경의 이역경異譯經으로는 오吳시대 지겸支謙이 한역한 『불설뇌타화라경佛說賴吒和羅經』과 송宋시대 법현法賢이 한역한 『불설호국경佛說護國經』이 있으며, 참고 경전으로는 『법구경法句經』과 『장로게경長老偈經』이 있다.

2 나무 이름이며, 승사파勝舍婆·시시파尸尸婆·견실堅實 등으로 쓰기도 한다.

있어 시방十方세계 전체에 소문이 자자하며, 사문 구담은 여래如來·무소착無所著·등정각等正覺·명행성위明行成爲·선서善逝·세간해世間解·무상사無上士·도법어道法御·천인사天人師로서 불 중우佛衆祐라 불리며, 그는 이 세상에서 하늘·악마·범梵·사문 범지 등 사람에서 하늘에 이르기까지 스스로 알고 스스로 깨닫고 스스로 증득하여 성취하여 노닌다. 그리고 그가 만일 설법하면 처음도 묘하고 중간도 묘하고 마지막도 또한 묘하여 뜻도 있고 문채도 있으며, 청정함을 구족하고 범행을 나타낸다. 만일 그 여래·무소착·등정각을 보고 존중하고 예배하며 공양하고 받들어 섬기면 쾌히 좋은 이익을 얻는다.'

그래서 그들은 함께 가서 사문 구담을 뵙고 예배하고 공양하자고 하였다.

유로타의 범지와 거사들은 이 말을 듣고 각각 끼리끼리의 권속을 데리고 서로 따라 유로타를 나와 북으로 시섭화 동산으로 가서 세존을 뵙고 예배하고 공양하고자 하였다. 부처님께로 나아가서는 그 유로타의 범지와 거사들은 혹은 부처님 발에 머리를 조아리고 물러나 한쪽에 앉았고 혹은 부처님께 문안을 드리고 물러나 한쪽에 앉았으며 혹은 부처님을 향하여 합장하고 물러나 한쪽에 앉고 혹은 멀리서 부처님을 보고 나서 잠자코 앉았다. 그때 유로타의 범지와 거사들이 각각 자리를 정하고 앉자 부처님께서는 그들을 위해 설법하셔서 간절히 우러르는 마음을 내게 하고 기쁨을 성취하게 하셨다.

한량없는 방편으로 그들을 위해 설법하셔서 간절히 우러르는 마음을 내게 하고 기쁨을 성취하게 한 뒤에 잠자코 계셨다. 그때 유로타의 범지와 거사들은 부처님께서 자기들을 위해 설법하셔서 간절히 우러르는 마음을 내게 하고 기쁨을 성취하게 하시자, 각각 자리에서 일어나 부처님 발에 머리를 조아리고 부처님을 세 번 돌고 물러갔다. 그때 거사의 아들 뇌타화라賴吒惒羅는 일부러 앉아서 일어나지 않았다. 그는 유로타의 범지와 거사들이 떠난 지 오래지 않아 곧 자리에서 일어나 옷의 한쪽을 벗어 메고 합장하고 부처님을 향하여 여쭈었다.

"세존이시여, 제가 알고 있는 부처님의 설법대로 하자면 만일 제가 계속 집에 있으면 쇠사슬에 얽매인 것 같아 몸과 목숨이 다하도록 청정한 범행을 행할 수 없을 것입니다. 세존이시여, 원하건대 저도 세존을 따라 출가하여 도를 배우고 구족계具足戒를 받게 해주시면 비구가 되어 범행을 청청히 닦겠습니다."

세존께서는 물으셨다.

"거사의 아들아, 너의 부모는 네가 이 바른 법 가운데서 지극한 믿음으로 출가하여 집 없이 도를 배우는 것을 허락하였는가?"

거사의 아들 뇌타화라는 말하였다.

"세존이시여, 제 부모는 아직 제가 이 바른 법 가운데서 지극한 믿음으로 출가하여 집 없이 도를 배우는 것을 허락하지 않았습니다."

부처님께서 말씀하셨다.

"거사의 아들아, 네가 이 바른 법 가운데서 지극한 믿음으로 출가하여 집 없이 도를 배우는 것을 만일 네 부모가 허락하지 않는다면, 나는 너를 제도하여 출가하여 도를 배우게 할 수도 없고 또한 구족계를 줄 수도 없다."

"세존이시여, 저는 마땅히 방편으로써 부모님께 요구하여 꼭 제가 바른 법 가운데서 지극한 믿음으로 출가하여 집 없이 도를 배우는 것을 허락하시도록 하겠습니다."

"거사의 아들아, 네가 하고 싶은 대로 하라."

이에 거사의 아들 뇌타화라는 부처님 말씀을 듣고 잘 받아 가지고서 부처님 발에 머리를 조아리고 세 번 돌고 돌아갔다. 그는 부모〔二

尊]에게 말씀드렸다.

"부모님[二尊]이시여, 제가 알고 있는 부처님의 설법대로 하자면, 제가 계속 집에 있으면 사슬에 얽매인 것 같아 몸과 목숨이 다하도록 청정한 범행을 행할 수 없을 것입니다. 오직 원컨대 부모님이시여, 제가 바른 법률 가운데서 지극한 믿음으로 출가하여 집 없이 도를 배우는 것을 허락하여 주십시오."

뇌타화라의 부모는 말하였다.

"뇌타화라야, 우리에겐 지금 외동아들인 너 하나뿐이다. 우리는 지극히 사랑하고 어여삐 여기며 마음은 언제나 즐거워 아무리 보아도 싫증나지 않았다. 만일 네가 목숨을 마친다 해도 우리는 오히려 버릴 수 없을 텐데, 하물며 살아서 이별하여 너를 보지 못할 수 있겠느냐?"

뇌타화라 거사의 아들은 두 번·세 번 여쭈었다.

"부모님이시여, 제가 알고 있는 설법대로 하자면 제가 계속 집에 있으면 사슬에 얽매인 것 같아 몸과 목숨이 다하도록 청정한 범행을 행할 수 없을 것입니다. 오직 원컨대 부모님이시여, 제가 바른 법률 가운데서 지극한 믿음으로 출가하여 집 없이 도를 배우는 것을 허락해 주십시오."

그러자 그 부모도 두 번 세 번 말하였다.

"뇌타화라여, 우리에겐 지금 외동아들인 너 하나뿐이다. 지극히 사랑하고 어여삐 여기며 마음은 언제나 즐거워 아무리 보아도 싫증나지 않았다. 만일 네가 목숨을 마친다 해도 우리는 오히려 버릴 수 없을 텐데, 하물며 살아서 이별하여 너를 보지 못할 수 있겠느냐?"

그러자 뇌타화라 거사의 아들은 곧 땅에 누웠다.

'지금부터 일어나지도 않고 마시지도 않으며 먹지도 않으면, 부모님은 곧 내가 바른 법률 가운데서 지극한 믿음으로 출가하여 집 없이 도

를 배우는 것을 허락하게 될 것이다.'

이에 뇌타화라 거사의 아들은 하루 동안 음식을 먹지 않았고, 2·3·4일 나아가 여러 날을 먹지 않았다. 그러자 그 부모가 아들에게 가서 말하였다.

"뇌타화라야, 너는 매우 부드럽고 유연하며 아주 좋은 몸을 가졌고 언제나 좋은 자리에 앉고 누웠었다. 너는 지금 고통을 못 느끼느냐? 뇌타화라야, 너는 빨리 일어나 가서 보시를 행하며 복업이나 잘 닦거라. 무슨 까닭인가? 뇌타화라야, 세존의 경계는 매우 어렵고도 어려운 것이며, 집을 나가 도를 배우는 것 또한 어렵기 때문이다."

그때 거사의 아들 뇌타화라는 잠자코 대답하지 않았다. 이에 거사의 아들 뇌타화라의 부모는 뇌타화라의 친척과 여러 하인들을 찾아가 이렇게 말하였다.

"너희들 모두 뇌타화라에게 가서 그에게 땅에서 일어나라고 권해라."

거사의 아들 뇌타화라의 친척과 여러 하인들은 곧 함께 뇌타화라에게 가서 말하였다.

"뇌타화라여, 당신은 매우 부드럽고 유연하며 아주 좋은 몸을 가졌고 언제나 좋은 자리에 앉고 누웠었습니다. 당신은 지금 고통을 못 느끼십니까? 뇌타화라여, 당신은 빨리 일어나 가서 보시를 행하며 복업이나 잘 닦으십시오. 무슨 까닭인가? 세존의 경계는 매우 어렵고도 어려운 것이며, 집을 나가 도를 배우는 것도 또한 어렵기 때문입니다."

그때 거사의 아들 뇌타화라는 잠자코 대답하지 않았다. 이에 거사 아들 뇌타화라의 부모는 거사의 아들 뇌타화라의 착한 벗과 친구와 동갑들을 찾아가 이렇게 말하였다.

"너희들이 함께 뇌타화라에게 가서 그에게 땅에서 일어나라고 권해라."

이에 거사 아들 뇌타화라의 착한 벗과 친구와 동갑들은 곧 거사의 아들 뇌타화라에게 함께 가서 이렇게 말하였다.

"뇌타화라여, 너는 매우 부드럽고 유연하며 아주 좋은 몸을 가졌고 언제나 좋은 자리에 앉고 누웠었다. 너는 지금 고통을 못 느끼는가? 뇌타화라여, 너는 빨리 일어나 가서 보시를 행하며 복업이나 잘 닦아라. 무슨 까닭인가? 뇌타화라여, 세존의 경계는 매우 어렵고도 어려운 것이며, 집을 나가 도를 배우는 것 또한 어렵기 때문이다."

그때 뇌타화라 거사의 아들은 잠자코 대답하지 않았다. 이에 거사 아들 뇌타화라의 착한 벗과 친구와 동갑들은 거사의 아들 뇌타화라의 부모에게 가서 이렇게 말하였다.

"뇌타화라가 바른 법률 가운데서 지극한 믿음으로 출가하여 집 없이 도를 배우는 것을 허락하십시오. 그것이 좋더라도 이 생에서 예전처럼 서로 볼 수 있을 것이며, 만약 그것이 좋지 않다면 반드시 부모님께 돌아올 것입니다. 만일 지금 허락하지 않는다면 의심할 여지가 없이 분명 죽을 것이니 무슨 이익이 있겠습니까?"

이에 뇌타화라 거사 아들의 부모는 이 말을 듣고 거사 아들 뇌타화라의 착한 벗과 친구와 동갑들에게 말하였다.

"나는 이제 뇌타화라가 바른 법률 가운데서 지극한 믿음으로 집을 버리고 집 없이 도를 배우는 것을 허락하겠다. 만일 도를 배우고 돌아오면 전처럼 만날 수 있을 것이다."

거사의 아들 뇌타화라의 착한 벗과 친구와 동갑들은 곧 뇌타화라에게 같이 가서 이렇게 말하였다.

"거사의 아들이여, 부모님께서 네가 바른 법률 가운데서 지극한 믿음으로 출가하여 집 없이 도를 배우는 것을 허락하셨다. 만일 도를 배워 마치거든 돌아와 부모님을 뵈어라."

거사의 아들 뇌타화라는 이 말을 듣고 곧 크게 기뻐하며 사랑과 즐거움이 생겨 땅에서 일어나 차츰 그 몸을 보양하였다. 그 몸이 회복되자 유로타鍮蘆吒에서 나와 부처님 계신 곳으로 나아가 부처님 발에 머리를 조아리고 여쭈었다.

"세존이시여, 제 부모님께서 제가 바른 법률 가운데서 지극한 믿음으로 출가하여 집 없이 도를 배우는 것을 허락하셨습니다. 원하건대 세존이시여, 세존을 따라 출가하여 도를 배우고 구족계를 받아 비구가 되는 것을 허락해주십시오."

이에 세존께서는 거사의 아들 뇌타화라를 제도하셔서 출가하여 도를 배우게 하고 구족계를 주셨다. 구족계를 주신 뒤에는 유로타에서 얼마 동안 머무시고, 그 다음에는 곧 가사를 챙기고 발우를 가지고 계속해서 유행하다 사위국에 이르러 승림급고독원에 머무셨다. 존자 뇌타화라는 출가하여 도를 배우고 구족계를 받은 뒤에 멀리 떠나 혼자 있으면서 마음에 방일함 없이 꾸준히 힘써 수행하였다. 그는 멀리 떠나 혼자 있으면서 마음에 방일함 없이 꾸준히 힘써 수행한 뒤에는 수염과 머리를 깎고 가사를 입고 지극한 믿음으로 출가하여 집 없이 도를 배우는 족성자가 해야 할 바인 오직 위없는 범행梵行을 마치고, 현재에 있어서 스스로 알고 스스로 깨닫고 스스로 증득하고 성취하여 노닐었다. 즉 생이 이미 다하고 범행이 이미 서고 해야 할 일을 이미 마쳐 다시는 후세의 생명을 받지 않음을 사실 그대로 알았다. 존자 뇌타화라는 법을 알고는 아라하를 증득하게 되었다. 존자 뇌타화라는 법을 알아 아라하가 된 뒤, 혹 9년이나 10년쯤 지나 이렇게 생각하였다.

'나는 예전에 출가하여 도를 배우고는 돌아가 부모님을 뵙겠다고 약속하였다. 나는 이제 돌아가 본래의 약속을 지키자.'

이에 존자 뇌타화라는 부처님께 나아가 부처님 발에 머리를 조아리고 물러나 한쪽에 앉아 여쭈었다.

"세존이시여, 저는 예전에 출가하여 도를 배우고 돌아가서 부모님을 뵙겠다는 약속을 했었습니다. 세존이시여, 저는 이제 하직하고 돌아가 부모님을 뵙고 본래 했던 약속을 지키려고 합니다."

그때 세존께서는 이렇게 생각하셨다.

'이 뇌타화라 족성자는 결코 계를 버리고 도행道行을 그만두고 예전처럼 되려 하지는 않을 것이다.'

세존께서는 이렇게 아신 뒤에 말씀하셨다.

"너는 가서 아직 제도되지 않은 자는 제도하고 아직 해탈하지 못한 자는 해탈을 얻게 하며 아직 열반하지 못한 자는 열반을 얻게 하라. 뇌타화라여, 이제 네 뜻대로 하라."

그때 존자 뇌타화라는 부처님의 말씀을 들어 잘 받아 지니고 자리에서 일어나 부처님 발에 머리를 조아리고 주위를 세 번 돌고 물러갔다. 그는 자기 방으로 돌아와 침구를 챙기고 가사를 입고 발우를 가지고 계속 유행遊行하여 유로타로 가서 유로타촌 북쪽에 있는 시섭화尸攝惒 동산에 머물렀다. 이에 존자 뇌타화라는 밤을 지내고 이른 아침에, 가사를 입고 발우를 가지고 유로타로 들어가 걸식하였다. 뇌타화라는 이렇게 생각하였다.

'세존께서는 차례로 걸식하는 것을 칭찬하셨으니 나도 이제 이 유로타에서 차례로 걸식하리라.'

존자 뇌타화라는 곧 유로타에서 차례로 걸식하다가 차츰차츰 예전의 집〔本家〕에 다달았다. 그때 존자 뇌타화라의 부모는 중문에서 수염과 머리를 다듬고 있었다. 뇌타화라의 아버지는 멀리서 존자 뇌타화라가 오는 것을 보고 곧 이렇게 말하였다.

"저 까까머리 사문은 악마에 속박되어 종성을 단절하고 자식도 없으며 결국 우리 집마저 파괴하였다. 내게는 지극히 사랑하고 어여삐 여기며 마음으로 항상 즐거워하여 아무리 보아도 싫증나지 않았던 외동아들이 있었다. 그런데 그런 아이를 데리고 가버렸으니 밥을 주지 말아야 한다."

존자 뇌타화라는 자기 아버지 집에서 보시를 얻지 못하고 질책만 받았다.

'저 까까머리 사문은 악마에 속박되어 종성을 단절하고 자식도 없으며 결국 우리 집마저 파괴하였다. 내게는 지극히 사랑하고 어여삐 여기며 마음으로 항상 즐거워하여 아무리 보아도 싫증나지 않았던 외동아들이 있었다. 그런 아이를 데리고 가버렸으니 밥을 주지 말아야 한다.'

존자 뇌타화라는 이것을 알고는 곧 얼른 나와 버렸다. 그때 존자 뇌타화라 아버지 집의 여종이 키〔箕〕에다 썩은 음식을 담아 가지고 거름더미에 버리려고 하였다. 존자 뇌타화라는 아버지의 여종이 키에다 썩은 음식을 담아 가지고 거름더미에 버리려고 하는 것을 보고 곧 이렇게 말하였다.

"그대 자매여, 만일 그 썩은 음식을 버리려거든 내 발우에 쏟아 주시오. 내가 그것을 먹겠소."

그때 존자 뇌타화라 아버지의 집 여종은 키 안의 썩은 음식을 발우에 쏟았는데, 음식을 발우에 쏟던 중 그 음성과 손발의 두 모습을 보고 알아차렸다. 여종은 곧 존자 뇌타화라의 아버지에게 가서 이렇게 말하였다.

"주인님, 이제 마땅히 아셔야 합니다. 존자 뇌타화라께서 이 유로타로 돌아오셨습니다. 당장 가 보십시오."

존자 뇌타화라의 아버지는 이 말을 듣고 너무 기쁜 나머지 뛰면서 왼손으로 옷을 걷어잡고 오른손으로 수염을 쓰다듬으면서 존자 뇌타화라가 있는 곳으로 급히 달려갔다. 그때 존자 뇌타화라는 벽을 향하고서 그 썩은 음식을 먹고 있었다. 존자 뇌타화라의 아버지는 존자 뇌타화라가 벽을 향하고서 그 썩은 음식을 먹고 있는 것을 보고 이렇게 말하였다.

"너 뇌타화라야, 너는 매우 부드럽고 유연하며 아주 좋은 몸은 가졌었고 항상 좋은 음식을 먹었었다. 뇌타화라야, 네가 어떻게 이 썩은 음식을 먹는단 말이냐? 뇌타화라야, 너는 무슨 마음으로 이 유로타까지 와서 부모 집에는 오지 않았느냐?"

존자 뇌타화라가 말씀드렸다.

"거사시여, 제가 아버지 집에 들렀으나 보시는 얻지 못하고 질책만 받았습니다. 곧 '저 까까머리 사문은 악마에 속박되어 종성을 단절하고 자식도 없으며 우리 집마저 파괴하였다. 내게는 지극히 사랑하고 어여삐 여기며 마음으로 항상 즐거워하여 아무리 보아도 싫증나지 않았던 외동아들이 있었다. 그런데 그런 아이를 데리고 가버렸으니 밥을 주지 말아야 한다'고 하신 이 말씀을 듣고 저는 얼른 나와 버렸습니다."

그러자 존자 뇌타화라의 아버지는 곧 사과하면서 말하였다.

"뇌타화라야, 참아라. 뇌타화라야, 참아라. 나는 정말 뇌타화라가 애비 집에 돌아온 줄을 몰랐구나."

이에 존자 뇌타화라 아버지는 공경하는 마음으로 존자 뇌타화라를 부여안고 안으로 데리고 들어가 자리를 펴고 앉게 하였고, 존자 뇌타화라는 곧 자리에 나아가 앉았다. 이에 그 아버지는 존자 뇌타화라가 앉는 것을 보고 그 부인에게 가서 이렇게 말하였다.

"그대는 이제 알아야 하오. 뇌타화라 족성자가 지금 집에 돌아왔소. 빨리 음식을 마련하시오."

존자 뇌타화라의 어머니는 이 말을 듣고 매우 기뻐 날뛰면서 재빨리 음식을 마련하였다. 음식을 마련한 뒤에는 얼른 가운데 뜰에 돈을 실어 내어 큰 돈 꾸러미를 만들었다. 그 돈 꾸러미는 한쪽에 사람을 세우고 다른 한쪽에 사람을 앉히면 서로 볼 수 없을 정도였다. 큰 돈 꾸러미를 만들어 놓고는 존자 뇌타화라에게 가서 이렇게 말하였다.

"뇌타화라야, 이것은 네 어미가 분배받은 재물이다. 네 아버지가 가진 재물은 한량없는 백천으로서 다시 셀 수조차 없다. 이제 다 너에게 주겠다. 뇌타화라야, 너는 계戒를 버리고 도행道行을 그만두고 보시를 행하며 복업이나 잘 닦거라. 무슨 까닭인가? 세존의 경계는 매우 어렵고도 어려우며 출가하여 도를 배우는 것 또한 매우 어렵기 때문이다."

존자 뇌타화라는 그 어머니께 말씀드렸다.

"제가 지금 할 말이 있는데, 들어주시겠습니까?"

존자 뇌타화라 어머니가 말하였다.

"거사의 아들아, 네가 할 말이 있다면 내 마땅히 들어주리라."

존자 뇌타화라는 그 어머니에게 말하였다.

"새 자루를 만들어 거기에 이 돈을 가득 담고 수레에 실어 긍가강(恒伽江 : 항하, 갠지스강)으로 가서 제일 깊은 곳에 쏟으십시오. 왜냐하면 이 돈 때문에 사람들은 걱정하고 괴로워하며 슬퍼하고 울며불며 쾌락을 얻지 못하기 때문입니다."

이에 존자 뇌타화라의 어머니는 이렇게 생각하였다.

"이런 방편으로는 아들 뇌타화라로 하여금 계를 버리고 도를 그만두게 하지 못할 것 같다. 나는 차라리 그의 옛날 부인들에게 가서 이렇게 말하는 것이 좋겠다.

'여러 신부들아, 너희들은 옛날에 쓰던 영락으로 몸을 잘 꾸며라. 뇌타화라 족성자는 옛날에 집에 있을 때 이것을 극히 사랑스럽게 생각했었다. 그러니 빨리 이 영락으로 몸을 잘 꾸미고, 너희들이 다 같이 저 뇌타화라 족성자의 처소로 가서 각각 한 발씩 부둥켜안고 이렇게 말해라.

〈모르겠군요. 낭군님. 도대체 어떤 천녀가 저희보다 더 아름답기에 낭군님으로 하여금 저희를 버리고 범행梵行을 닦게 합니까?〉'"

이에 존자 뇌타화라의 어머니는 아들의 옛날 부인들 처소로 가서 이렇게 말하였다.

"여러 신부들아, 너희들은 전에 쓰던 이 영락으로 그 몸을 잘 꾸며라. 뇌타화라 족성자는 옛날에 집에 있을 때 이것을 매우 사랑스럽게 생각했었다. 그러니 빨리 이 영락으로 몸을 꾸미고, 너희들이 저 뇌타화라 족성자의 처소로 가서 각각 한 발씩 부둥켜안고 이렇게 말해라.

'모르겠군요, 낭군님. 도대체 어떤 천녀가 저희보다 아름답기에 낭군님으로 하여금 저희를 버리고 범행을 닦게 합니까?'

그때 존자 뇌타화라의 본래 부인들은 곧 각각 전에 쓰던 영락으로 그 몸을 잘 꾸몄다. 존자 뇌타화라가 옛날에 집에 있을 때 매우 사랑스럽게 생각하던 영락으로 몸을 잘 꾸민 뒤에 존자 뇌타화라의 처소로 가서 각각 한 발씩 부둥켜안고 이렇게 말하였다.

"모르겠군요, 낭군님. 도대체 어떤 천녀가 저희보다 아름답기에 낭군님으로 하여금 저희를 버리고 범행을 닦게 합니까?"

존자 뇌타화라가 옛날 부인들에게 말하였다.

"여러 누이들아, 마땅히 알아야 한다. 나는 천녀天女를 위하여 범행을 닦는 것이 아니다. 내가 범행을 닦는 까닭은 그 이치를 이미 터득하고 부처님의 가르침을 받아 이미 해야 할 일을 마쳤기 때문이다."

그러자 존자 뇌타화라의 여러 부인들은 물러나 한쪽에 서서 눈물을 흘리고 울면서 이렇게 말하였다.

"저희는 낭군님의 누이가 아닙니다. 낭군님은 어찌하여 저희를 누이라고 부르십니까?"

이에 존자 뇌타화라는 부모를 돌아보고 말씀드렸다.

"거사시여, 만일 밥을 주시려거든 곧 때를 맞추어 주시면 되는데 어찌하여 서로 희롱만 하십니까?"

그때 그 부모는 곧 자리에서 일어나 손 씻는 물을 돌리고 여러 가지 맛있고 풍족한 음식을 손수 집어주며 실컷 먹게 하였다. 식사가 끝나자 그릇을 거두고 손 씻을 물을 돌린 뒤에는 작은 자리를 가져다가 따로 앉아 설법을 들었다. 존자 뇌타화라는 부모를 위해 설법하여 간절히 우러르는 마음을 내게 하고 기쁨을 성취하게 하였다. 한량없는 방편으로 그들을 위해 설법하여 간절히 우러르는 마음 내게 하고 기쁨을 성취하게 한 뒤에 곧 자리에서 일어나 게송으로 말하였다.

진귀한 보물과 영락 따위로
이 잘 꾸민 모양새들 보니
오른쪽으로 머리털 돌려 감고
검푸른 물감으로 그린 눈썹들
어리석은 사람은 속일 수 있지만
저 언덕 건넌 사람은 속일 수 없네.

여러 가지 좋은 비단 빛깔로
냄새나고 더러운 몸 꾸몄구나.
어리석은 사람은 속일 수 있지만
저 언덕 건넌 사람은 속일 수 없네.

온갖 향을 몸에 두루 바르고
자황雌黃으로 그 발을 누렇게 물들였네.
어리석은 사람은 속일 수 있지만
저 언덕 건넌 사람은 속일 수 없네.

몸에는 깨끗하고 묘한 옷 입고
그 꾸밈새 마치 환술과 같네.
어리석은 사람은 속일 수 있지만
저 언덕 건넌 사람은 속일 수 없네.

사슴이 묶은 줄 끊어 버리고
또 사슴이 닫힌 문 부수듯
나는 미끼 버리고 떠나가노라.
어느 사슴이 결박을 좋아하리.

존자 뇌타화라는 이 게송을 마친 뒤에 여의족如意足으로써 허공을 타고 가서 유로타숲에 이르렀다. 유로타숲 속으로 들어가 비혜륵鞞醯勒나무 밑에 니사단尼師檀을 펴고 결가부좌結跏趺坐하였다.

그때 구뢰바왕拘牢婆王은 모든 신하들에게 앞뒤로 둘러싸여 정전正殿에 앉아 존자 뇌타화라를 찬탄하였다.

"만일 뇌타화라 족성자가 이 유로타에 온다는 소식을 들으면 내가 꼭 가서 뵐 것이다."

그리고 구뢰바왕은 사냥꾼에게 말하였다.

"너는 가서 유로타숲을 살펴보아라. 나는 사냥하러 나갈 것이다."

사냥꾼은 분부를 받고 곧 유로타숲을 살펴보았고 거기서 존자 뇌타화라가 비혜륵나무 밑에서 니사단을 펴고 결가부좌하고 있는 것을 보고 곧 이렇게 생각하였다.

'구뢰바왕과 여러 신하들이 정전에 같이 앉아 찬탄하던 그 사람이 지금 이미 여기에 있었구나.'

그때 사냥꾼은 유로타숲을 살펴본 뒤에 돌아와 구뢰바왕에게 가서 말씀드렸다.

"대왕이여, 마땅히 아셔야 합니다. 저는 대왕의 뜻에 따라 유로타숲을 살펴보고 왔습니다. 대왕께서는 일전에 여러 신하들과 정전에 같이 앉아 이렇게 존자 뇌타화라를 찬탄하셨습니다.

'만일 뇌타화라 족성자가 이 유로타에 온다는 소식을 들으면 내가 꼭 가서 뵐 것이다.'

바로 그 존자 뇌타화라 족성자가 지금 유로타 숲속 비혜륵나무 밑에서 니사단을 펴고 결가부좌하고 계십니다. 대왕이여, 보고 싶으시면 곧 가시지요."

구뢰바왕은 이 말을 듣고 수레꾼에게 분부하였다.

"너는 빨리 수레를 준비해라. 나는 지금 뇌타화라를 가서 뵐 것이다."

수레꾼은 분부를 받고 곧 수레를 준비한 뒤에 돌아와서 말씀드렸다.

"대왕이시여, 마땅히 아십시오. 수레 준비가 이미 끝났으니 대왕께서는 마음대로 하십시오."

이에 구리바왕은 곧 수레를 타고 유로타숲으로 가다가 멀리서 존자 뇌타화라가 보이자 곧 수레에서 내려 걸어서 존자 뇌타화라에게로 갔다. 존자 뇌타화라는 구리바왕이 오는 것을 보고 이렇게 말하였다.

"대왕이여, 지금 당신 스스로 오셔서 앉고자 하십니까?"

구리바왕이 말하였다.

"나는 지금 내 경계에 와 있습니다만 나는 뇌타화라 족성자께서 저를 청해 앉게 하기를 바랍니다."

존자 뇌타화라는 곧 구리바왕에게 청하였다.

"여기에 별도의 자리가 있으니 대왕께서는 앉으시오."

이에 구리바왕은 존자 뇌타화라와 함께 앉아 문안한 뒤에 물러나 한쪽에 앉아 뇌타화라에게 말하였다.

"혹 가문이 쇠락하여 출가하여 도를 배우십니까? 만일 재물이 없기 때문에 도를 배운다면 뇌타화라여, 구리바왕 집에는 재물이 많습니다. 나는 그 재물을 내어 뇌타화라께 드리고 뇌타화라께 권하여 계를 버리고 도행을 그만두고 보시를 행하며 복업을 잘 닦게 하고 싶습니다. 왜냐하면 뇌타화라여, 스승의 가르침은 매우 어렵고 출가하여 도를 배우는 것 또한 매우 어렵기 때문입니다."

존자 뇌타화라는 그 말을 듣고 곧 말하였다.

"대왕이시여, 대왕은 이제 부정不淨한 것으로 나를 청하는 것이지 청정하게 청하는 것은 아닙니다."

구리바왕이 듣고 나서 물었다.

"제가 어떻게 하면 청정하게 뇌타화라를 청하고 부정하게 청하는 것이 안 되겠습니까?"

존자 뇌타화라가 말하였다.

"대왕이시여, 마땅히 이렇게 말씀하십시오.

'뇌타화라여, 우리 나라 백성들은 안온하고 쾌락하여 두려움도 없고 싸움도 없으며 또한 형벌도 없고 괴로운 부역도 없으며 곡식은 풍족하여 걸식하기 쉽습니다. 뇌타화라여, 우리 나라에 머무십시오. 제가 마땅히 법답게 보호하겠습니다.'

대왕이시여, 이렇게 하면 청정淸淨하게 나를 청하는 것이며 부정不淨하게 나를 청하는 것이 아닙니다."

"저는 이제 청정하게 뇌타화라를 청하고 부정하게 청하지 않겠습니다. 우리나라 백성들은 안온하고 쾌락하여 두려움도 없고 싸움도 없으며 또한 형벌도 없고 괴로운 부역도 없으며 곡식은 풍족하여 걸식하기 쉽습니다. 뇌타화라여, 우리나라에 머무십시오. 제가 마땅히 법답게 보호하겠습니다.

또 뇌타화라여, 네 가지의 쇠함〔衰〕이 있습니다. 곧 쇠하고 쇠하기 때문에 수염과 머리를 깎고 가사를 입고 지극한 믿음으로 출가하여 집 없이 도를 배우는 것입니다. 어떤 것이 네 가지인가? 병들어 쇠함〔病衰〕· 늙어 쇠함〔老衰〕· 재물의 쇠함〔財衰〕· 친척의 쇠함〔親衰〕입니다.

뇌타화라여, 어떤 것이 병들어 쇠함인가? 혹 어떤 사람은 오랫동안 병을 앓아 병이 매우 위중하고 고통이 극심할 때 그는 이렇게 생각합니다.

'나는 오랫동안 병을 앓아 병이 매우 위중하고 고통이 극심하다. 나는 사실 욕망이 있지만 욕망대로 행할 수 없으니, 내 이제 차라리 수염과 머리를 깎고 가사를 입고 지극한 믿음으로 출가하여 집 없이 도를 배우는 것이 낫겠다.'

그는 그 뒤로 병들어 쇠함 때문에 수염과 머리를 깎고 가사를 입고 지극한 믿음으로 출가하여 집 없이 도를 배웁니다. 이것을 병들어 쇠함이라고 합니다.

뇌타화라여, 어떤 것이 늙어 쇠함인가? 어떤 사람은 나이 먹고 감각기관〔根〕이 문드러져 수명이 장차 다하려 할 때 그는 이렇게 생각합니다.

'나는 나이 먹고 감각기관이 문드러져 수명이 장차 다해가고 있다. 내 이제 차라리 수염과 머리를 깎고 가사를 입고 지극한 믿음으로 출가하여 집 없이 도를 배우는 것이 낫겠다.'

그는 그 뒤로 늙어 쇠함 때문에 수염과 머리를 깎고 가사를 입고 지극한 믿음으로 출가하여 집 없이 도를 배웁니다. 이것을 늙어 쇠함이라고 합니다.

뇌타화라여, 어떤 것이 재물의 쇠함인가? 어떤 사람은 가난하고 궁핍하여 힘이 없을 때 그는 이렇게 생각합니다.

'나는 가난하고 궁핍해서 힘이 없다. 내 이제 차라리 수염과 머리를 깎고 가사를 입고 지극한 믿음으로 출가하여 집 없이 도를 배우는 것이 낫겠다.'

그는 그 뒤로 재물의 쇠함 때문에 수염과 머리를 깎고 가사를 입고 지극한 믿음으로 출가하여 집 없이 도를 배웁니다. 이것을 재물의 쇠함이라고 합니다.

뇌타화라여, 어떤 것이 친척의 쇠함인가? 혹 어떤 사람은 친척의 종자가 끊어지고 죽어서 다 없어졌을 때 그는 이렇게 생각합니다.

'나는 친척의 종자가 끊어지고 죽어서 다 없어졌으니 내 이제 차라리 수염과 머리를 깎고 가사를 입고 지극한 믿음으로 출가하여 집 없이 도를 배우는 것이 낫겠다.'

그는 그 뒤로 친척의 쇠함 때문에 수염과 머리를 깎고 가사를 입고 지극한 믿음으로 출가하여 집 없이 도를 배웁니다. 이것을 친척의 쇠함이라고 합니다.

뇌타화라여, 옛날에 당신은 병이 없어 안온을 성취하고 평상시의 식도는 차갑지도 않고 뜨겁지도 않으며 순조롭고 안락하여 다른 아무런 이상이 없었습니다. 그래서 먹고 마신 것은 안온하게 소화되었습니다. 뇌타화라여, 그러므로 당신은 병의 쇠함 때문에 수염과 머리를 깎고 가사를 입고 지극한 믿음으로 출가하여 집 없이 도를 배우는 것이 아닙니다.

뇌타화라여, 옛날에 당신은 나이 어린 동자로서 머리는 검고 말쑥하며 몸은 튼튼하고 건장하였습니다. 그때는 기생들의 풍류로써 스스로 즐겼고 몸을 치장했으며 항상 유희를 좋아하였습니다.

그때 친족들은 모두 당신이 도 배우기를 바라지 않았고 부모는 흐느껴 울며 걱정하고 번민하면서 당신이 출가하여 도를 배우는 것을 허락하지 않았습니다. 그런데 당신은 수염과 머리를 깎고 가사를 입고 지극한 믿음으로 출가하여 집 없이 도를 배웁니다. 뇌타화라여, 그러므로 당신은 늙음의 쇠함 때문에 수염과 머리를 깎고 가사를 입고 지극한 믿음으로 출가하여 집 없이 도를 배우는 것이 아닙니다.

뇌타화라여, 당신은 이 유로타鍮蘆吒에서 제일 큰 가문이며, 가장 훌륭한 가문이며 가장 높은 가문이라고 할 수 있으니 곧 재물을 말합니다. 뇌타화라여, 그러므로 당신은 재물의 쇠함 때문에 수염과 머리를 깎고 가사를 입고 지극한 믿음으로 출가하여 집 없이 도를 배우는 것이 아닙니다.

뇌타화라여, 이 유로타 숲속에는 재물과 세력이 많은 큰 친족들이 모두 존재하고 있습니다. 뇌타화라여, 그러므로 당신은 친족의 쇠함 때문에 수염과 머리를 깎고 가사를 입고, 지극한 믿음으로 출가하여 집 없이 도를 배우는 것이 아닙니다.

뇌타화라여, 이 네 가지 쇠함 중에서 혹 쇠함이 있는 사람이 수염과 머리를 깎고 가사를 입고 지극한 믿음으로 출가하여 집 없이 도를 배우는 것입니다. 제가 뇌타화라를 보건대 수염과 머리를 깎고 가사를 입고 지극한 믿음으로 출가하여 집 없이 도를 배우게 할 만한 그런 쇠함은 도무지 없었습니다. 뇌타화라여, 어떠한 것을 알고 보았으며 어떠한 것을 들었기에 수염과 머리를 깎고 가사를 입고 지극한 믿음으로 출가하여 집 없이 도를 배우는 것입니까?"

존자 뇌타화라가 대답하였다.

"대왕이시여, 지자知者이시고 견자見者이신, 세존 여래如來·무소착無所著·등정각等正覺께서는 4사事를 말씀하셨습니다. 저 또한 이 말씀을 좋아하고 마음으로 즐거워하였으며, 저는 그것을 보고 들어 알고 있었습니다. 그래서 수염과 머리를 깎고 가사를 입고 지극한 믿음으로 출가하여 집 없이 도를 배우는 것입니다. 어떤 것이 4사인가? 대왕이시여, 이 세상에는 보호해 주는 자도 없고 의지하여 믿을 만한 자도 없습니다. 이 세상 모든 것은 늙는 법을 향해 나아가고 있습니다. 이 세상은 항상하지 않아서 마땅히 버려야 할 것입니다. 이 세상 사람들은 만족할 줄 모르고 싫증낼 줄 몰라 이것에 애착하여 분주하게 부림 당하고 있습니다."

구뢰바왕이 물었다.

"뇌타화라여, 좀 전에 '대왕이여, 이 세상에는 보호해 주는 자도 없고 의지하여 믿을 만한 자도 없다'고 말하였습니다. 뇌타화라여, 내게는 자손과 형제의 무리들이 있고 상군象軍·차군車軍·마군馬軍·보군步軍들은 다 활 쏘기와 말 부리기에 능하며 굳세고 용맹한 왕자인 역사力士 발라건제鉢邏騫提·마하능가摩訶能伽가 있으며 점쟁이가 있고 책사〔策慮〕가 있으며 계산하는 자와 글을 잘 아는 자가 있고 변론에 능한 자가 있으며 임금과 신하가 있고 권속이 있으며 주문을 가지고 주문을 아는 자도 있습니다. 그들은 어디서나 두려움이 있는 자가 있으면 능히 그것을 제지하여 줍니다. 그래도 만일 뇌타화라께서 '대왕이시여, 이 세상에는 보호해 주는 자도 없고 의지하여 믿을 만한 자도 없다'고 말하겠다면 뇌타화라여, 좀 전에 말한 것에는 어떤 뜻이 있습니까?"

존자 뇌타화라가 대답하였다.

"대왕이여, 제가 이제 왕에게 물을 것이니 아는 대로 대답하십시오. 대왕이여, 몸에 혹 병이 있습니까?"

구뢰바왕이 대답하였다.

"뇌타화라여, 지금도 내 몸에는 늘 풍병風病이 있습니다."

존자 뇌타화라가 물었다.

"대왕이여, 풍병이 나서 매우 위중하고 고통이 극심할 때 대왕이여, 그때 저 자손과 형제와 활쏘기와 말 부리기에 능한 상군·마군·차군·보군과 굳세고 용맹한 왕자 역사 발라건제·마하능가와 점쟁이·책사·계산과 글을 잘 아는 자와 변론에 능한 자와 임금과 신하와 권속과 주문을 가지고 주문을 잘 아는 자에게 '너희들은 모두 와서 나를 대신하여 잠깐 이 못 견딜 고통을 받아 내가 병이 없이 안락을 얻게 하라'고 말할 수 있겠습니까?"

구뢰바왕이 대답하였다.

"아닙니다. 무슨 까닭인가? 내 스스로 업을 지어 그 업을 인연하여 혼자서 극심한 고통을 받기 때문입니다."

"대왕이시여, 그러므로 세존께서 '이 세상에는 보호해주는 자도 없고 의지하여 믿을 만한 자도 없다'고 말씀하신 것입니다. 나도 또한 이 말을 좋아하였고 마음으로 즐거워하였으며 나는 이것을 보고 들어 알고 있습니다. 그래서 수염과 머리를 깎고 가사를 입고 지극한 믿음으로 출가하여 집 없이 도를 배우는 것입니다."

구뢰바왕이 말하였다.

"만일 뇌타화라께서 '대왕이시여, 이 세상에는 보호해주는 자도 없고 의지하여 믿을 만한 자도 없다'고 말한다면 뇌타하라여, 저도 이 말씀을 좋아하고 이 말씀을 마음으로 즐거워 할 것입니다. 무슨 까닭인가? 이 세상에는 진실로 보호해주는 자도 없고 의지하여 믿을 만한 자도 없기 때문입니다."

구뢰바왕이 다시 물었다.

"만일 뇌타화라께서 '대왕이시여, 이 세상 모든 것은 늙는 법으로 향하여 나아간다'고 말한다면, 뇌타화라께서 좀 전에 말씀한 것에는 다시 어떤 뜻이 있습니까?"

존자 뇌타화라가 대답하였다.

"대왕이시여, 제가 이제 왕에게 물을 것이니 아는 대로 대답하십시오. 만일 대왕의 나이가 24세 혹은 25세라면 대왕의 생각에는 어떠합니까? 그때의 민첩함[速疾]은 지금과 비교해 어떠하겠습니까? 그때의 근력과 형체와 얼굴빛은 어떠하겠습니까?"

구뢰바왕이 대답하였다.

"뇌타화라여, 만일 내 나이 24세 혹은 25세라면 나는 그때를 기억합니다. 민첩함이나 근력이나 형체나 얼굴빛이 저보다 나은 자가 없었습니다. 뇌타화라여, 나는 지금 아주 늙어 모든 감각기관은 쇠잔해졌고 목숨은 장차 다하려 하며 나이는 80이 꽉 차서 다시 일어날 수도 없습니다."

"대왕이여, 그러므로 세존께서는 '이 세상 모든 것은 늙는 법으로 향하여 나아간다'고 말씀하신 것입니다. 나는 이 말씀을 좋아하였고 마음으로 즐거워하였으며 나는 이것을 보고 들어 알고 있습니다. 그래서 수염과 머리를 깎고 가사를 입고 지극한 믿음으로 출가하여 집 없이 도를 배우는 것입니다."

"만일 뇌타화라께서 '대왕이여, 이 세상 모든 것은 늙는 법을 향하여 나아간다'고 말한다면 나 또한 이 말씀을 좋아하고 마음으로 즐거워 할 것입니다. 무슨 까닭인가? 진실로 이 세상의 모든 것은 늙는 법을 향하여 나아가기 때문입니다."

구뢰바왕은 다시 물었다.

"만일 뇌타화라께서 '대왕이시여, 이 세상은 항상하지 않아서 마땅히 버려야 하는 것이다'라고 말한다면 뇌타화라께서 좀 전에 말씀하신 것에는 어떤 뜻이 있습니까?"

존자 뇌타화라가 말하였다.

"대왕이시여, 제가 이제 왕에게 물을 것이니 아는 대로 대답하십시오. 대왕이여, 대왕에게는 풍성한 구루국拘樓國과 풍성한 후궁後宮과 풍성한 창고가 있습니까?"

"그렇습니다."

"대왕이시여, 풍성한 구루국과 풍성한 후궁과 풍성한 창고가 있지만, 만일 유한한〔時有〕 법이 찾아와 의지하거나 좋아하고 즐거워할 수 없게 파괴하여 일체 세상의 것이 죽음으로 돌아가지 않는 것이 없다면 그때 풍성한 구루국과 풍성한 후궁과 풍성한 창고를 이 세상에서 뒷세상으로 가지고 갈 수 있겠습니까?"

"아닙니다. 왜냐하면 나는 혼자로서 둘이 없고 또한 동무도 없이 이 세상에서 뒷세상으로 가기 때문입니다."

"대왕이여, 그러므로 세존께서 '이 세상은 항상하지 않아서 마땅히 버려야 하는 것이다'라고 말씀하신 것입니다. 나는 이 말씀을 좋아하였고 마음으로 즐거워하였으며 나는 이것을 보고 들어 알고 있습니다. 그래서 수염과 머리를 깎고 가사를 입고 지극한 믿음으로 출가하여 집 없이 도를 배우는 것입니다."

"만일 뇌타화라께서 '대왕이시여, 이 세상은 항상하지 않아서 마땅히 버려야 하는 것이다'라고 말한다면 나도 또한 이 말씀을 좋아하고 마음으로 즐거워 할 것입니다. 무슨 까닭인가? 이 세상은 진실로 항상하지 않아서 마땅히 버려야 할 것이기 때문입니다."

"만일 뇌타화라께서 '대왕이시여, 이 세상 사람들은 만족할 줄 모르고 싫증낼 줄 몰라 이것에 애착하여 분주하게 부림당하고 있다'고 말한다면, 뇌타화라께서 좀 전에 말씀하신 것에는 다시 어떤 뜻이 있습니까?"

"대왕이여, 제가 이제 왕에게 물을 것이니 아는 대로 대답하시오. 대왕이여, 대왕에게 풍성한 구루국과 풍성한 후궁과 풍성한 창고가 있습니까?"

"그렇습니다."

"대왕이시여, 풍성한 구루국과 풍성한 후궁과 풍성한 창고가 있지만, 만일 동방東方에서 믿을 만하고 맡길 만하며 세상을 속이지 않는 어떤 사람이 와서 왕에게 이렇게 말한다고 합시다.

'저는 동방에서 왔습니다. 국토를 보건대 매우 풍성하고 즐거우며 백성들이 많습니다.'

대왕이시여, 대왕께서 그 나라 그곳의 재물과 백성과 부역을 얻을 수 있다면 대왕은 그 나라를 얻어 거느리고자 하겠습니까?"

"뇌타화라여, 만일 내가 그렇게 풍성한 나라와 거기에는 재물과 백성과 부역이 있는 줄을 알고 그 백성을 얻어 거느려 다스릴 수 있다면 나는 반드시 그것을 취하겠습니다. 이렇게 남방·서방·북방도 그러할 것입니다."

"만일 큰 바닷가에서 믿을 만하고 맡길 만하며 세상을 속이지 않는 어떤 사람이 와서 왕에게 이렇게 말한다고 합시다.

'저는 큰 바다 저쪽에서 왔습니다. 그 국토를 보건대 매우 풍성하고 즐거워 백성들이 많았습니다.'

대왕이시여, 대왕은 그 나라 그곳의 재물과 백성과 부역을 얻을 수 있다면 그 나라를 얻어 거느리고자 하겠습니까?"

"뇌타화라여, 만일 내가 그렇게 풍성한 나라와 그곳의 재물과 백성과 부역이 있는 줄을 알고 그 백성을 얻어 거느려 다스릴 수 있다면 나는 반드시 그것을 취하겠습니다."

"대왕이시여, 그러므로 세존께서는 '이 세상 사람들은 만족할 줄 모르고 싫증낼 줄 몰라 이것에 애착하여 분주하게 부림당하고 있다'고 말씀하신 것입니다. 나는 이 말씀을 좋아하였고 마음으로 즐거워하였으며, 이것을 보고 들어 알고 있습니다. 그래서 수염과 머리를 깎고 가사를 입고 지극한 믿음으로 출가하여 집 없이 도를 배우는 것입니다."

구뢰바왕이 말하였다.

"만일 뇌타화라께서 '대왕이여, 이 세상 사람들은 만족할 줄 모르고 싫증을 낼 줄 몰라 이것에 애착하여 분주하게 부림당하고 있다'고 말한다면, 나 또한 이 말씀을 좋아하고 이 말씀을 마음으로 즐거워할 것입니다. 무슨 까닭인가? 이 세상 사람들은 진실로 만족할 줄 모르고 싫증낼 줄 몰라 이것에 애착하여 분주하게 부림당하고 있기 때문입니다."

존자 뇌타화라가 말하였다.

"대왕이시여, 지자知者이시고 견자見者이신 세존 여래·무소착·등정각께서는 저를 위하여 이 4사事를 말씀하셨습니다. 나는 이 말씀을 알고 나서 마음으로 좋아하고 즐거워하였으며 이것을 보고 들어 알고 있습니다. 그래서 수염과 머리를 깎고 가사를 입고 지극한 믿음으로 출가하여 집 없이 도를 배우는 것입니다."

이에 존자 뇌타화라는 게송으로 말하였다.

내 세상 사람들 보건대
재물 두고 어리석어 보시할 줄 모르네.
재물 얻고도 다시 얻기 구하여
아끼고 탐내 재물 쌓기만 하네.

임금이란 자 천하 얻으면
그 능력 따라 다스리면 되는데
바다 안을 다 갖고도 싫증낼 줄 몰라
다시 바다 바깥까지를 구하네.

임금과 또 모든 백성들
욕심 못 버린 채 목숨 끝나면
머리털 산발하여 처자들 곡하며
아아, 괴로움은 항복받기 어렵다네.

옷을 입혀 땅에 묻거나
혹은 장작을 쌓아 불에 사르면
인연의 행을 따라 후세에 이르는데

다 사른 뒤에도 지혜의 생각 없네.

죽고 나면 재물도 따르지 않고
마누라 자식들과 또 종들과
그 많은 금·은 보화도 그러하니
어리석건 지혜롭건 또한 마찬가지네.

지혜로운 사람은 근심 품지 않고
오직 어리석은 이라야 슬픔을 안고 가네.
그러므로 지혜를 훌륭하다 하니
바른 깨달음의 길을 체득할 수 있다네.

'가지자, 가지자'고 깊이 집착해
어리석고 미련하여 악을 행하며
법속에 있으면서 법 아닌 것 행하여
힘으로써 억지로 남의 물건 빼앗네.

지혜 적은 사람은 남을 본받아 익히고
어리석은 사람은 나쁜 일 많이 행하다가
태속으로 들어가 다음 생에 이르며
이렇게 끊임없이 나고 죽음을 받네.

이미 생명을 받아 세상에 나서
온갖 나쁜 일 혼자서 행하면
마치 도적이 다른 사람에게 포박 당하듯
스스로 악을 지어 해를 입는 것.

이와 같이 이러한 모든 중생들
여기서 죽어서 다음 생에 이르면
자기가 지은 그 업을 따라
스스로 악을 지어 해를 입는다네.

열매 익어 저절로 떨어지는 것처럼
늙건 젊건 다 이와 같아서
장엄과 아름다움 애욕을 즐겨하여
마음은 나쁜 색色을 좋아하여 따른다네.

욕심 때문에 묶여 해를 입고
욕심으로 말미암아 두려움 생기네.
왕이여, 나는 이를 보고 깨달아
이 사문의 미묘함을 안다네.

존자 뇌타화라가 이렇게 말하자, 구뢰바왕은 존자 뇌타화라의 말을 듣고 기뻐하며 받들어 행하였다.

〔이 뇌타화라경에 수록된 경문의 글자 수는 6,777자이다.〕

중아함경 제 32 권

11. 대품 ④

133) 우바리경優婆離經〔제3 염송〕

나는 이와 같이 들었다.

어느 때 부처님께서는 나란타那難陀를 유행하실 때에 파바리나波婆離棕숲에 머무셨다. 그때 장고행니건長苦行尼揵[1]은 오후에 천천히 거닐어 부처님 계신 곳으로 나아가 문안드리고 물러나 한쪽에 앉았다. 그러자 세존께서 물으셨다.

"고행자여, 니건친자尼揵親子[2]는 몇 가지 행을 마련하여 악업惡業을 행하지 않게 하고 악업을 짓지 않게 하는가?"

장고행니건이 대답하였다.

---

1 팔리어로는 Dighatapassin Nigaṇṭha라고 한다. 니건친자尼揵親子의 제자.

2 팔리어로는 Nigaṇṭha Nātaputta라고 한다. 또는 니건타야제자尼乾陁若提子라고도 한다. 인도 야제족若提族 출신의 니건타尼乾陁외도. 6사師 외도 가운데 한 명. 기나교(耆那教, jaina)의 중흥조이다.

"구담이시여, 제 스승 니건친자는 우리들을 위해 행行을 마련하여 악업을 행하지 않게 하거나 악업을 짓지 않게 하지 않았습니다. 다만 우리들을 위해 형벌을 마련하여 악업을 행하지 않게 하고 악업을 짓지 않게 할 뿐입니다."

세존께서 다시 물으셨다.

"고행자여, 니건친자는 몇 가지 형벌을 마련하여 악업을 행하지 않게 하고 악업을 짓지 않게 하는가?"

장고행니건이 대답하였다.

"구담이시여, 제 스승 니건친자는 우리 무리들을 위해 세 가지 형벌을 마련하여 악업을 행하지 않게 하고 악업을 짓지 않게 합니다. 어떤 것이 세 가지인가? 즉 몸의 형벌〔身罰〕·입의 형벌〔口罰〕·뜻의 형벌〔意罰〕입니다."

"고행자여, 어떻게 몸의 형벌이 다르고 입의 형벌이 다르며 뜻의 형벌이 다른가?"

"구담이시여, 우리들의 몸의 형벌이 다르고 입의 형벌이 다르며 뜻의 형벌이 다릅니다."

"고행자여, 이 세 가지 형벌은 이렇게 서로 비슷한데 니건친자는 어떤 형벌을 가장 무겁다고 주장하여 악업을 행하지 않게 하고 악업을 짓지 않게 하는가? 몸의 형벌인가, 입의 형벌인가, 뜻의 형벌인가?"

"구담이시여, 이 세 가지 형벌은 이렇게 서로 비슷합니다. 그러나 제 스승 니건친자는 몸의 형벌을 마련하여 가장 무거운 것으로 삼아 악업을 행하지 않게 하고 악업을 짓지 않게 합니다. 입의 형벌은 그렇지 않고 뜻의 형벌은 가장 낮은 것으로서 몸의 형벌의 지극히 크고 매우 무거운 것에는 미치지 못합니다."

세존께서 다시 물으셨다.

"고행자여, 너도 몸의 형벌이 가장 무겁다고 말하는가?"

장고행니건이 대답하였다.

"구담이시여, 몸의 형벌이 가장 무겁습니다."

세존께서 다시 두 번 세 번 물으셨다.

"고행자여, 너도 몸의 형벌이 가장 무겁다고 말하는가?"

장고행니건도 두 번 세 번 대답하였다.

"구담이시여, 몸의 형벌이 가장 무겁습니다."

이에 세존께서는 두 번 세 번 장고행니건에게 이 일을 물어 확인하신 뒤에 곧 잠자코 계셨다. 장고행니건이 여쭈었다.

"사문 구담께서는 몇 가지 형벌을 마련하여 악업을 행하지 않게 하고 악업을 짓지 않게 하십니까?"

그때 세존께서 말씀하셨다.

"고행자여, 나는 형벌을 마련하여 악업을 행하지 않게 하거나 악업을 짓지 않게 하지 않는다. 나는 다만 업을 주장하여 악업을 행하지 않게 하고 악업을 짓지 않게 할 뿐이다."

"구담이시여, 몇 가지 업을 주장하여 악업을 행하지 않게 하고 악업을 짓지 않게 하십니까?"

"고행자여, 나는 세 가지 업을 주장하여 악업을 행하지 않게 하고 악업을 짓지 않게 한다. 어떤 것이 세 가지인가 하면 신업身業·구업口業·의업意業이다."

"구담이시여, 신업이 다르고 구업이 다르며 의업이 다른 것입니까?"

"고행자여, 나의 신업이 다르고 구업이 다르며 의업이 다르다."

"구담이시여, 이 3업業이 이렇게 서로 비슷한데 어느 업을 가장 무거운 것이라고 주장하여 악업을 행하지 않게 하고 악업을 짓지 않게 하십니까? 신업입니까, 구업입니까, 의업입니까?"

"고행자여, 이 3업은 이렇게 서로 비슷하나, 나는 의업意業을 가장 무거운 것이라고 주장하여 악업을 행하지 않게 하고 악업을 짓지 않게 한다. 신업과 구업은 그렇지 않다."

"구담이시여, 의업을 가장 무거운 것이라고 주장하십니까?"

"고행자여, 나는 의업을 가장 무거운 것이라고 주장한다."

장고행니건이 다시 두 번 세 번 여쭈었다.

"구담이시여, 의업을 가장 무거운 것이라고 주장하십니까?"

세존께서도 다시 두 번 세 번 대답하셨다.

"고행자여, 나는 의업을 가장 무거운 것이라고 주장한다."

이에 장고행니건은 두 번 세 번 세존께 이 일을 물어 확인한 뒤에 자리에서 일어나 세존을 세 번 돌고 물러나와 니건친자의 처소로 갔다. 니건친자는 멀리서 장고행니건이 오는 것을 보고 곧 물었다.

"고행자야, 어디서 오는가?"

장고행니건이 대답하였다.

"스승이시여, 저는 나란타의 파바리나波婆離棕숲에 있는 사문 구담의 처소에서 옵니다."

"고행자야, 혹 사문 구담과 서로 토론한 적이 있는가?"

"서로 토론하였습니다."

"고행자야, 만일 사문 구담과 서로 토론한 것이 있으면 모두 내게 말하라. 나라야 그와 토론한 것을 알 수 있을 것이다."

이에 장고행니건이 세존과 토론한 것을 모두 그에게 말하자 니건친자는 다 듣고 곧 찬탄하여 말하였다.

"착하다, 고행자여. 너는 스승에 대하여 제자로서 해야 할 법을 행하였다. 지혜로운 변재辯才와 총명함으로 결정하였으며 안온하고 두려움이 없어 잘 제어하는 법을 성취하였으며 큰 변재를 체득하여 감로의 당기〔甘露幢〕를 얻었고 그 감로의 세계에서 스스로 증득하여 성취하여 노닐었구나. 무슨 까닭인가? 곧 너는 사문 구담에게 '몸의 형벌을 가장 무거운 것이라고 주장하여 악업을 행하지 않게 하고 악업을 짓지 않게 한다. 입의 형벌은 그렇지 못하고 뜻의 형벌은 가장 낮은 것으로서 몸의 형벌이 지극히 크고 매우 무거운 것에 미치지 못한다'라고 말하였기 때문이다."

그때 우바리優婆離 거사는 5백 거사와 함께 대중 가운데 있다가 니건친자를 향해 합장하였다. 이어 우바리 거사는 장고행니건에게 말하였다.

"존자께서 이미 두 번 세 번 사문 구담에게 그런 일을 다짐하였는가?"

장고행니건이 대답하였다.

"거사여, 나는 이미 두 번 세 번 사문 구담에게 그런 일을 다짐하였다."

우바리 거사가 장고행니건에게 말하였다.

"나도 두 번 세 번 사문 구담에게 그런 일을 다짐한 뒤에 끌어당기는 대로 그가 따르게 할 것이다. 마치 역사가 갈기 긴 염소를 잡고 끌어당기는 대로 따르게 하는 것처럼, 나 또한 그와 같이 두 번 세 번 사문 구담에게 그런 일을 다짐한 뒤에 끌어당기는 대로 그가 따르게 할 것이다. 또 마치 역사力士가 손에 털가죽 옷을 잡고 먼지를 터는 것처럼, 나 또한 그와 같이 두 번 세 번 사문 구담에게 그런 일을 다짐한 뒤에 끌어당기는 대로 그가 따르게 할 것이다. 또 마치 술장수나 그의 제자가 술 거르는 주머니를 깊은 물에 담그고 끌어당기는 대로 따르게 하는 것처럼, 나 또한 그와 같이 두 번 세 번 사문 구담에게 그런 일을 다짐한 뒤에 끌어당기는 대로 그가 따르게 할 것이다. 또 마치 용상왕龍象王이 나이 60이 차서 어금니와 발과 몸이 갖추어 있고, 근력이 왕성하며 교만한 마하능가(摩訶能加 : 큰 코끼리 이름)를 역사가 끌고 가서 물로 넓적다리를 씻고 등을 씻으며 옆구리를 씻고 배를 씻으며 어금니를 씻고 머리를 씻으며 또 물속에서 장난하는 것처럼, 나 또한 그와 같이 두 번 세 번 사문 구담에게 그런 일을 다짐한 뒤에는 그가 씻는 대로 따르게 할 것이다. 나는 사문 구담의 처소로 가서 서로 담론을 벌여 항복받고 돌아올 것이다."

니건친자가 우바리 거사에게 말하였다.

"나 또한 사문 구담을 항복받을 수 있고, 너 역시 그러하며 장고행니건도 그럴 수 있을 것이다."

이에 장고행니건이 니건친자에게 말했다.

"저는 우바리 거사를 사문 구담의 처소로 보내고 싶지 않습니다. 왜냐하면 사문 구담은 환화주幻化呪를 아는데, 그 주문으로써 교화해 제자인 비구·비구니·우바새優婆塞·우바사(優婆私 : 優婆夷)로 만들 수 있기 때문입니다. 우바리 거사도 사문 구담의 교화를 받아 그 제자가 될까 두렵습니다."

니건친자가 말하였다.

"고행자야, 우바리 거사가 사문 구담의 교화를 받아 제자가 된다는 것은 끝내 그럴 수 없다. 혹 사문 구담이 우바리 거사의 교화를 받아 제자가 된다면 그것은 그럴 수 있을 것이다."

우바리 거사는 두 번 세 번 니건친자에게 말했다.

"저는 지금 사문 구담의 처소로 가서 그와 서로 담론을 벌여 항복받고 돌아오겠습니다."

그러자 니건친자도 두 번 세 번 대답하였다.

"너는 빨리 가라. 나 또한 사문 구담을 항복받을 것이다. 너 역시 그렇고 장고행니건도 그렇다."

이에 장고행니건도 다시 두 번 세 번 말씀드렸다.

"저는 우바리 거사를 사문 구담에게로 보내고 싶지 않습니다. 왜냐하면 사문 구담은 환화주를 아는데, 그 주문으로써 교화해 제자인 비구·비구니·우바새·우바사로 만들 수 있기 때문입니다. 우바리 거사도 사문 구담의 교화를 받아 제자가 될까 두렵습니다."

니건친자가 말하였다.

"고행자야, 우바리 거사가 사문 구담의 교화를 받아 제자가 된다는 것은 끝내 그럴 수 없다. 혹 사문 구담이 우바리 거사의 교화를 받아 제자가 된다면 그것은 그럴 수 있을 것이다. 우바리 거사야, 너는 가서 마음대로 하라."

이에 우바리 거사는 니건친자의 발에 머리를 조아리고 세 번 돌고 떠났다. 그는 부처님 계신 곳으로 나아가 서로 문안하고 물러나 한쪽에 앉아 물었다.

"구담이여, 오늘 장고행니건이 여기 왔었소?"

세존께서 대답하셨다.

"왔었다, 거사여."

"구담이여, 혹 장고행니건과 토론을 벌인 적이 있었소?"

"토론한 적이 있었다."

"구담이여, 만일 장고행니건과 토론을 벌인 적이 있었다면 모두 내게 말씀해주시오. 만일 내가 들으면 혹 알 수도 있을 것이오."

이에 세존께서 장고행니건과 서로 토론한 내용을 그에게 모두 말씀하시자우바리 거사는 듣고 곧 찬탄해 말하였다.

"착하여라. 그 고행자여, 그는 스승에 대하여 제자로서 해야 할 법을 행하였소. 지혜로운 변재와 총명함으로 결정하였으며 안온하고 두려움이 없어 잘 제어하는 법을 성취하였으며 큰 변재를 체득하여 감로의 당기〔甘露幢〕를 얻었고 그 감로의 세계에서 스스로 증득하여 성취하여 노닐었구나. 무슨 까닭인가? 곧 그는 사문 구담에게 '몸의 형벌을 가장 무거운 것으로 삼아 악업을 행하지 않게 하고 악업을 짓지 않게 한다. 입의 형벌은 그렇지 못하고 뜻의 형벌은 가장 낮은 것으로서 몸의 형벌이 지극히 크고 매우 무거운 것에는 미치지 못한다'고 말하였기 때문이오."

그때 세존께서 말씀하셨다.

"거사여, 나는 너와 함께 이 일을 토론하고자 하니 네가 만일 진실하게 사는 자라면 진실하게 대답하라."

우바리 거사가 대답하였다.

"구담이여, 나는 진실하게 살고 있으니 진실하게 대답하겠소. 사문 구담이여, 오직 나와 함께 이 일을 토론합시다."

세존께서는 물으셨다.

"거사여, 네 뜻에는 어떠한가? 만일 어떤 니건이 있는데 그는 보시를 좋아하고 기뻐하며 보시 행하기를 즐거워하고 실없지 않고 실없지 않은 것을 좋아하며, 극히 청정하고 지극히 주呪를 행한다고 하자. 만일 그가 왕래할 때 크고 작은 벌레를 많이 죽였다면 어떤가, 거사여, 저 니건친자는 이 살생에 대해서 과보를 주장하는가?"

우바리 거사가 대답하였다.

"구담이여, 만일 생각〔思〕이 있었다면 큰 죄가 될 것이며 만일 생각이 없었다면 큰 죄가 되지 않을 것이오."

"거사여, 그대가 말하는 생각이란 어떤 것인가?"

"구담이여, 의업意業이 그것이오."

"거사여, 너는 마땅히 생각해본 뒤에 대답하라. 그대의 말은 앞의 것은 뒤의 것과 어긋나고, 뒤의 것은 앞의 것과 어긋나서 서로 맞지 않다. 거사여, 너는 이 대중 가운데서 스스로 이렇게 말하였다.

'구담이여, 나는 진실하게 살고 있으니 진실하게 대답하겠소. 사문 구담이여, 오직 나와 함께 이 일을 토론합시다.'

거사여, 네 뜻에는 어떠한가? 만일 어떤 니건이 끓인 물만 먹고 찬 물을 끊었는데, 그는 끓인 물이 없자 찬물이라도 마시고 싶어하였다. 그러나 찬물도 얻지 못해 곧 목숨을 마쳤다. 거사여, 니건친자는 저 니건이 어디에 태어날 것이라고 말하겠는가?"

"구담이여, 의착意著이라는 하늘이 있는데, 저 니건이 목숨을 마칠 때 뜻에 집착을 가지고 죽었다면 반드시 그곳에 태어났을 것이오."

"거사여, 너는 마땅히 생각해본 뒤에 대답하라. 그대의 말은 앞의 것은 뒤의 것과 어긋나고, 뒤의 것은 앞의 것과 어긋나서 서로 맞지 않는다. 너는 이 대중 가운데서 스스로 말하였다.

'구담이여, 나는 진실하게 살고 있으니 진실하게 대답하겠소. 사문 구담이여, 오직 나와 함께 이 일을 토론합시다.'

거사여, 네 뜻에는 어떠한가? 어떤 사람이 날카로운 칼을 가지고 와서 이렇게 말하였다.

'나는 이 나란타那難陁 안의 모든 중생을 하루 동안에 쪼개고 토막 내며 베고 도려서 하나의 고기 뭉치로 만들고 하나의 고기 더미로 만들 것이다.'

거사여, 네 뜻에는 어떠하냐? 그 사람은 과연 이 나란타 안의 일체 중생을 하루 동안에 쪼개고 토막 내며 베고 도려서 한 고기 뭉치를 만들고 한 고기 더미를 만들 수 있겠는가?"

"아니오. 왜냐하면, 이 나란타 안은 매우 풍요롭고 즐거워 백성들이 많기 때문에 그 사람은 이 나란타의 모든 중생을 하루 동안에 쪼개고 토막 내며 베고 도려서 한 고기 뭉치를 만들고 한 고기 더미를 만들 수 없을 것이오. 구담이여, 그 사람은 한낱 매우 번거롭고 고단하기만 할 것이오."

"거사여, 네 뜻에는 어떠한가? 어떤 사문 범지가 큰 여의족如意足이 있고 큰 위덕威德이 있으며 큰 복이 있고 큰 위신威神이 있어 마음의 자재를 얻고서 그는 이렇게 말하였다.

'나는 한 번 성을 내어 이 나란타 안을 모두 불태워 재로 만들 것이다.'

거사여, 네 뜻에는 어떠한가? 그 사문 범지가 과연 나란타 안을 모두 불태워 재로 만들 수 있겠는가?"

"구담이여, 어찌 다만 한 나란타뿐이겠으며 어찌 다만 2·3·4의 나란타뿐이겠소? 구담이여, 그 사문 범지는 큰 여의족이 있고 큰 위덕이 있으며 큰 복이 있고 큰 위신이 있어 마음의 자재自在를 얻었으므로 만일 한 번 성을 내면 능히 모든 나라와 모든 백성을 불태워 재로 만들 수 있는데 하물며 한 나란타뿐이겠소?"

"거사여, 너는 마땅히 생각해본 뒤에 대답하라. 그대의 말은 앞의 것은 뒤의 것과 어긋나고 뒤의 것은 앞의 것과 어긋나서 서로 맞지 않다. 너는 이 대중 가운데서 스스로 말하였다.

'구담이여, 나는 진실하게 살고 있으니 진실하게 대답하겠소. 사문 구담이여, 오직 나와 함께 이 일을 토론합시다.'"

세존께서 말씀하셨다.

"거사여, 너는 혹 일찍이 큰 연못의 한가로움〔大澤無事〕·기린의 한가로움〔騏驎無事〕·사슴의 한가로움〔麋鹿無事〕·정적의 한가로움〔靜寂無事〕·빈 들판의 한가로움〔空野無事〕 등 한가로운 곳을 한가롭게 만든 것을 들어본 적이 있는가?"

"구담이여, 내가 들어본 적이 있다."

"거사여, 네 뜻에는 어떠한가? 그 누가 큰 연못의 한가로움·기린의 한가로움·사슴의 한가로움·정적의 한가로움·빈 들판의 한가로움 등 한가로운 곳을 한가롭게 만들었는가?"

우바리 거사는 잠자코 대답하지 않았다.

세존께서 말씀하셨다.

"거사여, 빨리 대답하라. 거사여, 빨리 대답하라. 지금은 잠자코 있을 때가 아니다. 거사여, 너는 이 대중 가운데서 스스로 말하였다.

'구담이여, 나는 진실하게 살고 있으니 진실하게 대답하겠소. 사문 구담이여, 오직 나와 함께 이 일을 토론합시다.'"

이에 우바리 거사는 잠깐 동안 잠자코 있다가 말하였다.

"구담이시여, 제가 잠자코 있는 것이 아닙니다. 저는 다만 이 뜻을 생각할 뿐입니다. 구담이시여, 저 어리석은 니건은 잘 깨닫지도 못했고 잘 해득하지도 못했으며, 좋은 밭〔良田〕을 분별하지도 못했고 스스로 자세히 알지도 못했으면서 오랫동안 저를 속였고, 저는 그 때문에 그릇되게도 사문 구담에게 '몸의 형벌을 가장 무거운 것이라 주장하여 악업을 행하지 않게 하고 악업을 짓지 않게 하는데, 입의 형벌과 뜻의 형벌은 그보다 못하다'고 말했었습니다. 만일 제가 사문 구담의 말씀을 좇아 그 뜻을 안다면 선인仙人이 한 번 성을 내면 능히 큰 연못의 한가로움·기린의 한가로움·사슴의 한가로움·정적의 한가로움·빈 들판의 한가로움 등 한가로운 곳을 한가롭게 만들 수 있을 것입니다. 세존이시여, 나는 이미 알았습니다. 선서善逝시여, 저는 이미 해득하였습니다. 저는 지금부터 부처님과 법과 비구 스님들께 귀의합니다. 오직 원하건대 세존이시여, 저를 받아들이셔서 우바새가 되게 해 주십시오. 저는 오늘부터 몸을 마치도록 귀의하여 목숨을 다하겠습니다."

세존께서 말씀하셨다.

"거사여, 너는 잠자코 실행하되 의견을 공포하지 말라. 이렇게 훌륭한 사람은 잠자코 선행善行을 한다."

"세존이시여, 그렇기 때문에 저는 세존에 대한 기쁨이 더욱 더합니다. 왜냐하면 세존께서는 이렇게 말씀하시기 때문입니다.

'거사여, 너는 잠자코 실행하되 의견을 공포하지 말라. 이렇게 훌륭한 사람은 잠자코 선행을 한다.'

세존이시여, 만일 제가 다시 다른 사문 범지의 제자가 된다면 그들은 곧 당번幢幡과 덮개를 들고 돌아다니면서 나란타에 명령을 내려 이렇게 말할 것입니다.

'우바리 거사가 내 제자가 되었다.'

그런데, 세존께서는 이렇게 말씀하십니다.

'거사여, 너는 잠자코 실행하되 의견을 공포하지 말라. 이렇게 훌륭한 사람은 잠자코 선을 행한다.'"

우바리 거사가 말씀드렸다.

"세존이시여, 저는 오늘부터 모든 니건들이 우리 집 문에 들어오는 것을 허락하지 않고 오직 세존의 4부대중〔四衆〕 곧 비구·비구니·우바새·우바사優婆私만이 들어오는 것을 허락하겠습니다."

세존께서 말씀하셨다.

"거사여, 저 니건들은 네 집에서 오랫동안 존경을 받았다. 만일 저들이 오거든 너는 마땅히 힘닿는 대로 저들을 공양하라."

"세존이시여, 이 때문에 제가 세존에 대한 기쁨이 더욱 더합니다. 왜냐하면 세존께서는 이와 같이 말씀하시기 때문입니다.

'거사여, 저 니건들은 네 집에서 오랫동안 존경을 받았다. 만일 저

들이 오거든 너는 마땅히 힘닿는 대로 저들을 공양하라.'

세존이시여, 저는 이전에 세존께서 이렇게 말씀하셨다고 들었습니다.

'마땅히 내게 보시하고 다른 이에게 보시하지 말라. 마땅히 내 제자에게 보시하고 다른 이의 제자에게 보시하지 말라. 만일 내게 보시하면 반드시 큰 복을 얻을 것이고 만일 다른 이에게 보시하면 큰 복을 얻지 못할 것이다. 내 제자에게 보시하면 반드시 큰 복을 얻을 것이고 다른 이의 제자에게 보시하면 큰 복을 얻지 못할 것이다.'"

"거사여, 나는 '마땅히 내게 보시하고 다른 이에게 보시하지 말라. 내 제자에게 보시하고 다른 이의 제자에게 보시하지 말라. 만일 내게 보시하면 반드시 큰 복을 얻을 것이며 만일 다른 이에게 보시하면 큰 복을 얻지 못할 것이다. 내 제자에게 보시하면 반드시 큰 복을 얻을 것이며 만일 다른 이의 제자에게 보시하면 큰 복을 얻지 못할 것이다'라는 그런 말을 하지 않았다.

거사여, 나는 이렇게 말했다.

'모든 이들에게 보시하고 마음대로 기뻐하라. 다만 정진精進하지 않는 자에게 보시하면 큰 복을 얻지 못할 것이며 정진하는 자에게 보시하면 반드시 큰 복을 얻을 것이다.'"

"세존이시여, 원하건대 염려 마십시오. 제 스스로 니건에게 보시할 경우와 니건에게 보시하지 않을 경우를 알아 하겠습니다. 세존이시여, 저는 이제 다시 부처님과 법과 비구 스님들께 귀의합니다. 원하건대 세존이시여, 저를 받아들이셔서 우바새가 되게 해주십시오. 오늘부터 몸을 마치도록 귀의하여 목숨을 다하겠습니다."

이에 세존께서는 우바리 거사를 위해 설법하셔서 간절히 우러르는 마음을 내게 하고 기쁨을 성취하게 하셨다. 한량없는 방편으로 그를 위해 설법하셔서 간절히 우러르는 마음을 내게 하고 기쁨을 성취하게 하신 뒤에, 모든 부처님의 법과 같이 먼저 단정법端正法을 말씀하셔서 듣는 이가 모두 기뻐하게 하셨다. 곧 보시布施를 말씀하시고 계戒를 말씀하시며 천상天上에 나는 법을 말씀하시고 욕심을 꾸짖어 재환災患이라 하시고, 나고 죽음을 더러움穢이라 하시며 욕심 없음을 찬탄하셔서 미묘한 도품道品의 백정白淨이라 하셨다. 세존께서는 그를 위해 이러한 법을 말씀하신 뒤에 그가 기뻐하는 마음〔歡喜心〕·구족한 마음〔具足心〕·부드럽고 유연한 마음〔柔軟心〕·참고 견디는 마음〔堪耐心〕·위로 오르는 마음〔昇上心〕·한결같은 마음〔一向心〕·의혹이 없는 마음〔無疑心〕·덮임이 없는 마음〔無蓋心〕이 있으며, 능能하고 힘이 있어 바른 법을 감당해 받을 줄을 아셨다. 그래서 모든 부처님께서 말씀하신 바른 이치대로 세존께서는 곧 그를 위하여 괴로움·괴로움의 발생·괴로움의 소멸·괴로움의 소멸에 이르는 길을 말씀하셨다.

우바리 거사는 곧 그 자리에서 괴로움·괴로움의 발생·괴로움의 소멸·괴로움의 소멸에 이르는 길의 네 가지 성스러운 진리〔四聖諦〕를 보았으니, 마치 흰 천이 물들기 쉬운 것과 같이 우바리 거사는 곧 그 자리에서 괴로움·괴로움의 발생·괴로움의 소멸·괴로움의 소멸에 이르는 길의 네 가지 성스러운 진리를 보았다. 이에 우바리 거사는 법을 보고 법을 증득해 희고 깨끗한 법〔白淨法〕을 깨달았으며, 의심을 끊고 미혹을 건너 다시 다른 높일 이가 없어 남을 따르지 않았다. 그래서 망설임 없이 이미 과증果證에 머물렀고 세존의 법에 대해서 두려움이 없게 되어 곧 자리에서 일어나 부처님께 예배하고 여쭈었다.

"세존이시여, 저는 이제 세 번째로 부처님과 법과 비구 스님들께 귀의합니다. 원하건대 세존이시여, 저를 받아들이셔서 우바새가 되게 해주십시오. 오늘부터 몸을 마치도록 귀의하여 목숨을 다하겠습니다."

이에 우바리 거사는 부처님의 말씀을 들어 잘 받아 지닌 뒤에 부처님 발에 머리를 조아리고 세 번 돌고 돌아갔다. 그는 문지기에게 분부하였다.

"너희들은 마땅히 알라. 나는 이제 세존의 제자가 되었다. 오늘부터는 어떤 니건이 오더라도 문에 들어오는 것을 허락하지 말고 오직 세존의 4중衆 제자인 비구·비구니·우바새·우바사만 들어오는 것을 허락하라. 만일 니건이 오거든 그에게 말하라.

'존자 우바리 거사는 이제 부처님의 교화를 받아 그 제자가 되어 곧 모든 니건들이 문에 들어오는 것을 허락하지 않고 오직 세존의 4중 제자인 비구·비구니·우바새·우바사만 들어오는 것을 허락한다. 만일 밥이 필요하면 여기서 기다려라. 밥을 내다 주겠다.'"

때마침 장고행니건은 우바리 거사가 사문 구담의 교화를 받아 그 제자가 되어, 곧 모든 니건들이 문에 들어오는 것을 허락하지 않고 오직 사문 구담의 제자인 비구·비구니·우바새·우바사만 들어오는 것을 허락한다는 말을 들었다. 장고행니건은 그 말을 듣고는 니건친자에게 가서 말씀드렸다.

"스승이시여, 이 일은 본래 제가 말씀드렸던 것입니다."

니건친자가 물었다.

"고행자야, 어떤 것이 네가 본래 말한 것인가?"

"스승이시여, 저는 본래 '우바리 거사를 사문 구담에게 보내고 싶지 않습니다. 왜냐하면, 사문 구담은 환화주幻化呪를 아는데 그 주문으로 교화해 제자인 비구·비구니·우바새·우바사로 만들 수 있기 때문입니다. 우바리 거사도 사문 구담의 교화를 받아 그 제자가 될까 두렵습니다'라고 말씀드렸습니다. 스승이시여, 우바리 거사는 이제 이미 사문 구담의 교화를 받아 그 제자가 된 뒤에는 모든 니건들이 그 문에 들어오는 것을 허락하지 않고 오직 사문 구담의 제자인 비구·비구니·우바새·우바사만 들어오는 것을 허락하고 있습니다."

"고행자야, 우바리 거사가 사문 구담의 교화를 받아 그 제자가 된다는 것은 도저히 있을 수가 없다. 혹 사문 구담이 우바리 거사의 교화를 받아 그 제자가 된다면 그것은 반드시 그럴 수 있을 것이다."

"스승이시여, 만일 제 말이 믿기지 않으면 스승님께서 직접 가보시던지 사람을 보내든지 하십시오."

"고행자야, 네가 직접 그를 찾아가 우바리 거사가 사문 구담의 교화를 받아 그 제자가 되었는지 사문 구담이 우바리 거사의 교화를 받아 그 제자가 되었는지를 알아보라."

장고행니건은 니건친자의 분부를 받고 우바리 거사의 집으로 갔다. 문지기는 멀리서 장고행니건이 오는 것을 보고 이렇게 말하였다.

"존자 우바리 거사는 지금 부처님의 교화를 받아 그 제자가 되어, 곧 모든 니건들이 그 문에 들어오는 것을 허락하지 않고 오직 세존의 4중衆 제자인 비구·비구니·우바새·우바사만 들어오는 것을 허락하십니다. 만일 밥을 얻고자 하거든 여기서 기다리십시오. 내다 주겠습니다."

장고행니건이 말하였다.

"문지기여, 나는 밥이 필요 없다."

장고행니건은 이 일을 확인하고는 머리를 내젓고 돌아섰고 니건친자에게 가서 말씀드렸다.

"스승이시여, 제가 본래 말씀드렸던 것과 같았습니다."

니건친자가 물었다.

"고행자여, 어떤 것이 본래 네가 말한 것인가?"

"스승이시여, 저는 본래 '우바리 거사를 사문 구담에게 보내고 싶지 않습니다. 왜냐하면, 사문 구담은 환화주를 아는데, 그 주문으로 교화하여 제자인 비구·비구니·우바새·우바사로 만들 수 있기 때문입니다. 우바리 거사도 사문 구담의 교화를 받아 그 제자가 될까 두렵습니다'라고 말씀드렸습니다. 스승이시여, 우바리 거사는 이제 이미 사문 구담의 교화를 받아 그 제자가 된 뒤에는, 모든 니건들이 그 문에 들어오는 것을 허락하지 않고 오직 사문의 제자인 비구·비구니·우바새·우바사만 들어오는 것을 허락하고 있습니다."

"고행자야, 우바리 거사가 사문 구담의 교화를 받아 그 제자가 된다는 것은 도저히 그럴 수가 없다. 혹 사문 구담이 우바리 거사의 교화를 받아 그 제자가 된다면 그것은 반드시 그럴 수가 있을 것이다."

"스승이시여, 만일 제 말이 믿기지 않으시면 원컨대 스승님께서 직접 가 보십시오."

이에 니건친자는 큰 니건 대중들 5백 명과 함께 우바리 거사의 집으로 갔다. 문지기는 멀리서 니건친자가 큰 니건들 5백 명과 함께 오는 것을 보고 이렇게 말하였다.

"존자 우바리 거사는 이제 부처님의 교화를 받아 그 제자가 되어, 곧 모든 니건들이 그 문에 들어오는 것을 허락하지 않고 오직 세존의 4중 제자인 비구·비구니·우바새·우바사만 들어오는 것을 허락하십니다. 만일 밥을 얻고자 하거든 여기서 기다리십시오. 내다 주겠습니다."

니건친자가 말하였다.

"문지기여, 나는 밥이 필요 없다. 다만 우바리 거사를 보고자 할 뿐이다."

"원컨대 존자께서는 여기 계십시오. 제가 지금 들어가 존자 우바리 거사에게 여쭈어 보겠습니다."

문지기는 곧 들어가 말씀드렸다.

"거사님, 마땅히 알립니다. 지금 니건친자는 큰 니건 대중들 5백 명과 함께 문 밖에 서서 '나는 우바리 거사를 보고자 한다'고 말하고 있습니다."

우바리 거사가 문지기에게 말하였다.

"너는 중문中門에 가서 자리를 편 뒤에 내게 와서 알려라."

문지기는 분부를 받고 중문에 나가 자리를 펴고는 돌아와 말씀드렸다.

"거사님, 마땅히 알립니다. 자리는 다 준비되었습니다. 오직 원컨대 거사님은 마땅히 때를 아십시오."

우바리 거사는 문지기를 데리고 중문으로 나갔다. 그곳에는 이전에 우바리 거사가 니건친자를 안아 앉히던 지극히 높고 넓으며 깨끗하고 좋은 깔개를 깐 평상 자리가 있었다. 우바리 거사는 스스로 그 위에 올라가 결가부좌하고서 문지기에게 분부하였다.

"너는 니건친자에게 가서 '존자시여, 우바리 거사께서는 존자께서 들어오고 싶으면 마음대로 하시라고 말씀하십니다'라고 이렇게 말하라."

그 문지기는 분부를 받고 곧 나가 니건친자에게 이렇게 말하였다.

"존자시여, 우바리 거사께서 존자께서는 들어오고 싶으면 마음대로 하시라고 말씀하셨습니다."

이에 니건친자는 큰 니건 대중들 5백 명과 함께 중문에 들어섰다. 우바리 거사는 멀리서 니건친자가 큰 니건 대중들 5백 명과 함께 들어오는 것을 보고 이렇게 말하였다.

"존자여, 자리가 있소. 앉고 싶으면 마음대로 하시오."

니건친자가 말하였다.

"거사여, 당신은 과연 그런가? 스스로 높은 자리에서 결가부좌하고서 남과 이야기하는 것이, 마치 출가하여 도를 배우는 자와 다름이 없구나."

우바리 거사가 말하였다.

"존자여, 내게는 재물이 있소. 주고 싶으면 곧 줄 것이고 주고 싶지 않으면 주지 않을 것이오. 이 자리는 내 것이므로 나는 '자리가 있소. 앉고 싶으면 마음대로 하시오'라고 한 것이오."

니건친자는 자리를 펴고 앉아 말하였다.

"거사여, 어찌하여 그렇게 되었는가? 사문 구담을 항복받으러 갔다가 도리어 자신이 항복하고 왔는가? 마치 사람이 눈〔眼〕을 찾아 숲으로 들어갔다가 눈을 잃고 돌아오는 것처럼, 거사는 사문 구담을 항복받으러 갔다가 도리어 사문 구담에게 항복하고 왔구나. 마치 어떤 사람이 목이 말라 연못에 들어갔다가 도리어 목이 말라 돌아오는 것처럼, 거사 또한 그러하여 사문 구담을 항복받으러 갔다가 도리어 항복하고 왔구나. 거사여, 어찌하여 그렇게 되었는가?"

"존자여, 내가 비유로 말할 것이니 들으시오. 슬기로운 사람은 비유를 들으면 곧 그 뜻을 이해하는 법이오. 존자여, 비유하면 어떤 한 범지에게 젊은 부인이 있었는데 그 부인은 아기를 배어 그 남편에게 말하였소.

'나는 지금 아기를 배었습니다. 당신은 시장에 가서 아기를 위해 좋은 장난감을 사 오십시오.'

그때 범지가 그 부인에게 말하였소.

'다만 그대가 편안하게 순산할 수 있으면 되지 그것 없는 것이 무슨 걱정이겠소? 만일 사내를 낳으면 당신을 위해 사내의 장난감을 사올 것이요, 만일 계집애를 낳으면 당신을 위해 계집애의 장난감을 사올

것이오.'

그러자 부인은 두 번 세 번 그 남편에게 말하였소.

'나는 지금 아기를 배었습니다. 당신은 빨리 시장에 가서 아기를 위해 좋은 장난감을 사 오십시오.'

그러자 범지도 역시 두 번 세 번 그 부인에게 말하였소.

'다만 그대가 편안하게 순산할 수 있으면 되지 그것 없는 것이 무슨 걱정이겠소? 만일 사내를 낳으면 당신을 위해 사내의 장난감을 사올 것이며, 만일 계집애를 낳으면 당신을 위해 계집애의 장난감을 사올 것이오.'

그러나 그 범지는 그 부인을 지극히 예쁘게 생각하여 곧 물었소.

'여보, 아이를 위해서 어떤 장난감을 사왔으면 좋겠소.'

그 부인이 대답하였소.

'당신은 가서 좋은 원숭이 새끼 장난감을 사 오십시오.'

범지는 듣자마자 시장으로 가서 원숭이 새끼 장난감을 사 가지고 와서 그 부인에게 말하였소.

'나는 아기를 위해 원숭이 새끼 장난감을 사 왔소.'

그 부인은 그것을 보고는 빛깔이 좋지 않다고 싫어하면서 남편에게 말하였소.

'당신은 이 원숭이 새끼 장난감을 가지고 염색하는 집에 가서 아주 사랑스럽게 황금색으로 염색하고 두드려서 광택이 나게 하십시오.'

범지는 듣자마자 그 원숭이 새끼 장난감을 가지고 염색하는 집으로 가서 말하였소.

'이 원숭이 새끼 장난감을 아주 사랑스럽게 황금색으로 염색하고 두드려서 광택이 나게 해 주십시오.'

염색하는 사람이 곧 범지에게 말하였소.

'원숭이 새끼 장난감을 아주 사랑스럽게 황금색으로 염색할 수는 있지만 두드려서 광택을 낼 수는 없소.'

그리고 그 염색하는 사람은 게송으로 말하였소.

원숭이는 물감은 견뎌내도
두드리는 것은 감당하지 못하네.
만일 두드리면 목숨 끊어지기에
아무래도 망치로 두드릴 수는 없네.
이것은 이 더러움의 주머니
원숭이는 더러운 것으로 가득 차 있네.

존자여, 마땅히 알아야 하오. 니건이 말한 것도 역시 이와 같소. 그는 다른 이의 어려운 물음을 감당할 수 없고 또한 깊이 생각하고 관찰하지도 못하며 다만 어리석음만을 물들이고 슬기는 물들이지 못하오. 존자여, 다시 들으시오. 마치 청정한 파라나옷〔波羅捺衣〕과 같이 주인이 그것을 가지고 저 염색하는 집에 가서 말하였소.

'이 옷을 아주 사랑스럽게 아주 좋은 물감으로 염색하고 또 두드려서 광택이 나게 해주시오.'

그때 염색하는 사람이 말하였소.

'이 옷은 아주 사랑스럽게 좋은 물감으로 염색할 수도 있고 또한 두드려 광택을 낼 수도 있소.'

이에 염색하는 집에서 게송으로 말하였소.

파라나옷은
희고 깨끗해 물감도 잘 받고

또 두드리면 부드럽고 연하여
빛깔은 더더욱 좋아진다네.

존자여, 마땅히 알아야 하오. 모든 여래如來·무소착無所著·등정각等正覺의 말씀도 이와 같아서 다른 이의 어려운 물음을 능히 감당해 받으실 수 있고 깊이 잘 생각하고 관찰하기도 하십니다. 다만 슬기만 물들이고 어리석음은 물들이지 않는다오."

니건친자가 말하였다.

"거사여, 사문 구담의 환화주幻化呪에 걸렸는가?"

우바리 거사가 말하였다.

"존자여, 좋은 환화주이고 지극히 좋은 환화주라오. 존자여, 그 환화주는 우리 부모를 오랫동안 이익되게 하고 안온·쾌락을 얻게 하였으며 처자·노비·하인들 또한 그러하며, 나란타 국왕과 일체 세간·하늘·악마·범梵·사문 범지 등 사람에서 하늘에 이르기까지 오랫동안 이익되게 하고 안온과 쾌락을 얻게 하셨소."

"거사여, 온 나란타가 모두 우바리 거사는 니건의 제자인 줄 알고 있다. 지금은 결국 누구의 제자가 되었는가?"

이에 우바리 거사는 곧 자리에서 일어나 오른쪽 무릎을 땅에 붙이고 부처님께서 계실 것 같은 방향으로 합장하고 그쪽을 향하여 말하였다.

"존자여, 내 말을 들으시오.

사내답고 용맹스러워 어리석음 떠나고
더러운 생각 끊어 항복받아 바로잡고
대적할 이 없이 미묘하게 생각하여

계율·선정·지혜를 배워 익히며
안온하여 다시는 번뇌 없으신
그 부처님 제자 우바리라네.

큰 성인은 닦아 익혀 마치고
큰 덕을 얻어 자재하게 말하며
잘 생각하시고 묘하게 관찰하여
잘난 체도 않고 구부리지도 않고
흔들리지도 않아 항상 자재하신
그 부처님 제자 우바리라네.

아첨이 없이 항상 만족할 줄 알고
아낌을 떠나 만족을 얻으시고
사문이 되어 깨달음 성취하여
최후의 몸인 높은 대사大士로서
견줄 데 없고 티끌도 없으신
그 부처님 제자 우바리라네.

질병도 없고 헤아릴 수 없이
지극히 심오한 무니牟尼[3]가 되어
항상 안온하고 용맹스럽고
법에 머물러 미묘하게 생각하며
잘 제어하여 언제나 실없지 않으신

3 팔리어로는 muni라고 한다. 한역하여 적정寂靜·현인賢人·적묵寂默이라 하며, 신身·구口·의意의 번뇌를 없애버려 적정寂靜을 증득한 성자를 말한다.

그 부처님 제자 우바리라네.

큰 용은 즐겁게 높은데 머물러
번뇌가 다해 해탈을 얻고
응공應供으로서 변재辯才가 청정하시며
지혜를 내어 슬픔을 떠나고
다시는 유有로 돌아오지 않는 석가釋迦
그 부처님 제자 우바리라네.

바른 법을 고요히 생각하시고
희롱함 없이 청정하시며
언제나 웃어 성냄이 없고
떠남을 즐겨하여 제일가는 이치 증득해
두려움 없이 항상 정진하시는
그 부처님 제자 우바리라네.

7선仙[4]으로서 짝할 이 없는 분
3달達[5]을 체득해 범梵에 이르러
깨끗이 목욕하여 밝은 등불과 같으며
지식止息을 얻어 원수 맺음 그치고
용맹하고 지극히 청정하신
그 부처님 제자 우바리라네.

---

4 팔리본에는 isisattama로 되어 있으며, 제7선仙을 뜻한다. 과거 6불佛 이후에 세간에 출현하신 석존釋尊을 가리킴.

5 팔리본에는 tevijja로 되어 있으며 3명明을 뜻한다. 3달達이란 숙명지宿命智·천안지天眼智·누진지漏盡智의 세 가지 신통을 말한다.

지식止息을 얻어 지혜는 땅 같고
큰 지혜는 세상 탐욕 없애
가히 섬길 만한 위없는 눈을 지니신
상사上士로서 아무도 짝할 이 없고
또 이끌어주는 분으로서 성냄 없으신
그 부처님 제자 우바리라네.

욕망이 없는 위없는 선善이고
잘 다루어 견줄 데 없으며
위없어 언제나 즐거워하고
의혹이 없고 광명이 있으며
교만을 끊고 위없는 깨달음 증득하신
그 부처님 제자 우바리라네.

애욕을 끊고 견줄 데 없는 깨달음 증득해
연기도 없고 또 불꽃도 없으며
가시는 곳마다 선서善逝 되시어
견줄 데 없고 짝할 이 없으며
이름은 이미 바름에 이르신
그 부처님 제자 우바리라네.

이렇게 갖가지로 부처님을 찬탄한 것
본래는 일찍이 생각지 못했으나
우바리 거사 게송을 읊을 때
여러 하늘들 그에게 내려와
모든 변설로 그를 잘 도왔으며

법답게 말한 것 그 사람다웠었네.
니건친자는
부처님 십력제자에게 물었네."

니건친자가 물었다.

"거사여, 그대는 무슨 뜻으로 사문 구담을 찬탄하는가?"

우바리 거사가 대답하였다.

"존자여, 내가 비유로 말할 것이니 들으시오. 슬기로운 사람은 비유를 들으면 곧 그 뜻을 이해하는 법이오. 마치 꽃다발 만드는 사람과 꽃다발 만드는 사람의 제자가 여러 가지 꽃을 따다 긴 끈으로 꿰어 여러 가지 꽃다발을 만드는 것처럼 존자여, 여래・무소착・등정각께는 한량없이 찬탄할 만한 것이 있어서 내가 존경하기 때문에 찬탄하는 것이오."

이 법을 말할 때 우바리 거사는 티끌을 멀리 하고 때〔垢〕를 떠나 모든 법에 대한 법의 눈〔法眼〕이 생겼다. 니건친자는 그 자리에서 뜨거운 피를 토했고 파화국波和國에 이르러 이 몹쓸 병으로 이내 목숨을 마쳤다.

부처님께서 이렇게 말씀하시자, 우바리 거사는 부처님 말씀을 듣고 기뻐하며 받들어 행하였다.

〔이 우바리경에 수록된 경문 글자 수는 6,263자이다. 『중아함경』 제34권에 수록된 경문의 글자 수는 총 6,263자이다.〕

중아함경 제 33 권

11. 대품 ⑤

134) 석문경釋問經[1]〔제3 염송〕

나는 이와 같이 들었다.

어느 때 부처님께서 마갈타국摩竭陁國[2]을 유행하실 때에 왕사성王舍城의 동쪽이며, 내림촌㮈林村의 북쪽인 비타제산鞞陁提山의 인다라因陁羅 돌집에 계셨다. 그때 천왕석天王釋은 부처님께서 왕사성 동쪽이며, 내림촌의 북쪽인 비타제산의 인다라 돌집에 계신다는 말을 듣고서 오결락자五結樂子[3]에게 말하였다.

---

1 이 경의 이역본으로는 송宋시대 법현法賢이 한역한 『불설제석소문경佛說帝釋所問經』이 있고, 참고 경전으로는 원위元魏시대 길가야吉迦夜와 담요曇曜가 한역한 『잡보장경雜寶藏經』 제6권, 그리고 『장아함경』 제10권 「석제환인문경釋提桓因問經」이 있다.

2 팔리어로는 magadha라고 한다. 또는 마갈타摩揭陁 · 마가타摩伽陁라고도 쓰며, 옛날 나라 이름. 부처님 재세시在世時의 중인도中印度 16대국大國 가운데 하나.

3 팔리본에서는 Pañcasikha Gandhabhaputta, 즉 건달바의 아들 빤차시카라고 하였다.

"나는 세존께서 마갈타국을 유행하시다가 왕사성 동쪽이며 내림촌 북쪽에 있는 비타제산의 인다라 돌집에 계신다는 말을 들었다. 오결아, 너도 나와 함께 부처님을 뵈러 가자."

오결락자가 대답하였다.

"예."

이에 오결락자는 유리 거문고를 끼고 천왕석을 따라갔다. 삼십삼천三十三天은 천왕석이 그 엄중한 마음으로 부처님을 뵈러 가고자 한다는 말을 듣고 삼십삼천 또한 천왕석을 모시고 따라갔다. 이에 천왕석과 삼십삼천 및 오결락자는 마치 역사가 팔을 굽혔다 펴는 것 같은 동안에 삼십삼천에서 갑자기 없어져 나타나지 않다가, 어느새 마갈타국 왕사성의 동쪽이며 내림촌의 북쪽인 비타제산의 돌집에서 그리 멀지 않은 곳에 머물렀다. 그때 비타제산에서 마치 불꽃처럼 밝은 광명이 비치자 그 산 주위에 살던 백성들은 이것을 보고 이렇게 생각하였다.

'비타제산에 큰불이 났구나.'

그때 천왕석은 한곳에 자리 잡고 말하였다.

"오결아, 세존께서는 이렇게 일 없는 한가한 곳이나 산림이나 나무 밑이나 높은 바위에 즐겨 계시면서, 고요하여 소리가 없고 멀리 떠나 악이 없으며 백성들도 없는 데서 이치에 따라 고요히 앉아 계시는 큰 위덕이 있으신 분이다. 모든 하늘들도 그분과 함께 멀리 떠나 고요히 앉아 안온하고 쾌락하게 노닐기를 좋아한다. 그런데 우리들은 아직 통보하지도 못했으니, 곧장 그분 앞에 갈 수가 없구나. 오결아, 네가 먼저 가서 통보하여라. 뒤이어 우리들도 가겠다."

오결락자가 대답했다.

---

5 계髻라고도 하며 제석帝釋을 시중드는 음악신의 이름.

"예."

이에 오결락자는 천왕석의 분부를 받고 유리 거문고를 끼고서 곧 먼저 인다라 돌집으로 가서 문득 이렇게 생각하였다.

'이곳은 부처님에게서 가깝지도 않고 멀지도 않게 떨어져 있다. 부처님께서 나를 알아차리게 하고 내 음성을 들으시게 하자.'

그곳에 자리를 잡은 뒤에 유리 거문고를 연주하여 욕계欲界에 알맞은 게송·용龍에게 알맞은 게송·사문에게 알맞은 게송·아라하에게 알맞은 게송을 지어 노래하였다.

현자여, 당신의 부모와
달과 탐부루耽浮樓[4]에 예경합니다.
그 지극히 뛰어나고 미묘한 당신을 낳았고
나로 하여금 기쁜 마음 내게 하였네.

답답하고 더울 때는 시원한 바람 찾고
목마르면 찬물을 마시고 싶듯
이렇게 내 당신을 사랑하기는
마치 아라하가 법을 사랑하듯 하네.

엎지른 물 담기가 어려운 것처럼
욕심에 대한 집착 또한 그러하며
한량없는 생 동안 함께 만나
집착 없는 이에게 베풀 듯 하리.

---

4 팔리어로는 Timbaru이고, 역시 음악의 신인 건달바왕을 지칭하는 말이다.

못물은 맑고 또 시원하며
그 밑에는 금싸라기 모래가 있어
만일 큰 코끼리 더위에 시달리면
그 못물에 들어가 목욕하네.

마치 갈고리에 매인 코끼리처럼
내 마음 당신에게 항복했다네.
그러나 내 행동 당신 모르기에
심원하여 아직 당신 얻지 못했네.

내 마음 지극히 당신에게 집착하여
답답하고 원망스런 내 마음 불사르네.
그러므로 나는 즐겁지 않으니
사람이 호랑이 입에 들어간 것처럼.

석자釋子가 선정에 드는 것처럼
언제나 한 생각으로 즐거워하였고
모니牟尼가 깨달음을 얻은 것처럼
당신의 그 묘함과 깨끗함 얻었으면.

마치 모니가 즐거워하는 것은
위없고 바른 지극한 깨달음인 것처럼
이렇게 내가 즐거워하는 것
언제나 당신을 찾아 얻고자 함이네.

마치 병자가 약을 찾는 듯하고

굶주린 이가 밥을 찾는 듯하니
어진 당신께서 내 마음 잠재워
마치 물이 불을 끄듯 하십시오.

만일 내가 지은 모든 복福
그것으로 모든 무착無著 공양한다면
그것은 모두 깨끗하고 묘하니
나는 당신과 함께 그 과보 받으리.

나는 당신과 함께 마치기를 원하네.
당신을 여의고는 혼자 살지 못하리라.
나는 당신과 함께 죽을지언정
당신과 헤어져 살기를 바라지 않네.

제석께선 저와 함께 원합니다.
삼십삼천의 존귀한 분들도
당신은 사람 가운데 위없는 높은 분
이 내 소원은 아주 굳세다네.

그러므로 나는 대웅大雄께 예배해
사람 가운데 최상이신 분께 머리 조아리며
모든 애욕의 가시를 끊고
나는 일친日親[5]께 예배합니다.

---

5 팔리어로는 Ādiccabandhu라고 한다. 석가모니불을 가리킴. 인도 신화에서 고대 인도를 일日과 월月 2통統으로 구분하여 석존釋尊 출신을 일통日統이라 한 데서 이 이름이

이에 세존께서는 삼매에서 일어나 오결락자를 찬탄하여 말씀하셨다.

"착하고 착하다. 오결이여. 네 노래 소리는 거문고 소리와 서로 어울리고 거문고 소리는 노래 소리와 어우러져 노래 소리는 거문고 소리 밖으로 벗어나지 않고 거문고 소리는 노래 소리 밖으로 벗어나지 않는구나. 오결아, 너는 혹 옛날에 이 욕계에 알맞은 게송·용에게 알맞은 게송·사문에게 알맞은 게송·아라하에게 알맞은 게송을 읊은 일을 기억하는가?"

오결락자가 말씀드렸다.

"세존이시여, 오직 대선인大仙人께서만 스스로 아십니다. 대선인이시여, 옛날 세존께서 처음으로 도를 깨달으시고 울비라鬱鞞羅[6] 니련선하尼連禪河 언덕에 있는 아사화라니구류阿闍惒羅尼拘類나무 밑에서 노니셨을 때입니다. 탐부루악왕耽浮樓樂王의 딸은 이름이 현월색賢月色이었는데, 하늘의 수레를 부리는 마도려摩兜麗의 아들 결結은 그 처녀를 그리워하였습니다. 대선인이시여, 그가 그녀를 그리워하였을 때 나 또한 그녀 얻기를 갈구하였습니다.

그런데 대선인이시여, 저는 그녀를 갈구했지만 끝내 얻지 못하였습니다. 나는 그때 그녀의 뒤에서 이 욕계에 알맞은 게송·용에게 알맞은 게송·사문에게 알맞은 게송·아라하에게 알맞은 게송을 노래로 읊었습니다. 대선인이시여, 제가 이 게송을 노래로 읊었을 때 그녀는 돌아보고 미소를 머금으며 내게 말하였습니다.

'오결이여, 저는 아직 저 불세존을 뵙지는 못했으나 나는 이미 삼십

비롯됨.

6 팔리어로는 Uruvela라고 한다. 마을 이름으로 불타가야佛陁伽耶 남쪽 니련선하에서 약 1리 남짓 떨어져 있는 곳에 위치한다.

삼천에게서 저 여래如來·무소착無所著·등정각等正覺·명행성위明行成爲·선서善逝·세간해世間解·무상사無上士·도법어道法御·천인사天人師·불중우佛衆祐라고 불리는 세존께서 출현하셨다고 들었습니다. 오결이여, 만일 그대가 자주자주 세존을 찬탄할 수 있다면 나는 당신과 함께 저 대선인을 섬길 것입니다. 그러나 나는 오직 한 번만 만나고 다음부터는 다시 보지 않을 것입니다.'"

이때 천왕석은 이렇게 생각하였다.

'오결락자가 이미 세존을 선정에서 깨워 일으킨 뒤에 선서善逝에게 나를 알렸을 것이다.'

그때 천왕석이 말하였다.

"오결아, 너는 곧 저기 가서 나를 위해 부처님 발에 머리를 조아리고 세존에게 문안을 여쭈어라.

'거룩하신 몸 건강하고 편안하고 유쾌하여 병이 없으시며, 기거하시기 가볍고 평안하며 기력은 한결같으십니까?'

그리고 이렇게 말하라.

'대선인이시여, 천왕석은 부처님 발에 머리를 조아리고 세존께 문안드립니다. 거룩하신 몸 건강하고 편안하고 유쾌하여 병이 없으시며, 기거하시기 가볍고 평안하며 기력은 한결같으십니까? 대선인이시여, 천왕석과 삼십삼천은 세존을 뵙고자 합니다.'"

이에 오결락자는 유리 거문고를 버리고 합장하고 부처님을 향하여 여쭈었다.

"세존이시여, 대선인이시여, 천왕석께서 부처님 발에 머리를 조아리고 문안드립니다.

'거룩하신 몸 건강하고 편안하고 유쾌하여 병이 없으시며 기거하시기 가볍고 평안하며 기력은 한결같으십니까?'라고 세존께 안부를 여쭈셨습니다. 대선인이시여, 천왕석과 삼십삼천은 세존을 뵙고자 합니다."

그때 세존께서 말씀하셨다.

"오결아, 지금 천왕석은 안온하고 쾌락하며 또 모든 하늘·사람·아수라·건달바·나찰 및 여러 다른 것들의 몸도 안온하고 쾌락한가? 오결아, 천왕석이 나를 보고자 한다면 마음대로 하라."

이에 오결락자는 부처님 말씀을 들어 잘 받아 지니고서 부처님 발에 머리를 조아리고 세 번 돌고 떠났다. 그는 천왕석에게 가서 말했다.

"천왕이여, 제가 이미 세존께 여쭈었습니다. 세존께서는 지금 천왕을 기다리십니다. 오직 원컨대 천왕께서는 때를 아셔야 마땅할 것입니다."

이에 천왕석과 삼십삼천 및 오결락자는 부처님 처소로 나아갔고, 그때 천왕석은 부처님 발에 머리를 조아리고 두 번 세 번 자기 이름을 말했다.

"대선인이시여, 저는 천왕석입니다. 저는 천왕석입니다."

세존께서 말씀하셨다.

"그렇다, 그렇다. 구익拘翼아, 너는 천왕석이다."

그때에 천왕석은 두 번 세 번 자기 이름을 말하고 부처님 발에 머리를 조아리고 물러나 한쪽에 앉았다. 삼십삼천과 오결락자도 또한 부처님 발에 머리를 조아리고 물러나 한쪽에 앉았다. 천왕석이 여쭈었다.

"오직 대선인이시여, 제가 세존께 가까이 가서 앉아야 합니까, 멀찍이 앉아야 합니까?"

세존께서 말씀하셨다.

"너는 내게 가까이 앉아라. 왜냐하면 너에게는 많은 하늘 권속이 있기 때문이다."

이에 천왕석은 부처님 발에 머리를 조아리고 물러나 한쪽에 앉았고 삼십삼천과 오결락자도 또한 부처님 발에 머리를 조아리고 물러나 한쪽에 앉았다. 그때 인다라 돌집이 갑자기 넓고 커졌다. 왜냐하면, 부처님의 위신威神과 모든 하늘들의 위덕威德 때문이었다.

그때 천왕석은 자리를 정한 뒤에 여쭈었다.

"오직 대선인이시여, 저는 오랫동안 세존을 뵙고자 하였고 법을 묻고자 하였습니다. 대선인이시여, 옛날 어느 때 세존께서는 사위성을 유행하시다가 바위 가운데 계셨습니다. 대선인이시여, 나는 그때 스스로를 위하고 또 삼십삼천을 위하여 1천 코끼리의 수레를 타고 비사문鞞沙門 대왕의 집으로 갔습니다. 그때 비사문 대왕의 집에는 반사나槃闍那라는 첩이 있었습니다. 그때 세존께서는 고요하게 선정에 드셨고 그 첩은 합장하고 세존께 예배하였습니다. 대선인이시여, 저는 그녀에게 말하였습니다.

'누이여, 나는 지금 세존을 찾아가 뵐 때가 아니다. 세존께서는 선정에 드셨다. 만일 세존께서 선정에서 깨어나시거든 누이여, 곧 나를 위하여 부처님 발에 머리를 조아리고 〈거룩하신 몸 건강하고 편안하고 유쾌하여 병이 없으시며, 기거하시기 가볍고 평안하며 기력은 한결같으십니까?〉라고 세존께 안부를 여쭈어라. 그리고 이렇게 말하라.

〈대선인이시여, 천왕석은 부처님 발에 머리를 조아리고 세존께 문안드립니다. 거룩하신 몸 건강하고 편안하고 유쾌하여 병이 없으시며, 기거하시기 가볍고 평안하며 기력은 한결같으십니까?〉'

대선인이시여, 그 누이는 저를 위하여 부처님 발에 머리를 조아리고 세존께 문안드렸습니다. 세존이시여, 기억하십니까?"

세존께서 말씀하셨다.

“구익아, 그 누이는 너를 위하여 내 발에 머리를 조아리고 네 뜻을 갖추어 말하고 내게 문안하였다. 나도 또 기억한다. 구익아, 네가 갈 때 그 음성을 듣고 나는 곧 선정에서 깨어났다.”

천왕석이 말하였다.

“대선인이시여, 저는 옛날에 ‘만일 여래·무소착·등정각·명행성위·선서·세간해·무상사·도법어·천인사·불중우라 불리는 이가 세상에 나오실 때에는 모든 하늘 무리를 더하고 아수라를 감한다’고 들었습니다.

대선인이시여, 저는 제 눈으로 세존의 제자 비구들이 세존을 따라 범행을 닦아 익히고 욕심을 버리고 욕심을 떠나서, 몸이 무너지고 목숨이 끝난 뒤에는 좋은 곳으로 가서 하늘에 태어나는 것을 보았습니다. 대선인이시여, 구비석녀瞿毘釋女는 세존의 제자입니다. 그 여인 또한 세존을 따라 범행을 닦아 익혀, 그러한 여자의 몸을 싫어하고 남자의 형상을 좋아함으로써 여자의 몸을 바꾸어 남자의 형상을 받았으니, 욕심을 버리고 욕심을 떠나 몸이 무너지고 목숨이 끝난 뒤에는 묘한 곳 삼십삼천에 태어나게 되어 내 아들이 되었습니다. 그가 태어나자마자 모든 하늘은 다 구바천자瞿婆天子에게 큰 여의족이 있고 큰 위덕이 있으며 큰 복이 있고 큰 위신이 있는 줄을 알았습니다.

대선인이시여, 저는 또 세존의 제자 세 비구가 또한 세존을 따라 범행을 닦아 익혔지만, 욕심을 버리지 못했기 때문에 몸이 무너지고 목숨이 끝난 뒤에는 다른 하천한 기악궁伎樂宮 가운데 태어난 것을 보았습니다. 그들은 태어나자마자 날마다 삼십삼천에 와서 모든 하늘을 공양해 섬기고 구바천자를 받들어 모셨습니다. 구바천자는 그들을 보고 게송으로 말하였습니다.”

여안與眼의 우바사優婆私
나의 이름은 구비瞿毘였고
부처님과 또 법을 받들어 공경하고
청정한 뜻으로 대중을 공양했네.

나는 이미 부처님 은혜를 입고
석씨의 제자로서 큰 복과 덕이 있어
이제 묘하게 삼십삼천에 태어나니
그들은 모두 제석의 아들로 아네.

그대들 본래 비구였으나
기악신伎樂神으로 태어나
합장하고 앞에 섰으니
구바는 그대들 위해 게송을 설하리.

그대들은 본래 구담의 제자로
내가 본래 사람으로 있었을 때
우리 집에 찾아왔었고
나는 음식으로 잘 공양하였네.

그대들은 본래 성인과 같았고
위없는 범행을 행하였건만
이제는 남의 하인이 되어
날마다 와서 하늘을 섬기누나.

나는 본래 그대들을 받들어 섬기며

성인께서 말씀하신 법을 듣고는
믿음을 얻고 계율을 성취하여
이제 묘하게 삼십삼천에 태어났네.

그대들은 본래 섬김을 받고
위없는 범행을 행하였건만
지금은 남의 하인이 되어
날마다 와서 하늘을 섬기누나.

그대들은 무엇으로 얼굴을 삼았기에
부처님 법을 받아 지닌 뒤에도
도리어 등지고 법을 향하지 않았냐고
안목을 갖추고 법을 깨친 이 말씀하셨네.

내가 옛날에 보았던 그대들
지금은 하천한 기악으로 태어났구나.
스스로 법 아닌 행을 저질러
스스로 법 아닌 데 태어났구나.

나는 본래 가정에 있었는데
내 지금의 수승한 덕을 관찰하면
여자 몸 바꾸어 천자가 되어
5욕欲의 즐거움을 마음껏 누린다네.

천자天子가 구담의 제자를 꾸짖자
흡족해하고 그들 구담을 찬탄했네.

'나는 이제 마땅히 진행하리라
천자의 거짓 없는 진실한 말을.'

셋 중 두 제자 부지런히 정진하여
구담의 법을 기억해 내고
욕심에 재환災患이 있는 줄 알아
그들은 곧 욕심을 버렸다네.

그들 욕심에 묶여 있었으나
곧 멀리 버려 여의고
마치 코끼리가 굴레를 끊듯
삼십삼천을 뛰어넘었네.

인다라因陁羅·하늘·범梵
모두가 다 와서 모일 때
그는 그 자리를 떠나버렸네
사내답고 용맹스럽게 티끌 욕심 버리고.

제석은 이를 보고 흡족하였네.
'하늘 보다 뛰어난 하늘 중의 하늘이라
그들은 본래 하천하게 태어났으나
이제 삼십삼천마저 뛰어넘었네.'

흡족해 하며 묘식妙息이 말하자
구바瞿婆가 뒤이어 말하네.
'사람 가운데 부처란 뛰어난 분 있으니

그 석가모니는 욕심을 아신다.'

그 제자 그 동안에 뜻을 잃었다가
내가 꾸짖자 다시 뜻을 얻어
그 셋 가운데 한 제자
곧 기악신伎樂神으로 태어났다네.

다른 두 제자 등정도等正道를 이루어
하늘에서 정근定根의 즐거움 얻었네.
'그대가 이러한 법을 설하여
제자들 의혹이 사라졌다오.'

누漏를 건너고 삿된 의혹을 끊어
부처님께 예경하고 근根을 항복받고서
만일 그들 모든 법 깨닫는다면
그 둘은 올라가 나아갈 곳 얻으리라.

그들이 올라가 나아갈 곳 얻은 뒤에는
저 범천 가운데 태어날 것이니
우리는 모두 저 법을 알기에
대선大仙께서 여기에 이르러 왔네.

그때 세존께서는 문득 이렇게 생각하셨다.

'이 귀신들은 오랜 세월동안 아첨이 없고 속임이 없으며 허황됨이 없고 바르고 곧아 만일 의문이 있으면 다 알고자 하기 때문에 실없이

하지 않는다. 그의 물음도 이와 같다. 나는 차라리 깊고 깊은 아비담阿毘曇을 설해 주는 것이 좋겠다.'

세존께서는 이런 줄을 아신 뒤에 천왕석을 위하여 게송으로 말씀하셨다.

현재에 즐거워하기 때문에
후세에도 또한 즐거워하네.
구익아, 너 하고자 하는 대로
스스로 거리낌 없이 물어라.
이것저것 묻는 것
모두 다 결단해 주리라.

세존께서 이미 다 허락하시자
일천日天은 그 이치 구하려고
마갈타국에서
어진 이 바사바婆娑婆[7]는 물었네.

이에 천왕석은 여쭈었다.

"세존이시여, 하늘·사람·아수라·건답화揵沓和·나찰 및 그 밖의 여러 몸에는 각각 몇 가지 번뇌〔結〕가 있습니까?"

세존께서 대답하셨다.

"구익아, 하늘·사람·아수라·건답화·나찰 및 그 밖의 여러 몸에는 각각 2종種의 번뇌가 있으니, 곧 아낌과 질투이다. 그들은 각각 이

7 팔리어로는 Vāsava이고, 제석천帝釋天의 이명異名이다.

렇게 생각한다.

'나는 무기〔杖〕도 없고 번뇌도 없으며 원한도 없고 성냄도 없으며 다툼도 없고 싸움도 없으며 고통도 없고 안락하게 노닐고 싶다.'

그들은 비록 이렇게 생각하지만 여전히 그들에게는 무기가 있고 번뇌가 있으며 원한이 있고 성냄이 있으며 다툼이 있고 싸움이 있으며 고통이 있어 안락하게 노닐 수 없다."

그때 천왕석이 듣고서 말씀드렸다.

"그렇습니다, 세존이시여. 그렇습니다, 선서시여. 그렇습니다, 대선인이시여. 하늘·사람·아수라·건답화·나찰 및 그 밖의 여러 가지 몸에는 각각 2종種의 번뇌가 있습니다. 그리고 그들은 이렇게 생각합니다.

'내게는 무기가 없고 번뇌가 없으며 원한이 없고 성냄이 없으며 다툼이 없고 싸움이 없으며 고통이 없고 안락하게 노닐고 싶다.'

그들은 비록 이렇게 생각하지만 여전히 그들에게는 무기가 있고 번뇌가 있으며 원한이 있고 성냄이 있으며 다툼이 있고 싸움이 있으며 고통이 있어 안락하게 노닐 수 없습니다. 그렇습니다, 세존이시여. 그렇습니다, 선서시여. 그렇습니다, 대선인이시여. 부처님께서 설법하신 것과 같이 저는 그것을 모두 알아 의심을 끊고 미혹을 건너 망설임이 없습니다. 그것은 부처님의 말씀을 들었기 때문입니다."

그때 천왕석은 부처님 말씀을 듣고 기뻐하며 받들어 행하였다.

천왕석이 다시 여쭈었다.

"대선인이시여, 아낌과 질투는 무엇을 인연하고 무엇으로부터 생기며 무엇으로 말미암아 있습니까? 다시 무엇으로 말미암아 아낌과 질투는 없어집니까?"

세존께서 대답하셨다.

“구익아, 아낌과 질투는 사랑〔愛〕과 미움〔不愛〕을 인연하고 사랑과 미움으로부터 생기며 사랑과 미움으로 말미암아 있다. 만일 사랑과 미움이 없으면 곧 아낌과 질투는 없어진다.”

“그렇습니다, 세존이시여. 그렇습니다, 선서시여. 그렇습니다, 대선인이시여. 아낌과 질투는 사랑과 미움을 인연하고 사랑과 미움으로부터 생기며 사랑과 미움으로 말미암아 있습니다. 만일 사랑과 미움이 없으면 곧 아낌과 질투는 없어집니다. 그렇습니다, 세존이시여. 그렇습니다, 선서시여. 그렇습니다, 대선인이시여. 부처님께서 설법하신 것과 같이 저는 그것을 다 알아 의심을 끊고 미혹을 건너 망설임이 없습니다. 그것은 부처님의 말씀을 들었기 때문입니다.”

그때 천왕석은 부처님 말씀을 듣고 기뻐하며 받들어 행하였다.

천왕석은 다시 여쭈었다.

“대선인이시여, 사랑과 미움은 무엇을 인연하고 무엇으로부터 생기며 무엇으로 말미암아 있습니까? 다시 무엇으로 말미암아 사랑과 미움이 없어집니까?”

세존께서 대답하셨다.

“구익아, 사랑과 미움은 욕심〔欲〕을 인연하고 욕심으로부터 생기며 욕심으로 말미암아 있다. 만일 욕심이 없으면 곧 사랑과 미움은 없어진다.”

“그렇습니다, 세존이시여. 그렇습니다, 선서시여. 그렇습니다, 대선인이시여. 사랑과 미움은 욕심을 인연하고 욕심으로부터 생기며 욕심으로 말미암아 있습니다. 만일 욕심이 없으면 곧 사랑과 미움은 없어집니다. 그렇습니다, 세존이시여. 그렇습니다, 선서시여. 그렇습니다. 대선인이시여. 부처님께서 설법하신 것과 같이 저는 다 알아 의심을 끊고 미혹을 건너 망설임이 없습니다. 그것은 부처님 말씀을 들었기 때문입니다."

그때 천왕석은 부처님 말씀을 듣고 기뻐하며 받들어 행하였다.

천왕석은 다시 여쭈었다.

"대선인이시여, 욕심은 무엇을 인연하고 무엇으로부터 생기며 무엇으로 말미암아 있습니까? 다시 무엇으로 말미암아 욕심은 없어집니까?"

세존께서 대답하셨다.

"구익아, 욕심은 기억〔念〕을 인연하고 기억으로부터 생기며 기억으로 말미암아 있다. 만일 기억이 없으면 욕심은 곧 없어진다."

"그렇습니다, 세존이시여. 그렇습니다, 선서시여. 그렇습니다, 대선인이시여. 욕심은 기억을 인연하고 기억으로부터 생기며 기억으로 말미암아 있습니다. 만일 기억이 없으면 욕심은 곧 없어집니다. 그렇습니다, 세존이시여. 그렇습니다, 선서시여. 그렇습니다, 대선인이시여. 부처님께서 설법하신 것과 같이 저는 그것을 다 알아 의심을 끊고 미혹을 건너 망설임이 없습니다. 그것은 부처님 말씀을 들었기 때문입니다."

그때 천왕석은 부처님 말씀을 듣고 기뻐하며 받들어 행하였다.

천왕석은 다시 여쭈었다.

"대선인이시여, 기억은 무엇을 인연하고 무엇으로부터 생기며 무엇으로 말미암아 있습니까? 다시 무엇으로 말미암아 없어집니까?"

세존께서 대답하셨다.

"구익아, 기억은 헤아림〔思〕을 인연緣하고 헤아림으로부터 생기며 헤아림으로 말미암아 있다. 만일 헤아림이 없으면 기억은 곧 없어진다. 기억으로 말미암아 욕심이 있고 욕심으로 말미암아 사랑과 미움이 있으며 사랑과 미움으로 말미암아 아낌과 질투가 있고 아낌과 질투로 말미암아 칼과 몽둥이 · 싸움 · 미움 · 아첨 · 속임 · 거짓말 · 이간하는 말이 있고 마음속에는 한량없이 악하고 착하지 않은 법이 생긴다. 이렇게 큰 고음苦陰이 생기는 것이다. 만일 헤아림이 없으면 곧 기억이 없어지고 만일 기억이 없으면 곧 욕심이 없어지며 만일 욕심이 없으면 곧 사랑과 미움이 없어지고 만일 사랑과 미움이 없으면 곧 아낌과 질투가 없어지며 만일 아낌과 질투가 없으면 곧 칼과 몽둥이 · 싸움 · 미움 · 아첨 · 속임 · 거짓말 · 이간하는 말이 없어지고 마음속에는 한량없는 악하고 착하지 않은 법이 생기지 않는다. 이렇게 큰 고음이 소멸하는 것이다."

그때 천왕석이 듣고서 말씀드렸다.

"그렇습니다, 세존이시여. 그렇습니다, 선서시여. 그렇습니다, 대선인이시여. 기억은 헤아림을 인연하고 헤아림으로부터 생기며 헤아림으로 말미암아 있습니다. 만일 헤아림이 없으면 곧 기억은 없어집니다. 기억으로 말미암아 욕심이 있고 욕심으로 말미암아 사랑과 미움이 있으며 사랑과 미움으로 말미암아 아낌과 질투가 있고 아낌과 질투로 말미암아 칼과 몽둥이 · 싸움 · 미움 · 아첨 · 속임 · 거짓말 · 이간하는 말이 있고, 마음속에는 한량없는 악하고 착하지 않은 법이 생긴다. 이렇게 큰 고음이 생기는 것입니다. 만일 헤아림이 없으면 곧 기억이 없어지고 만일 욕심이 없으면 곧 사랑과 미움이 없어지며, 사랑과 미움이 없으면 곧 아낌과 질투가 없어지며, 만일 아낌과 질투가 없으면 곧 칼과 몽둥이 · 싸움 · 미움 · 아첨 · 속임 · 거짓말 · 이간하는 말이 없어지며, 마음속에는 한량없는 악하고 착하지 않은 법이 생기지 않습니다. 이렇게 큰 고음이 소멸합니다. 그렇습니다, 세존이시여. 그렇습니다, 선서시여. 그렇습니다, 대선인이시여. 부처님께서 설법하신 것과 같이 저는 그것을 다 알아 의심을 끊고 미혹을 막아 망설임이 없습니다. 그것은 부처님 말씀을 들었기 때문입니다."

그때 천왕석은 부처님 말씀을 듣고 기뻐하며 받들어 행하였다.

천왕석은 다시 여쭈었다.

"대선인이시여, 어떤 것이 실없음〔戲〕을 멸하는 도법〔道跡〕이며, 비구는 무엇을 행하여 실없음을 멸하는 도법으로 나아갑니까?"

세존께서 대답하셨다.

"구익아, 실없음을 소멸하는 도법은 곧 8정도〔八支聖道〕이니, 바른 견해〔正見〕에서부터 나아가 바른 선정〔正定〕에 이르기까지의 여덟 가지이다. 구익아, 이것을 실없음을 멸하는 도법이라고 하며, 비구는 이것을 행하여 실없음을 멸하는 도법으로 나아간다."

"그렇습니다, 세존이시여. 그렇습니다, 선서시여. 그렇습니다, 대선인이시여. 실없음을 멸하는 도법은 곧 8정도이니, 바른 견해와 나아가 바른 선정에 이르기까지의 여덟 가지입니다. 대선인이시여, 이것을 실없음을 멸하는 도법이라고 하며, 비구는 이것을 행하여 실없음을 멸하는 도법으로 나아갑니다. 그렇습니다, 세존이시여. 그렇습니다, 선서시여. 그렇습니다, 대선인이시여. 부처님께서 설법하신 것과 같이 저는 그것을 다 알아서 의심을 끊고 미혹을 막아 망설임이 없습니다. 그것은 부처님 말씀을 들었기 때문입니다."

그때 천왕석은 부처님 말씀을 듣고 기뻐하며 받들어 행하였다.

천왕석은 다시 여쭈었다.

"대선인이시여, 비구로서 실없음을 멸하는 도법으로 나아가려면 몇 가지 법을 끊어야 하며 몇 가지 법을 행하여야 합니까?"

세존께서 말씀하셨다.

"구익아, 비구로서 실없음을 멸하는 도법으로 나아가려면 3법을 끊어야 하고 3법을 닦아 행해야 한다. 어떤 것이 세 가지인가? 첫째는 기억〔念〕이며, 둘째는 말〔言〕이며, 셋째는 구하는 것〔求〕이다. 구익아, 기억에도 두 가지가 있다고 나는 말한다. 곧 행하여야 할 것과 행하지 않아야 할 것이다. 만일 행하지 않아야 할 기억이면 나는 곧 그것을 끊고, 만일 행하여야 할 기억이면 나는 그것을 하기 위한 때를 안다. 기억이 있고 지혜가 있어 그 기억을 성취하기 위한 까닭이니 말도 역시 그와 같다. 구익아, 구하는 것에도 나는 두 가지가 있다고 말한다. 곧 행하지 않아야 할 것과 행하여야 할 것이다. 만일 행하지 않아야 할 구함이라면 나는 곧 그것을 끊고, 만일 행하여야 할 구함이라면 나는 그것을 하기 위한 때를 안다. 기억이 있고 지혜가 있어 그 구함을 성취하기 위한 까닭이다."

"그렇습니다, 세존이시여. 그렇습니다, 선서시여. 그렇습니다, 대선인이시여. 비구로서 실없음을 소멸하는 도법으로 나아가려면 3법을 끊어야 하고 3법을 닦아 행해야 합니다. 어떤 것이 세 가지인가? 첫째는 기억이며, 둘째는 말이며, 셋째는 구하는 것입니다. 대선인께서는 행해야 할 것과 행하지 않아야 할 두 가지의 기억이 있다고 말씀하셨습니다. 만일 기억이 악하고 착하지 않은 법을 더 자라게 하고 착한 법을 덜어 감한다면 대선인께서는 곧 그것을 끊으시고, 만일 기억이 악하고 착하지 않은 법을 덜어 감하고 착한 법을 더 자라게 한다면 대선인께서는 그것을 하기 위한 때를 아실 것입니다. 생각이 있고 지혜가 있어 그 기억을 성취하기 위한 까닭입니다. 말에 대하여도 그렇습니다.

대선인께서는 또한 구함에도 행하여야 할 것과 행하지 않아야 할 두 가지가 있다고 말씀하셨습니다. 만일 구함이 악하고 착하지 않은 법을 더 자라게 하고 착한 법을 덜어 감한다면 대선인께서는 곧 그것을 끊으시고, 만일 악하고 착하지 않은 법을 덜어 감하고 착한 법을 더 자라게 한다면 대선인께서는 그것을 하기 위한 때를 아실 것입니다. 생각이 있고 지혜가 있어 그 구함을 성취하시기 위한 까닭입니다. 그렇습니다, 세존이시여. 그렇습니다, 선서시여. 그렇습니다, 대선인이시여. 부처님께서 설법하신 것과 같이 저는 그것을 다 알아 의심을 끊고 미혹을 막아 망설임이 없습니다. 그것은 부처님의 말씀을 들었기 때문입니다."

그때 천왕석은 부처님 말씀을 듣고 기뻐하며 받들어 행하였다.

천왕석이 다시 여쭈었다.

"대선인이시여, 비구로서 실없음을 소멸하는 도법으로 나아가려면 몇 가지 법이 있어 종해탈從解脫을 보호하고 몇 가지 법을 행하여야 합니까?"

세존께서 말씀하셨다.

"구익아, 비구로서 실없음을 멸하는 도법으로 나아가려면 6법이 있어 종해탈을 보호하고 6법을 행하여야 한다. 어떤 것이 여섯 가지인가? 눈은 빛깔을 보고 귀는 소리를 들으며 코는 냄새를 맡고 혀는 맛을 맛보며 몸은 감촉을 느끼고 뜻은 법을 아는 것이다. 구익아, 눈이 빛깔을 보는 것에도 행해야 할 것과 행하지 않아야 할 두 가지가 있다고 나는 말한다. 만일 눈이 보지 않아야 할 빛깔을 본다면 나는 곧 그것을 끊고 만일 눈이 보아야 할 빛깔을 본다면 나는 그것을 하기 위한 때를 안다. 그것은 생각이 있고 지혜가 있어 그것을 성취하기 위한 까닭이다. 이와 같이 귀가 소리를 듣고 코가 냄새를 맡으며 혀가 맛을 맛보고 몸이 감촉을 느끼는 것에 대해서도 그러하다. 뜻이 법을 아는 데도 행해야 할 것과 행하지 않아야 할 두 가지가 있다고 나는 말한다. 만일 뜻이 알지 않아야 할 법을 안다면 나는 곧 그것을 끊고, 만일 뜻이 알아야 할 법을 안다면 나는 그것을 하기 위한 때를 안다. 그것은 생각이 있고 지혜가 있어 그것을 성취하기 위한 까닭이다."

"그렇습니다, 세존이시여. 그렇습니다, 선서시여. 그렇습니다, 대선인이시여. 비구로서 실없음을 소멸하는 도법으로 나아가려면 6법이 있어 종해탈을 보호하고 6법을 행하여야 합니다. 어떤 것이 여섯 가지인가? 눈은 빛깔을 보고 귀는 소리를 들으며 코는 냄새를 맡고 혀는 맛을 맛보며 몸은 감촉을 느끼고 뜻은 법을 아는 것입니다. 대선인이시여, 눈이 빛깔을 보는 데도 행해야 할 것과 행하지 않아야 할 두 가지가 있습니다. 만일 눈이 악하고 착하지 않은 법을 더 자라게 하고 착한 법을 덜어 감하는 빛깔을 본다면 대선인께서는 곧 그것을 끊으실 것이고, 만일 눈이 악하고 착하지 않은 법을 덜어 감하고 착한 법을 더 자라게 하는 빛깔을 본다면 대선인께서는 그것을 하기 위한 때를 아실 것입니다. 그것은 생각이 있고 지혜가 있어 그것을 성취하기 위한 까닭입니다.

이와 같이 귀가 소리를 듣고 코가 냄새를 맡으며 혀가 맛을 맛보고 몸이 감촉을 느끼는 것에 대해서도 또한 그러하며, 대선인께서는 뜻이 법을 아는 데도 행해야 할 것과 행하지 않아야 할 두 가지가 있다고 말씀하셨습니다. 만일 뜻이 악하고 착하지 않은 법을 더 자라게 하고 착한 법을 덜어 감하는 법을 안다면 대선인께서는 곧 그것을 끊을 것이고, 만일 뜻이 악하고 착하지 않은 법을 덜어 감하고 착한 법을 더 자라게 하는 법을 안다면 대선인께서는 그것을 하기 위한 때를 아실 것입니다. 그것은 생각이 있고 지혜가 있어 그것을 성취하기 위한 까닭입니다. 그렇습니다, 세존이시여. 그렇습니다, 선서시여. 그렇습니다, 대선인이시여. 부처님께서 설법하신 것과 같이 저는 그것을 다 알아 의심을 끊고 미혹을 막아 망설이지 않습니다. 그것은 부처님의 말씀을 들었기 때문입니다."

그때 천왕석은 부처님 말씀을 듣고 기뻐하며 받들어 행하였다.

천왕석이 다시 여쭈었다.

"대선인이시여, 비구로서 실없음을 소멸하는 도법으로 나아가려면 목숨이 한 시간쯤 남아 있을 때에 다시 몇 가지 법을 끊어야 하며, 몇 가지 법을 행하여야 합니까?"

세존께서 말씀하셨다.

"구익아, 비구로서 실없음을 소멸하는 도법으로 나아가려면 목숨이 한 시간쯤 남아 있을 때 다시 3법을 끊어야 하고 3법을 행하여야 한다. 어떤 것이 세 가지인가? 첫째는 기쁨〔喜〕이며 둘째는 걱정〔憂〕이며 셋째는 평정〔捨〕이다. 구익아, 기쁨에도 행하여야 할 것과 행하지 않아야 할 두 가지가 있다고 나는 말한다. 만일 행하지 않아야 할 기쁨이면 나는 곧 그것을 끊고, 만일 행하여야 할 기쁨이면 나는 그것을 하기 위한 때를 안다. 그것은 생각이 있고 지혜가 있어 그것을 성취하기 위한 까닭이다. 걱정에 대해서도 그러하다. 구익아, 평정에도 행하여야 할 것과 행하지 않아야 할 두 가지가 있다고 나는 말한다. 만일 행하지 않아야 할 평정이라면 나는 곧 그것을 끊고 만일 행하여야 할 평정이라면 나는 그것을 하기 위한 때를 안다. 그것은 생각이 있고 지혜가 있어 그것을 성취하기 위한 까닭이다."

"그렇습니다, 세존이시여. 그렇습니다, 선서시여. 그렇습니다, 대선인이시여. 비구로서 실없는 도법을 소멸하는 데로 나아가려면 목숨이 한 시간쯤 남아 있을 때 3법을 끊어야 하고 3법을 닦아야 합니다. 어떤 것이 세 가지인가? 첫째는 기쁨이요 둘째는 걱정이며 셋째는 평정입니다. 대선인께서는 기쁨에도 행하여야 할 것과 행하지 않아야 할 두 가지가 있다고 말씀하셨습니다. 만일 기쁨이 악하고 착하지 않은 법을 더 자라게 하고 착한 법을 덜어 감하는 것이면 대선인께서는 곧 그것을 끊고, 만일 기쁨이 악하고 착하지 않은 법을 덜어 감하고 착한 법을 더 자라게 하는 것이면 대선인께서는 그것을 하기 위한 때를 아실 것입니다. 그것은 생각이 있고 지혜가 있어 그것을 성취하기 위한 까닭입니다. 걱정에 대해서도 또한 그러하며, 대선인께서는 평정에도 행하여야 할 것과 행하지 않아야 할 두 가지가 있다고 말씀하셨습니다. 만일 평정이 악하고 착하지 않은 법을 더 자라게 하고 착한 법을 덜어 감하는 것이면 대선인께서는 곧 그것을 끊으시고, 만일 평정이 악하고 착하지 않은 법을 덜어 감하고 착한 법을 더 자라게 하는 것이면 대선인께서는 그것을 하기 위한 때를 아실 것입니다. 그것은 생각이 있고 지혜가 있어 그것을 성취하기 위한 까닭입니다. 그렇습니다, 세존이시여. 그렇습니다, 선서시여. 그렇습니다, 대선인이시여. 부처님께서 설법하신 것과 같이 저는 그것을 다 알아 의심을 끊고 미혹을 막아 망설임이 없습니다. 그것은 부처님의 말씀을 들었기 때문입니다."

그때 천왕석은 부처님의 말씀을 듣고 기뻐하며 받들어 행하였다.

천왕석이 다시 여쭈었다.

"대선인이시여, 모든 사문 범지는 동일한 말〔說〕·동일한 욕심〔欲〕·동일한 사랑〔愛〕·동일한 즐거움〔樂〕·동일한 뜻〔意〕을 가집니까?"

세존께서 듣고 나서 대답하셨다.

"구익아, 모든 사문 범지가 동일한 말·동일한 욕심·동일한 사랑·동일한 즐거움·동일한 뜻을 가진 것은 아니다."

"대선인이시여, 모든 사문 범지가 무슨 까닭으로 동일한 말과 동일한 욕심· 동일한 사랑·동일한 즐거움·동일한 뜻을 가지지 않습니까?"

"구익아, 이 세상에는 몇몇의 세계가 있는가 하면 한량없는 세계도 있다. 그들은 그들이 아는 세계를 따르고 곧 그 세계에서 그 힘을 따르고 그 방편을 따라 한결같이 이것은 진실이며 다른 것은 허망하다고 말한다. 구익아, 그러므로 모든 사문 범지가 동일한 말·동일한 욕심·동일한 사랑·동일한 즐거움·동일한 뜻을 가진 것은 아니니다."

"그렇습니다, 세존이시여. 그렇습니다, 선서시여. 그렇습니다, 대선인이시여. 이 세계에는 몇몇의 세계가 있는가 하면 한량없는 세계가 있습니다. 그들은 그들이 아는 세계를 따르고 곧 그 세계에서 그 힘을 따르고 그 방편을 따라 한결같이 '이것은 진실이며 다른 것은 허망하다'라고 말합니다. 대선인이시여, 그러므로 모든 사문 범지는 동일한 말·동일한 욕심·동일한 사랑·동일한 즐거움·동일한 뜻을 가진 것은 아닙니다. 그렇습니다, 세존이시여. 그렇습니다, 선서시여. 그렇습니다, 대선인이시여. 부처님께서 설법하신 것과 같이 저는 그것을 다 알아 의심을 끊고 미혹을 막아 망설임이 없습니다."

그때 천왕석은 부처님 말씀을 듣고 기뻐하며 받들어 행하였다.

천왕석이 다시 여쭈었다.

"대선인이시여, 모든 사문 범지는 구경究竟에 이르게 되어 희고 깨끗함[白淨]이 구경에 이르고, 범행梵行이 구경에 이르며 범행이 구경에 이르러 마치게 됩니까?"

세존께서는 대답하셨다.

"구익아, 꼭 모든 사문 범지가 구경에 이르게 되어 희고 깨끗함이 구경에 이르고, 범행이 구경에 이르며 범행이 구경에 이르러 마치게 되는 것은 아니니라."

"대선인이시여, 무슨 까닭으로 꼭 모든 사문 범지가 구경에 이르게 되어 희고 깨끗함이 구경에 이르고, 범행이 구경에 이르며 범행이 구경에 이르러 마치게 되지 않습니까?"

"구익아, 만일 어떤 사문 범지가 위없는 애욕에 있어서 다 바르고 착하게 마음이 해탈하지 못하면, 그는 구경에 이르지 못하여 희고 깨끗함이 구경에 이르지 못하고 범행이 구경에 이르지 못하며, 범행이 구경에 이르러 마치지 못하게 된다. 구익아, 만일 어떤 사문 범지가 위없는 애욕에 있어서 다 바르고 착하게 마음이 해탈하면 그는 구경에 이르러 희고 깨끗함이 구경에 이르고 범행이 구경에 이르며 범행이 구경에 이르러 마치게 된다."

"그렇습니다, 세존이시여. 그렇습니다, 선서시여. 그렇습니다, 대선인이시여. 만일 어떤 사문 범지가 위없는 애욕에서 다 바르고 착하게 마음이 해탈하지 못하면 그는 구경에 이르지 못하여 희고 깨끗함이 구경에 이르지 못하고 범행이 구경에 이르지 못하며 범행이 구경에 이르러 마치지 못할 것입니다. 대선인이시여, 만일 어떤 사문 범지가 위없는 애욕에 있어서 다 바르고 착하게 마음이 해탈하면, 그는 구경에 이르러 희고 깨끗함이 구경에 이르고 범행이 구경에 이르며 범행이 구경에 이르러 마치게 될 것입니다. 그렇습니다, 세존이시여. 그렇습니다, 선서시여. 그렇습니다, 대선인이시여. 부처님께서 설법하신 것과 같이 저는 그것을 다 알아 의심을 끊고 미혹을 막아 망설임이 없습니다. 그것은 부처님의 말씀을 들었기 때문입니다."

그때 천왕석은 부처님 말씀을 들어 잘 받아 지니고서 다시 여쭈었다.

"대선인이시여, 내게는 오랫동안 의혹의 가시〔刺〕가 있었는데, 세존께서 오늘 그것을 빼내주셨습니다. 왜냐하면 곧 여래·무소착·등정각이시기 때문입니다."

세존께서 물으셨다.

"구익아, 너는 혹 옛날에 다른 사문 범지에게도 이런 일을 물어 본 적이 있는가?"

그때 천왕석이 대답하였다.

"세존이시여, 대선인께서는 마땅히 스스로 아실 것입니다. 대선인이시여, 삼십삼천은 법당에 모여 각각 슬픔을 가지고 몇 번이나 탄식하며 말하였습니다.

'우리들이 만일 여래·무소착·등정각을 만나면 꼭 찾아뵐 것이다.'

대선인이시여, 그런데 저희들은 여래·무소착·등정각을 만나지 못하고 곧 5욕의 공덕〔五欲功德〕[8]을 구족하게 행하였습니다. 대선인이시여, 우리들은 방일放逸하였고 방일한 뒤에는 큰 위덕이 있는 천자가 지극히 묘한 곳에서 곧 목숨을 마쳤습니다. 대선인이시여, 저는 큰 위덕이 있는 천자가 지극히 묘한 곳에서 목숨을 마치는 것을 보았을 때 곧 극심한 싫증이 생겨 몸의 털이 곤두서서 생각하였습니다.

'나는 이곳에서 목숨을 마치지 말았으면…….'

대선인이시여, 저는 이렇게 싫증내고 이렇게 슬퍼한 까닭으로 말미암아 만일 다른 사문 범지가 일 없는 한가한 곳이나 산림이나 나무 밑이나 높은 바위에 즐겁게 있으면서 고요하여 소리가 없고 멀리 떨어져 악이 없으며, 또 사람도 없는 데서 이치를 따라 고요히 선정에 들고 그가 멀리 떨어져 있는 것을 좋아하며 고요히 선정에 들어 안온하고 쾌락하게 노닐고 있으면, 저는 그를 보고 나서 이렇게 생각하였습니다.

---

8 팔리어로는 Pañnca Kāmaguṇa이며, 안眼·이耳·비鼻·설舌·신身의 5근根이 색色·성聲·향香·미味·촉觸의 5경境을 만나 색욕色欲·성욕聲欲·향욕香欲·미욕味欲·촉욕觸欲의 다섯 가지 욕망을 생기게 유발하는 것을 가리킴. 여기서 guṇna는 공덕功德·덕성德性·성질性質·종류種類 등의 뜻을 함축하고 있기 때문에 경전 중에서는 5욕欲을 5욕공덕欲功德으로 번역하여 쓰고 있다.

'저 사람은 여래 · 무소착 · 등정각일 것이다.'

그래서 곧 가서 만나 보았습니다.

그런데 그는 저를 몰라보고 제게 물었습니다.

'당신은 누굽니까?'

그때 저는 대답하였습니다.

'대선인이시여, 저는 천왕석입니다. 대선인시이여, 저는 천왕석입니다.'

그분은 다시 저에게 물었습니다.

'저는 일찍이 석釋을 보고 또한 석종성釋種姓을 본 적이 있습니다. 무슨 이유로 이름을 석이라 하였으며 무슨 이유로 석종성이라고 합니까?'

저는 다시 그분께 대답했습니다.

'대선인이시여, 만일 누가 와서 저에게 어떤 일을 물으면 저는 곧 그 능한 바와 그 능력에 따라 그에게 대답하기 때문에 석釋이라고 이름합니다.'

그러자 그가 이렇게 생각하였습니다.

'우리가 만일 그 일에 따라 석에게 물으면 석도 역시 그 일에 따라 우리에게 대답할 것이다.'

그가 저에게 물었지 저는 그에게 묻지 않았고, 그가 저에게 귀명했지 제가 그에게 귀명하지는 않았습니다. 대선인이시여, 그 사문 범지에게서는 끝내 위의법威儀法의 가르침을 얻지 못하였는데 하물며 이런 질문을 할 수 있었겠습니까?"

그때 천왕석이 게송으로 말하였다.

석釋이 이미 지나간 뒤에

지금의 석은 이렇게 말하네,
마음속 생각을 멀리 떠나고
모든 의심과 망설임을 없애라고.

오래도록 세상을 돌아다니며
여래를 갈구해 찾다가
멀리 떠나 있으면서 선정에 든
사문 범지 보고는
이분이 바로 정각이라 생각하여
공경히 받들어 예로써 섬겼네.

어떻게 위로 오르느냐고
나는 이렇게 그에게 물었으나
이렇게 물어도 그는 거룩한 도와
도의 자취를 알지 못했네.

세존께서는 이제 나를 위하여
만일 마음에 의심이 있고
생각하는 것과 헤아림 있으며
그 뜻으로 행하는 바 있으면
마음의 숨김과 드러남 알아
현명한 이 나를 위해 말씀하시네.

거룩한 부처님은 거룩한 스승이시고
거룩한 무소착 · 모니牟尼이시며
모든 번뇌〔結使〕[9]를 끊고

스스로 건너시고 중생도 건지시네.

깨달은 이로서는 제일의 깨달은 이
이끄는 이로서는 최상의 이끄는 이
쉬는 이로서는 가장 묘하게 쉬는 이
대선인께서는 스스로 건너시고 중생도 건지시네.

그러므로 나는 천존께 예배하고
최상의 사람에게 머리를 조아리니
모든 애욕의 가시를 끊고
나는 오늘 일친日親께 예배하네.

이에 세존께서 물으셨다.

"구익아, 너는 혹 옛날에 이러한 떠남을 얻었고 이러한 기쁨을 얻었느냐? 곧 내게서 법의 기쁨을 얻었었느냐?"

그때 천왕석이 대답하였다.

"세존이시여, 대선인만이 마땅히 스스로 아실 것입니다. 대선인이시여, 옛날 어느 때 하늘과 아수라阿修羅가 서로 싸웠습니다. 대선인이시여, 하늘과 아수라가 서로 싸울 때 저는 이렇게 생각하였습니다.

'하늘이 이겨 아수라를 부수게 하자. 그리고 모든 하늘의 음식과 아수라의 음식을 다 삼십삼천의 음식이 되게 하자.'

대선인이시여, 하늘과 아수라가 서로 싸울 때 하늘은 승리를 얻어

---

9 결結과 사使 모두 번뇌煩惱의 다른 이름. 결사에는 9결 10사가 있음. 번뇌는 인간의 마음과 몸을 계박繫縛하며 괴로운 결과[苦果]를 맺으므로 결結이라 하고, 번뇌는 중생을 좇아다니면서 중생을 부리므로 사使라고 한다.

아수라를 부수고 모든 하늘의 음식과 아수라의 음식을 모두 삼십삼천의 음식이 되게 하였습니다. 대선인이시여, 그때 떠남이 있고 기쁨은 있었지만 칼과 몽둥이·번뇌·원한·싸움·미움이 섞여 신통을 얻지 못하고 도를 깨닫지 못하였으며 열반을 얻지 못하였습니다. 대선인이시여, 오늘은 떠남〔離〕을 얻고 기쁨〔喜〕을 얻었으며, 칼과 몽둥이·번뇌·원한·싸움·미움이 섞이지 않고 도를 깨달았으며 또한 열반을 얻었습니다."

"구익아, 너는 무엇으로 인하여 떠남을 얻고 기쁨을 얻었느냐? 곧 내게서 법의 기쁨을 얻었느냐?"

"대선인이시여, 저는 이렇게 생각합니다.

'내가 여기에서 목숨을 마친 뒤에는 인간으로 태어나 만일 거기에 종족이 있으면 매우 풍족하여 즐거우며, 재산은 한량없고 목축과 일거리가 헤아릴 수 없으며 봉호封戶와 식읍食邑과 여러 가지가 구족하였으면 한다. 곧 찰리刹利 장자의 종족·범지梵志 장자의 종족·거사居士 장자의 종족 및 다른 종족으로서 지극히 크고 풍족하여 즐거우며, 재산은 한량없고 목축과 일거리가 헤아릴 수 없으며 봉호와 식읍과 여러 가지가 구족한 이러한 종족으로 태어난 뒤에는 모든 근根을 성취하고 여래께서 말씀하신 법法과 율律에 믿음을 얻게 되면, 믿음을 얻은 뒤에는 수염과 머리를 깎고 가사를 입고 지극한 믿음으로 집을 버려 집 없이 도를 배웠으면 한다. 지혜를 배우고 지혜를 배운 뒤에 만일 지혜를 증득하면 곧 구경의 지혜〔究竟智〕를 얻고 구경의 끝〔究竟邊〕을 얻게 하며, 지혜를 배우고 지혜를 배운 뒤에 만일 지혜를 증득하고도 구경의 지혜를 얻지 못하면 혹은 여러 하늘 가운데서 큰 복이 있고 형색과 모습이 위풍당당하고 광채가 나며 지극히 위력이 있고 안온하고 쾌락하여 오랫동안 궁전에서 살며 그 중에서 최상인 곳에 태어나되 내가 그 가운데 태어났으면 한다.'"

이에 천왕석은 게송으로 말하였다.

하늘 몸을 버려 여의고
내려와 인간으로 태어나되
어리석은 이의 태에 들어가지 않고
내 마음으로 좋아하는 곳에 태어나리.

몸의 원만함을 얻은 뒤에는
질박하고 곧은 바른 도를 체득하여
완전히 갖춘 범행을 행하면서
언제나 걸식을 즐겨하리.

"지혜를 배우고 지혜를 배운 뒤에 만일 지혜를 증득하면 곧 구경의 지혜를 얻고 구경의 끝을 얻고자 합니다. 지혜를 배우고 지혜를 배운 뒤에, 만일 지혜를 얻고도 구경의 지혜를 얻지 못하면 마땅히 최상의 묘한 하늘이 되어 모든 하늘이 그 이름을 듣는 색구경천色究竟天으로 가서 그곳에서 태어났으면 합니다. 대선인이시여, 마땅히 아나함阿那含이 되기를 원합니다. 대선인이시여, 저는 이제 결정코 수다원須陀洹을 증득하였습니다."

세존께서 물으셨다.

"구익아, 너는 무엇으로 인하여 이 지극히 좋고 지극히 높으며 지극히 넓은 계덕을 얻어 스스로 수다원을 증득하였다고 일컫는가?"

그때 천왕석이 게송으로 대답하였다.

다시 다른 거룩한 분 없고
오직 세존의 경계뿐이었네.
일찍이 이곳에 없었던
최상의 공덕을 얻었다네.

대선인이시여, 저는 이 자리에서
곧 이 하늘 몸으로
다시 목숨을 더할 수 있으니
제 눈으로 이와 같이 봅니다.

이 법을 말할 때 천왕석은 모든 티끌〔塵〕과 때〔垢〕를 멀리 여의어 온갖 법에 대한 법안法眼이 생겼고, 또 8만의 모든 하늘들도 티끌과 때를 멀리 여의어 모든 법에 대한 법안이 생겼다. 이에 천왕석은 법을 보고 법을 얻어 희고 깨끗한 법을 깨닫고 의심을 끊고 미혹을 건너 다시 따를 만한 다른 거룩한 이가 없게 되었으며 망설임 없이 이미 과증果證에 머물러 세존법世尊法에서 무서움이 없게 되었다. 그래서 곧 자리에서 일어나 부처님 발에 머리를 조아리고 여쭈었다.

"세존이시여, 저는 지금부터 부처님과 법과 비구 스님께 귀의하겠습니다. 원하건대 세존이시여, 저를 받아들이셔서 우바새가 되게 해 주십시오. 오늘부터 시작하여 몸을 마치도록 귀의하여 목숨이 다할 때까지 이르겠습니다."

그리고 천왕석은 오결락자를 찬탄하여 말하였다.

"훌륭하고 훌륭하다. 너 오결은 내게 큰 이익을 주었다. 왜냐하면 너로 인해 부처님께서 선정에서 깨어나셨기 때문이다. 네가 먼저 세존을 선정에서 깨어나시게 했기 때문에 우리는 그 다음에 부처님을 뵙게 되었다. 오결아, 내가 여기서 돌아가면 탐부루耽浮樓 기악왕伎樂王의 딸 현월색賢月色을 너에게 시집보내 아내로 삼게 하고 또 아비 기악왕의 본 나라를 너에게 주어 너를 기악왕으로 삼을 것이다."

그리고 천왕석이 삼십삼천에게 말하였다.

"너희들은 다 오라. 만일 우리들이 본래 범천왕梵天王을 위하여 범천에서 살면서 두 번 세 번 공경하고 예로써 섬겼다면 우리들은 이제 다 세존을 위하여 공경하고 예로써 섬겨야 한다. 왜냐하면 세존께서는 범천이시고 범천이 만물을 만들 때 가장 높은 이로서 중생과 중생의 생명과 마땅히 그들이 있어야 할 그곳을 내고 알 만한 것은 다 알고 볼 만한 것은 다 보시기 때문이다."

이에 천왕석과 삼십삼천 및 오결락자는 본래는 범천왕을 위하여 범천에 살면서 두 번 세 번 공경하고 예로써 섬겼지만, 이제는 다 세존을 위하여 공경하고 예로써 섬기고 여래·무소착·등정각께 머리를 조아렸다. 천왕석과 삼십삼천과 오결락자는 두 번 세 번 세존을 위하여 공경하고 예로써 섬기고서 부처님 발에 머리를 조아리고 세 번 돌고는 거기서 사라져 보이지 않았다. 그때 형색과 모습이 위풍당당하고 광채가 나는 범천이, 새벽이 되자 부처님 처소로 나아가 부처님 발에 머리를 조아리고 물러나 한쪽에 서서 곧 게송으로 세존께 여쭈었다.

많은 이익과 이치를 행하고
이로움과 이치를 보아야 범천이라 할 것이니
마갈국에 머무시는 현인께
바사바婆娑婆는 이 일을 여쭈었습니다.

대선인이 이 법을 말씀하셨을 때 천왕석은 티끌과 때를 멀리 여의어 모든 법에 대한 법안이 생겼고, 또 8만의 모든 하늘도 역시 티끌과 때를 멀리 여의어 모든 법에 대한 법안이 생겼다. 이에 세존께서는 범천에게 말씀하셨다.

"그렇다, 그렇다. 범천이 말한 것과 같다. 범천아, 내가 법을 연설하였을 때 천왕석은 티끌과 때를 멀리 여의어 모든 법에 대한 법안이 생겼고, 또 8만의 하늘들도 역시 티끌과 때를 멀리 여의어 모든 법에 대한 법안이 생겼다."

부처님께서 이렇게 말씀하시자, 천왕석과 삼십삼천 · 오결락자 및 대범천은 부처님 말씀을 듣고 기뻐하며 받들어 행하였다.

〔이 석문경에 수록된 경문 글자 수는 총 7,368자이다.〕

135) 선생경善生經[10]〔제3 염송〕

나는 이와 같이 들었다.

어느 때 부처님께서 왕사성王舍城을 유행하실 적에 두꺼비숲〔蝦蟆林〕에 머무셨다. 그때 선생善生 거사居士의 아버지는 임종 때 6방方에 대하여 그 아들에게 유언으로써 잘 가르쳐 훈계하였다.

"선생아, 내가 죽은 뒤에는 너는 마땅히 합장하고 6방方을 향하여 이렇게 예배하여라.

'동방東方에 만일 중생이 있으면 나는 그들을 공경하고 공양하며 예

---

10 이 경의 이역 경전으로는 『장아함경』 제11권에 수록된 소경인 「선생경善生經」과 후한後漢시대 안세고安世高가 한역한 『불설시가라월육방예경佛說尸迦羅越六方禮經』, 그리고 송宋시대 지법도支法度가 한역한 『불설선생자경佛說善生子經』이 있다.

로써 섬기기를 다하리라. 내가 그들에게 공경하고 공양하며 예로써 섬기기를 다하고 나면 그들도 또한 마땅히 나를 공경하고 공양하며 예로써 섬길 것이다. 이와 같이 남방·서방·북방·하방下方·상방上方에 대해서도 또한 그러하나니, 만일 중생이 있으면 나는 그들을 공경하고 공양하며 예로써 섬기기를 다하리라. 내가 그들에게 공경하고 공양하며 예로써 섬기기를 다하고 나면, 그들도 또한 마땅히 나를 공경하고 공양하며 예로써 섬길 것이다.'"

거사의 아들 선생은 아버지의 분부를 받고 아버지에게 말씀드렸다.

"마땅히 아버님의 분부대로 행하겠습니다."

이에 거사의 아들 선생은 그 아버지가 돌아간 뒤에, 이른 아침에 목욕하고 새로 지은 베옷〔新芻磨衣〕을 입고, 손에는 생구사잎〔生拘舍葉〕을 들고 물가로 나가, 합장하고 6방方을 향하여 예배하였다.

'동방에 만일 중생이 있으면 나는 그들을 공경하고 공양하며 예로써 섬기기를 다하리라. 내가 그들에게 공경하고 공양하며 예로써 섬기기를 다하고 나면 그들도 또한 마땅히 나를 공경하고 공양하며 예로써 섬길 것이다. 이와 같이 남방·서방·북방·하방·상방에 대해서도 또한 그러하나니, 그곳에 만일 중생이 있으면 나는 그들을 공경하고 공양하며 예로써 섬기리라. 내가 그들에게 공경하고 공양하며 예로써 섬기기를 다하고 나면 그들도 또한 마땅히 나를 공경하고 공양하며 예로써 섬길 것이다.'

그때 세존께서는 밤이 지나고 이른 아침에, 가사를 입고 발우를 가지고 왕사성에 들어가 걸식하셨다. 세존께서는 왕사성에 들어가 걸식하실 때, 멀리서 거사의 아들 선생이 이른 아침에 목욕하고 새 베옷을 걸치고 손에는 생구사잎을 들고 물가로 나가 합장하고 6방方을 향하여 예배하는 것을 보셨다.

'동방에 만일 중생이 있으면 나는 그들을 공경하고 공양하며 예로써 섬기기를 다하리라. 내가 그들에게 공경하고 공양하며 예로써 섬기기를 다하고 나면 그들도 또한 마땅히 나를 공경하고 공양하며 예로써 섬길 것이다. 이와 같이 남방·서방·북방·하방·상방에 대하여도 또한 그러하나니, 그곳에 만일 중생이 있으면 나는 그들을 공경하고 공양하며 예로써 섬기기를 다하리라. 내가 그들에게 공경하고 공양하며 예로써 섬기기를 다하고 나면 그들도 또한 마땅히 나를 공경하고 공양하며 예로써 섬길 것이다.'

세존께서는 그것을 보신 뒤에 선생 거사자가 있는 곳으로 가셔서 물으셨다.

"거사자여, 어떤 사문 범지의 가르침을 받았는가? 누가 너에게 공경하고 공양하며 예로써 섬기는 일을 가르쳤기에, 너는 이른 아침에 목욕하고 새 베옷을 입고, 손에는 생구사잎을 들고 물가로 나가 합장하고 6방方을 향하여 이렇게 예배하는가?

'동방에 만일 중생이 있으면 나는 그들을 공경하고 공양하며 예로써 섬기기를 다하리라. 내가 그들에게 공경하고 공양하며 예로써 섬기기를 다하고 나면 그들도 또한 마땅히 나를 공경하고 공양하며 예로써 섬길 것이다. 이와 같이 남방·서방·북방·하방·상방에 대해도 또한 그러하나니, 그곳에 만일 중생이 있으면 나는 그들을 공경하고 공양하며 예로써 섬기기를 다하리라. 내가 그들에게 공경하고 공양하며 예로써 섬기기를 다하고 나면 그들도 또한 나를 공경하고 공양하며 예로써 섬길 것이다.'"

거사의 아들 선생이 대답하였다.

"세존이시여, 저는 다른 사문 범지의 가르침을 받지 않았습니다. 세존이시여, 제 아버님께서는 임종하실 때 6방方에 대하여 저에게 유언으로써 잘 가르쳐 훈계하셨습니다.

'선생아, 내가 죽은 뒤에는 너는 마땅히 합장하고 6방方을 향하여 이렇게 예배하여라.

〈동방에 만일 중생이 있으면 나는 그들을 공경하고 공양하며 예로써 섬기기를 다하리라. 내가 그들에게 공경하고 공양하며 예로써 섬기기를 다하고 나면 그들도 또한 마땅히 나를 공경하고 공양하며 예로써 섬길 것이다. 이와 같이 남방·서방·북방·하방·상방에 대하여도 또한 그러하나니, 그곳에 만일 중생이 있으면 나는 그들을 공경하고 공양하며 예로써 섬기기를 다하리라. 내가 그들에게 공경하고 공양하며 예로써 섬기기를 다하고 나면 그들도 또한 마땅히 나를 공경하고 공양하며 예로써 섬길 것이다.〉

세존이시여, 저는 아버지의 유언을 받아 공경하고 공양하며 예로써 섬기기 위하여, 이른 아침에 목욕하고 새 베옷을 입고, 손에는 생구사 잎을 들고 물가로 나가 합장하고 6방을 향하여 예배하였습니다.

'동방에 만일 중생이 있으면 나는 그들을 공경하고 공양하며 예로써 섬기기를 다하리라. 내가 그들에게 공경하고 공양하며 예로써 섬기기를 다하고 나면, 그들도 또한 마땅히 나를 공경하고 공양하며 예로써 섬길 것이다. 이와 같이 남방·서방·북방·하방·상방에 대하여도 또한 그러하나니, 그곳에 만일 중생이 있으면 나는 그들을 공경하고 공양하며 예로써 섬기기를 다하리라. 내가 그들에게 공경하고 공양하며 예로써 섬기기를 다하고 나면, 그들도 또한 마땅히 나를 공경하고 공양하며 예로써 섬길 것이다.'"

세존께서는 이 말을 들으시고 말씀하셨다.

"거사의 아들이여, 나도 6방方이 있다고 말했지, 없다고 말하지 않았다. 거사의 아들이여, 만일 어떤 사람이 6방을 잘 분별하여 4방方

의 악하고 착하지 않은 업의 때를 여의면, 그는 현재에 있어서도 공경할 만하고 존중할 만하며 몸이 무너지고 목숨이 끝난 뒤에도 반드시 좋은 곳으로 가 천상에 날 것이다. 거사자여, 중생들에게는 네 가지의 업業과 네 가지의 더러움〔穢〕이 있다. 어떤 것이 네 가지인가? 거사자여, 살생은 중생의 업의 종자〔業種〕요, 더러움의 종자〔穢種〕이다. 도둑질〔不與取〕과 사음邪淫과 거짓말〔妄言〕은 중생의 업의 종자요 더러움의 종자이니라."

그리고 세존께서는 이 게송을 말씀하셨다.

살생과 주지 않는 것을 가지는 일과
사음으로써 남의 아내 범하고
말하는 바가 진실하지 않으면
슬기로운 사람은 칭찬하지 않느니라.

"거사의 아들이여, 사람은 4사事로 인하여 많은 죄를 짓는다. 어떤 것이 네 가지인가? 욕심을 부리고〔行欲〕 성을 내며〔行恚〕 두려움을 주고〔行怖〕 어리석음〔行癡〕을 행하는 것이니라."

이어 세존께서는 이 게송을 말씀하셨다.

욕심과 성냄과 두려움과 어리석음
악하고 법답지 않은 행을 행하면
그의 이름은 반드시 사라지나니
마치 달이 그믐으로 향하는 것 같으니라.

"거사의 아들이여, 사람은 4사事로 인하여 많은 복을 받는다. 어떤 것이 네 가지인가? 욕심을 부리지 않고 성을 내지 않으며 두려움을 주지 않고 어리석음을 행하지 않는 것이니라.”

이어 세존께서는 이 게송을 말씀하셨다.

> 욕심을 끊고 성내지 않고 두려움 주지 않고
> 어리석음이 없어 법다운 행 행하면
> 그의 이름은 두루 널리 퍼지나니
> 마치 달이 보름으로 향하는 것 같으니라.

“거사의 아들이여, 재물을 구하는 자는 마땅히 여섯 가지 도 아닌 것〔六非道〕을 알아야 한다. 어떤 것이 여섯 가지인가? 첫째는 갖가지 노름으로 재물을 구하는 것은 도가 아니다. 둘째는 부적절할 시기에 재물을 구하는 것은 도가 아니다. 셋째는 술을 마시고 방탕하게 재물을 구하는 것은 도가 아니다. 넷째는 나쁜 벗을 가까이하여 재물을 구하는 것은 도가 아니다. 다섯째는 항상 풍류놀이를 좋아하면서 재물을 구하는 것은 도가 아니다. 여섯째는 게으르면서 재물을 구하는 것은 도가 아니다.

거사의 아들이여, 만일 사람이 갖가지로 노름을 하면 마땅히 여섯 가지 재환災患이 있는 줄을 알아야 한다. 어떤 것이 여섯 가지인가? 첫째는 지면 원한이 생기고, 둘째는 잃으면 부끄러움이 생기며, 셋째는 지면 잠이 편안하지 못하고, 넷째는 원수 집을 기쁘게 하며, 다섯째는 일가를 걱정하게 하고, 여섯째는 대중에게 말을 하여도 남이 신용하지 않는다. 거사의 아들이여, 노름하는 사람은 사업을 경영하지 못하고 사업을 경영하지 못하면 공업功業을 이루지 못하며 아직 얻지 못한 재물은 얻을 수 없고 본래 있던 재물은 자꾸 없어지느니라.

거사의 아들이여, 만일 사람이 부적절한 시기에 행하면 마땅히 여섯 가지 재환이 있는 줄을 알아야 한다. 어떤 것이 여섯 가지인가? 첫째는 자신을 보호하지 못하고, 둘째는 재물을 보호하지 못하며, 셋째는 처자식을 보호하지 못하고, 넷째는 남의 의심을 받으며, 다섯째는 많은 괴로움과 근심이 생기고, 여섯째는 남의 비방을 받는다. 거사의 아들이여, 사람이 부적절한 시기에 행하면 사업을 경영하지 못하고 사업을 경영하지 못하면 공업을 이루지 못하며 아직 얻지 못한 재물은 얻을 수 없고 본래 있던 재물은 자꾸 없어지느니라.

거사의 아들이여, 만일 사람이 술을 먹고 방탕하면 마땅히 여섯 가지 재환이 있는 줄을 알아야 한다. 첫째는 현재의 재물을 없애고, 둘째는 병이 많이 생기며, 셋째는 싸움이 많아지며, 넷째는 비밀이 탄로나며, 다섯째는 남들이 칭찬하거나 보호하지 않고, 여섯째는 지혜를 없애고 어리석음이 생긴다. 거사의 아들이여, 사람이 술을 먹고 방탕하면 사업을 경영하지 못하고 사업을 경영하지 못하면 공업을 이루지 못하며, 아직 얻지 못한 재물은 얻을 수 없고, 본래 있던 재물은 자꾸 없어지느니라.

거사의 아들이여, 만일 사람이 나쁜 벗을 가까이하면 마땅히 여섯 가지 재환이 있는 줄을 알아야 한다. 어떤 것이 여섯 가지인가? 첫째는 도적과 친해지게 되고, 둘째는 사기꾼과 친하게 되며, 셋째는 주정뱅이와 친하게 되고, 넷째는 방자한 사람과 친하게 되며, 다섯째는 노름꾼과 모이게 되고, 여섯째는 이런 것들을 친구로 삼고, 이런 것들을 짝으로 삼게 된다. 거사의 아들이여, 만일 사람이 나쁜 벗과 친근하면 사업을 경영하지 못하고 사업을 경영하지 못하면 공업을 이루지 못하며 아직 얻지 못한 재물은 얻을 수 없고 본래 있던 재물은 자꾸 없어지느니라.

거사의 아들이여, 만일 사람이 풍류를 좋아하면 마땅히 여섯 가지 재환이 있는 줄을 알아야 한다. 어떤 것이 여섯 가지인가? 첫째는 노래 듣기를 좋아하는 것이고, 둘째는 춤 구경을 좋아하는 것이며, 셋째는 가서 풍류놀이 하기를 좋아하는 것이고, 넷째는 방울 놀리는 것 보기를 좋아하는 것이며, 다섯째는 손뼉 치기를 좋아하는 것이고, 여섯째는 큰 모임을 좋아하는 것이다. 거사의 아들이여, 만일 사람이 풍류놀이를 좋아하면 사업을 경영하지 못하고 사업을 경영하지 못하면 공업을 이루지 못하며 아직 얻지 못한 재물은 얻을 수 없고, 본래 있던 재물은 자꾸 없어지느니라.

거사의 아들이여, 만일 사람이 게으르면 마땅히 여섯 가지 재환이 있는 줄을 알아야 한다. 어떤 것이 여섯 가지인가? 첫째는 너무 이르다 하여 일을 하지 않는 것이고, 둘째는 너무 늦다 하여 일을 하지 않는 것이며, 셋째는 너무 춥다 하여 일을 하지 않는 것이고, 넷째는 너무 덥다 하여 일을 하지 않는 것이며, 다섯째는 너무 배부르다 하여 일을 하지 않는 것이고, 여섯째는 너무 배고프다 하여 일을 하지 않는 것이다. 거사의 아들이여, 만일 사람이 게으르면 사업을 경영하지 못하고, 사업을 경영하지 못하면 공업을 이루지 못하며, 아직 얻지 못한 재물은 얻을 수 없고, 본래 있던 재물은 자꾸 없어지느니라."

이에 세존께서는 게송으로 말씀하셨다.

갖가지 노름하며, 색色을 쫓아다니고
술을 즐기고 풍류놀이 좋아하며
나쁜 벗들과 친하게 지내고
게을러빠져 일하지 않으면
방자하여 스스로 보호하지 못하나니

이것들은 사람을 망치느니라.

왔다 갔다 하며 단속하지 못하고
삿된 음행으로 남의 아내 범하며
마음속에 언제나 원한을 맺고
갈구하고 원하나 이익 없으며
술 마시고 여자 생각이나 하니
이것들이 사람을 망치느니라.

거듭거듭 착하지 않은 짓 행하고
성질 못돼 가르침을 받아들이지 않으며
사문 범지를 욕설로 꾸짖고
거꾸로 된 삿된 견해를 지니고서
흉악하고 사나워 검은 업을 짓나니
이런 것들이 사람을 망치느니라.

스스로 가난하여 재물도 없으면서
술 마시다가 옷을 잡히며
지는 빚은 솟아나는 우물 같나니
그는 반드시 그 문중〔門族〕을 망치리라.

술하게 술집을 찾아다니고
나쁜 벗들과 친하게 지내
마땅히 얻을 재물 얻지 못하나니
패거리를 좋아하기 때문이니라.

나쁜 벗들이 많이 있고
좋지 않은 짝들 항상 따르니
그는 현세와 후세
두 곳에서 모두 멸망하리라.

사람이 나쁜 버릇 익히면 덕이 점점 감하고
착한 버릇을 익히면 덕이 점점 성하여
나보다 나은 사람 점점 불어가리니
그러므로 나보다 나은 사람 친해야 하네.

오르기를 익히면 오르는 것을 체득하고
언제나 지혜 높아짐을 체득하며
더욱더 청정한 계를 가지고
또한 미묘한 선정을 얻게 되리라.

낮에는 뒹굴며 잠자는 것 좋아하고
밤에는 쏘다니며 놀기를 좋아하며
언제나 방탕하게 술 마시나니
집에 있으면 뜻을 이룰 수 없네.

너무 춥거나 너무 덥다고
일하지 않는 게으른 사람
끝끝내 사업을 이루지 못해
마침내 재물도 얻지 못하네.

혹 매우 춥거나 매우 더워도

마치 풀처럼 헤아리지 말라
만일 그 사람 이런 버릇 익힌다면
그는 끝내 즐거움 잃지 않으리.

"거사의 아들이여, 친하지 않으면서 친한 체하는 것에 네 가지가 있나니, 어떤 것이 네 가지인가? 첫째는 지사知事가 친하지 않으면서 친한 체하는 것이다. 둘째는 그 사람 앞에서 정다운 말로 친하지 않으면서 친한 체하는 것이다. 셋째는 말로서 친하지 않으면서 친한 체하는 것이다. 넷째는 나쁜 갈래의 짝이 친하지 않으면서 친한 체하는 것이니라.

거사의 아들이여, 4사事로 인하여 지사가 친하지 않으면서 친한 체하나니, 어떤 것이 네 가지인가? 첫째는 일을 맡아 처리함으로써 재물을 빼앗는 것이고, 둘째는 적은 것으로써 많은 것을 취하는 것이며, 셋째는 두려워서 친한 체하는 것이고, 넷째는 이익을 위해서 친압하는 것이니라."

이에 세존께서는 이 게송을 말씀하셨다.

사람이 알아서 섬기고
그 말 지극히 부드럽고 연하며
두려움과 이익 위해 친압하여
친하지 않으면서 친한 체함 깨닫거든
그와 떨어져 상당한 거리를 두되
마치 길에 무서운 것 있는 것처럼 하라.

"거사의 아들이여, 4사事로 인하여 그 사람 앞에서 정다운 말로 친하지 않으면서 친한 체하는 것이니, 어떤 것이 네 가지인가? 첫째는 묘한 일을 억제하여 못하게 하는 것이요, 둘째는 나쁜 일을 하게 하는 것이며, 셋째는 그 사람 앞에서 칭찬하는 것이고, 넷째는 등 뒤에서 나쁜 점을 말하는 것이니라."

이에 세존께서는 이 게송을 말씀하셨다.

만일 묘하고 착한 법 억누르고
악하고 착하지 않은 일 하게 하며
그 사람 앞에서 맞대고 칭찬하다가도
등 뒤에 돌아서 나쁜 점 말할 때

만일 그 묘함과 나쁨 알고
다시 두 말을 깨닫게 되면
그런 친함은 친하다 할 수 없나니
그 사람 그런 줄 깨닫거든
그와 떨어져 상당한 거리를 두되
마치 길에 무서운 것 있는 것처럼 하라.

"거사의 아들이여, 4사事로 인하여 말로써 친하지 않으면서 친한 체하나니, 어떤 것이 네 가지인가? 첫째는 과거의 잘못을 알아내기 위해서요, 둘째는 곰곰이 미래의 일을 위해서요, 셋째는 거짓으로 남을 속이기 위해서요, 넷째는 '현재의 일은 반드시 멸하는 법이니 나는 마땅히 어떤 일을 꾸미되 인정하는 말을 하지 않으리라'라고 하는 것이다.

이에 세존께서 이 게송을 말씀하셨다.

과거와 미래의 허물 찾아내려 하고
현재 일 멸한다고 거짓되게 논하며
마땅히 일을 꾸미며 하지 않는다고 말하니
친하지 않으면서 친한 체함을 알면
그와 떨어져 상당한 거리를 두되
마치 길에 무서운 것 있는 것처럼 하라.

"거사의 아들이여, 4사事로 인하여 나쁜 갈래의 짝은 친하지 않으면서 친한 체하는 것이니, 어떤 것이 네 가지인가? 첫째는 노름을 가르쳐 주는 것이요, 둘째는 적당한 시기가 아닐 때의 행을 가르쳐 주는 것이며, 셋째는 술 마시기를 가르쳐 주는 것이요, 넷째는 나쁜 벗과 친하게 지내는 것을 가르쳐 주는 것이니라."

이에 세존께서는 이 게송을 말씀하셨다.

갖가지 놀음을 가르쳐 주고
술 마시고 남의 아내 범하며
하천한 것 익히고 훌륭한 것 익히지 않으면
그는 자멸함이 기우는 달 같으리니
그와 떨어져 상당한 거리를 두되
마치 길에 무서운 것 있는 것처럼 하라.

"거사의 아들이여, 마땅히 알아야 하나니, 착한 친구에 네 종류가 있다. 어떤 것이 네 종류인가? 첫째는 고락苦樂을 같이 하는 것이니, 그가 착한 친구인 줄을 알아야 한다. 둘째는 가엾게 생각하는 것이니, 그가 착한 친구인 줄을 알아야 한다. 셋째는 이로움을 구하는 것이니,

그가 착한 친구인 줄을 알아야 한다. 넷째는 요익饒益되게 하는 것이니, 그가 착한 친구인 줄을 알아야 하느니라.

거사의 아들이여, 4사事로 인하여 고락을 같이 한다면 착한 친구인 줄을 알아야 하나니, 어떤 것이 네 가지인가? 첫째는 그를 위하여 자기를 버리는 것이요, 둘째는 그를 위하여 재물을 버리는 것이며, 셋째는 그를 위하여 처자를 버리는 것이요, 넷째는 할 말을 참고 견디는 것이니라."

이에 세존께서는 이 게송을 말씀하셨다.

욕심과 재물과 처자를 버리고
할 말을 능히 참고 견디며
고락苦樂을 같이 하는 친구인 줄 알았거든
지혜로운 사람은 마땅히 친근하라.

"거사의 아들이여, 4사事로 인하여 가엾게 여긴다면 착한 친구인 줄을 알아야 하나니, 어떤 것이 네 가지인가? 첫째는 묘한 법을 가르쳐 주는 것이요, 둘째는 나쁜 법을 제어하는 것이며, 셋째는 맞대고 일컫는 것이요, 넷째는 원수를 물리쳐 주는 것이니라."

이에 세존께서 게송으로 말씀하셨다.

묘하고 선한 법을 가르치고 나쁜 법 제어하며
맞대고 일컬으며 원수를 물리치고
가엾게 생각하는 친구인 줄 알았거든
지혜로운 사람은 마땅히 친근하라.

"거사의 아들이여, 4사事로 인하여 이익을 구한다면 착한 친구인 줄을 알아야 하나니, 어떤 것이 네 가지인가? 첫째는 비밀스러운 일 드러내는 것이요, 둘째는 은밀하게 숨기지 않는 것이며, 셋째는 이익을 얻으면 기뻐하는 것이요, 넷째는 이익을 얻지 못해도 걱정하지 않는 것이니라."

이에 세존께서는 이 게송을 말씀하셨다.

비밀한 일 들러내 숨기지 않고
이익 되면 기뻐하고 이익 없어도 걱정하지 않으며
이익을 구하는 친구인 줄 알았거든
지혜로운 사람은 마땅히 친근하라.

"거사의 아들이여, 4사事로 인하여 요익되게 한다면 착한 친구인 줄 알아야 하나니, 어떤 것이 네 가지인가? 첫째는 재물이 다한 것을 아는 것이요, 둘째는 재물이 다한 줄을 알고는 곧 물질을 대어주는 것이며, 셋째는 방일하는 것을 보면 가르쳐 충고하는 것이요, 넷째는 언제나 가엾게 여기는 것이니라."

이에 세존께서 이 게송을 말씀하셨다.

재물이 다한 줄 알아 물질을 대어 주고
방일하면 가르쳐 충고하며 가엾게 여겨
요익하게 하는 착한 친구인 줄 알았거든
지혜로운 사람은 마땅히 친근하라.

"거사의 아들이여, 성인의 법률 가운데에는 6방方이 있으니, 곧 동방·남방·서방·북방·하방·상방이다. 거사의 아들이여, 동방은 자식이 부모를 보는 것과 같나니, 그러므로 자식은 마땅히 5사事로써 부모를 받들어 공경하고 공양하여야 한다. 어떤 것이 다섯 가지인가? 첫째는 재물이 불어나게 하는 것이요, 둘째는 많은 일을 처리하는 것이며, 셋째는 하고자 하는 것을 대어 드리는 것이요, 넷째는 방자하게 어기지 않는 것이며, 다섯째는 자신이 가진 물건을 다 받들어 올리는 것이다.

자식이 이 5사로써 부모를 받들어 공경하고 공양하면 부모도 또한 5사事로써 그 자식을 잘 생각하여야 하나니, 어떤 것이 다섯 가지인가? 첫째는 아이를 사랑스럽게 생각하는 것이요, 둘째는 대주어 모자람이 없게 하는 것이며, 셋째는 자식이 빚지지 않게 하는 것이요, 넷째는 때맞추어 결혼시키는 것이며, 다섯째는 가진 재물을 기꺼이 모두 자식에게 물려주는 것이다. 부모는 이 5사事로써 그 자식을 잘 생각하여야 한다. 거사의 아들이여, 이와 같이 동방에서 이 두 가지를 함께 분별해야 하느니라. 거사의 아들이여, 성인의 법률 가운데서는 동방을 자식과 부모라고 이른다. 거사의 아들이여, 만일 사람이 부모를 사랑하고 효도하면 반드시 이익이 불어날 것이요, 흉하거나 쇠하지 않느니라.

거사의 아들이여, 남방은 제자가 스승을 보는 것과 같나니, 제자는 마땅히 5사事로써 스승을 공경하고 공양하여야 한다. 어떤 것이 다섯 가지인가? 첫째는 잘 공경하고 순종하는 것이요, 둘째는 잘 받들어 섬기는 것이며, 셋째는 빨리 일어나는 것이요, 넷째는 짓는 업이 착한 것이며, 다섯째는 스승을 잘 받들어 공경하는 것이다.

제자가 이 5사로써 스승을 공경하고 공양하면 스승도 또한 5사事로써 그 제자를 잘 생각하여야 하나니, 어떤 것이 다섯 가지인가? 첫째는 기술을 가르치는 것이요, 둘째는 빨리 가르치는 것이며, 셋째는 아는 것을 다 가르치는 것이요, 넷째는 좋은 방향으로 인도하여 편안히 머물게 하는 것이며, 다섯째는 착한 벗을 사귀게 당부하는 것이다. 스승은 이 5사事로써 제자를 잘 생각하여야 한다. 거사의 아들이여, 이와 같이 남방에서 이 두 가지를 함께 분별해야 하느니라. 거사의 아들이여, 성인의 법률 가운데서는 남방을 제자와 스승이라고 이른다. 거사의 아들이여, 만일 사람이 스승을 사랑하고 순종하면 반드시 이익이 불어날 것이요, 흥하거나 쇠하지 않느니라.

거사의 아들이여, 서방은 남편이 아내를 보는 것과 같나니 남편은 마땅히 5사事로써 처자를 사랑하고 공경하며 물품을 대주어야 한다. 어떤 것이 다섯 가지인가? 첫째는 처자를 어여삐 생각하는 것이요, 둘째는 업신여기지 않는 것이며, 셋째는 영락 따위의 장식품을 주는 것이요, 넷째는 집안에서 편안함을 얻게 하는 것이며, 다섯째는 아내의 친족들을 생각하는 것이다.

남편이 이 5사로써 처자를 사랑하고 공경하며 물품을 제공하면 처자는 마땅히 13事로써 남편을 공경하고 순종하여야 하나니, 어떤 것이 열세 가지인가? 첫째는 남편을 존중하고 사랑하며 공경하는 것이요, 둘째는 남편을 존중하여 공양하는 것이며, 셋째는 남편을 잘 생각하는 것이요, 넷째는 할 일을 챙기는 것이며, 다섯째는 권속을 잘 거두는 것이요, 여섯째는 먼저 우러러 모시는 것이며, 일곱째는 그 다음에 애정을 갖는 것이요, 여덟째는 말이 성실한 것이며, 아홉째는 문을 잠그지 않고 기다리는 것이요, 열째는 오는 것을 보고는 칭찬하는 것이며, 열한째는 자리와 침상을 펴고 기다리는 것이요, 열두째는 깔끔하고 맛나고 풍족한 음식을 차리는 것이며, 열셋째는 사문 범지를 공양하는 것이다. 처자는 이 13사事로써 남편을 공경하고 순종하여야 한다. 거사의 아들이여, 이와 같이 서방에서 이 두 가지를 함께 분별해야 하느니라. 거사의 아들이여, 성인의 법률 가운데서는 서방을 남편과 처자라고 이른다. 거사의 아들이여, 만일 사람이 처자를 사랑하고 어여삐 생각하면 반드시 이익이 불어날 것이요, 흉하거나 쇠하지 않느니라.

거사의 아들이여, 북방은 주인〔大家〕이 종이나 일꾼을 보는 것과 같나니, 주인은 5사事로서 종이나 일꾼을 가엾게 생각하고 불쌍히 여겨 구제하여야 한다. 어떤 것이 다섯 가지인가? 첫째는 그 능력에 따라 일을 시키는 것이요, 둘째는 때에 맞춰 먹이는 것이며, 셋째는 때에 맞춰 마시게 하는 것이요, 넷째는 날마다 쉬게 하는 것이며, 다섯째는 병이 나면 약을 주는 것이다.

주인이 이 5사로써 종이나 일꾼을 가엾게 생각하고 불쌍하게 여겨 구제하면 종이나 일꾼은 마땅히 9사事로써 주인을 잘 받들어야 하나니, 어떤 것이 아홉 가지인가? 첫째는 때에 맞춰 일을 하는 것이요, 둘째는 마음을 오로지해 일을 하는 것이며, 셋째는 모든 일을 하는 것이요, 넷째는 먼저 우러러 모시는 것이며, 다섯째는 그 다음에 사랑을 행하는 것이요, 여섯째는 성실하게 말하는 것이며, 일곱째는 급할 때 멀리 떠나지 않는 것이요, 여덟째는 다른 지방에 갈 때엔 곧 주인을 칭송하는 것이며, 아홉째는 주인이 원하는 것에 가깝게 대주는 것이다. 종이나 일꾼은 이 9사事로써 주인을 잘 받들어야 한다. 거사의 아들이여, 이와 같이 북방에서 이 두 가지를 함께 분별해야 하나니 거사의 아들이여, 성인의 법률 가운데서는 북방을 주인과 종·하인이라고 이른다. 거사의 아들이여, 만일 사람이 종이나 일꾼을 사랑하고 가엾게 여기면 반드시 이익이 불어날 것이요, 흉하거나 쇠하지 않느니라.

거사의 아들이여, 하방은 친한 벗이 친한 벗의 종을 보는 것과 같나니, 친한 벗은 5사事로써 친한 벗의 종을 사랑하고 공경하며 물품을 제공하여야 한다. 어떤 것이 다섯 가지인가? 첫째는 사랑하고 공경하는 것이요, 둘째는 업신여기지 않는 것이며, 셋째는 속이지 않는 것이요, 넷째는 보물을 주는 것이며, 다섯째는 친한 벗의 종을 가엾게 생각하는 것이다.

친한 벗이 이 5사로써 친한 벗의 종을 사랑하고 공경하며 물품을 제공하면, 친한 벗의 종도 또한 이 5사로써 주인의 친한 벗을 잘 생각하여야 하나니 어떤 것이 다섯 가지인가? 첫째는 재물이 다한 줄을 아는 것이요, 둘째는 재물이 다한 줄을 알면 재물을 제공하는 것이며, 셋째는 방일한 것을 보면 가르쳐 충고하는 것이요, 넷째는 사랑스럽게 생각하는 것이며, 다섯째는 급할 때에는 의지처가 되는 것이다. 친한 벗의 종은 이 5사로써 주인의 친한 벗을 잘 생각해야 한다. 거사의 아들이여, 이와 같이 하방에서 이 두 가지를 함께 분별해야 하나니 거사의 아들이여, 성인의 법률 가운데서는 하방을 친한 벗과 친한 벗의 종이라고 이른다. 거사의 아들이여, 만일 사람이 친한 벗의 종을 사랑하고 가엾게 여기면 반드시 이익이 불어날 것이요, 흉하거나 쇠하지 않느니라.

거사의 아들이여, 상방은 시주施主가 사문 범지를 보는 것 같나니, 시주는 마땅히 5사로써 사문 범지를 존경하고 공양하여야 한다. 어떤 것이 다섯 가지인가? 첫째는 문을 닫아걸지 않는 것이요, 둘째는 오는 것을 보면 반갑게 칭찬하는 것이며, 셋째는 자리와 상을 펴고 모시는 것이요, 넷째는 정갈하고 맛있는 음식을 풍성하게 차리는 것이며, 다섯째는 법답게 옹호하는 것이다.

시주가 이 5사로써 사문 범지를 존경하고 공양하면 사문 범지도 또한 5사로써 시주를 잘 생각하여야 하나니, 어떤 것이 다섯 가지인가?

첫째는 믿음을 가르쳐 믿음을 행하게 하고 믿음을 생각하게 하는 것이요, 둘째는 금계禁戒를 가르치는 것이며, 셋째는 널리 듣기를 가르치는 것이요, 넷째는 보시를 가르치는 것이며, 다섯째는 지혜를 가르쳐 지혜를 행하고 지혜를 세우게 하는 것이다. 사문 범지는 이 5사로써 시주를 잘 생각하여야 한다. 거사의 아들이여, 이와 같이 상방에서 이 두 가지를 함께 분별해야 하나니 거사의 아들이여, 성인의 법률 가운데서는 상방을 시주와 사문 범지라고 이른다. 거사의 아들이여, 만일 사람이 사문 범지를 존경하여 받들면 반드시 이익이 증가할 것이요, 흥하거나 쇠하지 않느니라.

거사의 아들이여, 네 가지 섭사〔四攝事〕[11]가 있나니, 어떤 것이 네 가지인가? 첫째는 혜시惠施요, 둘째는 애어愛言이며, 셋째는 이행利行이요, 넷째는 동리等利이다."

이에 세존께서 이 게송을 말씀하셨다.

은혜를 베풀고〔惠施〕 정답게 말하며〔愛言〕
항상 남을 위하여 이롭게 행하고〔利行〕
중생과 함께 이익을 같이하면〔同利〕

11 보살이 고통세계의 중생을 교화시키기 위해 사용하는 네 가지 방편. 첫째는 혜시(惠施, dāna)로서 상대방이 좋아하는 재물이나 법 두 가지를 보시하여 중생들이 그 마음에 감동케 하여 이끌어 들이는 것이다. 즉 중생들은 두 가지 보시의 이익에 힘입어 친근하고 사랑하는 마음이 생겨 불도佛道에 들어가게 됨. 둘째는 애어(愛語, peyya-vajja)로서 보살은 중생의 근기에 따라 부드럽고 온화한 말로 위로하고 즐겁게 하여 중생들이 친근하고 사랑하는 마음이 생겨 불도에 들어가게 됨. 셋째는 이행(利行, attha-cariyā)으로서 보살이 동작[身]·언어[口]·생각[意]으로 착한 행동을 하여 모든 중생을 이익되게 하는 것이다. 이로 인해 중생이 친근하고 사랑하는 마음이 생겨 불도에 들어가게 한다. 넷째는 동사(同事, Samānattatā)로서 보살이 법안法眼으로 중생의 근기를 밝게 살피고서 그 좋아하는 바에 따라 변신하여 그들과 함께하여 이끌어 들이는 것이다.

그 좋은 이름 멀리 퍼지느니라.

이렇게 세상을 껴잡는 것은
마치 수레를 모는 사람 같아서
만일 세상에 껴잡는 법 없으면
어머니는 그 자식으로 말미암아

공양과 공경을 받을 수 없고
아버지가 자식을 말미암는 것 마찬가지이나
만일 이 껴잡는 법 있으면
그 때문에 큰 복 얻으리라.

멀리 비춤이 마치 햇빛 같아서
이익도 빠르며 드날림도 빠르리니
추한 말 쓰지 않고 또 총명하면
이렇게 하여 그 좋은 이름 얻느니라.

결정코 교만함 없으면
이익도 빠르고 드날림도 빠르리니
믿음과 계율〔尸賴〕을 성취하면
이렇게 하여 그 좋은 이름 얻느니라.

언제나 깨어 있어 게으르지 않으며
사람에게 음식 베푸는 것 기뻐하고
데리고 가서 바르게 잘 다룬다면
이렇게 하여 그 좋은 이름 얻느니라.

친한 벗의 종을 똑같이 가엾게 여기고
좋아함엔 제한이 있지만
사람 포섭하기 친구들 속에 있듯 하니
그 뛰어나고 묘함이 사자와 같네.

처음에는 먼저 기술을 배우고
그 다음으로는 재물을 구하며
재물을 구한 뒤에는
그것을 나누어 네 몫으로 만들라.

한 몫으로는 음식 만들고
한 몫으로는 농사의 밑천을 삼고
한 몫은 간직하여 저축했다가
급할 때 쓰도록 하라.

농사꾼이나 장사꾼에게 주어
나머지 한 몫으로 이자를 낳게 하고
다섯째로는 아내를 맞이하고
여섯째로는 집을 장만하라.

만일 집에 이러한 6사事 갖춘다면
더 불어나지 않더라도 유쾌히 즐거움 얻을 것이고
그는 반드시 재물이 풍족하여
바다 속에서 물이 흐르듯 하리.

그는 이렇게 재물을 구하기

마치 꿀벌이 꽃을 따는 듯하니
오랫동안 재물을 구해
마땅히 스스로 쾌락을 받으리라.

재물을 먼 곳으로 보내지 말고
또한 두루 펴지도 말라
흉악하고 사나운 사람에게나
세력 있는 이에게 빼앗기나니

동쪽 방위는 부모가 되고
남쪽 방위는 스승이 되며
서쪽 방위는 처자가 되고
북쪽 방위는 종이 되며
하방은 친한 벗의 종이 되고
상방은 사문 범지 되나니

원컨대 이 모든 방위에 예배하여
둘 다 함께 큰 명성을 얻고
이 모든 방위에 예배한 뒤에
시주는 하늘에 나게 되기를.

부처님께서 이렇게 말씀하시자 거사의 아들 선생은 부처님 말씀을 듣고 기뻐하며 받들어 행하였다.

〔이 선생경에 수록된 경문의 글자 수는 4,255자이다. 『중아함경』 제33권에 수록된 경문의 글자 수는 모두 11,623자이다.〕

중아함경 제 34 권

11. 대품 ⑥

136) 상인구재경商人求財經[1]〔제3 염송〕

나는 이와 같이 들었다.

어느 때 부처님께서 사위국을 유행하실 적에 승림급고독원에 머무셨다. 그때 세존께서는 여러 비구들에게 말씀하셨다.

"옛날 염부주閻浮洲의 여러 상인들이 모두 고객당賈客堂에 모여 이렇게 생각하였다.

'우리는 차라리 배를 만들어 타고 큰 바다로 나아가 보물을 구해 가지고 와서 집안 살림에 쓰자.'

---

1 이 경의 이역경전으로는 『증일아함경』 제41권 「마왕품馬王品」의 첫 번째 경과 수隋시대 사나굴다闍那崛多가 한역한 『불본행집경佛本行集經』 제50권이 있다. 참고 경전으로는 오吳시대 강승회康僧會가 한역한 『육도집경六度集經』 제4권과 제6권 중에 같은 내용이 들어 있다.(신수대장경 3권 p.19下와 p.33中 참조)

그들은 다시 이렇게 생각하였다.

'우리가 바다에 들어가서 괜찮을지 괜찮지 않을지 미리 알 수 없으니, 우리들은 이제 각각 바다에서 뜨는 기구 즉 암염소 가죽 주머니·큰 뒤웅박· 뗏목을 준비하자.'

그들은 그 뒤에 각각 암염소 가죽 주머니·큰 뒤웅박·뗏목을 준비해 가지고 곧 바다로 들어갔다. 그들은 바다 복판에서 마갈어왕摩竭漁王 때문에 그 배가 파손되었고 그 상인들은 제각기 바다에서 뜨는 기구, 즉 암염소 가죽 주머니·큰 뒤웅박·뗏목을 타고 정처 없이 이리저리 떠다녔다.

그때 바다 동쪽에서 갑자기 큰 바람이 일어나 상인들을 바다 서쪽 언덕으로 밀어 붙였다. 그들은 거기서 얼굴이 매우 미묘하고 단정하며 온갖 장신구로 그 몸을 치장한 여러 여인들을 보았다. 그 여자들은 이들을 보고 이렇게 말하였다.

'여러분, 잘 오셨습니다. 여러분, 잘 오셨습니다. 이곳은 지극히 즐겁고 가장 아름다운 곳으로서 동산과 목욕하는 못, 앉고 눕는 자리, 울창한 숲이 있으며, 또 많은 재물과 금·은·수정·유리琉璃·마니摩尼·진주眞珠·푸른 옥〔碧玉〕·흰 구슬〔白珂〕·자거車渠·산호珊瑚·호박琥珀·마노馬瑙·대모瑇瑁·적석赤石·선주旋珠 등이 있는데, 그것을 모두 여러분께 드리겠습니다. 그 대신 여러분들은 우리들과 즐겁게 놀아 주셔야 합니다. 염부주의 상인들께서는 여기서 남방으로 가겠다는 것을 꿈에도 생각해서는 안 됩니다.'

그래서 그 상인들은 모두 그 여자들과 서로 즐겁게 놀았고 그 상인들은 그 여자들과 서로 즐거워하였기 때문에 혹은 아들을 낳고 또 혹은 딸을 낳았다.

그 뒤에 어떤 지혜로운 염부주의 상인이 혼자 고요한 곳에 있으면서 이렇게 생각하였다.

'무엇 때문에 이 여자들은 우리를 붙잡고 남방으로 가지 못하게 할까? 나는 이제 같이 사는 아내의 동정을 살피다가 그녀가 잠든 틈을 타서 가만히 일어나 몰래 남방으로 가야겠다.'

그 염부주의 지혜로운 상인은 그 뒤에 같이 사는 아내의 동정을 살피다가 그녀가 잠든 틈을 타서 가만히 일어나 곧 몰래 남방으로 떠났다. 그 염부주의 지혜로운 상인은 남방으로 떠난 뒤에 멀리서 크게 울부짖는 소리를 들었다. 곧 여러 사람이 통곡하고 괴로워하며 아버지를 부르고 어머니를 부르며 처자 및 모든 사랑하는 친족과 벗을 부르면서 말하였다.

'염부주가 비록 안온하고 쾌락하여 좋다지만 그를 이제 다시는 볼 수 없구나.'

그 상인은 이 울부짖음을 듣고 매우 두려워 털이 곤두서면서 말하였다.

'사람이나 사람 아닌 것이 나를 해치지 않기를…….'

이에 그 염부주의 지혜로운 상인은 두려움을 억제하고 다시 남방을 향해 나아갔다. 그는 남방을 향해 나아가다가 문득 동쪽에 큰 쇠성〔鐵城〕이 있는 것을 보았다. 그는 두루 돌아보았으나, 문도 볼 수 없었고 나아가 고양이 새끼가 빠져 나올 만한 구멍조차도 없었다. 그 염부주의 지혜로운 상인은 쇠성 북쪽에 큰 무덕나무〔大叢樹〕가 있는 것을 보고 곧 가서 그 큰 무덕나무를 타고 천천히 올라갔다. 그 나무 위에서 그는 여러 사람들에게 물었다.

'여러분, 당신들은 왜 울고 괴로워하면서 아버지를 부르고 어머니를 부르며, 처자와 여러 사랑하는 친족과 벗을 부르면서 〈염부주가 비록 안온하고 쾌락하여 좋다지만 그를 이제 다시는 볼 수 없구나〉라고 울

부짖는가?'

그때 여러 사람들은 곧 그에게 대답하였다.

'현자여, 우리들은 염부주의 상인들이었다. 우리는 함께 고객당賈客堂에 모여 이렇게 생각하였다.

〈우리는 차라리 배를 만들어 타고 큰 바다로 나아가 보물을 구해 가지고 와서 집안 살림에 쓰자.〉

현자여, 우리는 다시 이렇게 생각하였다.

〈우리가 바다에 들어가서 괜찮을지 괜찮지 않을지 미리 알 수 없으니, 우리들은 이제 바다에서 뜨는 기구 즉 암염소 가죽 주머니·큰 뒤웅박·뗏목을 준비하자.〉

현자여, 우리는 그 뒤에 각각 암염소 가죽 주머니·큰 뒤웅박·뗏목을 준비해 가지고 곧 바다로 들어갔다. 현자여, 우리는 바다 복판에서 마갈어왕 때문에 그 배가 파손되었다. 현자여, 우리 상인들은 제각기 바다에서 뜨는 기구 즉 암염소 가죽 주머니·큰 뒤웅박·뗏목을 타고 정처 없이 이리저리 떠다녔다. 그때 바다 동쪽에서 갑자기 큰 바람이 일어나 우리 상인들을 바다 서쪽 언덕으로 밀어 붙였다. 우리는 거기서 얼굴이 매우 미묘하고 단정하며 온갖 장신구로 그 몸을 치장한 여러 여인들을 보았다. 그녀들은 우리를 보고 이렇게 말하였다.

〈여러분, 잘 오셨습니다. 여러분, 참 잘 오셨습니다. 이곳은 지극히 즐겁고 가장 아름다운 곳으로서 동산과 목욕하는 못, 앉고 눕는 자리, 울창한 숲이 있으며, 또 많은 재물과 금·은·수정·유리·마니·진주·푸른 옥〔碧玉〕·흰 구슬〔白珂〕·자거車渠·산호珊瑚·호박琥珀·마노馬瑙·대모瑇瑁·적석赤石·선주旋珠 등이 있는데, 그것을 모두 여러분께 드리겠습니다. 그 대신 여러분들은 우리들과 즐겁게 놀아 주셔야 합니다. 염부주의 상인들께서는 여기서 남방으로 가겠다는 것을

꿈에도 생각해서는 안 됩니다.〉

현자여, 그래서 우리들은 모두 그녀들과 즐겁게 놀았고, 우리들은 그녀들과 서로 즐거워하였기 때문에 혹은 아들을 낳고 혹은 딸을 낳았다.

그런데, 현자여, 그 부인들은 염부주의 다른 상인들이 바다 복판에서 마갈어왕 때문에 배가 파손되었다는 말을 듣지 않았을 때엔 우리들과 서로 즐겁게 지냈지만, 현자여 그 부인들이 염부주의 다른 어떤 상인들이 바다 복판에서 마갈어왕 때문에 배가 파손되었다는 말을 듣자 그녀들은 곧 우리들을 잡아 잡아먹고 매우 극심하게 핍박하였다. 그녀들은 사람을 잡아먹을 때 털이나 손톱이나 이빨이 남았을 경우엔 그 부인들은 그것을 다 집어 먹었으며, 만일 사람을 먹을 때 땅에 핏방울이 떨어지면 그녀들은 곧 손톱으로 깊이 네 치까지 땅을 파서 그것을 집어 먹었다. 현자여, 마땅히 알아야 한다. 우리 염부주 상인은 본래 5백 명이었는데, 그 중에서 이미 250명은 잡아먹히고 이제 250명만 남아, 지금 이 큰 쇠성 안에 모두 갇혀있다. 현자여, 그대는 그 부인네들의 말을 믿지 말라. 그녀들은 진짜 사람이 아니요, 모두 나찰 귀신〔羅刹鬼〕일 뿐이다.'

이에 염부주의 지혜로운 상인은 그 큰 무덕나무에서 천천히 내려와 길을 돌이켜 그 부인과 본래 같이 살던 곳으로 갔다. 그는 그녀가 아직도 잠이 들어 깨지 않은 것을 알고는 그 밤으로 곧 저 염부주의 여러 상인들에게 가서 이렇게 말하였다.

'여러분 같이 조용한 곳으로 갑시다. 당신들은 제각기 혼자 오고 아이들을 데리고 오지 마시오. 우리는 거기 가서 은밀하게 의논할 일이 있소.'

그래서 저 염부주의 여러 상인들은 다 조용한 곳으로 가되 각자 혼자 가고 아이들을 데리고 가지 않았다. 그때 염부주의 한 지혜로운 상인은 말하였다.

'여러 상인들이여, 나는 일찍 편안하고 조용한 곳에 혼자 있으면서 이렇게 생각하였다.

〈무엇 때문에 이 부인네들은 우리를 붙들고 남방으로 가지 못하게 할까? 나는 이제 같이 사는 아내의 동정을 살피다가 그녀가 잠든 틈을 타서 가만히 일어나 몰래 남방으로 가야겠다.〉

이에 나는 같이 사는 아내의 동정을 살피다가 그녀가 잠든 틈을 타서 가만히 일어나 몰래 남방으로 떠났다. 나는 남방으로 떠난 뒤에 멀리서 크게 울부짖는 소리가 들었다. 곧 여러 사람이 통곡하고 괴로워하며 아버지를 부르고 어머니를 부르며 처자 및 모든 사랑하는 친족과 벗을 부르면서 말하였다.

〈염부주가 비록 안온하고 쾌락하여 좋다지만 그를 이제 다시는 볼 수 없구나.〉

나는 이 울부짖음을 듣고 매우 두려워 털이 곤두서면서 말하였다.

〈사람이나 사람 아닌 것이 나를 해치지 않기를…….〉

이에 나는 두려움을 억제하고 다시 남방을 향해 나아갔다. 나는 남방을 향해 나아가다가 문득 동쪽에 큰 쇠성이 있는 것을 보았다. 나는 두루 돌아보았으나 그 문도 볼 수 없었고, 나아가 고양이 새끼가 빠져나올 만한 구멍조차도 없었다. 나는 쇠성 북쪽에 큰 무덕나무〔大叢樹〕가 있는 것을 보고 곧 가서 그 큰 무덕나무를 타고 천천히 올라갔다. 그 나무 위에서 나는 여러 사람들에게 물었다.

〈여러분, 당신들은 왜 울고 괴로워하면서 아버지를 부르고 어머니를 부르며, 처자와 여러 사랑하는 친족과 벗을 부르면서, 염부주가 비록 안온하고 쾌락하여 좋다지만 이제 다시는 볼 수 없구나라고 울부

짓는가?〉

그때 여러 사람들은 곧 내게 대답하였다.

〈현자여, 우리들은 염부주의 상인들이었다. 우리는 함께 고객당에 모여, 우리는 차라리 배를 만들어 큰 바다로 나아가 보물을 구해 가지고 와서 집안 살림에 쓰자고 생각하였다. 현자여, 우리는 다시 우리가 바다에 들어가서 괜찮을지 괜찮지 않을지 미리 알 수 없으니 우리들은 이제 바다에서 뜨는 기구 즉 암염소 가죽 주머니·큰 뒤웅박·뗏목을 준비하자고 생각하였다. 현자여, 우리는 그 뒤에 각각 암염소 가죽 주머니·큰 뒤웅박·뗏목을 가지고 곧 바다로 들어갔다. 현자여, 우리는 바다 복판에서 마갈어왕 때문에 배가 파손되었고 현자여, 우리 상인들은 제각기 바다에서 뜨는 기구 즉 암염소 가죽 주머니·큰 뒤웅박·뗏목배를 타고 정처 없이 이리저리 떠다녔다. 그때 바다 동쪽에서 갑자기 큰 바람이 일어나 우리 상인들을 바다 서쪽 언덕에 밀어 붙였다. 우리는 거기서 얼굴이 매우 미묘하고 단정하며 온갖 장신구로 그 몸을 치장한 여러 여인들을 보았다. 그 여자들은 우리를 보고 이렇게 말하였다.

'여러분, 잘 오셨습니다. 여러분, 참 잘 오셨습니다. 이곳은 지극히 즐겁고 가장 아름다운 곳으로서 동산과 목욕하는 못, 앉고 눕는 자리, 울창한 숲이 있으며, 또 많은 재물과 금·은·수정·유리·마니·진주·푸른 옥·흰 구슬·자거·산호·호박·마노·대모·적석·선주 등이 있는데, 그것을 모두 여러분에게 드리겠습니다. 그 대신 여러분들은 우리들과 즐겁게 놀아 주셔야 합니다. 염부주의 상인들께서는 여기서 남방으로 가겠다는 생각을 꿈에도 해서는 안 됩니다.'

현자여, 그래서 우리들은 모두 그 여자들과 즐겁게 놀았고, 우리들은 그녀들과 서로 즐거워하였기 때문에 혹은 아들을 낳고 혹은 딸을 낳았다.

현자여, 그 부인들은 염부주의 다른 상인들이 바다 복판에서 마갈어왕 때문에 배가 파손되었다는 말을 듣지 못했을 때엔 우리들과 서로 즐겁게 지냈지만, 현자여 그 부인네들은 염부주의 다른 어떤 상인들이 바다 복판에서 마갈어왕 때문에 배가 파손되었다는 말을 듣자 그녀들은 곧 우리들을 잡아먹고 매우 극심하게 핍박하였다. 사람을 잡아먹을 때에도 털이나 손톱이나 이빨이 남았을 경우엔 그 부인들은 그것을 다 집어 먹었으며, 만일 사람을 잡아먹을 때 땅에 핏방울이 떨어지면 그 부인네들은 곧 손톱으로 깊이 네 치까지 땅을 파서 그것을 집어먹었다. 현자여, 마땅히 알아야 한다. 우리 염부주 상인은 본래 5백 명이 있었는데, 그 중에서 이미 250명은 잡아먹히고 이제 250명만 남아, 지금 이 큰 쇠성 안에 모두 갇혀있다. 현자여, 그대는 그 부인네들의 말을 믿지 말라. 그녀들은 진짜 사람이 아니라 모두 나찰 귀신일 뿐이다.〉'

이에 염부주의 여러 상인들은 저 염부주의 한 지혜로운 상인에게 물었다.

'현자여, 그 대중들에게 〈여러분, 혹 우리와 당신들을 여기서 안온하게 염부주까지 가게 할 수 있는 방법은 없는가〉라고 묻지 않았는가?'

염부주의 한 지혜로운 상인이 대답하였다.

'여러분, 나는 그때 그만 그렇게 묻지 않았다.'

이에 염부주의 여러 상인들은 말하였다.

'현자여, 본래 같이 살던 부인에게 돌아갔다가, 그녀가 잠든 틈을 타서 가만히 일어나 다시 몰래 남방으로 가서 그 대중들에게 〈여러분, 혹 우리와 당신들을 여기서 안온하게 염부주까지 가게 할 수 있는 방

법은 없는가〉라고 물어보라.'

이에 염부주의 한 지혜로운 상인은 여러 상인들을 위하여 잠자코 허락하였다. 이때 염부주의 한 지혜로운 상인은 본래 같이 살던 부인에게 돌아갔다가, 그녀가 잠든 틈을 타서 가만히 일어나 몰래 남방으로 가서 그 대중들에게 물었다.

'여러분 혹 우리와 당신들을 여기서 안온하게 염부주까지 가게 할 수 있는 방법은 없는가?'

그 대중들이 대답하였다.

'현자여, 우리들이 안온하게 염부주까지 갈 수 있는 방법은 전혀 없다. 현자여, 우리는 〈우리들은 다 같이 이 담을 부수고 본래 살던 곳으로 돌아가야 한다〉고 이렇게 생각한 적이 있다. 그러나 이렇게 마음을 먹자, 이 담은 보통 때보다 몇 배나 높아졌다. 현자여, 그러므로 우리들이 안온하게 염부주까지 갈 수 있는 방법이 없다고 하는 것이다. 현자여, 당신들을 여기서 안온하게 염부주까지 가게 할 방법은 따로 있다. 그러나 우리들에게는 영원히 방법이 없다. 여러분, 우리들은 공중에서 하늘이 외치는 소리를 들었다.

〈염부주 상인들은 우매하고 어리석어 결정짓지 못하고 또 잘 알지도 못한다. 왜냐하면 보름날 종해탈從解脫을 연설할 때 남방으로 가지 않기 때문이다. 거기에는 모마왕駐馬王[2]이 있어 저절로 생겨난 멥쌀을 먹고 안온하고 쾌락하며, 모든 근根이 충만하다. 그는 누가 저쪽 언덕〔彼岸〕으로 건너가고자 하고, 누가 자기를 풀어 주었으면 하며, 누가 자기를 데리고 여기서 안온하게 염부주까지 가기를 바라는가 라고 두 번 세 번 외친다.〉

2 팔리어로는 valāhassa라고 한다. 털이 긴 말의 일종. 혹 하늘을 달리는 말을 지칭하기도 한다.

당신들은 다 같이 저 모마왕에게 가서 이렇게 말하라.

〈저희들은 저쪽 언덕으로 건너가고자 합니다. 원컨대 저희들을 벗어나게 하여, 저희들을 데리고 여기서 안온하게 염부주까지 가 주십시오.〉

현자여, 그러므로 당신들을 여기서 안온하게 염부주까지 가게 할 방법이 있다고 말한 것이다.

상인들이여, 당신들은 저 모마왕에게 가서 이렇게 말하라.

〈저희들은 저쪽 언덕으로 건너가고자 합니다. 원컨대 저희들을 벗어나게 하여, 저희들을 데리고 여기서 안온하게 염부주까지 가 주십시오.〉'

이에 염부주의 한 지혜로운 상인은 돌아와 말하였다.

'여러 상인들이여, 지금 저 모마왕에게 가서 이렇게 말하자.

〈저희들은 저쪽 언덕으로 건너가고자 합니다. 원컨대 저희들을 벗어나게 하여, 저희들을 데리고 여기서 안온하게 염부주까지 가 주십시오.〉'

모든 상인들은 하늘의 뜻을 따랐다. 여러 상인들은 생각하였다.

'만일 보름날 종해탈을 연설할 때 모마왕이 저절로 생겨난 멥쌀을 먹고 안온하고 쾌락하며, 모든 근이 충만하여 두 번 세 번 외치기를 〈누가 저쪽 언덕으로 건너가고자 하고, 누가 자신을 풀어 주었으면 하며, 누가 자기를 데리고 여기서 안온하게 염부주까지 가기를 바라는가〉라고 하거든, 우리들은 그때 곧 그에게 가서 이렇게 말하자.

〈저희들은 저쪽 언덕으로 건너가고자 합니다. 원컨대 저희들을 벗어나게 하여, 저희들을 데리고 여기서 안온하게 염부주까지 가 주십시오.〉'

이에 모마왕은 다음 보름날에 종해탈을 연설할 때 저절로 생겨난 멥쌀을 먹고 안온하고 쾌락하며, 모든 근이 충만하여 두 번 세 번 외쳤다.

'누가 저쪽 언덕으로 건너가고자 하고, 누가 자기를 풀어 주었으면 하며, 누가 자기를 데리고 여기서 안온하게 염부주까지 가기를 바라는가?'

그때 염부주의 여러 상인들은 이 외침을 듣고 곧 모마왕에게 가서 이렇게 말하였다.

'저희들은 저쪽 언덕으로 건너가고자 합니다. 원컨대 저희들을 벗어나게 하여, 저희들을 데리고 여기서 안온하게 염부주까지 가 주십시오.'

그때 모마왕이 말하였다.

'상인들이여, 저 부인네들은 반드시 아이들을 안고 다 같이 와서 이렇게 말 할 것이다.

〈여러분, 잘 돌아오셨습니다. 이곳은 지극히 즐겁고 가장 아름다운 곳으로서 동산과 목욕하는 못, 앉고 눕는 자리, 울창한 숲이 있으며, 또 많은 재물과 금·은·수정·유리·마니·진주·푸른 옥·흰 구슬·자거·산호·호박·마노·대모·적석·선주 등이 많이 있는데, 그것을 모두 여러분께 드리겠습니다. 그 대신 여러분은 우리들과 즐겁게 놀아 주셔야 합니다. 비록 우리들은 필요 없더라도 이 아이들을 가엾게 생각하소서.〉

그때 만일 상인들이 〈내게는 아들과 딸이 있다. 내게는 지극히 즐겁고 가장 아름다운 곳인 동산과 목욕하는 못, 앉고 눕는 자리, 울창한 숲이 있으며, 내게는 많은 재물과 금·은·수정·유리·마니·진주·푸른 옥·흰 구슬·자거·산호·호박·마노·대모·적석·선주가 있다〉고 생각하면, 그는 비록 내 등 한복판에 바로 타더라도 반드시 거꾸러져 물에 떨어져서 곧 그녀들에게 잡아먹히고 매우 극심한 곤란에 처하게 될 것이다. 그녀들은 사람을 먹을 때 털이나 손톱이나 이빨이 남았을 경우엔 그 부인들은 그것을 모두 집어 먹을 것이며, 만일 사람을 먹을 때 땅에 피가 떨어지면 그녀들은 곧 손톱으로 깊이 네 치까지 땅을 파서 그것을 집어먹을 것이다.

만일 상인들이 〈내게는 아들과 딸이 있다. 내게는 지극히 즐겁고 가장 아름다운 곳으로서 동산과 목욕하는 못, 앉고 눕는 자리, 울창한 숲이 있으며, 내게는 많은 재물과 금·은·수정·유리·마니·진주·푸른 옥·흰 구슬·자거·산호·호박·마노·대모·적석·선주 등이 있다〉고 생각하지 않으면, 그는 비록 내 몸의 털 하나만 잡더라도 반드시 안온하게 염부주까지 가게 될 것이다.'"

세존께서 다시 여러 비구들에게 말씀하셨다.

"그 부인네들은 아이들을 안고 와서 이렇게 말하였다.

'여러분, 잘 돌아오셨습니다. 여기는 지극히 즐겁고 가장 아름다운 곳으로서 동산과 목욕하는 못, 앉고 눕는 자리, 울창한 숲이 있으며, 많은 재물과 금·은·수정·유리·마니·진주·푸른 옥·흰 구슬·자거·산호·호박·마노·대모·적석·선주가 있는데, 그것을 모두 여러분께 드리겠습니다. 그 대신 여러분은 우리들과 즐겁게 놀아 주셔야 합니다.'

그랬을 때 만일 그 상인들이 '내게는 아들과 딸이 있고, 내게는 지극히 즐겁고 가장 아름다운 곳인 동산과 목욕하는 못, 앉고 눕는 자리, 울창한 숲이 있다. 내게는 많은 재물과 금·은·수정·유리·마니·진주·푸른 옥·흰 구슬·자거·산호·호박·마노·대모·적석·선주가 있다'고 생각하면, 그는 비록 모마왕의 등 한복판에 바로 탔더라도 반드시 거꾸러져서 물에 떨어져 곧 그녀들에게 잡아먹히고 매우 극심한 곤란에 처하게 될 것이다. 그녀들이 사람을 잡아먹을 때에도 털이나 손톱이나 이빨이 남았을 경우엔 그 부인들은 그것을 집어먹을 것이요, 다시 사람을 잡아먹을 때 만일 땅에 핏방울이 떨어지면 그녀들은 곧 손톱으로 깊이 네 치까지 땅을 파서 그것을 집어먹을 것이다.

만일 그 상인이 '내게는 아들과 딸이 있다. 내게는 지극히 즐겁고 가장 아름다운 곳인 동산과 목욕하는 못, 앉고 눕는 자리, 울창한 숲이 있으며, 내게는 많은 재물과 금·은·수정·유리·마니·진주·푸른 옥·흰 구슬·자거·산호·호박·마노·대모·적석·선주가 있다'고 생각하지 않으면, 그는 비록 모마왕의 털을 하나만 잡더라도 반드시 안온하게 염부주까지 갈 수 있을 것이다.

여러 비구들아, 내가 이 비유를 들어 말한 것은 그 이치를 알게 하려고 이러한 뜻을 설한 것이다. 내 법을 잘 설하되 지극히 자세하게 모두 드러내 밝히고 잘 보호하여 없어지지 않게 하며, 마치 물 위에 뜬 뗏목처럼 널리 유포해서 마침내 천인天人에 이르기까지 미치게 하고자 함이니라. 그러니 이와 같이 내 법을 잘 설하되 지극히 자세하게 모두 드러내 밝히고 잘 보호하여 없어지지 않게 하며, 마치 물 위에 뜬 뗏목처럼 널리 유포해서 마침내 천인에 이르기까지 미치게 하여라.

만일 어떤 비구가 '안眼은 나[我]요, 내게는 안眼이 있다. 이耳·비鼻·설舌·신身·의意도 또한 그러하며, 의意는 나요, 내게는 의意가 있다'고 생각하면 그 비구는 반드시 해를 입을 것이니, 마치 저 상인이 나찰귀신에게 먹히는 것과 같다. 이것은 내 법을 잘 설하되 지극히 자세하게 모두 드러내 밝히고 잘 보호하여 없어지지 않게 하며, 마치 물 위에 뜬 뗏목처럼 널리 유포해서 마침내 천인에 이르기까지 미치게 하고자 함이니라. 그러니 이와 같이 내 법을 잘 설하되 지극히 자세하게 모두 드러내 밝히고 잘 보호하여 없어지지 않게 하며, 마치 물 위에 뜬 뗏목처럼 널리 유포해서 마침내 천인에 이르기까지 미치게 하여라.

만일 어떤 비구가 '안眼은 나〔我〕가 아니요, 내게는 안眼이 없다. 이耳·비鼻·설舌·신身·의意도 또한 그러하며, 의意는 나가 아니요, 내게는 의意가 없다'고 생각하면, 그 비구는 안온하게 갈 수 있나니, 마치 저 상인이 모마왕을 타고 안온하게 건너갈 수 있는 것과 같다. 이것은 내 법을 잘 설하되 지극히 자세하게 모두 드러내 밝히고 잘 보호하여 없어지지 않게 하며, 마치 물 위에 뜬 뗏목처럼 널리 유포해서 마침내 천인에 이르기까지 미치게 하고자 함이니라. 그러니 이와 같이 내 법을 잘 설하되 지극히 자세하게 모두 드러내 밝히고 잘 보호하여 없어지지 않게 하며, 마치 물 위에 뜬 뗏목처럼 널리 유포해서 마침내 천인에 이르기까지 미치게 하여라.

만일 어떤 비구가 '색色은 나요, 내게는 색이 있다. 성聲·향香·미味·촉觸·법法도 또한 그러하며 법은 나요 내게는 법이 있다'고 생각하면 그 비구는 반드시 해를 입을 것이니, 마치 저 상인이 나찰귀신에게 먹히는 것과 같다. 이것은 내 법을 잘 설하되 지극히 자세하게 모두 드러내 밝히고 잘 보호하여 없어지지 않게 하며, 마치 물 위에 뜬 뗏목처럼 널리 유포해서 마침내 천인에 이르기까지 미치게 하고자 함이니라. 그러니 이와 같이 내 법을 잘 설하되 지극히 자세하게 모두 드러내 밝히고 잘 보호하여 없어지지 않게 하며, 마치 물 위에 뜬 뗏목처럼 널리 유포해서 마침내 천인에 이르기까지 미치게 하여라.

만일 어떤 비구가 '색은 나가 아니요 내게는 색이 없다. 성·향·미·촉·법도 또한 그러하며 법은 나가 아니요 내게는 법이 없다'고 생각하면 그 비구는 반드시 안온하게 갈 수 있나니, 마치 저 상인이 모마왕을 타고 안온하게 건널 수 있는 것과 같다. 이것은 내 법을 잘 설하되 지극히 자세하게 모두 드러내 밝히고 잘 보호하여 없어지지 않게 하며, 마치 물 위에 뜬 뗏목처럼 널리 유포해서 마침내 천인에 이르기까지 미치게 하고자 함이니라. 그러니 이와 같이 내 법을 잘 설하되 지극히 자세하게 모두 드러내 밝히고 잘 보호하여 없어지지 않게 하며, 마치 물 위에 뜬 뗏목처럼 널리 유포해서 마침내 천인에 이르기까지 미치게 하여라.

만일 어떤 비구가 '색음色陰은 나요 내게는 색음이 있다. 각음覺陰·상음想陰·행음行陰·식음識陰도 또한 그러하며, 식음은 나요 내게는 식음이 있다'고 생각하면, 그 비구는 반드시 해를 입을 것이니, 마치 저 상인이 나찰귀신에게 먹히는 것과 같다. 이것은 내 법을 잘 설하되 지극히 자세하게 모두 드러내 밝히고 잘 보호하여 없어지지 않게 하며, 마치 물 위에 뜬 뗏목처럼 널리 유포해서 마침내 천인에 이르기까지 미치게 하고자 함이니라. 그러니 이와 같이 내 법을 잘 설하되 지극히 자세하게 모두 드러내 밝히고 잘 보호하여 없어지지 않게 하며, 마치 물 위에 뜬 뗏목처럼 널리 유포해서 마침내 천인에 이르기까지 미치게 하여라.

만일 어떤 비구가 '색음은 나가 아니요, 내게는 색음이 없다. 각음·상음·행음·식음도 또한 그러하며, 식음은 나가 아니요, 내게는 식음이 없다'고 생각하면, 그 비구는 안온하게 갈 수 있나니, 마치 저 상인이 모마왕을 타고 안온하게 건널 수 있는 것과 같다. 내 법을 잘 설하되 지극히 자세하게 모두 드러내 밝히고 잘 보호하여 없어지지 않게 하며, 마치 물 위에 뜬 뗏목처럼 널리 유포해서 마침내 천인에 이르기까지 미치게 하고자 함이니라. 그러니 이와 같이 내 법을 잘 설하되 지극히 자세하게 모두 드러내 밝히고 잘 보호하여 없어지지 않게 하며, 마치 물 위에 뜬 뗏목처럼 널리 유포해서 마침내 천인에 이르기까지 미치게 하여라. 만일 어떤 비구가 '흙〔地〕은 나요 내게는 흙이 있다. 물〔水〕·불〔火〕·바람〔風〕·허공〔空〕·식識도 또한 그러하며 식은 나요 내게는 식이 있다'고 생각하면 그 비구는 반드시 해를 입을 것이니, 마치 저 상인이 나찰귀신에게 먹히는 것과 같다. 그것은 내 법을 잘 설하되 지극히 자세하게 모두 드러내 밝히고 잘 보호하여 없어지지 않게 하며, 마치 물 위에 뜬 뗏목처럼 널리 유포해서 마침내 천인에 이르기까지 미치게 하고자 함이니라. 그러니 이와 같이 내 법을 잘 설하되 지극히 자세하게 모두 드러내 밝히고 잘 보호하여 없어지지 않게 하며, 마치 물 위에 뜬 뗏목처럼 널리 유포해서 마침내 천인에 이르기까지 미치게 하여라.

만일 어떤 비구가 '흙은 나가 아니요, 내게는 흙이 없다. 물·불·바람·허공·식도 또한 그러하며 식은 나가 아니요 내게는 식이 없다'고 생각하면 그 비구는 안온하게 갈 수 있나니, 마치 저 상인이 모마왕을 타고 안온하게 건널 수 있는 것과 같으니라."

이에 세존께서는 이 게송을 말씀하셨다.

만일 부처님께서 말씀한
바른 법률을 믿지 않으면
그 사람 반드시 해를 입나니
마치 나찰귀신에게 먹히는 것과 같네.

만일 부처님께서 말씀한
바른 법률을 믿는 사람이라면

그는 안온하게 건너가리니
마치 모마왕을 탄 것과 같네.

부처님께서 이렇게 말씀하시자 여러 비구들은 부처님 말씀을 듣고 기뻐하며 받들어 행하였다.

〔이 상인구재경에 수록된 경문의 글자 수는 총 4,273자이다.〕

137) 세간경世間經〔제3 염송〕

나는 이와 같이 들었다.

어느 때 부처님께서는 사위국을 유행하실 적에 승림급고독원勝林給孤獨園에 머무셨다. 그때 세존께서 여러 비구들에게 말씀하셨다.

"여래는 스스로 세간을 깨닫고 또한 남을 위하여 설명하시니, 여래는 세간을 아시기 때문이다. 여래는 스스로 세간의 습(習 : 集)을 깨닫고 또한 남을 위하여 설명하시니, 여래는 세간의 습을 끊으셨기 때문이다. 여래는 스스로 세간의 멸滅을 깨닫고 또한 남을 위하여 설명하시니, 여래는 세간의 멸을 증득하셨기 때문이다. 여래는 스스로 세간의 도적道跡을 깨닫고 또한 남을 위하여 설명하시니, 여래는 세간의 도적을 닦으셨기 때문이다. 만일 모든 것이 다 두루하고 바르다면, 그 모든 것은 여래께서 알고 보고 깨닫고 얻으신 것이다. 왜냐하면 여래는 옛날 무상정진각無上正盡覺을 닦은 뒤로부터 오늘밤 무여열반계無餘涅槃界에서 열반해 마칠 때까지 그 중간에서 만일 여래가 입으로 말한 바가 있고 대답한 바 있으면, 그 모든 것은 다 진실하여 공허하지 않고 진실을 떠나지 않았으며, 또한 거꾸로 왜곡되지도 않았고, 진제眞

諦로 실상을 분명히 아셨기 때문이다.

만일 사자처럼 외치려면 마땅히 여래가 말하는 것처럼 하라. 왜냐하면 여래는 대중 가운데서 강설하는 일이 있으면 사자처럼 외쳐 일체 세간·하늘·악마·범梵·사문 범지 등 사람에서 하늘에까지 이르기 때문이다. 여래는 범梵의 존재다. 여래는 지극히 차가운 존재로서 번민도 없고 뜨거움도 없으며 진실하여 헛되지 않은 존재이니라."

이에 세존께서는 이 게송을 말씀하셨다.

일체 세간을 알고
일체 세간에서 벗어나며
일체 세간을 설하고
일체 세간을 진실 그대로 아시네.

그는 최상으로 존귀하신 영웅이라
일체의 결박을 풀어 헤치고
일체의 업을 끊어 없애
생사를 모두 해탈하였네.

그러므로 하늘이나 사람이나
부처님께 귀의한다네.
매우 깊고 넓은 바다 같으신
여래께 머리 조아려 예배한다네.

알고 나서 또한 공경하고 수행하였고
모든 하늘의 향음신香音神들

그들 또한 머리 조아려 예배한다네.
이른바 죽음을 따르는 자도
지사智士께 머리 조아려 예배하고
사람 중에 으뜸인 분께 귀의하네.

걱정 없고 티끌 여의어 안온하며
걸림 없이 모든 것 해탈하나니
그러므로 마땅히 선정을 즐기고
멀리 떠나 지극한 선정에 머무네.

마땅히 스스로 등불이 되어
나는 그때를 잃는 일 없으리.
때를 놓치면 걱정과 슬픔 있나니
이른바 지옥에 떨어진다네.

부처님께서 이렇게 말씀하시자 모든 비구들은 부처님 말씀을 듣고 기뻐하며 받들어 행하였다.

〔이 세간경에 수록된 경문의 글자 수는 총 396자이다.〕

138) 복경福經〔제3 염송〕

나는 이와 같이 들었다.

어느 때 부처님께서 사위국을 유행하실 적에 승림급고독원에 머무셨다. 그때 세존께서는 여러 비구들에게 말씀하셨다.

"복을 사랑스럽고 즐겁다고 마음으로 생각하는 것을 두려워하지 말라. 왜냐하면 복은 즐거운 것이라고 말하기 때문이다. 복을 사랑스럽거나 즐겁지 않다고 마음으로 생각하는 것을 두려워하라. 왜냐하면 복이 아닌 것은 괴로운 것이라고 말하기 때문이다. 왜냐하면 나는 옛날 오랫동안 복을 지어 오랫동안 과보를 받았는데, 그것은 사랑스럽고 즐거운 것이라고 마음으로 생각했기 때문이다. 나는 옛날 7년 동안 자비를 행하여 이 세계가 일곱 번 생기고 무너지는 동안 이 세상에 오지 않았었다. 세상이 패망하여 무너질 때에는 황욱천晃昱天에 났었고 세상이 이루어질 때에는 내려와 허공의 범천 궁전 안에 태어났다. 그 범천에서는 대범천大梵天이 되었고 다른 곳에서는 천 번을 자재천왕自在天王이 되었으며 서른여섯 번을 천제석天帝釋이 되었고 다시 한량없이 반복하여 찰리 정생왕刹利頂生王[3]이 되었느니라.

비구들아, 내가 찰리 정생왕이 되었을 때 8만 4천 마리의 큰 코끼리가 있었다. 좋고 뛰어난 안장을 채우고 여러 보물로 꾸몄고 흰 구슬 목걸이를 씌웠었는데, 우사하상왕于娑賀象王이 그 우두머리였다. 비구들아, 내가 찰리 정생왕이 되었을 때 8만 4천 마리의 말이 있었다. 좋고 뛰어난 안장을 채우고 여러 보물로 꾸몄고 금·은을 섞어 고삐를 만들었는데 모마왕이 그 우두머리였다. 비구들아, 내가 찰리 정생왕이 되었을 때 8만 4천 대의 수레가 있었다. 네 가지로 꾸미고 온갖 좋은 것으로 장엄하며 사자와 호랑이와 표범의 얼룩무늬 가죽을 엮은 잡색의 갖가지 것으로 장식하였고 매우 빠르고 날쌨는데, 낙성거樂聲車가 그 우두머리였다. 비구들아, 내가 찰리 정생왕이 되었을 때 8만 4천의 큰 성이 있었다. 그 성들은 매우 풍성하고 즐거워 많은 백성이

---

3 팔리어로는 māndhatā라고도 한다. 또는 지양持養·지계持戒·최승最勝이라고도 씀. 인도 아주 오랜 옛날의 전륜성왕轉輪聖王을 지칭한다.

살았는데, 구사화제왕성拘舍惒提王城이 으뜸이었다. 비구들아, 내가 찰리 정생왕이 되었을 때 8만 4천의 누각이 있었다. 금·은·유리·수정의 네 가지 보배누각이 있었는데, 정법전正法殿이 그 우두머리였다.

비구들아, 내가 찰리 정생왕이 되었을 때 8만 4천의 자리가 있었다. 금·은·유리·수정의 네 가지 보배자리로서 털담요·털자리를 깔고 금실로 짠 비단이불로 덮었고 비단속이불과 양머리에 꽃수를 놓은 베개에 최고로 좋은 사슴 모피로 만든 장막이 쳐져 있었다. 비구들아, 내가 찰리 정생왕이 되었을 때 8만 4천 벌의 겹옷이 있었는데 삼베옷·비단옷·무명옷·가릉가파화라옷〔加陵伽波惒羅衣〕이 있었다. 비구들아, 내가 찰리 정생왕이 되었을 때 8만 4천 명의 여자가 있었다. 몸은 빛나고 희며 밝고 깨끗하며 빼어난 얼굴은 사람을 능가했고 하늘보다는 조금 못했다. 단정한 모습은 보는 사람을 모두 기쁘게 하였고 온갖 보배영락으로 구족하게 꾸몄는데, 찰리 종족의 여인들은 모두 그러했고 다른 종족도 한량없었다. 비구들아, 내가 찰리 정생왕이 되었을 때 8만 4천 종의 음식이 있었는데, 밤낮으로 준비되고 언제나 나를 위해 차려져 있으면서 내가 먹기를 바라고 있었다.

비구들아, 그 8만 4천 종 음식 가운데 지극히 아름답고 깔끔하고 갖가지 한량없는 맛을 가진 한 음식이 있었는데 그것은 내가 항상 먹던 것이었다. 비구들아, 그 8만 4천 명의 여자 가운데 가장 단정하고 아름다운 한 찰리 여자가 있었는데 그 여자는 언제나 나를 받들어 모셨었다. 비구들아, 그 8만 4천 벌의 겹옷 가운데 혹은 삼베옷, 혹은 비단옷, 혹은 무명옷, 혹은 가릉가파화라옷 등의 한 겹옷이 있었는데 그것은 언제나 내가 입던 것이었다. 비구들아, 그 8만 4천 자리 가운데 혹은 금, 혹은 은, 혹은 유리, 혹은 수정으로 만든 한 자리가 있었는데 거기엔 털담요·털자리를 깔고 금실로 짠 비단이불을 덮었으며,

비단솜이불과 양머리에 꽃수를 놓은 베개에 최고로 좋은 사슴 모피로 만든 장막을 쳤는데, 그것은 언제나 내가 눕던 곳이었다.

비구들아, 그 8만 4천 개의 누각 가운데 혹은 금, 혹은 은, 혹은 유리, 혹은 수정으로 지은 한 누각이 있었는데 정법전正法殿이라 하였으며, 그곳은 언제나 내가 살던 곳이었다. 비구들아, 그 8만 4천 개의 큰 성 가운데 매우 풍성하고 즐거워 많은 백성이 살고 있는 한 성이 있었는데 구사화제拘舍惒提라고 이름하였으며, 그곳은 언제나 내가 거주하던 곳이었다. 비구들아, 그 8만 4천 대의 수레 가운데 온갖 좋은 것으로 장엄하고, 사자와 호랑이와 표범의 얼룩무늬 가죽을 엮은 잡색의 갖가지 것으로 장식하였으며, 매우 빠르고 날쌘 낙성거樂聲車라는 수레가 있었는데, 그것은 내가 늘 타고 나가 동산을 구경하던 것이었다. 비구들아, 그 8만 4천 마리의 말 가운데 검푸른 몸에 까마귀 같은 머리 모양을 한 모마왕이라 이름하는 한 말이 있었는데 그것은 내가 타고 나가 동산을 구경하던 것이었다. 비구들아, 그 8만 4천 큰 코끼리 가운데 전신이 하얗고 7지支가 모두 바른 우사하상왕于娑賀象王이란 이름의 코끼리가 있었는데, 그것은 내가 언제나 타고 나가 동산을 구경하던 것이었다.

비구들아, 나는 이렇게 생각하였다.

'이것은 어떤 업과業果이고, 어떤 업보業報이기에 나로 하여금 오늘날 큰 여의족이 있고 큰 위덕이 있으며, 큰 복이 있고 큰 위신이 있게 한 것일까?'

비구들아, 나는 다시 이렇게 생각하였다.

'이것은 3업과業果 3업보業報이기에 오늘날 나로 하여금 큰 여의족이 있고 큰 위덕이 있으며, 큰 복이 있고 큰 위신이 있게 한 것이니, 첫째는 보시요, 둘째는 조어調御이며, 셋째는 수호守護이다.'"

이에 세존께서는 이 게송을 말씀하셨다.

이 복의 과보를 보라.
미묘하고 선하며 요익이 많나니
비구들아, 나는 옛날에
7년 동안 자비심을 닦음으로써
일곱 번이나 성하고 패망하는 겁 동안
이 세상에는 돌아오지 않았네.

이 세간이 패망해 무너질 때에는
저 황욱천에 태어났으며
이 세간이 이루어질 때에는
저 범천 가운데 태어났나니

범천에서는 대범천왕 되었고
천 번이나 자재천에 태어났으며
서른여섯 번이나 제석帝釋이 되었고
한량없는 횟수 동안 정생왕 되었네.

사람 중에서 가장 높은
찰리 정생왕은
법답게 무기를 쓰지 않고
천하를 잘 이끌어 다스렸으며

법답게 억울함 주지 않고
바르고 안락하게 가르쳤으며

법답게 굴려 서로 전하여
모든 대지에 두루하게 하였네.

큰 부자로 재물이 많은
이러한 종족으로 태어나
재물과 곡식은 그득하였고
일곱 가지 보배를 성취했나니
이러한 큰 복으로 말미암아
나는 곳곳마다 자재를 얻었네.

모든 부처님 세상을 다스림에
그 부처님께서 하신 말씀과
그 심히 기특한 것 또한 아시고
그 신통 보이심도 적지 않나니
누가 이것을 알고도 믿지 않으리.
이와 같이 하면 어둠에 나느니라.

그러므로 스스로 해야 하나니
만일 큰 복을 구하고자 하거든
마땅히 부처님의 법 공경하고
늘 부처님의 법률을 생각하라.

부처님께서 이렇게 말씀하시자 모든 비구들은 부처님 말씀을 듣고 기뻐하며 받들어 행하였다.

〔이 복경에 수록된 경문의 글자 수는 1,154자이다.〕

139) 식지도경息止道經〔제3 염송〕

나는 이와 같이 들었다.

어느 때 부처님께서는 사위국을 유행하실 적에 승림급고독원에 머무셨다. 그때 세존께서 여러 비구들에게 말씀하셨다.

"젊은 비구로서 처음으로 계를 성취한 자들은 자주자주 식지도息止道에 나아가서 모든 모양〔相〕 즉, 몸이 썩어 뼈가 앙상하게 드러나는 모양〔骨相〕과 시체의 푸르딩딩한 모양〔青相〕과 시체가 썩어 문드러지는 모양〔腐相〕과 시체가 짐승에게 먹히는 모양〔食相〕과 시체의 뼈들이 연결된 모양〔骨鎖相〕을 관찰하여야 한다. 그는 이 형상들을 잘 수용해 간직하고서 제가 거처하는 곳으로 돌아와서는 손발을 씻고 니사단尼師檀을 펴고 평상 위에서 결가부좌한 채 이 모양들 즉 몸이 썩어 뼈가 앙상하게 드러나는 모양〔骨相〕과 시체의 푸르딩딩한 모양〔青相〕과 시체가 썩어 문드러지는 모양〔腐相〕과 시체가 짐승에게 먹히는 모양〔食相〕과 시체의 뼈들이 연결된 모양〔骨鎖相〕을 생각하라. 왜냐하면 만일 그 비구가 이 형상을 닦아 익히면 마음속의 욕심과 성냄의 병을 빨리 없앨 수 있기 때문이다."

이에 세존께서는 이 게송을 말씀하셨다.

만일 나이 젊은 비구로서
공부[4]가 아직 높은 뜻 얻지 못했으면
마땅히 저 식지도息止道로 나아가
그 음욕 없애기에 힘쓰라.

---

4 고려대장경 원문에는 각覺자로 되어 있으나 송宋·원元·명明 3본本에는 학學자로 되어 있고 문맥상 '학'자가 적합하여 이 글자로 대치하였다.

마음 가운데 성냄과 다툼 없이
중생을 사랑하고 가엾게 여겨
모든 곳에 두루 가득하게
나아가 저 몸뚱이들을 관찰해 보라.

푸르딩딩한 몸뚱이 모양
썩어 문드러지는 몸뚱이 모양
짐승과 벌레한테 먹히는 모양
서로 연결된 뼈마디를 관찰해 보라.

이러한 모양들을 닦아 익히고
제가 거처하는 곳으로 돌아오거든
손과 발을 깨끗이 씻고 난 뒤에
자리를 깔고 바르고 꼿꼿하게 앉아라.

안 몸과 또 바깥 몸에는
대변 · 소변이 가득 차 있고
염통 · 콩팥 · 간장 · 허파 등이 거기 있다고
마땅히 그 참 모양 관찰해 보라.

만일 걸식해 먹고자
속인들의 마을로 들어가거든
장수가 갑옷으로 몸을 가리듯
언제나 바른 생각 염두에 두어라.

만일 사랑스럽고도 깔끔한

내 욕심에 알맞은 여자 보거든
그것을 보고는 참 모양을 관찰하고
부처님의 법률을 바르게 생각해 보라.

여기에는 뼈도 힘줄도 없고
살도 없고 또한 피도 없으며
콩팥 · 염통 · 간장과 허파도 없고
눈물도 가래침도 골도 없나니

일체의 흙 종류는 다 공空하고
일체의 물 종류도 또한 그러하며
일체의 불 종류도 또한 공하고
일체의 바람 종류도 또한 공하다네.

만일 가지고 있는 모든 감각이
깨끗하여 욕심과 서로 맞거든
그 모든 것을 그쳐 쉬어
지혜롭게 그대로 관찰하라.

이와 같이 행하고 꾸준히 힘써
늘 부정상不淨想을 생각하면
영원히 음욕 · 성냄 · 어리석음을 끊고
일체 무명이 없어져
청정한 깨달음이 일어나리니
비구는 괴로움의 끝을 얻게 되리라.

부처님께서 이렇게 말씀하시자 모든 비구들은 부처님 말씀을 듣고 기뻐하며 받들어 행하였다.

〔이 식지도경에 수록된 경문의 글자 수는 372자이다.〕

140) 지변경至邊經〔제3 염송〕

나는 이와 같이 들었다.

어느 때 부처님께서 사위국을 유행하실 적에 승림급고독원에 머무셨다. 그때 세존께서 여러 비구들에게 말씀하셨다.

"생활함에 있어 극히 하천하고 가장 끝되는 것은 걸식하는 것이다. 세간에서 크게 꺼리는 까닭은 까까머리에다 손엔 발우를 들고 다니기 때문이다. 그러나 저 족성자는 그렇게 하는 뜻이 있기 때문에 그것을 받는다.

왜냐 하면 생生·노老·병病·사死와 시름〔愁慼〕·울음〔啼哭〕·걱정〔憂苦〕·번민〔懊惱〕을 싫어하고 온갖 큰 고음苦陰의 끝을 얻으려 하기 때문이다. 너희들은 이러한 마음으로 출가하여 도를 배우는 것이 아닌가?"

그때 여러 비구들이 말했다.

"그렇습니다."

세존께서 여러 비구들에게 말씀하셨다.

"그러나, 저 어리석은 사람들은 이러한 마음으로 출가하여 도를 배우면서도 탐욕을 부리고 욕심에 집착함이 지극히 무거워 혼탁함이 마음속을 감돌고 미워하고 질투하여 믿음이 없으며 게을러서 바른 생각을 잃고 바른 선정이 없어 나쁜 지혜로 마음은 미치고 모든 감각기관

〔根〕은 어지러우며 계를 지님에는 지극히 관대해 사문을 닦지도 않고 행을 더하거나 넓히지도 않는다.

마치 사람이 먹으로써 먹물을 씻고 피로써 피를 없애며 때로써 때를 씻고 혼탁함으로써 혼탁함을 없애며 똥물로써 똥물을 씻는 것과 같아서 다만 그 더러움만 더할 뿐이요 어둑한 데서 어둑한 데로 들어가고 깜깜한 데서 깜깜한 데로 들어간다. 나는 저 우매하고 어리석은 사람이 사문의 계를 지니는 것도 또한 그와 같다고 말하나니, 곧 그 사람은 탐욕에 집착함이 지극히 무거워 혼탁함은 마음속에 감돌고 미워하고 질투하여 믿음이 없으며 게을러서 바른 생각을 잃고 바른 선정이 없어 나쁜 지혜로 마음은 미치고 모든 감각기관은 어지러우며 계를 지님에는 지극히 관대해 사문을 닦지도 않고 행을 더하거나 넓히지도 않는다.

마치 일 없는 한적한 곳에서 사람을 태우다 남긴 나무와 같나니, 그 깜부기 불〔火燼〕은 일 없는 한적한 곳에서 쓸 것도 아니요 또한 마을에서 쓸 것도 아니다. 나는 저 우매하고 어리석은 사람이 사문의 계를 지니는 것도 또한 그와 같다고 말하나니, 곧 그 사람은 탐욕에 집착함이 지극히 무거워, 혼탁함은 마음속에 감돌고 미워하고 질투하여 믿음이 없으며 게을러서 바른 생각을 잃고 바른 선정이 없어 나쁜 지혜로 마음은 미치고 모든 감각기관은 어지러우며 계를 지님에는 지극히 관대해 사문을 닦지도 않고 행을 더하거나 넓히지도 않느니라."

이에 세존께서는 이 게송을 말씀하셨다.

우매하고 어리석어 욕락을 잃고
또한 다시 사문의 뜻마저 잃어
양쪽을 다 함께 잃어 버렸으니

마치 타다 남은 깜부기불 같구나.

또 마치 일 없는 한가한 곳에서
사람을 태우다 남긴 깜부기불 같아
일 없는 한적한 곳에서도 마을에서도 쓰이지 않네.
사람이 욕심에 집착함도 그러하니
마치 타다 남은 깜부기불 같아서
양쪽을 다 함께 잃어버리네.

부처님께서 이렇게 말씀하시자 모든 비구들은 부처님 말씀을 듣고 기뻐하며 받들어 행하였다.

〔이 지변경에 수록된 경문의 글자 수는 총 422자이다.〕

141) 유경喩經〔제3 염송〕

나는 이와 같이 들었다.

어느 때 부처님께서 사위국을 유행하실 적에 승림급고독원勝林給孤獨園에 머무셨다. 그때 세존께서 여러 비구들에게 말씀하셨다.

"만일 한량없이 착한 법을 얻을 수 있다면 그 일체는 방일하지 않음〔不放逸〕을 근본〔本〕으로 하고 방일하지 않음을 원인〔習〕으로 하며 방일하지 않음으로 인하여 생기고 방일하지 않음을 우두머리로 삼나니, 방일하지 않음은 모든 착한 법에서 가장 으뜸이 되느니라.

마치 농사를 짓는 것과 같나니, 그 일체는 땅을 인연하고 땅을 의지하며 땅에 서서 농사를 짓게 된다. 만일 이와 같이 한량없이 착한 법을 얻을 수 있다면 그 일체는 방일하지 않음을 근본으로 하고 방일하지 않음을 원인으로 하며 방일하지 않음으로 인하여 생기고 방일하지 않음을 우두머리로 삼나니, 방일하지 않음은 모든 착한 법에서 가장 으뜸이 되느니라.

마치 종자와 같나니, 마을과 귀촌鬼村에서 온갖 곡식과 약나무가 나고 자랄 때 그 일체는 땅을 인연하고 땅을 의지하며 땅에 서서 나고 자라게 된다. 만일 이와 같이 한량없이 착한 법을 얻을 수 있다면 그 일체는 방일하지 않음을 근본으로 하고 방일하지 않음을 원인으로 하며 방일하지 않음으로 인하여 생기고 방일하지 않음을 우두머리로 삼나니, 방일하지 않음은 모든 착한 법에서 가장 으뜸이 되느니라.

마치 모든 뿌리향〔根香〕 가운데 침향沈香을 제일로 치는 것과 같고 모든 나무향〔木香〕 가운데 붉은 전단〔赤栴檀〕을 제일로 치는 것과 같으며 모든 물꽃〔水華〕 가운데 푸른 연꽃〔青蓮華〕을 제일로 치는 것과 같고 모든 육지꽃 가운데 수마나꽃〔須摩那華〕을 제일로 치는 것과 같으며 모든 짐승 발자국 그 일체는 다 코끼리 발자국 안에 들어가고 코끼리 발자국은 모든 발자국을 포섭하므로 저 코끼리 발자국을 제일로 치는 것과 같나니, 곧 넓고 크기 때문이다. 이와 같이 한량없이 착한 법을 얻을 수 있다면 그 일체는 방일하지 않음을 근본으로 하고 방일하지 않음을 원인으로 하며 방일하지 않음으로 인하여 생기고 방일하지 않음을 우두머리로 삼나니, 방일하지 않음은 모든 착한 법에서 가장 으뜸이 되느니라.

마치 모든 짐승 중에서 저 사자왕師子王을 가장 으뜸으로 삼는 것과 같고, 마치 진陣을 펼쳐 서로 싸울 때 오직 맹세〔要誓〕를 제일로 치는 것과 같으며, 마치 누각의 서까래가 모두 들보를 의지하여 서고, 들보는 모든 서까래를 껴잡아 지탱하므로 들보가 가장 으뜸이 되는 것과 같나니, 곧 모두를 껴잡아 지탱하기 때문이다.

이와 같이 한량없이 착한 법을 얻을 수 있다면 그 일체는 방일하지 않음을 근본으로 하고 방일하지 않음을 원인으로 하며 방일하지 않음으로 인하여 생기고 방일하지 않음을 우두머리로 삼나니, 방일하지 않음은 모든 착한 법에서 가장 으뜸이 되느니라.

마치 모든 산 가운데 수미산須彌山을 제일로 치는 것과 같고, 모든 샘물·큰 샘물을 포함하는 물 가운데 큰 바다를 제일로 치는 것과 같으며, 모든 큰 몸 가운데에서 아수라왕阿須羅王을 제일로 치는 것과 같고, 모든 첨시瞻侍에서 마왕魔王을 제일로 치는 것과 같으며, 모든 행욕行欲에서 정생왕頂生王을 제일로 치는 것과 같고, 모든 작은 왕 중에서 전륜왕轉輪王을 제일로 치는 것과 같으며, 허공의 모든 별에서 달을 제일로 치는 것과 같고, 모든 비단옷에서 백련白練을 제일로 치는 것과 같으며, 모든 광명에서 지혜의 광명을 제일로 치는 것과 같고, 모든 대중 가운데 여래의 제자대중을 제일로 치는 것과 같으며, 유위와 무위의 모든 법 가운데에서 애욕이 다하고 욕심이 없는 것, 멸하여 다한 열반을 제일로 치는 것과 같다.

그리고 발이 없는 것, 두 발·네 발·많은 발, 색이 있고〔有色〕 색이 없는 것〔無色〕과 생각이 있고〔有想〕 생각이 없으〔無想〕며, 나아가 생각이 있는 것도 아니요 생각이 없는 것도 아닌〔非有想非無想〕 모든 중생에 있어서 여래를 지극한 제일로 치며, 크다〔大〕고 하고 위〔上〕라고 하며, 최고〔最〕라고 하고 훌륭하다 하며, 높다고 하고 묘하다고 하는 것과 같다. 마치 소로 인하여 젖〔乳〕이 있고 젖으로 인하여 낙酪이 있으며, 낙으로 인하여 생소生酥가 있고 생소로 인하여 숙소熟酥가 있으며, 숙소로 인하여 소정酥精이 있어 소정을 제일로 치며, 크다고 하고 위라고 하며, 최고라 하고 훌륭하다 하며, 높다고 하고 묘하다고 하는 것이다. 이와 같이 만일 발이 없는 것, 두 발·네 발·많은 발, 색이 있는 것과 색이 없는 것, 생각이 있는 것과 생각이 없는 것, 나아가 생각이 있는 것도 아니요 생각이 없는 것도 아닌 모든 중생이 있다면 여래를 그 중에서 지극한 제일이라 하며 크다고 하고 위라고 하며 최고라고 하고 훌륭하다 하며 높다고 하고 묘하다고 하느니라."

이에 세존께서는 이 게송을 말씀하셨다.

만일 재물을 구하는 이라면
갈수록 많아짐 매우 좋아하듯
방일하지 않음을 일컬어 칭찬하고
일과 일 없음을 지혜로운 이는 설한다네.

만일 방일하지 않는 이라면
반드시 두 가지 이치를 취해
곧 이 세상에서도 이익을 얻고
후세에서도 또한 이익을 얻으리.

지혜로운 사람은 웅장하고 용맹하여
모든 이치 관찰해 반드시 해탈하네.

부처님께서 이렇게 말씀하시자 모든 비구들은 부처님 말씀을 듣고 기뻐하며 받들어 행하였다.

〔이 유경에 수록된 경문의 글자 수는 771자이다. 『중아함경』 제34권에 수록된 경문의 글자 수는 모두 7,388자이고, 「대품」에 수록된 경문의 총 글자 수는 50,369자이다.〕

중아함경 제 35 권

12. 범지품梵志品 ①

〔범지품에는 모두 스무 개의 소경이 수록되었다. 앞에 있는 열 개의 소경은 제3송에 속하고 뒤에 있는 열 개의 소경은 제4송에 속한다.〕

우세경雨勢經 · 상가라경傷歌邏經 · 산수목건련경算數目揵連經과
구묵목건련경瞿默目犍連經 · 상적유경象跡喻經과
문덕경聞德經 · 하고경何苦經 · 하욕경何欲經과
울수가라경鬱瘦歌邏經 · 아섭화경阿攝惒經이 있다.

142) 우세경雨勢經〔제3 염송〕

나는 이와 같이 들었다.

어느 때 부처님께서는 왕사성王舍城을 유행하실 적에 취암산鷲巖山에 계셨다. 그때 비타제鞞陁提의 아들 마갈타왕摩竭陁王 미생원未生怨은 발

기국跋耆國과 서로 미워하는 사이가 되어 항상 권속들 앞에서 이렇게 말했었다.

'발기국 사람은 큰 여의족如意足이 있고 큰 위덕威德이 있으며, 큰 복이 있고 큰 위신威神이 있다. 나는 발기인의 종자를 멸하고 발기국을 쳐부수어 발기국 사람들로 하여금 한량없는 액난을 당하게 하리라.'

이에 비타제의 아들 마갈타왕 미생원은 세존께서 왕사성을 유행하시다가 취암산에 계신다는 말을 듣고, 곧 대신 우세雨勢에게 말하였다.

"나는 사문 구담瞿曇께서 왕사성을 유행하시다가 취암산에 계신다는 말을 들었다. 우세여, 너는 사문 구담께 가서 내 이름으로 '성체聖體는 병이 없어 편안하고 유쾌하시며 기력은 한결같으신가'라고 문안하면서 이렇게 말하라.

'구담이시여, 비타제의 아들 마갈타왕 미생원이 성체는 병이 없어 편안하고 유쾌하시며 기력은 한결같으시냐고 문안을 여쭙니다. 구담이시여, 비타제의 아들 마갈타왕 미생원은 발기국과 서로 미워하는 사이가 되어 항상 권속 앞에서 이렇게 말합니다.

〈발기국 사람은 큰 여의족이 있고 큰 위덕이 있으며 큰 복이 있고 큰 위신이 있다. 나는 발기국 사람의 종자를 멸하고 발기국을 쳐부수어 발기국 사람으로 하여금 한량없는 액난을 당하게 하리라.〉

사문 구담이시여, 마땅히 무슨 하실 말씀이 없습니까?'

우세여, 만일 사문 구담께서 무슨 말씀이 있으시거든 너는 마땅히 잘 받아 간직해야 한다. 왜냐하면 그분은 결코 거짓말을 하지 않을 것이기 때문이니라."

대신 우세는 왕의 분부를 받고, 가장 좋은 수레를 타고 5백 대의 수레와 함께 왕사성을 출발하여 곧 취암산으로 향하였다. 취암산에 오르자 수레에서 내려 걸어서 부처님 처소로 나아가 세존께 서로 문안하고 물러나 한쪽에 앉아 여쭈었다.

"구담이시여, 비타제의 아들 마갈타왕 미생원이 '성체는 병이 없어 편안하고 유쾌하시며, 기력은 한결같으십니까'라고 문안을 여쭈었습니다. 구담이시여, 비타제의 아들 마갈타왕 미생원은 발기국과 서로 미워하는 사이가 되어, 항상 권속들 앞에서 이렇게 말합니다.

'발기국 사람은 큰 여의족이 있고 큰 위덕이 있으며, 큰 복이 있고 큰 위신이 있다. 나는 발기국 사람의 종자를 멸하고 발기국을 쳐부수어, 발기국 사람들로 하여금 한량없는 액난을 당하게 하리라.'

사문 구담이시여, 마땅히 무슨 하실 말씀이 없습니까?"

세존께서 말씀하셨다.

"우세여, 나는 일찍이 발기국을 유행한 적이 있었다. 그 나라에는 차화라遮和邏라는 절이 있었다. 우세여, 그때 나는 발기국 사람들을 위하여 일곱 가지 쇠하지 않는 법〔七不衰法〕을 설명하였고, 발기국 사람들은 그 일곱 가지 쇠하지 않는 법을 받아 행하였다. 우세여, 만일 발기국 사람들이 그 일곱 가지 쇠하지 않는 법을 행하여 범하지 않는다면 발기국은 반드시 이기고 쇠하지 않으리라."

대신 우세가 세존께 아뢰었다.

"사문 구담께서 그 일을 대충 말씀하시고 널리 분별하지 않으시니, 저희들은 그 뜻을 이해하지 못하겠습니다. 원컨대 사문 구담이시여, 널리 분별해 말씀하시어 저희들로 하여금 그 뜻을 이해하게 해주십시오."

세존께서 말씀하셨다.

"우세여, 자세히 듣고 잘 기억하라. 나는 너를 위하여 그 뜻을 널리 설해주리라."

대신 우세는 그 분부를 받들고 경청하였다. 이때 존자 아난은 불자〔拂〕를 들고, 부처님을 모시고 있었다. 세존께서 돌아보며 물으셨다.

“아난아, 혹 발기국 사람들이 자주 법회를 열고, 많이 모인다는 말을 들었느냐?”

존자 아난이 아뢰었다.

“세존이시여, 저는 발기국 사람들이 자주 법회를 열고, 많이 모인다는 말을 들었습니다.”

세존께서 곧 대신 우세에게 말씀하셨다.

“만일 저 발기국 사람들이 자주 법회를 열고 많이 모인다면, 발기국은 반드시 이기고 쇠하지 않으리라.”

세존께서는 다시 존자 아난에게 물으셨다.

“혹 발기국 사람들은 함께 모이고, 발기국 일을 위해 함께 애쓰며, 함께 일어난다는 말을 들었느냐?”

존자 아난이 아뢰었다.

“세존이시여, 저는 발기국 사람들은 함께 모이고, 발기국 일을 위해 함께 애쓰며, 함께 일어난다는 말을 들었습니다.”

세존께서는 다시 대신 우세에게 말씀하셨다.

“만일 저 발기국 사람들이 함께 모이고 발기국 일을 위해 함께 애쓰며 함께 일어난다면 발기국은 반드시 이기고 쇠하지 않으리라.

세존께서 다시 존자 아난에게 물으셨다.

“혹 발기국 사람들은 아직 시설하지 않은 것은 다시금 새롭게 시설하지 않고 본래부터 있던 시설은 뜯어 고치지 않으며, 발기국의 옛 법을 잘 받들어 행한다는 말을 들었느냐?”

“세존이시여, 저는 발기국 사람들은 아직 시설하지 않은 것은 다시금 새롭게 시설하지 않고 본래부터 있던 시설은 뜯어 고치지 않으며,

발기국의 옛 법을 잘 받들어 행한다는 말을 들었습니다."

세존께서 다시 대신 우세에게 말씀하셨다.

"만일 저 발기국 사람들이 아직 시설하지 않은 것은 다시금 새롭게 시설하지 않고 본래부터 있던 시설은 뜯어 고치지 않으며, 발기국의 옛 법을 잘 받들어 행한다면, 발기국은 반드시 이기고 쇠하지 않으리라."

세존께서 다시 존자 아난에게 물으셨다.

"아난아, 혹 발기국 사람들은 세력으로써 남의 아내나 남의 처녀를 범하지 않는다는 말을 들었느냐?"

"세존이시여, 저는 발기국 사람들은 세력으로써 남의 아내나 남의 처녀를 범하지 않는다는 말을 들었습니다."

부처님께서는 다시 대신 우세에게 말씀하셨다.

"만일 저 발기국 사람들이 세력으로써 남의 아내나 남의 처녀를 범하지 않는다면 발기국은 반드시 이기고 쇠하지 않으리라."

세존께서 다시 존자 아난에게 물으셨다.

"혹 발기국 사람들은 이름과 덕망이 있어 존중할 만한 사람이 있으면 발기국 사람들은 모두 그를 존경하고 받들며 공양하고 그의 가르침을 들으면 곧 그대로 행한다는 말을 들었느냐?"

"세존이시여, 저는 발기국 사람들은 이름과 덕망이 있어 존중할 만한 사람이 있으면 발기국 사람들은 모두 그를 존경하고 받들며 공양하고, 그의 가르침을 받으면 곧 그대로 행한다는 말을 들었습니다."

세존께서 다시 대신 우세에게 말씀하셨다.

"만일 저 발기국 사람들이 이름이 있고 덕망이 있어 존중할 만한 사람이 있으면 모두 그를 존경하고 받들며 공양하고, 그의 가르침을 듣고 곧 그대로 행한다면 발기국은 반드시 이기고 쇠하지 않으리라."

세존께서 존자 아난에게 물으셨다.

"혹 발기국 사람들은 그들이 가진 옛 절을 다 수리하여 꾸미고 받들며, 공양하고 예로 섬기며 본래의 시설은 폐하지 않고, 본래 하던 일은 줄이지 않는다는 말을 들었느냐?"

"세존이시여, 저는 발기국 사람들은 그가 가진 옛 절을 다 수리하여 꾸미고 받들며 공양하고 예로 섬기며 본래의 시설은 폐하지 않고 본래 하던 일은 줄이지 않는다는 말을 들었습니다."

세존께서 다시 대신 우세에게 말씀하셨다.

"만일 저 발기국 사람이 그가 가진 옛 절을 다 수리하여 꾸미고 받들며, 공양하고 예로 섬기며 본래의 시설은 폐하지 않고, 본래 하던 일은 줄이지 않는다면, 발기국은 반드시 이기고 쇠하지 않으리라."

세존께서 존자 아난에게 물으셨다.

"혹 발기국 사람들은 다들 모든 아라하阿羅訶를 옹호하여 지극히 사랑하고 공경하며, 아직 오지 않은 아라한은 빨리 오기를 원하고, 이미 온 아라하는 오래 머물기를 원하며, 항상 의복・음식・침구류・탕약 등 생활의 온갖 도구를 모자라지 않게 한다는 말을 들었느냐?"

"세존이시여, 저는 발기국 사람들은 다들 모든 아라하를 옹호하여 지극히 사랑하고 공경하며 아직 오지 않은 아라하는 빨리 오기를 원하고 이미 온 아라하는 오래 머물기를 원하며 항상 의복・음식・침구류・탕약 등 생활의 온갖 도구를 모자라지 않게 한다는 말을 들었습니다."

세존께서 다시 대신 우세에게 말씀하셨다.

"만일 저 발기국 사람이 다들 모든 아라하를 옹호하여 지극히 사랑하고 공경하며 아직 오지 않은 아라하는 빨리 오기를 원하고 이미 온 아라하는 오래 머물기를 원하며 항상 의복・음식・침구류・탕약 등 생활의 온갖 도구를 모자라지 않게 한다면, 발기국은 반드시 이기고 쇠하지 않으리라.

우세여, 발기국 사람들이 이 일곱 가지 쇠하지 않는 법〔七不衰法〕을 행하고 이 일곱 가지 쇠하지 않는 법을 받아 지닌다면 발기국은 반드시 이기고 쇠하지 않으리라."

그러자 대신 우세는 곧 자리에서 일어나 가사 한쪽을 벗어 매고 부처님을 향해 합장하고 여쭈었다.

"구담이시여, 혹 발기국 사람이 한 가지 쇠하지 않는 법만 성취하였더라도 비타제의 아들 마갈타왕 미생원이 그들을 항복받을 수 없겠거늘 하물며 일곱 가지 쇠하지 않는 법을 갖춤이겠습니까? 구담이시여, 저는 나라 일이 많아 돌아가기를 원합니다."

세존께서 대답하셨다.

"가고 싶으면 뜻대로 해라."

그러자 대신 우세는 부처님 말씀을 잘 받아 지니고 일어나 부처님을 세 번 돌고 물러갔다.

대신 우세가 떠난 지 오래지 않아 세존께서는 아난을 돌아보며 말씀하셨다.

"취암산 여러 곳에 머무는 비구들에게 명령하여 모두 강당에 모이게 하고 다 모이거든 내게 와서 알려라."

존자 아난은 부처님의 가르침을 받들었다.

"예, 세존이시여."

이때 존자 아난은 곧 명령을 전해 취암산 여러 곳에 머무는 비구들을 모두 강당에 모이게 하고 모인 뒤에는 곧 부처님께 돌아가 머리를 조아려 예배하고 물러나 한쪽에 서서 여쭈었다.

"세존이시여, 저는 이미 분부를 전해 취암산 여러 곳에 머무는 비구들을 모두 강당에 모이게 하였습니다. 세존께서는 그때임을 아소서."

그러자 세존께서는 존자 아난을 데리고 강당으로 가셔서 비구대중 앞에서 자리를 펴고 앉아 여러 비구들에게 말씀하셨다.

"이제 너희들을 위하여 일곱 가지 쇠하지 않는 법을 말하리니, 너희들은 자세히 듣고 그것을 잘 기억하라."

그때 모든 비구들이 아뢰었다.

"예."

부처님께서 말씀하셨다.

"어떤 것이 일곱 가지인가? 만일 비구들이 자주 법회를 열고 많이 모이면 비구는 반드시 이기고 법이 쇠하지 않으리라. 만일 비구들이 함께 모이고 대중 일을 위해 함께 애쓰며 함께 일어난다면, 비구는 반드시 이기고 법이 쇠하지 않으리라. 만일 비구들이 아직 시설하지 않은 것은 다시 새롭게 시설하지 않고 본래 있던 시설은 뜯어고치지 않으며 내가 말하는 계를 잘 받들어 행하면 비구는 반드시 이기고 법이 쇠하지 않으리라.

만일 비구들이 이 미래의 생명에 대해 사랑하고 기뻐하는 욕심을 다 갖추어 그것들을 사랑하고 즐거워하지만 그것이 일어나더라도 따르지 않는다면 비구는 반드시 이기고 법이 쇠하지 않으리라. 만일 어떤 장로상존長老上尊이 범행을 갖추어 배웠으면 모든 비구가 다 그들을 존경하고 받들어 공양하고 그의 가르침을 받아 그대로 따른다면 비구는 반드시 이기고 법이 쇠하지 않으리라.

만일 비구들이 일 없는 한가한 곳·산림·높은 바위와 고요한 곳에서 한가롭게 살며 고요하여 소리가 없고 멀리 떠나 있어 악이 없으며 사람들 없는 데서 이치를 따라 고요히 앉아 즐겁게 머물러 떠나지 않는다면 비구는 반드시 이기고 법이 쇠하지 않으리라. 만일 비구들이 모든 범행자들을 옹호하여 지극히 존중하고 사랑하고 공경하며 아직 오지 않은 범행자는 빨리 오기를 원하고 이미 온 범행자는 오래 머물기를 원하며 항상 의복·음식·침구류·탕약 등 모든 생활 도구를 모자라지 않게 한다면 비구는 반드시 이기고 법이 쇠하지 않으리라.

만일 비구들이 이 일곱 가지 쇠하지 않는 법을 행하고 받아 지녀 범하지 않는다면 비구는 반드시 이기고 쇠하지 않으리라."

그러자 세존께서 다시 여러 비구들에게 말씀하셨다.

"나는 너희들을 위하여 다시 일곱 가지 쇠하지 않는 법을 말하리니, 너희들은 자세히 듣고 그것을 잘 기억하라."

그때 모든 비구들이 말했다.

"예."

부처님께서 말씀하셨다.

"어떤 것이 일곱 가지인가? 만일 비구들이 스승을 존경하고 공경하며 공양하고 받들어 섬기면 비구는 반드시 이기고 법이 쇠하지 않으리라. 만일 비구들이 법·대중·계율·방일하지 않음·공양〔供給〕·선정을 공경하고 존중하며 공양하고 받들어 섬기면 비구는 반드시 이기고 법이 쇠하지 않으리라.

만일 비구들이 이 일곱 가지 법을 행하고 받아 지녀 범하지 않으면 비구는 반드시 이기고 법이 쇠하지 않으리라."

세존께서 다시 여러 비구들에게 말씀하셨다.

"나는 너희들을 위하여 또 일곱 가지 쇠하지 않는 법을 말하리니, 너희들은 자세히 듣고 그것을 잘 기억하라."

그때 모든 비구들이 대답하였다.

"예."

"어떤 것이 일곱 가지인가? 만일 비구들이 업을 짓지 않고 업을 좋아하지 않으며 업을 익히지 않으면 비구는 반드시 이기고 법이 쇠하지 않으리라. 지껄이지 않고 지껄이기를 좋아하지 않으며 지껄이기를 익히지 않으면, 모이지 않고 모이기를 좋아하지 않으며 모이기를 익히지 않으면, 잡되게 합하지 않고 잡되게 합하기를 좋아하지 않으며 잡되게 합하기를 익히지 않으면, 잠자지 않고 잠자기를 좋아하지 않으며 잠자기를 익히지 않으면, 이익을 위하지 않고 칭찬을 위하지 않으며 남을 위하여 범행을 행하지 않으면, 잠시만 그렇게 하거나 덕이 수승했으면 하다가 중간에 방편을 버리고 덕을 수승하게 하려고 하지 않는다면, 비구는 반드시 이기고 법이 쇠하지 않으리라.

만일 비구들이 이 일곱 가지 쇠하지 않는 법을 행하고 받아 지녀 범하지 않으면, 비구는 반드시 이기고 법이 쇠하지 않으리라."

세존께서 다시 여러 비구들에게 말씀하셨다.

"나는 너희들을 위하여 다시 또 일곱 가지 쇠하지 않는 법을 말하리니, 너희들은 자세히 듣고 그것을 잘 기억하라."

그때 모든 비구들이 말했다.

"예."

부처님께서 말씀하셨다.

"어떤 것이 일곱 가지인가? 만일 비구들이 믿음의 재물〔信財〕·계율의 재물〔戒財〕·제 부끄러움의 재물〔慚財〕·남부끄러움의 재물〔愧財〕·널리 듣는 재물〔博聞財〕·보시의 재물〔施財〕을 성취하고, 지혜의 재물〔慧財〕을 성취하면, 비구는 반드시 이기고 법이 쇠하지 않으리라. 만일 비구들이 이 일곱 가지 쇠하지 않는 법을 행하고 받아 지녀 범하지 않으면 비구는 반드시 이기고 법이 쇠하지 않으리라."

세존께서 다시 여러 비구들에게 말씀하셨다.

"나는 너희들을 위하여 다시 일곱 가지 쇠하지 않는 법을 말하리니,

너희들은 자세히 듣고 그것을 잘 기억하라.

그때 모든 비구들이 말하였다.

"예."

부처님께서 말씀하셨다.

"어떤 것이 일곱 가지인가? 만일 비구들이 믿음의 힘〔信力〕·정진의 힘〔精進力〕·제 부끄러움의 힘〔慚力〕·남부끄러움의 힘〔愧力〕·생각의 힘〔念力〕·선정의 힘〔定力〕을 성취하고 지혜의 힘〔慧力〕을 성취하면 비구는 반드시 이기고 법이 쇠하지 않으리라. 만일 비구들이 이 일곱 가지 쇠하지 않는 법을 행하고 받아 지녀 범하지 않으면, 비구는 반드시 이기고 법이 쇠하지 않으리라."

세존께서 다시 여러 비구들에게 말씀하셨다.

"나는 너희들을 위하여 다시 일곱 가지 쇠하지 않는 법을 말하리니, 너희들은 자세히 듣고 그것을 잘 기억하라."

그때 모든 비구들이 말했다.

"예."

"어떤 것이 일곱 가지인가? 만일 비구들이 염각지念覺支를 닦아 버리고 여읨을 의지하고 욕심 없음을 의지하며 멸하여 다함을 의지하여 출요出要로 나아가고, 법의 간별〔擇法〕·정진精進·기쁨〔喜〕·쉼〔息〕·선정〔定〕에 있어서도 또한 그러하며, 사각지捨覺支를 닦아 버리고 여읨을 의지하고 욕심 없음을 의지하며 멸하여 다함을 의지하여 출요로 나아가면, 비구는 반드시 이기고 법이 쇠하지 않으리라.

만일 비구들이 이 일곱 가지 쇠하지 않는 법을 행하고 받아 지녀 범하지 않으면 비구는 반드시 이기고 법이 쇠하지 않으리라."

세존께서 다시 여러 비구들에게 말씀하셨다.

"나는 너희들을 위하여 다시 일곱 가지 쇠하지 않는 법을 말하리니,

너희들은 자세히 듣고 잘 기억하라."

그때 모든 비구들이 말했다.

"예."

부처님께서 말씀하셨다.

"어떤 것이 일곱 가지인가? 만일 비구들이 마땅히 면전율面前律을 주어야 할 자에겐 면전율을 주고, 마땅히 억율憶律을 주어야 할 자에겐 억율을 주고, 마땅히 불치율不癡律을 주어야 할 자에겐 불치율을 주고, 마땅히 자발로自發露를 주어야 할 자에겐 자발로를 주고, 마땅히 거居를 주어야 할 자에겐 거를 주고, 마땅히 전전展轉을 주어야 할 자에겐 전전을 주고, 대중 가운데서 싸움이 일어나 마땅히 분소糞掃를 버리듯 하여야 할 자에겐 법으로써 그것을 말리면, 비구는 반드시 이기고 법이 쇠하지 않으리라. 만일 비구들이 이 일곱 가지 쇠하지 않는 법을 행하고 받아 지녀 범하지 않으면, 비구는 반드시 이기고 법이 쇠하지 않으리라."

세존께서 다시 여러 비구들에게 말씀하셨다.

"이제 너희들을 위하여 여섯 가지 위로법慰勞法을 말하리니, 너희들은 자세히 듣고 그것을 잘 기억하라."

그때 모든 비구들이 말했다.

"예."

부처님께서 말씀하셨다.

"어떤 것이 여섯 가지인가? 인자한 몸의 업〔身業〕으로써 모든 범행자梵行者를 대하는 것이 이 위로법이니, 사랑스러운 법이요 즐거운 법으로서 남으로 하여금 사랑하게 하고 존중하게 하며 받들게 하고 공경하게 하며 닦게 하고 껴잡게 한다. 또한 사문沙門을 얻고 일심一心을 얻게 하며 정진精進을 얻고 열반涅槃을 얻게 하느니라. 이와 같이 인자

한 입의 업〔口業〕, 인자한 뜻의 업〔意業〕도 또한 그러하니라. 만일 법의 이익이 있으면 법답게 이익을 얻고 발우 안에 있는 자기가 먹을 음식에 이르기까지 이러한 이익을 나누어 모든 범행자들에게 보시하는 것이 이 위로법이니, 사랑스러운 법이요 즐거운 법으로서, 남으로 하여금 사랑하게 하고 존중하게 하며, 받들게 하고 공경하게 하며, 닦게 하고 껴잡게 한다. 또 사문沙門을 얻고 일심一心을 얻게 하며, 정진精進을 얻고 열반涅槃을 얻게 하느니라.

만일 계가 있으면 이지러지지도 않고, 뚫어지지도 않으며, 더러움도 없고 검음〔黑〕도 없으며, 땅과 같이 다른 것을 따르지 않고, 성인의 칭찬을 받으며, 두루 갖추어 잘 받아 지니고, 이러한 계를 나누어 모든 범행자들에게 보시하는 것이 이 위로법이니, 사랑스러운 법이요 즐거운 법으로서, 남으로 하여금 사랑하게 하고 존중하게 하며, 받들게 하고 공경하게 하며, 닦게 하고 껴잡게 한다. 또 사문을 얻고 일심을 얻게 하며, 정진을 얻고 열반을 얻게 하느니라.

만일 이 성인의 출요出要를 보게 되면, 밝게 깨치고 깊이 통달하며, 능히 바르게 괴로움을 다한다. 이러한 견해를 나누어 모든 범행자들에게 보시하는 것이 이 위로법이니, 사랑스러운 법이요 즐거운 법으로서 남으로 하여금 사랑하게 하고 존중하게 하며 받들게 하고 공경하게 하며 닦게 하고 껴잡게 한다. 또 사문을 얻고 일심을 얻게 하며 정진을 얻고 열반을 얻게 하느니라.

내가 전에 말한 여섯 가지 법은 이것으로 인해 말한 것이니라."

부처님께서 이렇게 말씀하시자 모든 비구들은 부처님의 말씀을 듣고 기뻐하며 받들어 행하였다.

〔이 우세경에 수록된 경문의 글자 수는 총 3,007자이다.〕

143) 상가라경傷歌邏經〔제3 염송〕

나는 이와 같이 들었다.

어느 때 부처님께서 사위국을 유행하실 적에 승림급고독원에 머무셨다. 그때 상가라마납傷歌邏摩納[1]은 오후에 천천히 거닐어, 부처님께 나아가 서로 안부를 여쭙고 물러나 한쪽에 앉아 아뢰었다.

"구담瞿曇이시여, 제가 여쭐 말씀이 있는데 허락하신다면 감히 여쭙겠습니다."

세존께서 말씀하셨다.

"마납아, 의문 나는 것이 있다면 마음껏 물어라."

상가라 마납이 곧 여쭈었다.

"구담이시여, 범지梵志는 법답게 재물을 얻으러 다니며, 혹은 스스로 재齋를 지내거나, 혹은 재齋 지내는 것을 가르치기도 합니다. 구담이시여, 만일 스스로 재를 지내거나 남에게 재 지내는 것을 가르친다면 그 재로 인하여 그의 모든 행은 한량없는 복의 자취를 남길 것입니다. 그런데 사문 구담의 제자는 족성자를 따라 수염과 머리를 깎고 가사를 입고 지극한 믿음으로 집을 버려 집 없이 도를 배워 스스로 제어하고 스스로 쉬며〔息止〕 스스로 열반을 얻습니다. 이렇게 사문 구담의 제자는 족성자를 따라 도를 배움으로 인하여 한 가지 복의 자취만 행할 뿐 한량없는 복의 자취는 행하지 않습니다."

그때 존자 아난은 불자〔拂〕를 들고 부처님을 모시고 있었다. 이에 존자 아난이 물었다.

"마납이여, 이 두 도의 자취 중에서 어느 것이 가장 위이고 가장 묘

---

1 팔리어로는 Saṅgārava Māṇava라고 한다. 한 바라문 청년을 말한다.

하며 가장 훌륭한가?"

상가라 마납이 말하였다.

"아난이시여, 저는 사문 구담과 아난, 두 분을 다 공경하고 존중하며 받듭니다."

아난이 말하였다.

"마납이여, 나는 그대에게 누구를 공경하고 존중하며 받드느냐고 묻지 않았다. 나는 다만 그대에게 이 두 도의 자취 중에 어느 것이 가장 위이고 가장 묘하며 가장 훌륭하냐고 물었을 뿐이다."

그리고 존자 아난이 두·세 번 질문하기에 이르렀다.

"마납이여, 이 두 도의 자취 가운데 어느 것이 가장 위이고 가장 묘하며 가장 훌륭한가?"

그러자 상가라 마납도 두·세 번 대답하였다.

"아난이시여, 저는 사문 구담과 아난 두 분을 다 공경하고 존중하며 받듭니다."

존자 아난이 또 말하였다.

"마납이여, 나는 그대에게 누구를 공경하고 존중하며 받드느냐고 묻지 않았다. 나는 다만 그대에게 이 두 도의 자취 중에 어느 것이 가장 위이고 가장 묘하며 가장 훌륭하냐고 물었을 뿐이다."

그러자 세존께서 곧 이렇게 생각하셨다.

'이 상가라 마납이 아난에게 곤란을 당하고 있다. 내가 그를 구해 줘야겠다.'

세존께서는 이미 아시면서 물으셨다.

"마납아, 옛전에 왕과 신하들이 많이 모여 큰 연회를 열고 무슨 일을 의논한 적이 있느냐? 또 무슨 일로 그렇게 모였었느냐?"

상가라 마납이 대답하였다.

"구담이시여, 옛날에 왕과 신하들이 많이 모여 큰 연회를 열고 이런 일을 의논하였습니다.

'무슨 인연으로 전에는 사문 구담이 적은 계를 시설하였음에도 도를 얻은 비구가 많았는데, 지금은 무슨 인연으로 사문 구담이 많은 계를 시설하는데도 도를 얻는 비구가 적은가?'

구담이시여, 옛날에 왕과 신하들은 많이 모여 큰 연회를 열어 이런 일을 의논하였고, 이 일 때문에 그렇게 모였을 뿐입니다."

그때 세존께서 말씀하셨다.

"마납아, 나는 이제 너에게 물을 것이니, 아는 대로 대답하라. 네 생각에는 어떠하냐? 혹 어떤 사문 범지가 스스로 이러한 도와 이러한 자취를 행하고, 이 도를 행하고, 이 자취를 행한 뒤에 모든 누漏가 다해 누가 없게 되었다. 그리고 그는 심해탈心解脫·혜해탈慧解脫을 하여 스스로 알고 스스로 깨닫고 스스로 증험을 성취하여 노닐며 생生이 이미 다하고 범행梵行은 이미 섰으며 해야 할 일은 이미 마쳐 다시는 후세의 몸을 받지 않는다는 사실을 알았다. 그래서 그는 남을 위하여 '나는 스스로 이러한 도와 이러한 자취를 행하고 이 도를 행하고 이 자취를 행한 뒤에는 모든 누漏가 이미 다하여 누가 없게 되었다. 그리고 나는 심해탈·혜해탈을 하여, 스스로 알고 스스로 깨닫고 스스로 증험을 성취하여 노닐었으며, 생이 이미 다하고 범행은 이미 섰으며 해야 할 일은 이미 마쳐, 다시는 후세의 몸을 받지 않는다는 사실을 알았다. 만일 너희들도 또한 다 같이 와서 스스로 이러한 도와 이러한 자취를 행하고 이 도를 행하고 이 자취를 행하여 마친다면, 모든 누가 이미 다하여 누가 없게 되고 심해탈·혜해탈을 하여 스스로 알고 스스로 깨닫고 스스로 증험을 성취하여 노닐 것이다. 즉 생이 이미 다하고 범행은 이미 섰으며 해야 할 일은 이미 마쳐 다시는 후세의 몸을 받지 않는다는 사실을 알게 될 것이다'라고 말한다.

그래서 그도 또 스스로 이러한 도와 이러한 자취를 행하고, 이 도를 행하고 이 차취를 행한 뒤에는, 모든 누가 이미 다하여 누가 없게 되었다. 그리고 그는 심해탈心解脫・혜해탈慧解脫을 하여, 스스로 알고 스스로 깨닫고 스스로 증험을 성취하여 노닐었으며 생이 이미 다하고 범행이 이미 섰으며 해야 할 일은 이미 마쳐 다시는 후세의 목숨을 받지 않는다는 사실을 알았다. 그래서 그는 남을 위해 설명하고 남은 또 남을 위하여 설명하고 이렇게 계속하여 한량없는 백 천에까지 이른다면 마납아, 네 생각에는 어떠하냐? 내 제자가 족성자를 따라 수염과 머리를 깎고 가사를 입고 지극한 믿음으로 집을 버려 집 없이 도를 배운다면, 도를 배움으로 인하여 한 가지 복의 자취만을 행하고 한량없는 복의 자취를 행하지 않는다고 하겠느냐?"

상가라 마납이 대답하였다.

"구담이시여, 제가 사문 구담께서 말씀하신 뜻을 이해하기로는 저 사문 구담의 제자가 족성자를 따라 수염과 머리를 깎고 가사를 입고 지극한 믿음으로 집을 버려 집 없이 도를 배우는 자에겐 도를 배움으로 인하여 한량없는 복의 자취를 행하는 것이요, 한 가지 복의 자취만 행하는 것은 아닙니다."

세존께서 다시 상가라 마납에게 말씀하셨다.

"세 가지 시현示現이 있으니, 여의족시현如意足示現・점념시현占念示現・교훈시현敎訓示現이다. 마납아, 무엇을 여의족 시현이라 하는가? 어떤 사문 범지는 큰 여의족이 있고 큰 위덕威德이 있으며, 큰 복이 있고 큰 위신이 있어서 마음이 자재함을 얻어 한량없는 여의족의 공덕을 행한다. 이를테면 하나를 나누어 여럿을 만들고 여럿을 합하여 하나를 만들기도 하는데 하나는 곧 하나에 머물러 앎이 있고 봄이 있다.

석벽도 장애되지 않아 마치 허공을 다니는 듯하며 땅에 빠지는 자에겐 물에서와 같고 물을 밟는 자에겐 땅에서와 같으며 가부좌를 하고서 허공에 오르는 것은 마치 새가 나는 것 같다. 이제 이 해와 달에 대해서도 큰 여의족이 있고 큰 위덕이 있으며 큰 복이 있고 큰 위신이 있어서 손으로 만지고 몸은 범천에 이른다. 마납아, 이것을 여의족시현이라 하느니라.

마납아, 무엇을 점념시현이라 하는가? 어떤 사문 범지는 남의 상相을 보아 그의 뜻을 점치기를 이런 뜻이 있고 이런 뜻과 같다고 하면, 진실로 이런 뜻이 있다. 이렇게 한량없는 점占과 적지 않은 점은 모두 진실하여, 허망하게 말하는 것이 없다. 남의 상을 보아 그의 뜻을 점치지 않을 경우에는 오직 하늘 소리나 비인非人의 소리를 들어, 이런 뜻이 있고 이런 뜻과 같다고 하면 진실로 이런 뜻이 있다. 이렇게 한량없는 점과 적지 않은 점은 모두 진실하여 허망하게 말하는 것이 없다. 남의 상相을 보아 그의 뜻을 점치지도 않고, 또한 하늘 소리나 귀신 소리를 들어 그의 뜻을 점치지도 않고, 다만 남의 생각과 남의 헤아림과 남의 말과 그 소리를 들어 남의 뜻을 점쳐 이런 뜻이 있고 이런 뜻과 같다고 하면, 진실로 이런 뜻이 있다. 이렇게 한량없는 점과 적지 않은 점은 모두 진실하여 허망하게 말하는 것이 없다.

다시 남의 상을 보아 남의 뜻을 점치지도 않고, 또한 하늘 소리나 귀신 소리를 들어 남의 뜻을 점치지도 않으며, 또한 남의 생각과 남의 헤아림과 남의 말과 소리를 들은 뒤에 남의 뜻을 점치지도 않고, 다만 다른 사람이 각覺도 없고 관觀도 없는 선정에 든 것을 보면 그것을 보고는 이렇게 생각한다.

'이 현자賢者는 생각하지도〔念〕 않고 헤아리지도〔思〕 않으면서 원하는 대로 된다. 저 현자는 이 선정에서 깨어나면 이렇게 생각할 것이

다.'

그러면 과연 그는 그 선정에서 깨어나 이러이러하게 생각을 한다. 그는 또한 과거를 점치고 미래도 점치며, 또한 현재도 점치나니, 오래전에 했던 일과 오래전에 했던 말도 점치고, 또한 편하고 고요한 곳과 편하고 고요한 곳에 머문 것도 점치며, 또한 그의 마음〔心〕과 마음이 가진 무수한 법〔心所有法〕에 이르기까지도 점친다. 마납아, 이것을 점념시현이라 하느니라.

마납아, 무엇을 교훈시현이라 하는가? 어떤 사문 범지가 스스로 이러한 도와 이러한 자취를 행하고 이 도를 행하고 이 자취를 행한 뒤에는 모든 누漏가 이미 다하여 누가 없게 되었다. 그리고 그는 심해탈心解脫·혜해탈慧解脫을 하여 스스로 알고 스스로 깨닫고 스스로 증험을 성취하여 노닐며 생生이 이미 다하고 범행梵行은 이미 섰으며, 해야 할 일은 이미 마쳐 다시는 후세의 몸을 받지 않는다는 사실을 알았다. 그래서 그는 남을 위하여 '나는 스스로 이러한 도와 이러한 자취를 행하고, 이 도를 행하고 이 자취를 행한 뒤에는 모든 누漏가 다하여 누가 없게 되었다. 그리고 나는 심해탈·혜해탈을 하여 스스로 알고 스스로 깨닫고 스스로 증험을 성취하여 노닐었으며, 생이 이미 다하고 범행은 이미 섰으며, 해야 할 일은 이미 마쳐 다시는 후세의 몸을 받지 않는다는 사실을 알았다. 만일 너희들도 또한 다 같이 와서 스스로 이러한 도와 이러한 자취를 행하고 이 도를 행하고 이 자취를 행하여 마치다면, 모든 누漏가 이미 다하여 누가 없게 되고 심해탈·혜해탈을 하여 스스로 알고 스스로 깨닫고 스스로 증험을 성취하여 노닐 것이다. 그래서 생이 이미 다하고 범행은 이미 섰으며 해야 할 일은 이미 마쳐 다시는 후세의 몸을 받지 않는다는 사실을 알 것이다'라고 말한다.

그래서 그도 또 스스로 이러한 도와 이러한 자취를 행하고, 이 도를 행하고 이 자취를 행한 뒤에는 모든 누가 이미 다하여 누가 없게 되었다. 그리고 그는 심해탈心解脫·혜해탈慧解脫을 하여 스스로 알고 스스로 깨닫고 스스로 증험을 성취하여 노닐었으며, 생이 이미 다하고 범행은 이미 섰으며, 해야 할 일은 이미 마쳐 다시는 후세의 목숨을 받지 않는다는 사실을 알았다. 그래서 그는 남을 위하여 설명하고 남은 또 남을 위하여 설명하고 이렇게 계속하여 한량없는 백 천에까지 이른다. 마납아, 이것을 교훈시현이라 한다. 이 세 가지 시현 가운데 어느 시현이 가장 위이고 가장 묘하며, 가장 훌륭하다 하겠는가?"

상가라 마납이 대답하였다.

"구담이시여, 어떤 사문 범지가 큰 여의족이 있고 큰 위덕이 있으며, 큰 복이 있고 큰 위신이 있으며, 여의족에서 마음이 자재自在함을 얻어 이에 몸이 범천梵天에까지 이른다면, 구담이시여, 이것은 스스로 짓고 스스로 가지며 스스로 그 과보를 받는 것입니다. 구담이시여, 모든 시현 가운데 이것은 큰 법을 시현한 것입니다.

구담이시여, 만일 어떤 사문 범지가 남의 상相을 보아 남의 뜻을 점치고 나아가 마음[心]과 마음이 가진 무수한 법[心所有法]을 점친다면, 구담이시여, 이것도 또한 스스로 짓고 스스로 가지며, 스스로 그 과보를 받는 것입니다. 구담이시여, 모든 시현 가운데 이것도 또한 큰 법을 시현한 것입니다.

그러나 구담이시여, 만일 어떤 사문 범지가 스스로 이러한 도와 이러한 자취를 행하고 이 도를 행하고 이 자취를 행한 뒤에는 모든 누漏가 이미 다하여 누가 없게 되고 심해탈·혜해탈하여 스스로 알고 스스로 깨닫고 스스로 증험을 성취하여 노닐며, 그래서 생이 이미 다하고 범행은 이미 섰으며 해야 할 일은 이미 마쳐 다시는 후세의 몸을 받지 않는다는 사실을 안다면, 그는 다시 남을 위하여 그것을 설명하고 남은 또 남을 위하여 그것을 설명하며 이렇게 계속하여 한량없는 백 천에까지 이를 것이니 구담이시여, 3시현示現 가운데 이 시현이 가장 위되고 가장 묘하며 가장 훌륭합니다."

세존께서 다시 상가라에게 물으셨다.

"세 가지 시현 가운데 어느 시현을 찬탄할 것인가?"

상가라 마납이 대답하였다.

"구담이시여, 세 가지 시현 가운데 저는 사문 구담을 찬탄할 것입니다. 왜냐하면 사문 구담께서는 큰 여의족이 있고, 큰 위덕이 있으며, 큰 복이 있고, 큰 위신이 있으며, 마음이 자재함을 얻어 몸이 범천에까지 이르시기 때문입니다. 사문 구담께서는 남의 상을 보고 남의 뜻을 점치시며, 나아가 모든 마음과 마음의 무수한 법에 이르기까지를 점치십니다. 사문 구담께서는 이러한 도와 이러한 자취를 나타내시고, 이 도를 행하고 이 자취를 행한 뒤에는 모든 누漏가 이미 다하여 누가 없게 되셨고, 심해탈·혜해탈하여 스스로 알고 스스로 깨닫고 스스로 증험을 성취하여 노닐고 계십니다. 그리하여 생이 이미 다하고 범행은 이미 섰으며, 해야 할 일은 이미 마쳐 다시는 후세의 몸을 받지 않는다는 사실을 아십니다. 그리고 사문 구담께서는 남을 위하여 그것을 설명하시고 다시 남은 남을 위하여 그것을 설명하며 이렇게 계속하여 한량없는 백천에까지 이릅니다. 구담이시여, 그렇기 때문에 저는 세 가지 시현 가운데서 사문 구담을 찬탄하는 것입니다."

그러자 세존께서 말씀하셨다.

"마납아, 너는 이 이치를 잘 알았구나. 왜냐하면 나는 큰 여의족이 있고 큰 위덕이 있으며, 큰 복이 있고 큰 위신이 있으며, 여의족에서 마음이 자재함을 얻어 몸이 범천에까지 이르기 때문이다. 마납아, 나는 남의 상을 보아 남의 뜻을 점치며, 나아가 모든 마음과 마음이 가진 무수한 법까지 점친다. 마납아, 나는 스스로 이러한 도와 이러한 자취를 행하고 이 도를 행하고 이 자취를 행한 뒤에는 모든 누漏가 이미 다하여 누가 없게 되었고 심해탈·혜해탈하여 스스로 알고 스스로 깨닫고 스스로 증험을 성취하여 노닌다. 그래서 생이 이미 다하고 범행은 이미 섰으며, 해야 할 일은 이미 마쳐 다시는 후세의 몸을 받지 않는다는 사실을 알았다. 그리고 나는 남을 위하여 그것을 설명하고, 또 남은 남을 위하여 그것을 설명하며, 이렇게 계속하여 한량없는 백천에까지 이른다. 마납아, 그러므로 나는 네가 이 이치를 잘 알았다고 한 것이니, 너는 마땅히 이렇게 잘 받아 지녀야 한다. 왜냐하면 이렇게 말한 뜻은 마땅히 그러하기 때문이니라."

이에 상가라 마납은 아뢰었다.

"세존이시여, 저는 이미 알았습니다. 선서시여, 저는 이미 이해하였습니다. 세존이시여, 저는 지금부터 부처님과 법과 비구 스님들께 귀의하겠습니다. 오직 원컨대 세존께서는 저를 받아 주시어 우바새가 되게 해 주십시오. 오늘부터 몸이 마치도록 귀의하여 목숨이 다할 때까지 이르겠습니다."

부처님께서 이렇게 말씀하시자 상가라 마납과 존자 아난 및 여러 비구들은 부처님의 말씀을 듣고 기뻐하며 받들어 행하였다.

〔이 상가라경에 수록된 경문의 글자 수는 총 2,252자이다.〕

144) 산수목건련경算數目揵連經[2]〔제3 염송〕

나는 이와 같이 들었다.

2 이 경의 이역본으로 서진西晋시대 법거法炬가 한역한 『불설수경佛說數經』이 있다.

어느 때 부처님께 사위국을 유행하실 적에 동원東園 녹자모당鹿子母堂에 머무셨다. 그때 산수범지算數梵志 목건련目揵連은 오후에 천천히 거닐어 부처님 처소로 나아가 문안드리고 물러나 한쪽에 앉아 여쭈었다.

"구담이시여, 제가 여쭈어 보고 싶은 것이 있는데 허락하신다면 감히 아뢰겠습니다."

세존께서 말씀하셨다.

"목건련아, 네 마음대로 물어 스스로 의심을 갖지 말라."

산수 목건련이 곧 여쭈었다.

"구담이시여, 이 녹자모당鹿子母堂은 차례차례로 지어진 뒤에 비로소 다 완성된 것입니다. 구담이시여, 그래서 녹자모당의 사다리는 처음에 1층을 오른 뒤에야 2·3·4층으로 오르는 것이니, 구담이시여, 이와 같이 녹자모당은 층을 따라 차츰차츰 오르게 되어 있습니다. 구담이시여, 코끼리를 다루는 사람도 또한 갈고리로 순서에 따라 차츰차츰 다룬 뒤에야 이루어지는 것입니다. 구담이시여, 말을 다루는 사람도 또한 채찍을 가지고 순서를 따라 차츰차츰 다룬 뒤에야 이루어지는 것입니다. 구담이시여, 찰리刹利도 또한 화살을 잡고 순서를 따라 차츰차츰 다룬 뒤에야 이루어지는 것입니다. 구담이시여, 모든 범지들도 또한 경서를 순서에 따라 차츰차츰 배운 뒤에야 이루어지는 것입니다. 구담이시여, 우리들이 산수算數를 배우고 산수로써 살아가는 것도 또한 순서를 따라 차츰차츰 이루어진 것입니다. 혹 남자나 혹은 여자 제자에게 처음에는 1과 1의 수를 가르친 뒤에, 2와 2·3과 3·10·백·1천·1만으로 순서를 따라 차츰차츰 올라가는 것입니다. 구담이시여, 이와 같이 우리들이 산수를 배우고, 산수로써 살아가는 것도 또한 순서를 따라 차츰차츰 이루어진 것입니다. 사문 구담이시여, 이 법률 가운데에는 어떠한 순서가 있어 차츰차츰 성취하게 되는 것입니까?"

세존께서 말씀하셨다.

"목건련아, 무릇 바른 주장〔正說〕이 있으면 그것은 순서를 따라 차츰차츰 성취하게 된다. 목건련아, 나의 법률法律을 바른 주장이라 하나니, 왜냐하면 목건련아, 나도 이 법률 가운데서 순서를 따라 차츰차츰 성취하였기 때문이다. 목건련아, 만일 젊은 비구가 처음으로 와서 도를 배우고 처음으로 법률에 들어오면 여래는 먼저 '비구여, 너는 와서 목숨이 다하도록 몸〔身〕을 보호하여 청정하게 하고, 목숨이 다하도록 입〔口〕과 뜻〔意〕을 보호하여 청정하게 하라'고 가르칠 것이다. 목건련아, 만일 비구가 목숨이 다하도록 몸을 보호하여 청정하게 하고, 목숨이 다하도록 입과 뜻을 보호하여 청정하게 하면 여래는 다시 그 위의 것을 가르칠 것이다.

즉 '비구여, 너는 와서 안 몸을 몸답게 관찰하고 감각〔覺〕과 마음〔心〕과 법法을 감각과 마음과 법답게 관찰하라.'

목건련아, 만일 비구가 안 몸을 몸답게 관찰하고 감각과 마음과 법을 감각과 마음과 법답게 관찰하게 되면, 여래는 더 위의 것을 가르칠 것이다.

'비구여, 너는 와서 안 몸을 몸답게 관찰하여 욕심과 상응하는 생각을 하지 말고, 감각과 마음과 법을 감각과 마음과 법답게 관찰하여 법 아닌 것과 상응하는 생각을 하지 말라.'

목건련아, 만일 비구가 안 몸을 몸답게 관찰하여 욕심과 상응하는 생각을 하지 않고 감각과 마음과 법을 감각과 마음과 법답게 관찰하여 법 아닌 것과 상응하는 생각을 하지 않게 되면 여래는 다시 그 위의 것을 가르칠 것이다.

'비구여, 너는 와서 모든 근根을 보호하여 항상 단속하기를 생각하고 밝게 알기를 생각하며 생각하는 마음을 지켜 보호하여 성취하도록 하라. 그래서 언제나 바른 지혜를 일으켜, 만일 눈으로 색色을 보더라도 그 상相을 받아들이지 않고, 또한 색色에 맛들이지 않아야 하나니, 그것은 분쟁을 일으키기 때문에 안근眼根을 지켜 보호해야 하느니라. 마음속에 탐욕과 근심과 슬픔과 악하고 착하지 않은 법이 생겨나게 하지 말아야 하나니, 그러면 마음이 그쪽으로 향하기 때문에 안근을 지켜 보호해야 하느니라. 이렇게 귀·코·혀·몸도 또한 그렇게 하며 만일 뜻이 법을 알더라도 그 상相을 받아들이지 않고 또한 법에 맛들이지 않아야 하나니, 그것은 분쟁을 일으키기 때문에 의근意根을 지켜 보호해야 하느니라. 마음속에 탐욕과 근심과 슬픔과 악하고 착하지 않은 법이 생겨나게 하지 말아야 하나니, 그러면 마음이 그쪽으로 향하기 때문에 의근을 지켜 보호해야 하느니라.'

목건련아, 만일 비구가 모든 근을 지켜 보호하여 항상 단속하기를 생각하고 밝게 알기를 생각하며 생각하는 마음을 지켜 보호하여 성취하도록 하고 그래서 언제나 바른 지혜를 일으켜 만일 눈이 색을 보더라도 그 상을 받아들이지 않고, 또한 그것은 분쟁을 일으키기 때문에 색에 맛들이지 않고 안근을 지켜 보호하며, 마음이 그쪽으로 향하기 때문에 마음속에 탐욕과 근심과 슬픔과 악하고 착하지 않은 법이 생겨나게 하지 않고 의근을 지켜 보호하며 이렇게 귀·코·혀·몸도 또한 그렇게 하고 만일 뜻으로 법을 알더라도 그 상을 받아들이지 않고 분쟁을 일으키기 때문에 또한 법에 맛들이지 않고 의근을 지켜 보호하며 마음이 그쪽으로 향하기 때문에 마음속에 탐욕과 근심과 슬픔과 악하고 착하지 않은 법이 생겨나지 않게 하여 의근을 지켜 보호하면 여래는 더 위의 것을 가르칠 것이다.

'비구여, 너는 와서 들고 남〔出入〕을 바로 알고 굽히고 펴기와 구부리고 우러르기와 몸가짐과 질서를 잘 관찰하고 분별하며 승가리와 모든 옷과 발우를 바로 가지며 다니고 서고 앉고 눕고 잠자고 깨기와 말하고 침묵하기를 다 바로 알아야 한다.'

목건련아, 만일 비구가 들고 남〔出入〕을 바로 알고 굽히고 펴기와 구부리고 우러르기와 몸가짐과 질서를 잘 관찰하고 분별하며 승가리와 모든 옷과 발우를 가지며 다니고 서고 앉고 눕고 잠자고 깨기와 말하고 침묵하기를 다 바로 알면 여래는 더 위의 것을 가르칠 것이다.

'비구여, 너는 와서 멀리 떨어져 혼자 살며 일 없는 한가한 곳에 머물되 혹은 나무 밑이나 텅 비고 편안하고 고요한 곳이나 바위·돌집·한데·짚가리에 머물거나, 혹은 숲속이나 무덤 사이에서 머물러라. 그리고 네가 이미 일 없는 한가한 곳에 있으면서 혹은 나무 밑이나 텅 비고 편하고 고요한 곳에 가거든 니사단尼師檀을 펴고 결가부좌結跏趺坐 하고서 몸을 바로 하고 서원을 바로 하여 생각이 다른 데로 향하지 않게 하라. 그리고 탐욕을 끊어 없애 마음에 다툼이 없게 하라. 남의 재물과 여러 생활 도구를 보더라도 탐욕을 일으켜 내 소유로 만들려고 하지 말고 너는 탐욕에서 그 마음을 깨끗이 없애라. 이렇게 분노〔瞋恚〕와 수면睡眠과 조회調悔도 또한 그렇게 하며 의심을 끊고 미혹을 막아 모든 착한 법에 있어서 망설이지 말고 너는 의혹에서 그 마음을 깨끗이 없애라. 너는 이 5개蓋와 마음의 더러움〔心穢〕과 지혜의 미약함〔慧羸〕을 끊고 욕심을 여의고 악하고 착하지 않은 법을 여의며 나아가 제4선禪을 성취하여 노닐 수 있도록 하라.'

목건련아, 만일 비구가 욕심을 떠나고 악하고 착하지 않은 법을 떠나 제 4선禪을 성취하여 노닐게 되면 목건련아, 여래는 모든 젊은 비구들을 위하여 많은 이익을 준 것이니, 곧 가르치고 훈계한 것이니라.

목건련아, 만일 비구로서 장로長老·상존上尊이나 구학舊學의 범지가 있으면 여래는 더 위의 것을 가르칠 것이니 곧 '구경究竟하여 마치면 일체의 누漏가 다할 것이다'고 하리라."

산수 목건련이 곧 다시 여쭈었다.

"사문 구담이시여, 모든 제자들을 이렇게 훈계하고 이렇게 가르치면 모두들 구경의 지혜를 얻어 반드시 열반을 얻게 됩니까?"

세존께서 대답하셨다.

"목건련아, 한결같이 다 얻지는 못한다. 혹 얻는 자도 있고 혹 얻지 못하는 자도 있느니라."

"사문 구담이시여, 이 가운데에는 무슨 인연이 있습니까? 열반이 있고 열반으로 가는 길이 있으며 사문 구담께서는 현재의 길잡이〔導師〕로서 이렇게 훈계하고 이렇게 가르치시는데 혹 어떤 비구들은 구경의 열반을 얻기도 하고 열반을 얻지 못하기도 하는 까닭은 무엇입니까?"

세존께서 말씀하셨다.

"목건련아, 내가 너에게 도리어 물으리니 아는 대로 대답하라. 목건련아, 네 생각에는 어떠하냐? 너는 왕사성이 있는 곳을 알고 또한 그리로 가는 길을 아느냐?"

"예, 저는 왕사성이 있는 곳을 알고 또한 그리로 가는 길도 알고 있습니다."

"목건련아, 만일 어떤 사람이 와서 저 왕을 뵈려고 왕사성으로 가는데, 그 사람이 너에게 '나는 왕을 뵙기 위해 왕사성으로 갑니다. 산수 목건련이여, 왕사성이 있는 곳을 알고 그리로 가는 길을 알고 있다면 내게 말해 줄 수 있습니까?'라고 묻는다면, 너는 그 사람에게 '여기서 동쪽으로 가면 어느 마을에 이르고 그 어느 마을에서 더 가면 어느 읍에 이를 것이니 이렇게 계속 가면 왕사성에 이를 것이다. 또 왕사성 밖에는 좋은 동산이 있고 그 땅은 편편하며 누각과 목욕탕과 몇몇의 꽃나무가 있고 긴 강을 끼고 있으며, 또 맑은 샘물이 있는 것을 다 보고 다 알 수 있을 것이다'라고 말할 것이다. 그러나 그 사람이 네 말을 듣고 네가 가르쳐 준 것을 받아들인 뒤에도 여기서 동쪽으로 얼마 안 가서 곧 바른 길을 버리고 나쁜 길에 헤맬 경우 그는 왕사성 밖에 좋은 동산이 있고, 그 땅은 편편하며 누각과 목욕탕과 몇몇의 꽃나무가 있고 긴 강을 끼고 있으며, 또 맑은 샘물이 있는 것도 그는 다 볼 수 없고, 또한 알 수도 없을 것이다.

다시 어떤 사람이 와서 저 왕을 보려고 왕사성으로 가는데 그 사람이 너에게 '나는 왕을 보기 위해 왕사성으로 갑니다. 산수 목건련이여, 왕사성이 있는 곳을 알고 그리로 가는 길을 알고 있다면 내게 말해 줄 수 있습니까?'라고 묻는다면, 너는 그 사람에게 '여기서 동쪽으로 가면 어느 마을에 이르고 그 어느 마을에서 더 가면 어느 읍에 이를 것이니 이렇게 계속가면 왕사성에 이를 것이다. 또 왕사성 밖에는 좋은 동산이 있고 그 땅은 편편하며 누각과 목욕탕과 몇몇의 꽃나무가 있고 긴 강을 끼고 있으며 또 맑은 샘물이 있는 것을 너는 다 보고 다 알 수 있을 것이다'라고 말할 것이다.

그러면 그 사람이 네 말을 듣고 네가 가르쳐 준 것을 받아들인 뒤에 여기서 동쪽으로 가서 어느 마을에 이르고 그 어느 마을에서 더 가서 어느 읍에 이르게 되고 이렇게 계속 가서 왕사성에 이를 경우 그는 왕사성 밖에 좋은 동산이 있고 그 땅은 편편하며 누각과 목욕탕과 몇몇의 꽃나무가 있고 긴 강을 끼고 있으며 또 맑은 샘물이 있는 것을 그는 다 보고 다 알 수 있을 것이다.

목건련아, 이 가운데에는 무슨 인연이 있는가? 저 왕사성이 있고,

왕사성으로 가는 길이 있으며 너는 현재의 길잡이인데, 그 첫째 사람은 네가 가르쳐준 것을 받아들인 뒤에도 오래되지 않아 곧 편편하고 바른 길을 버리고 나쁜 길로 돌아갔고 그래서 왕사성 밖에 좋은 동산이 있고 그 땅은 편편하며 누각과 목욕탕과 몇몇의 꽃나무가 있고 긴 강을 끼고 있으며 또 맑은 샘물이 있는 것을 그는 다 보지도 못하고 또한 알지도 못하지 않는가? 또 둘째 사람은 네가 가르쳐 준 것을 받아들인 뒤에 편편하고 바른 길을 따라 계속 가서 왕사성에 이르렀고 그래서 왕사성 밖에는 좋은 동산이 있고 그 땅은 편편하며 누각과 목욕탕과 몇몇의 꽃나무가 있고 긴 강을 끼고 있으며 또 맑은 샘물이 있는 것을 그는 다 보고 다 알았지 않느냐?"

산수 목건련이 여쭈었다.

"구담이시여, 저는 그 일과 전혀 상관이 없습니다. 저 왕사성이 있고 왕사성으로 가는 길이 있으며 제가 현재의 길잡이긴 하지만 첫째 사람은 제가 가르쳐 준 것을 따르지 않고 편편하고 바른 길을 버리고서 나쁜 길로 돌아갔고 그래서 왕사성 밖에 좋은 동산이 있고 그 땅은 편편하며 누각과 목욕탕과 몇몇의 꽃나무가 있고 긴 강을 끼고 있으며 또 맑은 샘물이 있는 것을 그는 다 보지도 못하고 또한 알지도 못했을 뿐입니다. 그러나 저 둘째 사람은 제가 가르쳐 준 것을 따라 편편하고 바른 길을 좇아 계속 가서 왕사성에 이르게 되었고 그래서 왕사성 밖에 좋은 동산이 있고 그 땅은 편편하며 누각과 목욕탕과 몇몇의 꽃나무가 있고 긴 강을 끼고 있으며 또 맑은 샘물이 있는 것을 그는 다 보고 다 알게 되었을 뿐입니다."

세존께서 말씀하셨다.

"마찬가지로 목건련아, 나도 또한 그 일과 상관없느니라. 저 열반이 있고 열반으로 가는 길이 있으며 내가 길잡이가 되어 모든 비구들을 위하여 이렇게 훈계하고 이렇게 가르치지만 혹은 구경의 열반을 얻기도 하고 혹은 얻지 못하기도 한다. 목건련아, 그것은 단지 각자 따르는 비구의 행에 있을 뿐이니 그때 세존은 곧 그의 행을 기별記莂하여 '구경究竟의 누漏가 다했다'라고 말할 뿐이니라."

산수 목건련이 여쭈었다.

"구담이시여, 저는 이미 알았습니다. 구담이시여, 저는 이미 이해하였습니다. 구담이시여, 마치 비옥한 땅에 사라숲〔娑羅林〕이 있는 것과 같나니, 그곳에 사라숲을 지키는 사람이 있어 총명하고 건장하고 게으르지 않아서 때를 보아 모든 사라 뿌리 주위를 호미로 파서 높은 데는 편편하게 하고 낮은 데는 메우며 거름 주고 물 대기에 그 시기를 놓치지 않고, 만일 그 주변에 더럽고 나쁜 풀이 있으면 다 뽑아 버리고, 만일 굽어서 곧지 않은 것이 있으면 다 가지 쳐 추리며, 만일 아주 좋고 꼿꼿한 나무가 있으면 곧 보호하고 길러 때에 따라 호미로 파고 거름 주고 물을 대주어 그 시기를 놓치지 않으면 비옥한 땅의 사라나무숲은 날이 갈수록 무성하고 좋아질 것입니다.

구담이시여, 이와 같이 어떤 사람이 아첨하고 속여 희망이 없고 믿음이 없으며 게으르고 생각도 없고 선정에 듦도 없으며 나쁜 지혜를 가졌고 마음이 미치고 모든 근이 어지러우며 계를 지킴에 있어 방만하고 느슨해 사문의 도를 닦지 않는다면 구담이시여, 이러한 사람과는 일을 같이 할 수 없습니다. 왜냐하면 구담이시여, 이러한 사람은 범행을 더럽히기 때문입니다. 구담이시여, 만일 다시 어떤 사람이 아첨하지도 않고 또한 속이지도 않으며 희망이 있고 믿음도 있어 정진하여 게으르지 않고 생각이 있고 선정에 듦도 있으며 또한 지혜가 있고 계율을 지극히 공경하며 널리 사문의 도를 닦는다면 사문 구담이시여, 이러한 사람과는 능히 일을 같이 할 수 있습니다. 왜냐하면 구담이시여, 이러한 사람은 범행을 청정하게 행하기 때문입니다.

구담이시여, 마치 모든 뿌리의 향기 가운데 침향沈香을 첫째로 하는 것과 같습니다. 왜냐하면 구담이시여, 저 침향은 모든 뿌리의 향기 중에서 최상이기 때문입니다. 구담이시여, 마치 모든 사라나무 향기 가운데 붉은 전단〔赤栴〕을 제일로 치는 것과 같습니다. 왜냐하면 구담이시여, 붉은 전단은 모든 사라나무 향기 가운데 최상이기 때문입니다. 구담이시여, 마치 모든 물꽃 가운데 푸른 연꽃을 제일로 치는 것과 같습니다. 왜냐하면 구담이시여, 푸른 연꽃은 모든 물꽃 가운데 최상이기 때문입니다. 구담이시여, 마치 모든 육지꽃 가운데 수마나꽃〔修摩那花〕을 제일로 치는 것과 같습니다. 왜냐하면 구담이시여, 수마나꽃은 모든 육지꽃 가운데 최상이기 때문입니다. 구담이시여, 마치 세상의 모든 논사 가운데 사문 구담을 가장 제일로 치는 것과 같습니다. 왜냐하면 사문 구담 논사께서는 능히 일체 외도 이학異學을 항복받으시기 때문입니다.

세존이시여, 저는 지금부터 부처님과 법과 비구 대중께 귀의하겠습니다. 원컨대 세존이시여, 저를 받아 주시어 우바새優婆塞가 되게 하여 주십시오. 저는 오늘부터 몸이 다하도록 귀의하여 목숨을 마칠 때까지 이르겠습니다."

부처님께서 이렇게 말씀하시자 산수 목건련과 여러 비구들은 부처님 말씀을 듣고, 기뻐하며 받들어 행하였다.

〔이 산수목건련경에 수록된 경문의 글자 수는 총 2,354자이다. 『중아함경』 제35권에 수록된 경문의 글자 수는 총 7,613자이다.〕

중아함경 제 36 권

12. 범지품 ②

145) 구묵목건련경瞿默目揵連經〔제3 염송〕

나는 이와 같이 들었다.

어느 때 부처님께서 반열반般涅槃에 드신 지 오래지 않은 무렵 존자 아난阿難은 왕사성王舍城을 유행하였다. 그때 마갈타국摩竭陀國 대신大臣 우세雨勢는 발기跋耆를 막기 위하여 왕사성을 다스리고 있었다. 그때 마갈타국 대신 우세는 농부인 구묵목건련瞿默目揵連을 죽림가란다원竹林加蘭哆園으로 보냈다. 그때 존자 아난은 밤을 지내고 이른 아침에 가사를 입고 발우를 들고 걸식하러 왕사성으로 들어가려 하였다. 그때 존자 아난은 이렇게 생각하였다.

'나는 이제 왕사성의 걸식은 잠깐 그만두고 구묵목건련 농부에게 가야겠다.'

존자 아난은 구묵목건련 농부에게로 갔다. 범지梵志 구묵목건련은 멀리서 존자 아난이 오는 것을 보고 곧 자리에서 일어나 입은 옷 한쪽을 벗어 메고 합장하며 존자 아난을 향해 아뢰었다.

"잘 오셨습니다. 아난이시여, 오랜만입니다. 이 자리에 앉으십시오."

존자 아난은 곧 그 자리에 앉았다. 범지 구묵목건련은 존자 아난에게 문안드리고 물러나 한쪽에 앉아 아뢰었다.

"아난이시여, 여쭐 말씀이 있는데 제 질문을 허락하시겠습니까?"

"목건련이여, 그대는 물어 보시오. 나는 듣고 생각해 보겠습니다."

"아난이시여, 혹 사문 구담과 동등한 비구가 한 사람이라도 있습니까?"

존자 아난이 범지 구묵목건련과 함께 이 일을 이야기하고 있을 때, 마갈타국 대신 우세는 농부들을 위로한 뒤에 범지 구묵목건련 농부에게로 왔다. 마갈타국 대신 우세는 존자 아난이 범지 구묵목건련 농부와 앉아 있는 것을 보고 존자 아난에게 나아가 문안하고 물러나 한쪽에 앉아 아뢰었다.

"아난이시여, 범지 구묵목건련과 무슨 일을 의논하며 무슨 일로 이렇게 모였습니까?"

존자 아난이 대답하였다.

"우세여, 범지 구묵목건련이 내게 묻기를 '아난이시여, 혹 사문 구담과 동등한 비구가 한 사람이라도 있습니까?'라고 하였습니다."

"아난이시여, 그에게 어떻게 대답하셨습니까?"

"우세여, 세존과 동등한 비구는 아무도 없습니다."

마갈타국 대신 우세는 다시 물었다.

"그렇습니다. 아난이시여, 세존과 동등한 비구는 한 사람도 없습니다. 그러면 사문 구담께서 세상에 계실 때 혹 어떤 비구를 내세워 '내가 열반한 뒤에 모든 비구들은 이 비구를 의지하라'고 말씀하시어 곧 당신들이 지금 의지하고 있는 사람이 있습니까?"

존자 아난이 대답하였다.

"우세여, 세존의 지견知見을 갖추었기에 여래如來·무소착無所著·등정각等正覺께서 세상에 계실 때 '내가 열반한 뒤에 모든 비구들은 이 비구를 의지하라'고 내세우셔서 우리들이 지금 의지하고 있는 비구는 아무도 없습니다."

마갈타국 대신 우세는 다시 물었다.

"아난이시여, 그렇습니다. 구담 사문과 동등한 비구는 한 사람도 없으며 또한 사문 구담께서 세상에 계실 때 '내가 열반한 뒤에 모든 비구들은 이 비구를 의지하라'고 내세우셔서 당신들이 지금 의지하고 있는 비구는 없습니다. 그렇다면 혹 대중들이 화합하여 모두 모여서는 예배하고 '이 비구는 세존께서 열반하신 뒤에 모든 비구들의 의지처가 된다' 하고서 당신들이 지금 의지하는 비구가 있습니까?"

"우세여, 대중들이 화합하여 모두 모여서는 예배하고 '이 비구는 세존께서 열반하신 뒤에 모든 비구들의 의지처가 된다' 하고서 우리들이 지금 의지하고 있는 비구는 아무도 없습니다."

마갈타국 대신 우세가 다시 물었다.

"아난이시여, 그렇습니다. 사문 구담과 동등한 비구는 한 사람도 없으며 또한 사문 구담께서 세상에 계실 때 '내가 열반한 뒤에 모든 비구들은 이 비구를 의지하라'고 내세우셔서 당신들이 지금 의지하는 비구도 없으며 또한 대중이 화합하여 모두 모여서는 예배하고 '이 비구는 세존께서 열반하신 뒤에 모든 비구들의 의지처가 된다' 하고서 당신들이 지금 의지하고 있는 비구도 없습니다. 아난이시여, 만일 그렇다면 당신들은 의지할 데가 없어도 서로 화합하여 다툼이 없고 안온하며 한 가르침을 다 같이 받고 물과 우유처럼 하나로 화합되어 쾌락하게 노니는 것이 사문 구담께서 세상에 계실 때와 같습니까?"

존자 아난이 대답하였다.

"우세여, 당신은 우리가 의지할 데가 없다고 말하지 마시오. 왜냐하면 우리들은 의지할 데가 있기 때문입니다."

마갈타국 대신 우세가 말했다.

"아난이시여, 어찌하여 앞뒤 말이 서로 맞지 않습니까? 아난께서는 아까 이렇게 말씀하셨습니다.

'세존과 동등한 비구는 한 사람도 없으며, 또한 세존의 지견을 갖추었기에 여래 · 무소착 · 등정각께서 세상에 계실 때 〈내가 열반한 뒤에 모든 비구들은 이 비구를 의지하라〉고 말씀하셔서 우리가 지금 의지하고 있는 비구도 없다.'

또 이렇게 말씀하셨습니다.

'대중들이 화합하여 모두 모여서는 예배하고 〈이 비구는 세존께서 열반하신 뒤에 모든 비구들의 의지처가 된다〉 하고서 우리들이 지금 의지하고 있는 비구도 없다.'

그런데 아난이시여, 무슨 인연으로 '지금 우리들은 의지하는 데가 있다'고 말씀하십니까?"

존자 아난이 대답하였다.

"우세여, 우리는 사람을 의지하지 않고 법法을 의지합니다. 우세여, 우리는 마을을 유행하다가 보름날 종해탈從解脫을 설할 때가 되면 한 곳에 모여 앉아 법을 아는 비구가 있으면 우리들은 그 비구에게 우리를 위해 설법하기를 청합니다. 그리하여 만일 그가 청청한 사람이면 우리는 모두 기뻐하여 그 비구의 말을 받들어 행하고 만일 그가 청정하지 않은 사람이면 우리는 그 법에 설한 바대로 그를 조치합니다."

마갈타국 대신 우세가 말하였다.

"아난이시여, 당신들이 그를 조치하는 것이 아니라 오직 법이 그를 조치하는 것입니다. 아난이시여, 적은 법이든 많은 법이든 그와 같이 오래 머물 수 있다면 아난이시여, 이와 같이 모두가 화합하여 다툼이 없고 안온하며, 한 가르침을 다 같이 받고 물과 우유처럼 하나로 화합되어 쾌락하게 노니는 것이 사문 구담께서 세상에 계실 때와 같을 것입니다."

마갈타국 대신 우세가 다시 물었다.

"아난이시여, 혹 존경할 만한 이가 있습니까?"

존자 아난이 대답하였다.

"우세여, 존경할 만한 이가 있습니다."

"아난이시여, 어찌하여 앞뒤의 말이 서로 맞지 않습니까? 아난께서는 아까 이렇게 말씀하셨습니다.

'세존과 동등한 비구는 한 사람도 없으며, 또한 세존께서 세상에 계실 때 〈내가 열반한 뒤에 모든 비구들은 이 비구를 의지하라〉고 내세우셔서, 우리가 지금 의지하고 있는 비구도 없다.'

또 이렇게 말씀하셨습니다.

'대중들이 화합하여 모두 모여서는 예배하고 〈이 비구는 세존께서 열반하신 뒤에 모든 비구들의 의지처가 된다〉 하고서 우리들이 지금 의지하고 있는 비구도 없다.'

그런데 아난이시여, 무슨 인연으로 '지금 우리는 존경할 만한 이가 있다'고 말씀하십니까?"

존자 아난이 대답하였다.

"우세여, 지견을 갖추신 분이시고 여래·무소착·등정각이신 세존께서는 존경할 만한 10법法이 있다고 말씀하셨습니다. 그래서 만일 어떤 비구가 10법을 가진 것을 보면, 우리는 곧 그 비구를 공경하고 존중하며 공양하고 받들며 예로써 섬깁니다. 어떤 것이 10법인가?

우세여, 비구는 금계禁戒를 닦아 익혀 종해탈從解脫을 지켜 보호하고 또 위의와 예의를 잘 지니며 티끌만한 죄를 보아도 항상 두려운 생각을 품고 배운 계를 받아 지닙니다. 우세여, 우리는 만일 증상계增上戒를 철저히 행하는 비구를 보게 되면 곧 모두 그 비구를 공경하고 존중하며, 공양하고 받들며 예로써 섬깁니다.

또 우세여, 비구는 널리 배우고 많이 들어 기억하여 잊지 않으며, 널리 들은 것을 쌓아 모으나니, 이른바 그 법은 처음도 묘하고 중간도 묘하며 마지막도 또한 묘하여, 뜻도 있고 문채도 있으며, 맑고 깨끗함을 구족하고 범행梵行을 나타내는 것입니다. 이러한 모든 법을 널리 배우고 많이 듣고 천 번을 외워 익혀 마음으로 해득하며, 환히 보고 깊이 통달합니다. 우세여, 우리는 만일 지극히 많이 아는 비구를 보게 되면 곧 모두 그 비구를 공경하고 존중하며 공양하고 받들며 예로써 섬깁니다.

또 우세여, 비구는 선지식善知識이 되고 착한 벗이 되며, 착한 도반이 됩니다. 우세여, 우리는 만일 지극한 선지식이 되는 비구를 보게 되면 곧 모두 그 비구를 공경하고 존중하며 공양하고 받들며 예로써 섬깁니다.

또 우세여, 비구는 멀리 떠나 머물기를 좋아하여 몸과 마음이 함께 멀리 떠남을 성취합니다. 우세여, 우리는 만일 멀리 떠나 머물기를 지극히 좋아하는 비구를 보게 되면 곧 모두 그 비구를 공경하고 존중하며 공양하고 받들며 예로써 섬깁니다.

또 우세여, 비구는 고요히 좌선하기를 좋아하여 마음의 행을 바르게 그치고 또한 선정을 떠나지 않으며 관찰하기에 더욱 힘써 공空의

행을 성취합니다. 우세여, 우리는 만일 고요히 좌선하기를 지극히 좋아하는 비구를 보게 되면 모두 그 비구를 공경하고 존중하며 공양하고 받들며 예로써 섬깁니다.

또 우세여, 비구는 만족할 줄을 알아 옷은 몸을 가리기 위해 입고 밥은 몸을 채우기 위해 먹습니다. 여기저기 유행할 때에는 가사와 발우만 갖추고 다니며 다른 것에는 애착이 없으니, 마치 매가 두 날개를 가지고 공중을 나는 것과 같습니다. 이와 같이 비구는 만족한 줄을 알아 옷은 몸을 가리기 위해 입고 밥은 몸을 채우기 위해 먹으며 여기저기 유행할 때에는 가사와 발우만을 지니고 다른 애착은 없습니다. 우세여, 우리는 만일 지극히 만족할 줄을 아는 비구를 보게 되면 곧 모두 그 비구를 공경하고 존중하며 공양하고 받들며 예로써 섬깁니다.

또 우세여, 비구는 항상 생각을 단련하여 바른 생각을 성취하고 오래전에 익힌 바와 오래전에 들은 바를 기억하여 잊지 않습니다. 우세여, 우리는 만일 지극히 바른 생각을 가진 비구를 보게 되면 곧 모두 그 비구를 공경하고 존중하며 공양하고 받들며 예로써 섬깁니다.

또 우세여, 비구는 항상 정진하여 악하고 착하지 않은 법을 끊고 모든 착한 법을 닦으며 한결같이 스스로 뜻을 일으켜 전일하고 견고히 하여 모든 착한 일의 근본을 위한 방편을 버리지 않습니다. 우세여, 우리는 만일 지극히 정진하는 비구를 보게 되면 곧 모두 그 비구를 공경하고 존중하며 공양하고 받들며 예로써 섬깁니다.

또 우세여, 비구는 지혜를 닦아 흥하고 쇠하는 법을 관찰하고 이러한 지혜를 얻어 거룩한 슬기〔聖慧〕가 밝게 트여 분별하고 환히 알아 괴로움을 바로 없앱니다. 우세여, 우리는 만일 지혜를 지극히 닦는 비구를 보게 되면 곧 모두 그 비구를 공경하고 존중하며 공양하고 받들며 예로써 섬깁니다.

또 우세여, 비구는 모든 누漏가 이미 다하여 누가 없게 되고 심해탈心解脫·혜해탈慧解脫하여 스스로 알고 스스로 깨닫고 스스로 증득하여 성취하여 노닐며 생生은 이미 다하고 범행梵行은 이미 섰으며 해야 할 일을 이미 마쳐 다시는 후세의 몸을 받지 않음을 진실 되게 압니다. 우세여, 우리는 만일 모든 누가 이미 다한 비구를 보게 되면 곧 모두 그 비구를 공경하고 존중하며 공양하고 받들며 예로써 섬깁니다.

우세여, 지견을 갖추신 분이시고 여래·무소착·등정각이신 세존께서는 존경할 만한 이 10법을 말씀하셨습니다. 우세여, 우리는 만일 이 10법을 행하는 비구를 보게 되면 곧 모두 그 비구를 공경하고 존중하며 공양하고 받들며 예로써 섬깁니다."

이에 대중들은 높은 소리로 외쳤다.

"바른 도를 닦아야겠다. 닦지 않으면 안 되겠다. 만일 바른 도를 닦아야 하고 닦지 않으면 안 된다면 세상의 아라하(阿羅訶 : 阿羅漢)를 공경하고 존중하며 공양하고 예로써 섬겨야겠다. 만일 여러분도 바른 도를 닦아야 하기에 능히 바른 도를 닦는다면 그런 까닭에 세상의 아라하를 공경하고 존중하며, 공양하고 예로써 섬겨야 한다."

그러자 마갈타국 대신 우세와 그 권속들이 물었다.

"아난이시여, 지금 어느 곳을 유행하십니까?"

존자 아난이 대답하였다.

"나는 지금 이 왕사성의 죽림가란다원竹林迦蘭哆園을 유행하고 있습니다."

"아난이시여, 죽림가란다원은 지극히 사랑스럽고 잘 정돈되어 즐거워할만합니까? 낮에는 시끄럽지 않고 밤에는 고요하며 모기나 등에가 없고 파리나 벼룩이 없으며 춥지도 않고 덥지도 않습니까? 아난이시여, 죽림가란다원에 머무시기가 매우 좋습니까?"

"그렇습니다, 우세여. 그렇습니다, 우세여. 죽림가란다원은 지극히 사랑스럽고 잘 정돈되어 즐거워할 만합니다. 낮에는 시끄럽지 않고 밤에는 고요하며 모기나 등에가 없고 파리나 벼룩도 없으며 또한 춥지도 덥지도 않습니다. 우세여, 나는 죽림가란다원에 머물기를 좋아합니다. 왜냐하면 세존께서 옹호하셨기 때문입니다."

이때 바난婆難 대장이 그 대중 가운데 있다가 아뢰었다.

"그렇습니다. 우세여, 그렇습니다. 우세여, 죽림가란다원은 지극히 사랑스럽고 잘 정돈되어 즐거워할 만합니다. 낮에는 시끄럽지 않고 밤에는 고요하며 모기나 등에가 없고 파리나 벼룩도 없으며 또 춥지도 않고 덥지도 않습니다. 저 존자는 죽림가란다원에 머물기를 좋아하십니다. 왜냐하면 이 존자는 관찰〔伺〕을 행하고 관찰하기를 좋아하기 때문입니다."

마갈타국 대신 우세는 이 말을 듣고 말하였다.

"바난 대장이여, 사문 구담께서는 옛날 금비라락金鞞羅樂 동산을 유행하셨습니다. 바난 대장이여, 그때 나는 자주 거기 나아가 사문 구담을 뵈었습니다. 왜냐하면 사문 구담께서는 관찰을 행하시고 관찰하기를 좋아하시며 또 모든 관찰을 칭찬하셨기 때문입니다."

존자 아난은 이 말을 듣고 말하였다.

"우세여, '사문 구담께서 모든 관찰〔伺〕을 칭찬하셨다'고 말하진 마십시오. 왜냐하면 세존께서는 혹 관찰을 칭찬하시기도 하고 혹은 칭찬하지 않기도 하셨기 때문입니다."

마갈타국 대신 우세가 다시 물었다.

"아난이시여, 사문 구담께서 관찰을 칭찬하지 않으셨다면 어떤 관찰을 칭찬하지 않으셨습니까?"

"우세여, 혹 어떤 이는 탐욕에 덮이고 탐욕을 일으키고는 번뇌를 벗어나는 방법을 진실 되게 알지 못합니다. 그는 탐욕의 장애를 받기 때문에 살피고 더욱 살피며 거듭 살핍니다. 우세여, 이것을 제1의 관찰〔伺〕이라 하며, 세존께서는 칭찬하지 않으셨습니다. 또 우세여, 혹 어떤 이는 분노에 덮이고 분노를 일으키고는 번뇌를 벗어나는 방법을 진실 되게 알지 못합니다. 그는 분노의 장애를 받기 때문에 살피고 더욱 살피며 거듭 살핍니다. 우세여, 이것을 제2의 관찰〔伺〕이라 하며 세존께서는 칭찬하지 않으셨습니다. 또 우세여, 수면에 덮이고 수면을 일으키고는 번뇌를 벗어나는 방법을 진실 되게 알지 못하면 그는 수면의 장애를 받기 때문에 살피고 더욱 살피며 거듭 살핍니다. 우세여, 이것을 제3의 관찰이라 하며 세존께서는 칭찬하지 않으셨습니다. 우세여, 의혹에 덮이고 의혹을 일으키고는 번뇌를 벗어나는 방법을 진실 되게 알지 못하면 그는 의혹의 장애를 받기 때문에 살피고 더욱 살피며 거듭 살핍니다. 우세여, 이것을 제4의 관찰이라 하며, 세존께서는 칭찬하지 않으셨습니다. 우세여, 세존께서는 이 네 가지 관찰을 칭찬하지 않으셨습니다."

마갈타국 대신 우세가 아뢰었다.

"아난이시여, 그 네 관찰은 미워할 만하고 미워할 만한 처소로서 사문 구담께서는 칭찬하지 않으셨습니다. 왜냐하면 바르게 모두 깨달으셨기 때문입니다."

마갈타국 대신 우세가 다시 아뢰었다.

"아난이시여, 사문 구담께서는 어떤 관찰을 칭찬하셨습니까?"

존자 아난이 대답하였다.

"우세여, 비구는 욕심을 여의고 악하고 착하지 않은 법을 여의며, 나아가 제4선禪을 성취하여 노닙니다. 우세여, 세존께서는 이 네 가지 관찰〔伺〕을 칭찬하셨습니다."

“아난이시여, 그 네 가지 관찰은 칭찬할 만하고 칭찬할 만한 처소로서 사문 구담께서는 칭찬하셨습니다. 왜냐하면 바르게 모두 깨달으셨기 때문입니다.

아난이시여, 저희는 일이 바빠 이제 물러나 돌아가고자 합니다.”

“돌아가려거든 돌아가십시오.”

이에 마갈타국 대신 우세는 존자 아난의 말을 잘 받아 지니고 자리에서 일어나 존자 아난을 세 번 돌고 물러갔다.

이때 범지 구묵목건련은 마갈타국 대신 우세가 떠난 지 오래지 않아 아난에게 아뢰었다.

“아난이시여, 제가 여쭈어본 말에는 아직 대답하지 않으셨습니까?”

“목건련이여, 나는 아직 대답하지 않았습니다.”

범지 구묵목건련이 아뢰었다.

“아난이시여, 제가 다시 여쭐 말씀이 있는데 제가 묻는 것을 허락하시겠습니까?”

“목건련이여, 당신이 다시 묻는다면 내가 듣고 생각해 보리다.”

“아난이시여, 여래如來·무소착無所著·등정각等正覺의 해탈과 혜해탈慧解脫 및 아라하의 해탈〔阿羅訶解脫〕, 이 세 해탈은 어떠한 차별이 있으며, 어느 것이 훌륭합니까?”

“목건련이여, 여래·무소착·등정각의 해탈과 혜해탈 및 아라하의 해탈, 이 세 해탈은 어떠한 차별도 없고 또한 어느 것이 훌륭하다는 것도 없습니다.”

“아난이시여, 여기서 공양하십시오.”

그러자 존자 아난은 잠자코 허락하였다. 범지 구묵목건련은 아난이 잠자코 받아들인 것을 알고 곧 자리에서 일어나 몸소 손 씻을 물을 돌리고 지극히 맛있고 깔끔하며 오묘하고 풍성한 갖가지 음식을 손수

나르며 배불리 극진하게 공양하였다. 공양이 끝나자 그릇을 거두고 손 씻을 물을 돌린 뒤에 작은 평상을 가져다 따로 앉아 법을 들었다. 존자 아난은 그를 위해 설법하여 마음을 내게 하고 우러러 갈망하게 하며 기쁨을 성취하게 하였다. 그리고 한량없는 방편으로 그를 위해 설법하여 마음을 내게 하고 우러러 갈망하게 하며 기쁨을 성취하게 하기를 마쳤다.

존자 아난이 이렇게 설법하자 마갈타국 대신 우세와 그 권속 및 범지 구묵목건련은 존자 아난의 설법을 듣고 기뻐하며 받들어 행하였다.

〔이 구묵목건련경에 수록된 경문의 글자 수는 3,143자이다.〕

146) 상적유경象跡喩經〔제3 염송〕

나는 이와 같이 들었다.

어느 때 부처님께서 사위국을 유행하실 적에 승림급고독원勝林給孤獨園에 머무셨다. 그때 비로卑盧라는 이학異學이 이른 아침에 사위국을 출발하여 부처님 계신 곳으로 나아가 머리를 조아려 예배하고 물러나 한쪽에 앉았다. 부처님께서는 그를 위해 설법하시어 마음을 내게 하고 우러러 갈망하게 하며 기쁨을 성취하게 하셨다. 그리고 한량없는 방편으로 그를 위해 설법하시어 마음을 내게 하고 우러러 갈망하게 하며 기쁨을 성취하게 하신 뒤에는 잠자코 계셨다. 비로 이학은 부처님께서 그를 위해 설법하시어 마음을 내게 하고 우러러 갈망하게 하며 기쁨을 성취하게 하시자 곧 자리에서 일어나 부처님 발에 머리를 조아리고 세 번 돌고 물러갔다. 그때 생문生聞 범지梵志는 매우 호화로운 흰 수레를 타고 5백 제자들과 함께 이른 아침에 사위국을 나와 일 없는 한가한 곳으로 가서 제자들에게 경서를 읽히려고 하였다. 생문 범지는 멀리서 비로 이학이 오는 것을 보고 곧 물었다.

"바차婆蹉여, 이 이른 아침부터 어디 갔다 오는가?"

비로 이학이 대답하였다.

"범지여, 나는 세존을 뵙고 예로써 섬기고 공양하고 오는 길이네."

생문 범지가 물었다.

"바차여, 혹 사문 구담은 비고 편안하고 고요한 곳에서 지혜를 배우고 있던가?"

"범지여, 어느 누가 세존께서 비고 편안하고 고요한 곳에서 지혜를 배우고 있는 줄을 알 수 있겠는가? 만일 누군가 세존께서 비고 편안하고 고요한 곳에서 지혜를 배우는 줄을 안다면 그도 마땅히 세존과 같은 사람일 것이네. 범지여, 나는 그저 책을 읽어 4구句의 이치만 알 뿐이고, 그 4구의 이치로 인하여 나는 반드시 세존께서는, 여래如來·무소착無所著·등정각等正覺이시요 세존의 설법은 훌륭하시며 여래 제자의 거룩한 대중들은 좋은 곳으로 나아가고 있다고 믿네.

범지여, 비유하면 훌륭한 코끼리 조련사는 일 없는 한가한 곳을 노닐다가 숲 속에서 큰 코끼리 발자국을 보면 이 코끼리는 반드시 크므로 이런 발자국이 있는 것이라고 믿는 것과 같다네. 범지여, 나도 또한 이와 같아서 책을 읽어 4구의 이치를 알고 이 4구의 이치로 인하여 나는 반드시 세존께서는 여래·무소착·등정각이시고, 세존의 설법은 훌륭하시며 여래 제자의 거룩한 대중들은 좋은 곳으로 나아가고 있다고 믿는 것일세.

어떤 것이 4구의 뜻인가? 범지여, 지혜로운 찰리刹利의 논사들은 많이 듣고 결정하여 세상 사람을 항복받고 알지 못하는 것이 없어 다양한 견해를 가진 문장을 지어 세상에 유행시킨다네. 그들은 이렇게 생각했네.

'나는 사문 구담의 처소로 가서 이러이러한 일을 물으리라. 만일 그가 능히 대답하면 나는 거듭거듭 물을 것이요, 그가 능히 대답하지 못하면 곧 항복받고 떠나버리게 할 것이다.'

그들은 세존께서 어느 마을을 유행하신다는 말을 듣고 곧 그리로 갔지만 세존을 뵙고 나자 감히 묻지도 못했으니 하물며 어떻게 항복받았겠는가? 범지여, 나는 책을 읽어 이러한 제1구의 이치를 얻었다네. 나는 이 이치로 인하여 반드시 세존께서는 여래·무소착·등정각이시고 세존의 설법은 훌륭하시며 여래 제자의 거룩한 대중들은 좋은 곳으로 나아가고 있다고 믿는 것이네.

이와 같이 지혜로운 범지와 지혜로운 거사와 지혜로운 사문 논사들은 많이 듣고 결정하여 세상 사람을 항복받고 알지 못하는 것이 없어 다양한 견해를 가진 문장을 지어 세상에 유행시킨다네. 그리고 그들은 이렇게 생각했네.

'나는 사문 구담의 처소로 가서 이러이러한 일을 물으리라. 만일 그가 능히 대답하면 나는 거듭거듭 물을 것이요, 그가 능히 대답하지 못하면 곧 항복받고 떠나버리게 할 것이다.'

그들은 세존께서 어느 마을을 유행하신다는 말을 듣고 곧 그리로 갔지만 세존을 뵙고 나자 감히 묻지도 못했으니 하물며 어떻게 항복받았겠는가? 범지여, 나는 책을 읽어 이러한 제4구의 이치를 얻었다네. 나는 이 이치로 인하여 반드시 세존께서는 여래·무소착·등정각이시고 세존의 설법은 훌륭하시며 여래 제자의 거룩한 대중들은 좋은 곳으로 나아가고 있다고 믿는 것이네. 범지여, 나는 책을 읽어 이 4구句의 이치로 인하여 반드시 세존께서는 여래·무소착·등정각이시고 세존의 설법은 훌륭하시며 여래 제자의 거룩한 대중들은 좋은 곳으로 나아가고 있다고 믿는 것이네."

생문 범지가 말하였다.

"바차여, 그대는 사문 구담을 크게 공양하고 그것을 인연하여 기뻐하며 받들어 행하는가?"

비로 이학이 대답하였다.

"범지여, 그렇다네, 그렇다네. 나는 저 세존을 지극히 공양하고 또한 지극히 칭찬하며 기린다네. 그러므로 일체 세간도 또한 마땅히 공양하여야 하네."

그때 생문 범지는 이 말을 듣고는 곧 수레에서 내려 오른 무릎을 땅에 대고 손을 모아 승림급고독원을 향하여 두 번 세 번 예배하면서 '여래·무소착·등정각께 귀의하나이다'라고 하였다. 이렇게 세 번을 말하고는 매우 호화로운 흰 수레를 다시 타고 승림급고독원으로 나아갔다. 그 승지乘地에 이르자 곧 수레에서 내려 걸어서 부처님께 나아가 문안을 드리고 물러나 한쪽에 앉았다. 생문 범지는 조금 전에 비로 이학과 서로 문답한 일을 모두 부처님께 여쭈었다. 세존께서는 그 말을 들으신 뒤에 곧 말씀하셨다.

"범지여, 비로 이학이 코끼리의 발자국 비유를 말했다지만 그것도 오히려 잘한 설명은 아니고, 또한 충분하지도 않다. 나는 이제 코끼리의 발자국 비유를 아주 잘 갖추어 그대를 위해 말하리니, 그대는 마땅히 잘 들어라. 범지여, 비유하면 훌륭한 코끼리 조련사가 일 없는 한가한 곳을 노닐다가 숲속에서 큰 코끼리의 발자국을 보고는 이 코끼리는 지극히 크기 때문에 이런 발자국이 있는 것이라고 꼭 믿는 것과 같다. 범지여, 그 훌륭한 코끼리 조련사가 혹 믿지 않고 '이 숲속에는 가리누加梨㝹라는 몸집이 매우 큰 어미 코끼리가 있어서 이런 발자국이 있다'고 생각할 수도 있다. 그러면 그는 곧 그 어미 코끼리의 발자국을 확인하고 나서 다시 큰 코끼리 발자국을 보고는, '이 코끼리는 지극히 크기 때문에 이런 발자국이 있다'고 꼭 믿는다. 범지여, 그 훌륭한 코끼리 조련사는 혹 다시 믿지 않고, '이 숲 속에는 다시 가라리加羅梨라는 몸집이 매우 큰 어미 코끼리가 있어서 이런 발자국이 있다'고 생각할 수도 있다. 그러면 그는 곧 그 어미 코끼리의 발자국을 확인하고 나서 다시 큰 코끼리 발자국을 보고는 '이 코끼리는 지극히 크기 때문에 이런 발자국이 있다'고 꼭 믿는다. 범지여, 그 훌륭한 코끼리 조련사는 혹 다시 믿지 않고, '이 숲 속에는 다시 바화누婆恕㝹라는 몸집이 매우 큰 어미 코끼리가 있어서 이런 발자국이 있다'고 생각할 수도 있다. 그러면 그는 곧 그 어미 코끼리의 발자국을 확인하고 나서 다시 큰 코끼리 발자국을 보고는, '이 코끼리는 지극히 크기 때문에 이런 발자국이 있다'고 꼭 믿는다. 그가 이 어미 코끼리의 발자국을 확인한 뒤에 큰 코끼리 발자국을 살펴보면 그 큰 코끼리 발자국은 지극히 길고 넓으며 확실하게 드러나고 땅이 깊게 패인 것을 알게 된다. 그리고 그 코끼리가 오가기도 하고 멈추거나 달리기도 하며 서 있거나 눕기도 하는 모습을 보게 되는데 그는 그 코끼리를 보고 나서는 곧 '이런 발자국이 있다면 이것은 반드시 큰 코끼리이리라'고 생각하게 된다.

범지여, 이와 같이 만일 이 세상에 여래如來·무소착無所著·등정각等正覺·명행성위明行成爲·선서善逝·세간해世間解·무상사無上士·도법어道法御·천인사天人師로서 불중우佛衆祐라고 불리는 이가 나오면 그는 이 세상과 하늘〔天〕·악마〔魔〕·범梵·사문沙門·범지梵志 및 하늘 사람〔天人〕에 있어서 스스로 알고 스스로 깨닫고 스스로 증득하여 성취하여 노닐며 생이 이미 다하고 범행梵行은 이미 섰으며, 해야 할 일은 이미 마쳐 다시는 후세의 몸을 받지 않음을 사실대로 안다. 또 그의 설법은 처음도 묘하고 중간도 묘하고 마지막도 묘하며 뜻도 있고 문채도 있으며 맑고 깨끗함을 구족하고 범행梵行을 나타낸다. 그의 설법을 들은 거사나 혹은 거사의 아들은 믿음을 얻고 여래의 바른 법률 가운데서 믿음을 얻은 그는 곧 이렇게 생각한다.

'가정이란 지극히 좁고 괴로운 곳이요, 집을 떠나 도를 배우는 것은 환히 드러나고 넓고 큰 것이다. 내가 지금 집에 있을 경우 사슬에 묶여 몸과 목숨이 다하도록 범행을 닦을 수 없을 것이다. 나는 차라리 적은 재물이건 많은 재물이건 이 재물을 버리고 적거나 많거나 친족을 떠나 수염과 머리를 깎고 가사를 입고 지극한 믿음으로써 출가하여 집 없이 도를 배우리라.'

그는 그 뒤에 적건 많건 재물을 다 버리고 적거나 많거나 친족을 떠나 수염과 머리를 깎고 가사를 입고 지극한 믿음으로써 출가하여 집 없이 도를 배운다. 그는 집을 떠난 뒤에는 친족의 상相을 버리고 비구의 중요한 가르침을 받아 금계禁戒를 닦아 익히고 종해탈從解脫을 지켜 보호하며, 또 위의와 예절을 잘 거두어 잡고 털끝만한 죄를 보아도 언제나 두려워하는 생각을 품으며 배운 계를 받아 지닌다.

그는 살생을 떠나고 살생을 끊어 칼이나 몽둥이를 버리며 제 부끄러움〔慚〕과 남부끄러움〔愧〕이 있고, 자비스런 마음이 있어 일체 중생과 나아가 곤충에 이르기까지 이롭게 한다. 그는 살생에 대해 그 마음을 깨끗이 없앤다. 그는 주지 않는 것 취함〔不與取〕을 떠나고 주지 않는 것 취함을 끊어 주는 것이라야 받고 주는 것 받기를 좋아하며 언제나 보시하기를 좋아하고 기뻐하여 아낌이 없으며 그 갚음을 바라지 않는다. 그는 주지 않는 것 취함에 대해 그 마음을 깨끗이 없앤다. 그는 범행梵行이 아닌 것을 떠나고 범행이 아닌 것을 끊어 범행을 부지런히 닦고 묘행妙行에 꾸준히 힘쓰며 청정하여 더러움이 없고 욕심을 떠나고 음욕을 끊는다. 그는 범행이 아닌 것에 대해 그 마음을 깨끗이 없앤다. 그는 거짓말을 떠나고 거짓말을 끊어 진실을 말하고 진실을 즐기며 진실에 머물러 움직이지 않으며 일체를 믿고 세상을 속이지 않는다. 그는 거짓말에 대해 그 마음을 깨끗이 없앤다. 그는 이간하는 말〔兩舌〕을 떠나고 이간하는 말을 끊으며 이간하지 않는 행을 행하여 남을 파괴하지 않는다. 여기서 듣고 저기서 말하여 이것을 파괴하려 하지 않으며 저기서 듣고 여기서 말하여 저것을 파괴하려 하지 않는다. 갈라지면 합하게 하고 합하면 기뻐하며 패거리를 만들지 않고 패거리를 좋아하지 않으며 패거리를 칭찬하지 않는다. 그는 이간하는 말에 대해 그 마음을 깨끗이 없앤다.

그는 추한 말을 떠나고 추한 말을 끊는다. 만일 그의 말씨가 추하고 소리가 나빠서 귀에 거슬려 여러 사람들이 기뻐하지 않고 여러 사람들이 사랑하지 않으며 남을 괴롭게 하고 안정을 얻지 못하게 하는 일이 있으면 그는 이러한 말을 끊는다. 만일 그가 하는 말이 맑고 온화하며 부드럽고 윤택하여 귀에도 순하고 마음에도 들어 기뻐할 만하고 사랑할 만하며 남을 안온하게 하고 말씨와 소리가 두루 분명하여 남에게 겁을 주지 않고 남에게 안정을 가져다준다면 그는 이러한 말씨로 말한다. 그는 추한 말에 대해 그 마음을 깨끗이 없앤다. 그는 꾸밈말〔綺語〕을 떠나고 꾸밈말을 끊어 시기적절한 말·참다운 말·법다운 말·이치에 맞는 말·의혹을 중지시키는 말〔止息說〕·즐겨 의혹을 중지시키는 말〔樂止息說〕을 하며 일은 때에 따라 적절히 행하고 잘 가르치고 잘 꾸짖는다. 그는 꾸밈말에 대해 그 마음을 깨끗이 없앤다. 그는 살림살이를 떠나고 살림살이를 끊어 저울과 말〔斗〕과 섬〔斛〕을 버리고 또한 재물을 받지 않으며 사람을 속박하지 않고 말이나 저울질

깎기를 바라지 않으며 조그마한 이익으로써 남을 속이지 않는다. 그는 살림살이에 대해 그 마음을 깨끗이 없앤다.

그는 과부나 처녀를 받아들이지 않고 과부나 처녀 받아들임을 끊는다. 그는 과부나 처녀를 받아들임에 대해 그 마음을 깨끗이 없앤다. 그는 노비를 받아들이지 않고 노비 받아들임을 끊는다. 그는 노비를 받아들임에 대해 그 마음을 깨끗이 없앤다. 그는 코끼리·말·소·양을 받아들이지 않고 코끼리·말·소·양을 받아들임을 끊는다. 그는 코끼리·말·소·양을 받아들임에 대해 그 마음을 깨끗이 없앤다. 그는 닭이나 돼지를 받아들이지 않고 닭이나 돼지를 받아들임을 끊는다. 그는 닭이나 돼지를 받아들임에 대해 그 마음을 깨끗이 없앤다. 그는 농지나 점방을 받아들이지 않고 농지나 점방을 받아들임을 끊는다. 그는 농지나 점방을 받아들임에 대해 그 마음을 깨끗이 없앤다. 그는 벼·보리·콩을 받지 않고 벼·보리·콩 받기를 끊는다. 그는 벼·보리·콩을 받음에 대해 그 마음을 깨끗이 없앤다. 그는 술을 떠나고 술을 끊는다. 그는 술을 마심에 대해 그 마음을 깨끗이 없앤다. 그는 높고 넓고 큰 평상을 떠나고 높고 넓고 큰 평상을 끊는다. 그는 높고 넓고 큰 평상에 대해 그 마음을 깨끗이 없앤다. 그는 꽃다발·영락·바르는 향·연지분을 떠나고 꽃다발·영락·바르는 향·연지분을 끊는다. 그는 꽃다발·영락·바르는 향·연지분에 대해 그 마음을 깨끗이 없앤다. 그는 노래·춤·기생의 풍류와 그것을 보고 듣기를 떠나고 노래·춤·기생의 풍류와 그것을 보고 듣기를 끊는다. 그는 노래·춤·기생의 풍류와 그것을 보고 들음에 대해 그 마음을 깨끗이 없앤다. 그는 색色·상보像寶 받기를 떠나고 색·상보 받기를 끊는다. 그는 색·상보를 받음에 대해 그 마음을 깨끗이 없앤다. 그는 오후에 음식을 멀리하고 오후에 음식을 끊으며 하루에 한 끼로 밤이나 공부

할 때에는 먹지 않는다. 그는 오후의 음식에 대해 그 마음을 깨끗이 없앤다. 그는 이미 이렇게 이 거룩한 계〔聖戒聚〕를 성취한 뒤에는 다시 지극히 만족할 줄을 알아 옷은 몸을 가리기 위해 입고 밥은 몸을 보충하기 위해 먹는다. 따라서 장소를 따라 유행할 때에는 가사와 발우를 함께 지니고 다른 것에는 조금도 애착이 없으니, 마치 매가 두 날개로 공중을 나는 것과 같다. 그는 이 거룩한 계와 지극히 만족할 줄 앎을 성취한 뒤에는 다시 모든 근을 지켜 보호하며 언제나 닫아 막기를 생각하고 밝게 알기를 원하며 생각하는 마음을 지켜 보호하기를 성취하여 언제나 바른 지혜를 일으킨다. 그래서 혹 눈으로 색色을 보더라도 그 형상을 받아들이지 않고 또한 그 색에 맛들이지도 않나니, 곧 받아들이면 성내고 다투기 때문에 안근眼根을 지켜 보호하는 것이다. 마음속에 탐욕과 슬픔과 악하고 착하지 않은 법을 일으키지 않나니, 일으키면 그곳을 향해 달려가기 때문에 안근을 지켜 보호하는 것이다. 이와 같이 귀·코·혀·몸에 대해서도 또한 그러하며 혹 뜻이 법을 알더라도 생각을 받아들이지 않고 또한 그 법에 맛들이지도 않나니, 받아들이면 성내고 다투기 때문에 의근意根을 지켜 보호하는 것이다. 마음속에 탐욕과 슬픔과 악하고 착하지 않은 법을 일으키지 않나니, 일으키면 그곳을 향해 달려가기 때문에 의근을 지켜 보호하는 것이다.

그는 이미 이 거룩한 계와 지극히 만족할 줄 앎을 성취하고 모든 근을 지켜 보호한 뒤에는 다시 들고 남을 바르게 알고 굽히고 펴기와 구부리고 우러르기와 몸가짐과 질서를 잘 관찰하고 분별하며 승가리僧伽梨와 모든 옷과 발우를 잘 지니며 다니고 멈추고 앉고 눕기와 자고 깨고 말하고 침묵하기를 바르게 잘 안다. 그는 이미 이 거룩한 계와 지극히 만족할 줄 앎을 성취하고 모든 근根을 지켜 보호하며 들고 남을 바르게 안 뒤에는 다시 혼자 멀리 떠나 살며 일 없는 한가한 곳에 있거나 혹은 나무 밑이나 비고 편안하고 고요한 곳이나, 산 바위·돌집·한데·볏짚더미나 혹은 숲속이나 무덤 사이로 간다. 그는 일 없는 한가한 곳이나, 혹은 나무 밑이나 비고 편안하고 고요한 곳으로 가서는 니사단尼師檀을 펴고 결가부좌結跏趺坐로 몸을 바로 하고 소원을 바로 하여 생각이 다른 데로 향하지 않고 탐욕을 끊어 없애고 마음에 다툼이 없으며 남의 재물이나 모든 생활 도구를 보고도 탐욕을 일으켜 자기 소유로 만들려 하지 않는다. 그는 탐욕에 대해 그 마음을 깨끗이 없앤다. 이와 같이 성냄과 수면과 들뜸에 대해서도 또한 그러하며 의심을 끊고 미혹을 막아 모든 선법善法에 대해서 망설임이 없다. 그는 의혹에 대해 그 마음을 깨끗이 없애느니라. 그는 이 5개蓋와 마음의 더러움과 지혜의 미약함을 끊고 욕심을 여의고 악하고 착하지 않은 법을 여의어 각覺도 있고 관觀도 있으며 여의는 데서 생기는 기쁨과 즐거움이 있는 초선初禪을 성취하여 노닌다. 범지여, 이것을 여래께서 굴복 받으신 바요, 여래께서 행行하신 바이며, 여래께서 복종 받으신 바라 한다. 그러나 그는 이것으로써 끝내지 않는다. 세존·여래·무소착·등정각의 설법은 선하고, 여래의 제자 성중聖衆들은 잘 나아간다.

그는 각과 관이 이미 그쳐 안이 고요히 한마음이 되어 각도 없고 관도 없으며 선정에서 생기는 기쁨과 즐거움이 있는 제2선에 이르러 성취하여 노닌다. 범지여, 이것을 여래께서 굴복 받으신 바요, 여래께서 행하신 바이며, 여래께서 복종 받으신 바라 한다. 그러나 그는 이로써 끝내지 않는다. 세존·여래·무소착·등정각의 설법은 선하고 여래의 제자 성중들은 잘 나아간다.

그는 기쁨〔喜〕의 욕심을 떠나고, 평정하여 구함 없이 노닐며 바른 생각과 바른 지혜로 몸에 즐거움을 깨닫는다. 곧 성인께서 말씀하신 성인의 평정〔捨〕·기억〔念〕·즐거움에 머묾〔樂住〕·공空이 있는 제3선에 이르러 성취하여 노닌다. 범지여, 이것을 여래께서 굴복 받으신 바요, 여래께서 행하신 바이며, 여래께서 복종 받으신 바라 한다. 그러나 그는 이로써 끝내지 않는다. 세존·여래·무소착·등정각의 설법은 선하고, 여래의 제자 성중들은 잘 나아간다.

그는 즐거움이 멸하고 괴로움도 멸하는데 기쁨과 걱정의 뿌리는 이미 멸한 상태이며 괴로움도 없고 즐거움도 없는〔不苦不樂〕 평정〔捨〕·기억〔念〕·청정清淨이 있는 제4선에 이르러 성취하여 노닌다. 범지여, 이것을 여래께서 굴복 받으신 바요, 여래께서 행하신 바이며, 여래께서 복종 받으신 바라 한다. 그러나 그는 이로써 끝내지 않는다. 세존·여래·무소착·등정각의 설법은 선하고, 여래의 제자 성중들은 잘 나아간다.

그는 이미 이러한 선정의 마음을 얻고, 청정하여 더러움도 없으며 번뇌 없이 유연하게 잘 머물러 움직이지 않는 마음을 얻으며 누진지漏盡智의 신통으로 나아가 스스로 증득한다. 그는 이 괴로움〔苦〕에 대하여 사실 그대로 알고, 이 괴로움의 발생〔苦習〕을 알며 이 괴로움의 소멸〔苦滅〕을 알고 이 괴로움의 소멸에 이르는 길〔苦滅道〕에 대하여 사실 그대로 안다. 그리고 이 누(漏 : 煩惱)에 대하여 사실 그대로 알고 이 누의 발생을 알며 이 누의 소멸을 알고 이 누의 소멸에 이르는 길에 대하여 사실 그대로 안다. 그는 이렇게 알고 이렇게 보아 욕루欲漏에서 심해탈心解脫하고 유루有漏·무명루無明漏에서 심해탈하며 해탈한 뒤에는 곧 해탈한 줄을 알아 생生은 이미 다하고 범행梵行은 이미 서며 해야 할 일은 이미 마쳐 다시는 후세의 몸을 받지 않음을 사실 그대로 안다. 범지여, 이것을 여래께서 굴복 받으신 바요, 여래께서 행하신 바이며, 여래께서 복종 받으신 바라 하나니, 그는 이로써 끝내느니라.

세존 · 여래 · 무소착 · 등정각의 설법은 선하고 여래의 제자 성중들은 잘 나아간다.

범지여, 네 생각에는 어떠하냐? 이러한 코끼리 발자국의 비유는 아주 잘 갖추어 설명되었느냐?"

생문 범지가 대답했다.

"그렇습니다. 구담이시여, 이러한 코끼리 발자국의 비유는 아주 잘 갖추어 설명되었습니다."

생문 범지가 아뢰었다.

"세존이시여, 저는 이미 알았습니다. 선서시여, 저는 이미 이해하였습니다. 세존이시여, 저는 지금부터 부처님과 법과 비구 스님께 귀의하겠습니다. 원컨대 세존께서는 제가 우바새優婆塞가 되는 것을 허락해 주십시오. 저는 오늘부터 이 몸이 다할 때까지 스스로 귀의하여 목숨이 다하는 그날까지 그렇게 하겠습니다."

부처님께서 이렇게 말씀하시자 생문 범지와 비로 이학은 부처님의 말씀을 듣고 나서 기뻐하며 받들어 행하였다.

〔이 상적유경에 수록되어 있는 경문의 글자 수는 2,988자이다.〕

147) 문덕경聞德經〔제3 염송〕

나는 이와 같이 들었다.

어느 때 부처님께서는 사위국을 유행하실 적에 승림급고독원에 머무셨다. 그때 생문 범지生聞梵志는 오후에 천천히 걸어 부처님 계신 곳으로 나아가 문안드리고 물러나 한쪽에 앉아 여쭈었다.

"구담이시여, 제가 여쭙고 싶은 것이 있는데 허락하신다면 감히 여쭙겠습니다."

세존께서 말씀하셨다.

"범지여, 너는 마음대로 물으라."

생문 범지가 곧 여쭈었다.

"집에 있거나 출가하여 도를 배우는 사문 구담의 제자들은 무슨 이유로 널리 듣고 외워 익힙니까?"

세존께서 말씀하셨다.

"범지여, 집에 있거나 혹은 출가하여 도를 배우는 나의 제자들이 널리 듣고 외워 익히는 까닭은 스스로 마음을 제어하기 위함이요, 스스로 마음을 쉬기 위함이며, 스스로 열반〔滅訖〕을 구하기 위해서이다. 범지여, 집에 있거나 출가하여 도를 배우는 나의 제자들은 이런 이유로 널리 듣고 외워 익히느니라."

"구담이시여, 널리 듣고 외워 익히는 데에도 차별이 있습니까? 또한 널리 듣고 외워 익히면 공덕이 있습니까?"

"범지여, 널리 듣고 외워 익히는 데에도 차별이 있고, 또한 널리 듣고 외워 익히면 공덕이 있느니라."

"구담이시여, 널리 듣고 외워 익히는 데에는 어떠한 차별이 있습니까? 또한 널리 듣고 외워 익히는 데에는 어떠한 공덕이 있습니까?"

세존께서 대답하셨다.

"범지여, 많이 들은 거룩한 제자〔多聞聖弟子〕는 낮에 일을 하여 그 이익을 얻고자 하다가 그 하던 일이 실패하여 성취되지 못하면 그 하던 일이 실패하여 성취되지 못하더라도 걱정하고 슬퍼하거나, 시름하고 번민하거나, 울지 않고, 몸을 치면서 괴로워하지도 않으며, 또한 어리석게 미치광이 짓도 하지 않는다. 범지여, 만일 많이 들은 거룩한 제자가 낮에 일을 하여 그 이익을 얻고자 하다가 그 하던 일이 실패하여 성취되지 못하면, 그 하던 일이 실패하여 성취되지 못하더라도 걱정하고 슬퍼하거나 시름하고 번민하거나 울지도 않고 몸을 치면서 괴로워하지도 않으며, 또한 어리석게 미치광이 짓도 하지 않는다면 범지여, 이것을 널리 듣고 외워 익히는 데 차별이 있고 이런 공덕이 있는 것이라 하느니라.

범지여, 많이 들은 거룩한 제자는 사랑하는 마음이 있어 헤어지지 않다가 서로 맞지 않아 이별하더라도 걱정하고 슬퍼하거나 시름하고 번민하거나, 또한 울지도 않고 몸을 치면서 괴로워하지도 않으며, 또한 어리석게 미치광이 짓도 하지 않는다. 범지여, 만일 많이 들은 거룩한 제자가 사랑하는 마음이 있어 서로 흩어지지 않다가 서로 맞지 않아 이별하더라도 걱정하고 슬퍼하거나 시름하고 번민하거나, 또한 울지도 않고 몸을 치면서 괴로워하지도 않으며, 또한 어리석게 미치광이 짓도 하지 않는다면 범지여, 이것을 널리 듣고 외워 익히는 데 차별이 있고 이런 공덕이 있는 것이라 하느니라.

다시 범지여, 많이 들은 거룩한 제자는 소유한 재물이 다 무상한 것인 줄 알아 출가하여 도 배우기를 생각한다. 범지여, 만일 많이 들은 거룩한 제자가 소유한 재물은 다 무상한 것인 줄 알아 출가하여 도 배우기를 생각한다면 범지여, 이것을 널리 듣고 외워 익히는 데 차별이 있고 이런 공덕이 있는 것이라 하느니라.

또 범지여, 많이 들은 거룩한 제자는 소유한 재물은 다 무상한 것인 줄 알고는 수염과 머리를 깎고 가사를 입고 지극한 믿음으로 집을 버려 집 없이 도를 배운다. 범지여, 만일 많이 들은 거룩한 제자가 소유한 재물은 다 무상한 것인 줄 알고는 수염과 머리를 깎고 가사를 입고 지극한 믿음으로 출가하여 집 없이 도를 배운다면 범지여, 이것을 널리 듣고 외워 익히는 데 차별이 있고, 이런 공덕이 있는 것이라 하느니라.

또 범지여, 많이 들은 거룩한 제자는 능히 굶주림과 목마름, 추위와 더위, 모기·등에·파리·벼룩을 참고 바람과 햇볕의 시달림과 욕설과 매질도 또한 참으며 몸에 병이 들어 극심한 고통을 당하고 목숨이 끊어지려 해도 이러한 모든 즐겁지 않은 일을 다 능히 참고 견딘다. 범지여, 만일 많이 들은 거룩한 제자가 능히 굶주림과 목마름, 추위와 더위, 모기·등에·파리·벼룩을 참고 바람과 햇볕의 시달림과 욕설과 매질도 또한 참으며 몸에 병이 들어 극심한 고통을 당하고 목숨이 끊어지려 해도 이러한 모든 즐겁지 않은 일을 다 능히 참고 견딘다면 범지여, 이것을 널리 들어 외워 익히는 데 차별이 있고 이런 공덕이 있는 것이라 하느니라.

또 범지여, 많이 들은 거룩한 제자는 즐겁지 않은 일도 참고 견디며, 즐겁지 않은 일이 생기더라도 마음은 끝내 거기에 집착하지 않는다. 범지여, 만일 많이 들은 거룩한 제자가 즐겁지 않은 일도 참고 견디며 즐겁지 않은 일이 생기더라도 마음은 끝내 거기에 집착하지 않는다면 범지여, 이것을 널리 듣고 외워 익히는 데 차별이 있고 이런 공덕이 있는 것이라 하느니라.

또 범지여, 많이 들은 거룩한 제자는 두려움을 참고 견디며 두려운 일이 생기더라도 마음은 끝내 거기에 집착하지 않는다. 범지여, 만일 많이 들은 거룩한 제자가 두려움을 참고 견디며 두려운 일이 생기더라도 마음은 끝내 거기에 집착하지 않는다면, 범지여, 이것을 널리 듣고 외워 익히는 데 차별이 있고 이런 공덕이 있는 것이라 하느니라.

또 범지여, 많이 들은 거룩한 제자는 혹 세 가지 악하고 착하지 않은 생각, 곧 탐욕의 생각〔欲念〕·성냄의 생각〔恚念〕·해침의 생각〔害念〕을 일으키기도 하는데 이 세 가지 악하고 착하지 않은 생각이 생기더라도 마음은 끝내 거기에 집착하지 않는다. 범지여, 만일 많이 들은 거룩한 제자가 혹 세 가지 악하고 착하지 않은 생각, 곧 탐욕의 생각・성냄의 생각・해침의 생각을 일으키고 이 세 가지 악하고 착하지 않은 생각이 생기더라도 마음은 끝내 거기에 집착하지 않는다면 범지여, 이것을 널리 듣고 외워 익히는 데 차별이 있고 이런 공덕이 있는 것이라 하느니라.

또 범지여, 많이 들은 거룩한 제자는 욕심을 떠나고 악하고 착하지 않은 법을 떠나며 나아가 제4선禪에까지 이르러 성취하여 노닌다. 범지여, 만일 많이 들은 거룩한 제자가 욕심을 떠나고 악하고 착하지 않은 법을 떠나며 나아가 제4선을 성취하여 노닌다면 범지여, 이것을 널리 듣고 외워 익히는 데 차별이 있고, 이런 공덕이 있는 것이라 하느니라.

또 범지여, 많이 들은 거룩한 제자는 3결結[1]이 이미 다해 수다원須陀洹을 증득해 악법惡法에 떨어지지 않고 결정코 정각正覺으로 나아가 마지막에는 7유有를 받아 천상과 인간을 일곱 번 오간 뒤에 괴로움의 끝〔苦邊〕을 얻는다. 범지여, 만일 많이 들은 거룩한 제자가 3결이 이미 다해 수다원을 증득해 악법에 떨어지지 않고 결정코 정각으로 나아가 마지막에 7유를 받아 천상과 인간을 일곱 번 오간 뒤에는 괴로움의 끝을 얻는다면 범지여, 이것을 널리 듣고 외워 익히는 데 차별이 있고 이런 공덕이 있는 것이라 하느니라.

또 범지여, 많이 들은 거룩한 제자는 3결이 이미 다해 음욕〔淫〕・성냄〔怒〕・어리석음〔癡〕이 엷어지고, 한 번 왕래함을 얻어 천상과 인간을 한 번 왕래한 뒤에 괴로움의 끝을 얻는다. 범지여, 만일 많이 들은

1 여기서는 신견身見・계금취견戒禁取見・의疑의 세 종류의 번뇌를 말함. 결結은 번뇌의 이명異名이다.

거룩한 제자가 3결이 이미 다해 음욕·성냄·어리석음이 엷어지고 한 번 왕래함을 얻어 천상과 인간에 한 번 왕래한 뒤에 괴로움의 끝을 얻는다면 범지여, 이것을 널리 듣고 외워 익히는 데 차별이 있고 이런 공덕이 있는 것이라고 하느니라.

또 범지여, 많이 들은 거룩한 제자는 5하분결下分結[2]이 이미 다해 저 세계에 태어난 뒤에 곧 반열반般涅槃에 들고 물러나지 않는 법〔不退法〕을 얻어 이 세상에 돌아오지 않는다. 범지여, 만일 많이 들은 거룩한 제자가 5하분결이 이미 다해 저 세계에 태어난 뒤에 곧 반열반에 들고 물러나지 않는 법을 얻어 이 세상에 돌아오지 않는다면 범지여, 이것을 널리 듣고 외워 익히는 데 차별이 있고 이런 공덕이 있는 것이라 하느니라.

또 범지여, 많이 들은 거룩한 제자는 식해탈息解脫하여 색色을 여의어 무색無色을 증득하고 여기상정如其像定을 몸으로 체득하여 성취하여 노닐며 슬기의 관찰로 누漏를 끊고 또 누를 안다. 범지여, 만일 많이 들은 거룩한 제자가 식해탈하여 색을 여의고 무색을 증득하고 여기상정을 몸으로 체득하여 성취하여 노닐며 슬기의 관찰로 누를 끊고 또 누를 안다면 범지여, 이것을 널리 듣고 외워 익히는 데 차별이 있고, 이런 공덕이 있는 것이라 하느니라.

또 범지여, 많이 들은 거룩한 제자는 여의족如意足과 천이지天耳智·타심지他心智·숙명지宿命智·생사지生死智가 있고, 모든 누漏가 이미 다해 누가 없게 되어 심해탈心解脫·혜해탈慧解脫하여 현재에 스스로 알고 스스로 깨달으며 스스로 체득하여 성취하여 노닐고 생이 이미 다하고 범행은 이미 서고, 해야 할 일은 이미 마쳐 다시는 후세의 몸을

2 욕계欲界의 유정중생有情衆生이 탐욕·성냄·신견身見·계금취견戒禁取見·의疑의 다섯 종류의 번뇌에 계박된 것을 5하분결이라 한다.

받지 않음을 진실 되게 안다. 범지여, 만일 많이 들은 거룩한 제자가 여의족과 천이지・타심지・숙명지・생사지가 있고 모든 누가 이미 다해 누가 없게 되어 심해탈・혜해탈하여 현재에 스스로 알고 스스로 깨달으며 스스로 체득하여 성취하여 노닐고 생이 이미 다하고 범행은 이미 서고, 해야 할 일은 이미 마쳐 다시는 후세의 몸을 받지 않음을 진실 되게 안다면 범지여, 이것을 널리 듣고 외워 익히는 데 차별이 있고 이런 공덕이 있는 것이라 하느니라."

생문 범지가 다시 세존께 여쭈었다.

"이 널리 듣고 외워 익히는 데에는 이런 차별이 있고 이런 공덕이 있는데 혹 다시 다른 차별이 있거나 다시 다른 최상最上・최묘最妙・최승最勝의 공덕이 있습니까?"

세존께서 대답하셨다.

"범지여, 널리 듣고 외워 익히는 데에는 이런 차별과 이런 공덕이 있고 다시 다른 차별과 다시 다른 최상・최묘・최승의 공덕은 없느니라."

생문 범지가 여쭈었다.

"세존이시여, 저는 이미 알았습니다. 선서善逝시여, 저는 이미 이해하였습니다. 세존이시여, 지금 부처님과 법과 비구 스님께 귀의하겠습니다. 원컨대 세존께서는 제가 우바새優婆塞 되는 것을 허락해 주십시오. 저는 오늘부터 이 몸이 다할 때까지 스스로 귀의하여 목숨이 다하는 그날까지 그렇게 하겠습니다."

부처님께서 이렇게 말씀하시자 생문 범지는 부처님의 말씀을 듣고 기뻐하며 받들어 행하였다.

〔이 문덕경에 수록된 경문의 글자 수는 1,609자이다.〕

148) 하고경何苦經[3]〔제3 염송〕

나는 이와 같이 들었다.

어느 때 부처님께서는 사위국을 유행하실 적에 승림급고독원에 머무셨다. 그때 생문 범지生聞梵志는 오후에 천천히 걸어 부처님 계신 곳으로 나아가 문안드리고 물러나 한쪽에 앉아 여쭈었다.

"구담이시여, 제가 여쭙고 싶은 것이 있는데 허락하신다면 감히 여쭙겠습니다."

세존께서 말씀하셨다.

"범지여, 네 마음대로 물으라."

생문 범지가 곧 여쭈었다.

"구담이시여, 집에 있는 사람에겐 어떤 괴로움이 있으며 출가하여 도를 배우는 사람에겐 어떤 괴로움이 있습니까?"

세존께서 대답하셨다.

"범지여, 집에 있는 사람은 자재하지 못한 것을 괴로움으로 여기고 출가하여 도를 배우는 사람은 자재한 것을 괴로움으로 여기느니라."

생문 범지가 다시 물었다.

"구담이시여, 집에 있는 사람은 왜 자재하지 못한 것을 괴롭다고 여기고 출가하여 도를 배우는 사람은 왜 자재한 것을 괴롭다고 여깁니까?"

세존께서 대답하셨다.

"범지여, 집에 있는 사람은 만일 돈이 불어나지 않고, 금·은·진주·유리·수정들이 다 불어나지 않으며, 목축과 곡식과 노비와 심부

---

3 『증일아함경』 제7권 「안반품安般品」 여덟 번째 경을 참조할 것.

름꾼 또한 불어나지 않으면, 그때 집에 있는 사람은 걱정하고 괴로워하며, 시름하고 슬퍼하나니, 그로 인해 집에 있는 사람은 걱정과 괴로움이 많아지고, 시름과 슬픔을 많이 품느니라. 범지여, 출가하여 도를 배우는 사람은 만일 행이 그 욕심을 따르고 행이 성냄과 어리석음을 따르면, 그때 출가하여 도를 배우는 사람은 걱정하고 괴로워하며 시름하고 슬퍼하나니 그로 인해 출가하여 도를 배우는 사람은 걱정과 괴로움이 많아지고 시름과 슬픔을 많이 품느니라. 범지여, 이와 같이 집에 있는 사람은 자재하지 못한 것을 괴롭다고 여기고 출가하여 도를 배우는 사람은 자재한 것을 괴롭다고 여기느니라."

생문 범지가 다시 여쭈었다.

"구담이시여, 집에 있는 사람에겐 어떤 즐거움이 있으며 출가하여 도를 배우는 사람에겐 어떤 즐거움이 있습니까?"

세존께서 대답하셨다.

"범지여, 집에 있는 사람은 자재한 것을 즐겁다고 여기고 출가하여 도를 배우는 사람은 자재하지 못한 것을 즐겁다고 여기느니라."

"구담이시여, 집에 있는 사람은 왜 자재한 것을 즐겁다고 여기고 출가하여 도를 배우는 사람은 왜 자재하지 못한 것을 즐겁다고 여깁니까?"

세존께서 대답하셨다.

"범지여, 집에 있는 사람은 만일 돈이 불어나게 되고 금·은·진주·유리·수정들이 다 불어나게 되며 목축과 곡식과 노비와 심부름꾼이 또한 불어나게 되면 그때 집에 있는 사람은 쾌락하고 기뻐하나니, 그로 인해 집에 있는 사람은 쾌락과 기쁨이 많아지느니라. 범지여, 출가하여 도를 배우는 사람은 행이 욕심을 따르지 않고 행이 성냄과 어리석음을 따르지 않으면 그때 출가하여 도를 배우는 사람은 쾌락하고 기뻐하나니, 그로 인해 출가하여 도를 배우는 사람은 쾌락과 기쁨이 많아지느니라. 범지여, 이와 같이 집에 있는 사람은 자재한 것 때문에 즐겁고 출가하여 도를 배우는 사람은 자재하지 못한 것 때문에 즐겁느니라."

생문 범지가 다시 여쭈었다.

"구담이시여, 어떤 일이 하늘과 사람에게 반드시 이익이 없게 하고 어떤 일이 하늘과 사람을 반드시 이익 되게 됩니까?"

세존께서 대답하셨다.

"범지여, 만일 하늘이나 사람이 서로 다투면 반드시 이익이 없고 만일 하늘이나 사람이 서로 다투지 않으면 반드시 이익이 있느니라."

"구담이시여, 하늘이나 사람이 서로 다투면 반드시 이익이 없다는 것은 무슨 뜻이며 하늘이나 사람이 서로 다투지 않으면 반드시 이익이 있다는 것은 무슨 뜻입니까?"

세존께서 대답하셨다.

"범지여, 만일 때때로 하늘이나 사람이 서로 다투고 미워하면 그때 하늘과 사람은 걱정하고 괴로워하며 시름하고 슬퍼하나니, 그로 인해 하늘과 사람은 걱정과 괴로움이 많아지고 시름과 슬픔을 많이 품느니라. 범지여, 만일 하늘이나 사람이 서로 다투지 않고 미워하지 않으면 그때 하늘과 사람은 쾌락하고 기뻐하나니, 그로 인해 하늘과 사람은 많이 쾌락하고 많이 기뻐하느니라. 범지여, 이와 같이 하늘이나 사람이 서로 다투면 반드시 이익이 없고 하늘이나 사람이 서로 다투지 않으면 반드시 이익이 있느니라."

생문 범지가 다시 여쭈었다.

"구담이시여, 하늘과 사람을 반드시 요익饒益하게 하지 않아 괴로움을 얻게 하는 것은 무엇이며 하늘과 사람을 반드시 요익하게 하여 즐거움을 얻게 하는 것은 무엇입니까?"

세존께서 대답하셨다.

"범지여, 만일 하늘과 사람이 법 아닌 것을 행하고 또 악을 행하면 반드시 이익을 얻지 못해 그 괴로움을 얻고, 만일 하늘과 사람이 법답게 행하여 악을 행하지 않으면 반드시 요익을 얻어 그 즐거움을 얻느니라."

"구담이시여, 하늘과 사람이 어떻게 법 아닌 것을 행하고 또 악을 행하면 반드시 이익을 얻지 못해 반드시 그 괴로움을 얻습니까? 또 하늘과 사람이 어떻게 법답게 행하고 또 악을 행하지 않으면 반드시 요익을 얻어 반드시 그 즐거움을 얻습니까?"

세존께서 대답하셨다.

"범지여, 하늘과 사람이 몸으로 법 아닌 것을 행하고 또 악을 행하며 입과 뜻으로 법 아닌 것을 행하고 또 악을 행하면, 그때 하늘과 사람은 반드시 줄어들고 아수라阿修羅는 반드시 흥성할 것이다. 범지여, 만일 하늘과 사람이 몸으로 법답게 행하여 그 몸을 지켜 보호하고 입과 뜻으로 법답게 행하여 입과 뜻을 지켜 보호하면, 그때 하늘과 사람은 반드시 흥성하고 아수라는 반드시 줄어들 것이다. 범지여, 이와 같이 하늘과 사람이 법 아닌 것을 행하고 또 악을 행하면, 반드시 이익을 얻지 못해 그 괴로움을 얻을 것이고 범지여, 이와 같이 하늘과 사람이 법답게 행하여 악을 행하지 않으면, 반드시 요익을 얻어 그 즐거움을 얻느니라."

생문 범지가 다시 여쭈었다.

"구담이시여, 어떻게 악지식惡知識을 관찰해야 합니까?"

세존께서 대답하셨다.

"범지여, 마땅히 악지식은 달〔月〕과 같다고 관찰하라."

"구담이시여, 어떻게 악지식을 달과 같다고 관찰합니까?"

세존께서 대답하셨다.

"범지여, 그믐으로 향하는 달은 날마다 점점 감소하고 달의 궁전도 또한 감소하며 광명도 또한 감소하고 형색도 또한 감소하여 날마다 다해 가는 것과 같다. 범지여, 그래서 때가 되면 달은 완전히 사라져 전혀 볼 수가 없느니라. 범지여, 악지식도 또한 여래의 바른 법률에 있어서 그 믿음을 얻지만 그는 믿음을 얻고 나서 효순孝順하지 않고 또한 공경하지 않으며 하는 행동은 순하지 않고 바른 지혜를 세우지 않으며 법과 다음 법으로 나아가지 않다가 그는 문득 믿음을 잃고 계를 지니는 것과 널리 들음과 소원과 지혜도 또한 잃어버린다. 범지여, 때가 되면 이 악지식은 마치 달이 사라지듯 선법善法을 완전히 멸한다. 범지여, 이와 같이 악지식은 마땅히 달과 같다고 관찰하라."

생문 범지가 다시 여쭈었다.

"구담이시여, 어떻게 선지식善知識을 관찰해야 합니까?"

세존께서 대답하셨다.

"범지여, 마땅히 선지식도 달과 같다고 관찰하라."

"구담이시여, 어떻게 선지식을 달과 같다고 관찰합니까?"

세존께서 대답하셨다.

"범지여, 마치 달이 처음 생길 때에는 산뜻하고 밝고 깨끗하며 날로 더해가는 것과 같다. 범지여, 그래서 보름에 이르면 그 달의 궁전은 풍만해지느니라. 범지여, 이와 같이 선지식은 여래의 바른 법률에 있어서 믿음을 얻고 그는 믿음을 얻고 나서 늘 효순하고 공경하며 하는 행동은 순하고 바른 지혜를 세워 법과 다음 법으로 나아간다. 그는 믿음을 증장增長시키고 계를 지니는 것과 널리 들음과 소원과 지혜도 또한 증장시킨다. 범지여, 때가 되면 그 선지식은 마치 보름달처럼 선법

善法을 구족한다. 범지여, 이와 같이 선지식은 마땅히 달과 같다고 관찰하라.”

이에 세존께서는 이 게송을 말씀하셨다.

마치 달이 티끌〔垢〕 없이
허공세계〔虛空界〕에 떠서 노닐면
일체 세간 모든 별들의
그 광명을 가리는 것처럼

이와 같이 믿음과 널리 들음과
소원과 간탐 없는 마음은
세간의 모든 간탐
그 광명을 모조리 가리우네.

또 마치 큰 용왕이
구름과 뇌성과 번개를 일으키며
철철 넘치도록 비를 내려
온 땅을 가득 채우는 것처럼

이와 같이 믿음과 널리 들음과
소원과 간탐 없는 마음은
음식을 베풀어 풍족하게 하고
즐겨 힘써 더욱더 널리 베푸네.

이와 같이 큰 뇌성 떨치며

하늘이 때맞추어 비를 내리듯
널리 축축이 적시는 저 복비〔福雨〕
시주가 내리는 비라네.

재물도 많고 명예도 많으며
좋은 곳에서 태어나게 되고
거기서 또 복을 받다가
죽은 뒤에는 천상에 나리라.

부처님께서 이렇게 말씀하시자 생문 범지는 부처님 말씀을 듣고 기뻐하며 받들어 행하였다.

〔이 하고경에 수록된 경문의 글자 수는 1,425자이다. 『중아함경』 제36권에 수록된 경문의 글자 수는 모두 9,165자이다.〕

중아함경 제37권

12. 범지품 ③

149) 하욕경何欲經[1]〔제3 염송〕

나는 이와 같이 들었다.

어느 때 부처님께서는 사위국을 유행하실 적에 승림급고독원에 머무셨다. 그때 생문 범지生聞梵志는 오후에 천천히 걸어 부처님 계신 곳으로 나아가 문안드리고 물러나 한쪽에 앉아 여쭈었다.

"구담이시여, 여쭙고 싶은 것이 있는데 허락하신다면 감히 여쭙겠습니다."

세존께서 말씀하셨다.

"범지여, 네 마음대로 물으라."

범지가 곧 여쭈었다.

---

1 이 경의 참고 경전으로는 『증일아함경』 제30권 「육중품六重品」의 여덟 번째 경이 있다.

"구담이시여, 찰리刹利는 무엇을 하고자 하고 무엇을 행하며 무엇으로 서고 무엇을 의지하며 무엇으로 마칩니까?"

세존께서 대답하셨다.

"찰리는 재물을 얻고자 하고 지혜를 행하며 칼로써 서고 백성을 의지하며 자재自在로써 마침을 삼느니라."

생문 범지가 여쭈었다.

"구담이시여, 거사居士는 무엇을 하고자 하고 무엇을 행하며 무엇으로 서고 무엇을 의지하며 무엇으로 마칩니까?"

"거사는 재물을 얻고자 하고 지혜를 행하며 기술로써 서고 작업作業을 의지하며 작업을 마치는 것으로 마침을 삼느니라."

"구담이시여, 부인婦人은 무엇을 하고자 하고 무엇을 행하며 무엇으로 서고 무엇을 의지하며 무엇으로 마칩니까?"

"부인은 남자를 얻고자 하고 화장하고 꾸미며 아이로써 서고 남편〔無對〕을 의지하며 자재自在로 마침을 삼느니라."

생문 범지가 다시 여쭈었다.

"구담이시여, 도둑은 무엇을 하고자 하고 무엇을 행하며 무엇으로 서고 무엇을 의지하며 무엇으로 마칩니까?"

세존께서 대답하셨다.

"도둑은 주지 않는 것을 빼앗으려고 하고 숨겨 감춤을 행하며 칼로써 서고 어둠을 의지하며 발각되지 않는 것으로 마침을 삼느니라."

"구담이시여, 범지梵志는 무엇을 하고자 하고, 무엇을 행하며, 무엇으로 서고, 무엇을 의지하며, 무엇으로 마칩니까?"

"범지는 재물을 얻고자 하고, 지혜를 행하며, 경서經書로써 서고, 재계齋戒를 의지하며, 범천梵天으로 마침을 삼느니라."

"구담이시여, 사문沙門은 무엇을 하고자 하고 무엇을 행하며 무엇으로 서고 무엇을 의지하며 무엇으로 마칩니까?"

"사문은 진제眞諦를 얻고자 하고 지혜를 행하며 계戒로써 서고 일 없는 곳〔無處〕을 의지하며 열반涅槃으로써 마침을 삼느니라."

생문 범지가 여쭈었다.

"세존이시여, 저는 이미 알았습니다. 선서善逝시여, 저는 이미 이해하였습니다. 세존이시여, 저는 지금 부처님과 법과 비구 스님들께 귀의하겠습니다. 원컨대 세존께서는 제가 우바새優婆塞 되는 것을 허락해 주십시오. 저는 오늘부터 이 몸이 다할 때까지 스스로 귀의하여 목숨이 다하는 그날까지 그렇게 하겠습니다."

부처님께서 이렇게 말씀하시자 생문 범지는 부처님 말씀을 듣고 기뻐하며 받들어 행하였다.

〔이 하욕경에 수록된 경문의 글자 수는 422자이다.〕

150) 울수가라경鬱瘦歌邏經〔제3 염송〕

나는 이와 같이 들었다.

어느 때 부처님께서는 왕사성王舍城을 유행하실 적에 죽림가란다원竹林迦蘭哆園에 머무셨다. 그때 울수가라鬱瘦歌邏 범지는 오후에 천천히 걸어 부처님 계신 곳으로 나아가 문안드리고 물러나 한쪽에 앉아 여쭈었다.

"구담이시여, 여쭙고 싶은 것이 있는데 허락하신다면 감히 여쭙겠습니다."

세존께서 말씀하셨다.

"너는 마음대로 물으라."

울수가라 범지가 곧 여쭈었다.

"구담이시여, 범지는 네 종성〔四種姓〕을 위하여 네 가지 받들어 섬기는 것〔四奉事〕을 시설하나니, 곧 범지를 위하여 받들어 섬기는 것〔奉事〕을 시설하고 찰리刹利·거사居士·공사工師를 위하여 받들어 섬기는 것을 시설합니다. 구담이시여, 범지가 범지를 위하여 받들어 섬기는 것을 시설할 때 범지는 마땅히 범지를 받들어 섬겨야 하고 찰리·거사·공사도 또한 범지를 받들어 섬겨야 할 것이니, 이 네 종성은 마땅히 범지를 받들어 섬겨야 할 것입니다. 구담이시여, 범지가 찰리刹利를 위하여 받들어 섬기는 것을 시설할 때 찰리는 마땅히 찰리를 받들어 섬겨야 하고 거사·공사도 또한 마땅히 찰리를 받들어 섬겨야 할 것이니, 이 세 종성은 마땅히 찰리를 받들어 섬겨야 할 것입니다. 구담이시여, 범지가 거사를 위하여 받들어 섬기는 것을 시설할 때 거사는 마땅히 거사를 받들어 섬겨야 하고 공사도 또한 마땅히 거사를 받들어 섬겨야 할 것이니, 이 두 종성은 마땅히 거사를 받들어 섬겨야 할 것입니다. 구담이시여, 범지가 공사를 위하여 받들어 섬기는 것을 시설할 때 공사는 마땅히 공사를 받들어 섬겨야 하겠지만 공사를 받들어 섬기라고 시설할 만한 그들보다 하천한 이가 누가 있겠습니까? 오직 공사만이 공사를 받들어 섬길 것입니다."

세존께서 물으셨다.

"범지여, 모든 범지는 스스로 알고서 네 종성을 위하여 네 가지 받들어 섬기는 것을 시설하는가? 곧 범지를 위하여 받들어 섬기는 것을 시설하고 찰리·거사·공사를 위하여 받들어 섬기는 것을 시설하는가?"

"알지 못합니다. 구담이시여, 다만 모든 범지는 스스로 이렇게 말합니다.

'나는 이 세상과 하늘 · 악마 · 범梵 · 사문 범지 등 사람에서 하늘에 이르기까지 그 사이에서 범지는 스스로 알지 못하지만 네 종성을 위하여 네 가지 받들어 섬기는 것을 시설하나니, 곧 범지를 위하여 받들어 섬기는 것을 시설하고 찰리 · 거사 · 공사를 위하여 받들어 섬기는 것을 시설한다.'"

"범지여, 그것은 마치 어떤 사람이 남에게 억지로 고기를 주면서 이렇게 말하는 것과 같다.

'그대는 이것을 먹어야 한다. 그리고 내게 그 값을 주어야 한다.'

범지여, 네가 모든 범지를 위하여 말하는 것도 또한 이와 같나니, 왜냐하면 범지는 스스로 알지 못하면서 네 종성을 위하여 받들어 섬기는 것을 시설하나니, 곧 범지를 위하여 받들어 섬기는 것을 시설하고 찰리 · 거사 · 공사를 위하여 받들어 섬기는 것을 시설하기 때문이다."

세존께서 물으셨다.

"범지여, 무엇을 받들어 섬기는 것이라 하는가? 만일 어떤 것을 받들어 섬길 때 그 받들어 섬김으로 말미암아 같음이 있고 나음이 없으면 이것을 받들어 섬기는 것이라 하겠는가? 만일 어떤 것을 받들어 섬길 때 그 받들어 섬김으로 말미암아 나음이 있고 같음이 없으면 이것을 받들어 섬기는 것이라 하겠는가? 범지여, 만일 범지를 받들어 섬길 때 그 받들어 섬김으로 말미암아 같음이 있고 나음이 없으면 이것을 받들어 섬기는 것이라 하겠는가? 찰리 · 거사 · 공사를 받들어 섬길 때 그 받들어 섬김으로 말미암아 같음이 있고 나음이 없으면 이것을 받들어 섬기는 것이라 하겠는가? 범지여, 만일 범지를 받들어 섬길 때 그 받들어 섬김으로 말미암아 나음이 있고 같음이 없으면 이것을 받들어 섬기는 것이라 하겠는가? 찰리 · 거사 · 공사를 받들어 섬길 때 그 받들어 섬김으로 말미암아 나음이 있고 같음이 없으면 이것을 받들어 섬기는 것이라 하겠는가?"

울수가라 범지가 대답하였다.

"구담이시여, 만일 제가 받들어 섬기고 그 받들어 섬김으로 말미암아 같음이 있고 나음이 없으면 저는 그를 받들어 섬기지 않을 것입니다. 만일 제가 받들어 섬기고 그 받들어 섬김으로 말미암아 나음이 있고 같음이 없으면 저는 마땅히 그를 받들어 섬길 것입니다. 구담이시여, 만일 범지를 받들어 섬길 때 그 받들어 섬김으로 말미암아 같음이 있고 나음이 없으면 저는 그를 받들어 섬기지 않을 것입니다. 찰리・거사・공사를 받들어 섬길 때, 그 받들어 섬김으로 말미암아 같음이 있고 나음이 없으면 저는 그를 받들어 섬기지 않을 것입니다. 구담이시여, 만일 범지를 받들어 섬길 때 그 받들어 섬김으로 말미암아 나음이 있고 같음이 없으면 저는 마땅히 그를 받들어 섬길 것입니다. 찰리・거사・공사를 받들어 섬길 때 그 받들어 섬김으로 말미암아 나음이 있고 같음이 없으면 저는 마땅히 그를 받들어 섬길 것입니다."

세존께서 말씀하셨다.

"범지여, 만일 어리석지도 않고 미련하지도 않으며 또 전도顚倒되지도 않고 마음도 전도됨이 없어 자유자재한 범지가 또 찾아온다면 나는 그 범지에게 이렇게 물을 것이다.

'네 생각에는 어떤가? 만일 어떤 것을 받들어 섬길 때 그 받들어 섬김으로 말미암아 같음이 있고 나음이 없으면 이것을 받들어 섬김이라 하겠는가? 만일 어떤 것을 받들어 섬길 때 그 받들어 섬김으로 말미암아 나음이 있고 같음이 없으면 이것을 받들어 섬김이라 하겠는가? 범지여, 만일 범지를 받들어 섬길 때 그 받들어 섬김으로 말미암아 같음이 있고 나음이 없으면 이것을 받들어 섬김이라 하겠는가? 찰리・

거사 · 공사를 받들어 섬길 때 그 받들어 섬김으로 말미암아 같음이 있고 나음이 없으면 이것을 받들어 섬김이라 하겠는가? 범지여, 만일 범지를 받들어 섬길 때 그 받들어 섬김으로 말미암아 나음이 있고 같음이 없으면 이것을 받들어 섬김이라 하겠는가? 찰리 · 거사 · 공사를 받들어 섬길 때 그 받들어 섬김으로 말미암아 나음이 있고 같음이 없으면 이것을 받들어 섬김이라 하겠는가?'

범지여, 어리석지도 않고 미련하지도 않으며 또한 전도되지도 않았고 마음도 전도되지 않아 자유자재한 그 범지는 나에게 이렇게 대답할 것이다.

'구담이시여, 만일 제가 받들어 섬기고, 그 받들어 섬김으로 말미암아 같음이 있고 나음이 없으면 저는 그를 받들어 섬기지 않을 것입니다. 만일 제가 받들어 섬기고 그 받들어 섬김으로 말미암아 나음이 있고 같음이 없으면 저는 마땅히 그를 받들어 섬길 것입니다. 구담이시여, 만일 범지를 받들어 섬길 때 그 받들어 섬김으로 말미암아 같음이 있고 나음이 없으면 저는 그를 받들어 섬기지 않을 것입니다. 찰리 · 거사 · 공사를 받들어 섬길 때, 그 받들어 섬김으로 말미암아 같음이 있고 나음이 없으면 저는 그를 받들어 섬기지 않을 것입니다. 구담이시여, 만일 범지를 받들어 섬길 때 그 받들어 섬김으로 말미암아 나음이 있고 같음이 없으면 저는 마땅히 그를 받들어 섬길 것입니다. 찰리 · 거사 · 공사를 받들어 섬길 때 그 받들어 섬김으로 말미암아 나음이 있고 같음이 없으면 저는 마땅히 그를 받들어 섬길 것입니다.'"

세존께서 물으셨다.

"범지여, 네 생각에는 어떠한가? 만일 어떤 것을 받들어 섬길 때 그 받들어 섬김으로 말미암아 믿음〔信〕 · 계율〔戒〕 · 널리 들음〔博聞〕 · 소원〔庶幾〕 · 지혜智慧를 잃는다면 이것을 받들어 섬김이라 하겠는가? 만일 어떤 것을 받들어 섬길 때 그 받들어 섬김으로 말미암아 믿음·계율·널리 들음·소원·지혜를 더하게 된다면 이것을 받들어 섬김이라 하겠는가? 범지여, 만일 범지를 받들어 섬길 때 그 받들어 섬김으로 말미암아 믿음·계율·널리 들음·소원·지혜를 잃는다면 이것을 받들어 섬김이라 하겠는가? 찰리·거사·공사를 받들어 섬길 때 그 받들어 섬김으로 말미암아 믿음·계율·널리 들음·소원·지혜를 잃는다면 이것을 받들어 섬김이라 하겠는가? 범지여, 만일 범지를 받들어 섬길 때 그 받들어 섬김으로 말미암아 믿음·계율·널리 들음·소원·지혜를 더하게 된다면 이것을 받들어 섬김이라 하겠는가? 찰리·거사·공사를 받들어 섬길 때 그 받들어 섬김으로 말미암아 믿음·계율·널리 들음·소원·지혜를 더하게 된다면 이것을 받들어 섬김이라 하겠는가?"

울수가라 범지가 대답하였다.

"구담이시여, 만일 제가 받들어 섬길 때 그 받들어 섬김으로 말미암아 믿음·계율·널리 들음·소원·지혜를 잃는다면 저는 그를 받들어 섬기지 않을 것입니다. 만일 제가 받들어 섬길 때 그 받들어 섬김으로 말미암아 믿음·계율·널리 들음·소원·지혜를 더하게 된다면 저는 마땅히 그를 받들어 섬길 것입니다. 구담이시여, 만일 범지를 섬길 때 그 받들어 섬김으로 말미암아 믿음·계율·널리 들음·소원·지혜를 잃는다면 저는 그를 받들어 섬기지 않을 것입니다. 만일 찰리·거사·공사를 받들어 섬길 때 그 받들어 섬김으로 말미암아 믿음·계율·널리 들음·소원·지혜를 잃는다면 저는 그를 받들어 섬기지 않을 것입니다. 구담이시여, 만일 범지를 받들어 섬길 때 그 받들어 섬김으로 말미암아 믿음·계율·널리 들음·소원·지혜를 더하게 된다면 저는 마땅히 그를 받들어 섬길 것입니다. 찰리·거사·공사를 받들어 섬길 때 그 받들어 섬김으로 말미암아 믿음·계율·널리 들음·소원·지혜를 더하게 된다면 저는 마땅히 그를 받들어 섬길 것입니다."

세존께서 말씀하셨다.

"범지여, 만일 어리석지도 않고 미련하지도 않으며 또한 전도되지도 않고 마음도 전도됨이 없어 자유자재한 범지가 또 찾아온다면 나는 그 범지에게 이렇게 물을 것이다.

'네 생각에는 어떠한가? 만일 어떤 것을 받들어 섬길 때 그 받들어 섬김으로 말미암아 믿음·계율·널리 들음·소원·지혜를 잃는다면 이것을 받들어 섬김이라 하겠는가? 만일 어떤 것을 받들어 섬길 때, 그 받들어 섬김으로 말미암아 믿음·계율·널리 들음·소원·지혜를 더하게 된다면 이것을 받들어 섬김이라 하겠는가? 범지여, 만일 범지를 받들어 섬길 때 그 받들어 섬김으로 말미암아 믿음·계율·널리 들음·소원·지혜를 잃는다면 이것을 받들어 섬김이라 하겠는가? 찰리·거사·공사를 받들어 섬길 때 그 받들어 섬김으로 말미암아 믿음·계율·널리 들음·소원·지혜를 잃는다면 이것을 받들어 섬김이라 하겠는가? 범지여, 만일 범지를 받들어 섬길 때 그 받들어 섬김으로 말미암아 믿음·계율·널리 들음·소원·지혜를 더하게 된다면 이것을 받들어 섬김이라 하겠는가? 찰리·거사·공사를 받들어 섬길 때 그 받들어 섬김으로 말미암아 믿음·계율·널리 들음·소원·지혜를 더하게 된다면 이것을 받들어 섬김이라 하겠는가?'

범지여, 어리석지도 않고 미련하지도 않으며 또한 전도되지도 않고 마음도 전도됨이 없어 자유자재한 그 범지도 또한 내게 이렇게 대답할 것이다.

'구담이시여, 만일 제가 받들어 섬길 때 그 받들어 섬김으로 말미암아 믿음 · 계율 · 널리 들음 · 소원 · 지혜를 잃는다면 저는 그를 받들어 섬기지 않을 것입니다. 만일 제가 받들어 섬길 때 그 받들어 섬김으로 말미암아 믿음 · 계율 · 널리 들음 · 소원 · 지혜를 더하게 된다면 저는 마땅히 그를 받들어 섬길 것입니다. 구담이시여, 만일 범지를 받들어 섬길 때 그 받들어 섬김으로 말미암아 믿음 · 계율 · 널리 들음 · 소원 · 지혜를 잃는다면 저는 그를 받들어 섬기지 않을 것입니다. 찰리 · 거사 · 공사를 받들어 섬길 때 그 받들어 섬김으로 말미암아 믿음 · 계율 · 널리 들음 · 소원 · 지혜를 잃는다면 저는 그를 받들어 섬기지 않을 것입니다. 구담이시여, 만일 범지를 받들어 섬길 때 그 받들어 섬김으로 말미암아 믿음 · 계율 · 널리 들음 · 소원 · 지혜를 더하게 된다면 저는 마땅히 그를 받들어 섬길 것입니다. 찰리 · 거사 · 공사를 받들어 섬길 때 그 받들어 섬김으로 말미암아 믿음 · 계율 · 널리 들음 · 소원 · 지혜를 더하게 된다면 저는 마땅히 그를 받들어 섬길 것입니다.'"

울수가라 범지가 아뢰었다.

"구담이시여, 범지는 네 종성을 위하여 네 가지 자기 몫의 재물을 시설하나니, 곧 범지를 위하여 자기 몫의 재물을 시설하고 찰리 · 거사 · 공사를 위하여 자기 몫의 재물을 시설합니다. 구담이시여, 범지가 범지를 위하여 자기 몫의 재물을 시설한다는 것은 구담이시여, 범지는 범지를 위하여 빌어서 구하는 것을 자기 몫의 재물로 시설합니다. 만일 범지가 빌어서 구하는 것을 업신여긴다면 이는 곧 자기 몫의 재물을 업신여기는 것입니다. 자기 몫의 재물을 업신여기면 곧 이익을 잃게 되나니 마치 소를 방목하는 사람이 소를 지키지 못하면 곧 이익을 잃는 것과 같습니다. 이와 같이 구담이시여, 범지는 범지를 위하여 빌어서 구하는 것을 자기 몫의 재물로 시설하나니, 만일 범지가 빌어서 구하는 것을 업신여긴다면 곧 자기 몫의 재물을 업신여기는 것이 됩니다. 자기 몫의 재물을 업신여기면 곧 이익을 잃게 됩니다.

구담이시여, 범지가 찰리를 위하여 자기 몫의 재물을 시설한다는 것은 구담이시여, 범지는 찰리를 위하여 활과 화살을 자기 몫의 재물로 시설합니다. 만일 찰리가 활과 화살을 업신여긴다면 이는 곧 자기 몫의 재물을 업신여기는 것입니다. 자기 몫의 재물을 업신여기면 곧 이익을 잃게 되나니, 마치 소를 방목하는 사람이 소를 지키지 못하면 곧 이익을 잃는 것과 같습니다. 이와 같이 구담이시여, 범지는 찰리를 위하여 활과 화살을 자기 몫의 재물로 시설하나니, 만일 찰리가 활과 화살을 업신여긴다면 이는 곧 자기 소유의 재물을 업신여기는 것이 됩니다. 자기 소유의 재물을 업신여기면 곧 이익을 잃게 됩니다.

구담이시여, 범지가 거사를 위하여 자기 몫의 재물을 시설한다는 것은 구담이시여, 범지는 거사를 위하여 밭작물을 자기 몫의 재물로 시설합니다. 만일 거사가 밭작물을 업신여긴다면 이는 곧 자기 몫의 재물을 업신여기는 것입니다. 자기 몫의 재물을 업신여기면 곧 이익을 잃게 되나니, 마치 소를 방목하는 사람이 소를 지키지 못하면 곧 이익을 잃는 것과 같습니다. 이와 같이 구담이시여, 범지는 거사를 위하여 밭작물을 자기 몫의 재물로 시설하나니, 만일 거사가 밭작물을 업신여긴다면 곧 자기 몫의 재물을 업신여기는 것이 됩니다. 자기 몫의 재물을 업신여기면 곧 이익을 잃게 됩니다.

구담이시여, 범지가 공사를 위하여 자기 몫의 재물을 시설한다는 것은 구담이시여, 범지는 공사를 위하여 삼〔麻〕을 자기 몫의 재물로 시설합니다. 만일 공사가 삼을 업신여긴다면 이는 곧 자기 몫의 재물을 업신여기는 것입니다. 자기 몫의 재물을 업신여기면 곧 이익을 잃게 되나니, 마치 소를 방목하는 사람이 소를 지키지 못하면 곧 이익을 잃는 것과 같습니다. 이와 같이 구담이시여, 범지는 공사를 위하여 삼을 자기 몫의 재물로 시설하나니, 만일 공사가 삼을 업신여긴다면 곧 자기 몫의 재물을 업신여기는 것이 됩니다. 자기 몫의 재물을 업신여기면 곧 이익을 잃게 됩니다."

세존께서 물으셨다.

"범지여, 모든 범지는 스스로 알고서 네 종성을 위하여 네 가지 자기 몫의 재물을 시설하는가? 곧 범지를 위하여 자기 몫의 재물을 시설하고 찰리・거사・공사를 위하여 자기 몫의 재물을 시설하는가?"

울수가라 범지가 대답하였다.

"알지 못합니다. 구담이시여, 다만 모든 범지들은 스스로 이렇게 말합니다.

'나는 이 세상・하늘・악마・범・사문 범지 등 사람에서 하늘에 이르기까지 그 사이에서 스스로 알지 못하지만 네 종성을 위하여 네 가지 자기 몫의 재물을 시설하나니, 곧 범지를 위하여 자기 몫의 재물을 시설하고 찰리・거사・공사를 위하여 자기 몫의 재물을 시설한다.'"

"범지여, 그것은 마치 어떤 사람이 억지로 남에게 고기를 주면서 이렇게 말하는 것과 같다.

'그대는 이것을 먹어야 한다. 그리고 내게 그 값을 주어야 한다.'

범지여, 그대가 모든 범지를 위하여 말하는 것도 또한 이와 같나니, 왜냐하면 범지는 스스로 알지 못하면서 네 종성을 위하여 네 가지 자기 몫의 재물을 시설하나니, 곧 범지를 위하여 자기 몫의 재물을 시설하고 찰리・거사・공사를 위하여 자기 몫의 재물을 시설하기 때문이다.

이와 같이 범지여, 나는 스스로 잘 이해하고 모든 법을 잘 알아 남을 위하여 그치고 쉬는 법・멸하여 마치는 법・도를 깨닫는 법・좋은 세계로 나아가는 법을 자기 몫의 재물로 시설하느니라."

세존께서 물으셨다.

"범지여, 네 생각에는 어떠한가? 혹 범지가 이 허공에 붙들리지도 않고 묶이지도 않으며 부딪히지도 않고 걸리지도 않는다면 찰리·거사·공사도 그렇지 않겠는가?"

"구담이시여, 범지도 이 허공에 붙들리지 않고 묶이지도 않으며 부딪히지 않고 걸리지도 않으며 찰리·거사·공사도 또한 그렇습니다."

"범지여, 나는 스스로 잘 이해하고 모든 법을 잘 알아 남을 위하여 그치고 쉬는 법·멸하여 마치는 법·도를 깨닫는 법·좋은 세계로 나아가는 법을 자기 몫의 재물로 시설하느니라."

세존께서 물으셨다.

"범지여, 네 생각에는 어떠한가? 혹 범지가 능히 사랑하는 마음을 행해 맺음도 없고 원한도 없으며 성냄도 없고 다툼도 없을 수 있다면 찰리·거사·공사도 그렇지 않겠느냐?"

"구담이시여, 범지도 능히 사랑하는 마음을 행해 맺음도 없고 원한도 없으며 성냄도 없고 다툼도 없을 수 있으며 찰리·거사·공사도 또한 그렇습니다."

"범지여, 나는 스스로 잘 이해하고 모든 법을 잘 알아 남을 위하여 그치고 쉬는 법·멸하여 마치는 법·도를 깨닫는 법·좋은 세계로 나아가는 법을 자기 몫의 재물로 시설하느니라."

세존께서 물으셨다.

"범지여, 네 생각에는 어떠한가? 만일 백 종류의 사람이 있을 때 어떤 한 사람이 그들에게 '너희들은 모두 오라. 만일 찰리족刹利族·범지족梵志族으로 태어난 사람이 있다면 오직 그들만이 비누〔澡豆〕를 가지고 물에 가서 때를 씻어 지극히 깨끗해질 수 있다'고 말했다고 하자.

범지여, 네 생각에는 어떠한가? 찰리족·범지족이면 그들은 비누를 가지고 물에 가서 때를 씻어 지극히 깨끗해질 수 있고 거사족居士族·공사족工師族이면 그들은 비누를 가지고 물에 가서 때를 씻어 지극히 깨끗해질 수 없는가? 아니면 모든 백 종류의 사람이 다 비누를 가지고 물에 가서 때를 씻어 지극히 깨끗해 질 수 있는가?"

울수가라 범지가 대답하였다.

"구담이시여, 그 모든 백 종류의 사람들도 다 능히 비누를 가지고 물에 가서 때를 씻어 깨끗해질 수 있습니다."

"그와 같이 범지여, 나는 스스로 잘 이해하고 모든 법을 잘 알아 남을 위하여 그치고 쉬는 법·멸하여 마치는 법·도를 깨닫는 법·좋은 세계로 나아가는 법을 자기 몫의 재물로 시설하느니라."

세존께서 물으셨다.

"범지여, 네 생각에는 어떠한가? 만일 백 종류의 사람이 있는데, 혹 어떤 한 사람이 그들에게 '너희들은 모두 오라. 만일 찰리족·범지족으로 태어난 사람이라면, 오직 그들만이 잘 마른 사라娑羅나 전단栴檀나무로 화모火母를 삼아 찬鑽을 마찰시켜 불을 내어 오래가게 할 수 있다'고 말했다고 하자. 범지여, 네 생각에는 어떠한가? 찰리족이나 범지족이면 그들은 잘 마른 사라나 전단나무로 화모火母를 삼아야만 찬鑽을 마찰시켜 불을 내어 오래가게 할 수 있고 거사족이나 공사족이면 그들은 돼지나 개의 밥그릇이나 이란단伊蘭檀나무나 그 밖의 쓸모없는 나무로 화모를 삼아야만 찬을 마찰시켜 불을 내어 오래가게 할 수 있는가? 아니면 모든 백 종류의 사람이 다 여러 종류의 나무로 화모를 삼아 찬을 마찰시켜 불을 내어 오래가게 할 수 있겠는가?"

"구담이시여, 그 모든 백 종류의 사람들도 다 능히 여러 종류의 나무로 화모를 삼아 찬을 마찰시켜 불을 내어 오래가게 할 수 있습니다."

"이와 같이 범지여, 나는 스스로 잘 이해하고 모든 법을 잘 알아 남을 위하여 그치고 쉬는 법 · 멸하여 마치는 법 · 도를 깨닫는 법 · 좋은 세계로 나아가는 법을 자기 몫의 재물로 시설하느니라."

세존께서 물으셨다.

"범지여, 네 생각에는 어떠한가? 만일 그 백 종류의 사람들이 다 여러 종류의 나무로 화모火母를 삼아 찬을 마찰시켜 불을 내어 오래가게 할 수 있다면 그 모든 불은 다 불꽃이 있고 빛이 있으며 열이 있고 광명이 있어서 다 능히 불의 구실을 할 수 있다. 그 중 어떤 불만 홀로 불꽃이 있고 빛이 있으며 열이 있고 광명이 있어서 불의 구실을 할 수 있고, 그 중 어떤 불은 유독 불꽃이 없고 빛이 없으며 열이 없고 광명이 없어서 불의 구실을 하지 못한다고 하겠는가? 아니면 그 모든 불이 다 불꽃이 있고 빛이 있으며 열이 있고 광명이 있어서 불의 구실을 한다고 하겠는가?"

울수가라 범지가 대답하였다.

"구담이시여, 만일 백 종류의 사람이 다 여러 종류의 나무로 화모를 삼아 찬을 마찰시켜 불을 내어 오래가게 할 수 있다면 그 모든 불은 다 불꽃이 있고 빛이 있으며 열이 있고 광명이 있어서 다 불의 구실을 할 수 있습니다. 혹 그 중 어떤 불만 홀로 불꽃이 있고 빛이 있으며 열이 있고 광명이 있어서 불의 구실을 한다는 것은 끝내 있을 수 없는 일입니다. 또 혹 그 가운데 어떤 불은 유독 불꽃이 없고 빛이 없으며 열이 없고 광명이 없어서 불의 구실을 하지 못한다는 것도 끝내 있을 수 없는 일입니다. 오직 구담이시여, 그 모든 불이 다 불꽃이 있고 빛이 있으며 열이 있고 광명이 있어서 다 불의 구실을 할 수 있습니다."

"이와 같이 범지여, 나는 스스로 잘 이해하고 모든 법을 잘 알아,

남을 위하여 그치고 쉬는 법·멸하여 마치는 법·도를 깨닫는 법·좋은 세계로 나아가는 법을 자기 몫의 재물로 시설하느니라."

세존께서 물으셨다.

"범지여, 네 생각에는 어떠한가? 만일 그 백 종류의 사람들이 다 여러 종류의 나무를 화모로 삼아 찬을 마찰시켜 불을 내어 오래가게 하였을 때 거기 혹 어떤 사람이 마른 초목을 그 불 속에 넣는다면 불꽃이 생기고 빛이 생기며 열이 생기고 연기가 생길 것이다. 그런데 불꽃·빛·열·연기가 있을 때 그 불꽃·빛·열·연기에도 자못 차별이 있겠는가?"

"구담이시여, 만일 그 백 종류의 사람들이 다 여러 종류의 나무를 화모로 삼아 찬을 마찰시켜 불을 내어 오래가게 하였을 때 거기에 혹 어떤 사람이 마른 초목을 그 불 속에 넣는다면 불꽃이 생기고 빛이 생기며 열이 생기고 연기가 생길 것입니다. 그러나 저는 그 불꽃·빛·열·연기에 대해서 불꽃·빛·열·연기에 차별이 있다고 주장할 수 없습니다."

세존께서 말씀하셨다.

"범지여, 그와 같이 내가 얻은 불과 내가 얻은 방일하지 않음은 능히 방일과 뽐냄과 거만을 멸한다. 그러나 나는 이 불에 대해서 불에 또한 차별이 있음을 주장할 수 없느니라."

울수가라 범지가 아뢰었다.

"세존이시여, 저는 이미 알았습니다. 선서시여, 저는 이미 이해하였습니다. 세존이시여, 저는 지금 부처님과 법과 비구 스님들께 귀의하겠습니다. 원컨대 세존께서는 제가 우바새가 되는 것을 허락해 주십시오. 저는 오늘부터 이 몸이 다할 때까지 스스로 귀의하여 목숨이 다하는 그 날까지 그렇게 하겠습니다."

부처님께서 이렇게 말씀하시자 울수라가 범지는 부처님 말씀을 듣고 기뻐하며 받들어 행하였다.

〔이 울수가라경에 수록된 경문의 글자 수는 3,585자이다.〕

151) 아섭화경阿攝惒經[2]〔제3 염송〕

나는 이와 같이 들었다.

어느 때 부처님께서 사위국을 유행하실 적에 승림급고독원에 머무셨다. 그때 많은 범지들은 구살라拘薩羅에서 학당學堂에 모여 서로 이런 일을 의논하고 있었다.

'범지종梵志種은 훌륭한데 다른 종성은 그만 못하고 범지종은 흰데 다른 종성種姓은 다 검으며 범지는 청정한데 범지가 아닌 종성은 청정하지 못하다. 범지는 범천의 아들로서 그 입에서 나왔으니, 범지는 범천梵天의 변화로 된 것인데 사문沙門 구담瞿曇은 네 종성이 다 청정하다고 말하며 시설해 드러내 보이고 있다.'

그들은 또 이렇게 생각하였다.

'여러분, 누가 능히 사문 구담의 처소로 찾아가 이 일을 법답게 따질 수 있는 능력이 있겠는가?'

그들은 다시 이렇게 생각하였다.

'아섭화라연다나마납阿攝惒邏延多那摩納은 부모도 높이 칭찬하는 사람으로서 청정하게 태어났고 나아가 7대 동안 부모의 종족이 끊이지 않았으며 대대로 나쁜 일이 없었고 널리 들은 것 모두 잊지 않았으며 4

2 이 경의 이역본으로는 동진東晋시대 축담무란竺曇無蘭이 한역한 『범지알파라연문종존경梵志頞波羅延問種尊經』이 있다.

베다〔典經〕[3]를 전부 외우고 인因·연緣·정正·문文·희戱 5구설句說[4]에 깊이 통달하였다. 아섭화라연다나마납은 능히 사문 구담의 처소로 가서 이 일을 법답게 따질 수 있는 능력이 있을 것이다. 여러분, 우리는 아섭화라연다나마납의 처소로 가서 그에게 이 일을 말하고 아섭화라연다나마납이 하는 말대로 우리는 따르자.'

이에 구살라의 많은 범지들은 곧 아섭화라연다나마납의 처소로 나아가 서로 문안하고 물러나 한쪽에 앉아 말했다.

"마납摩納이시여, 우리들 많은 범지들은 구살라에서 학당에 모여 이런 일을 의논하였습니다.

'범지종은 훌륭한데 다른 종성은 그만 못하고 범지종은 흰데 다른 종성은 다 검으며 범지는 청정한데 범지가 아닌 종성은 청정하지 못하다. 범지는 범천의 아들로서 그 입에서 나왔으니, 범지는 범천梵天의 변화로 된 것인데 사문 구담은 네 종성이 다 청정하다고 말하며 시설해 드러내 보이고 있다.'

우리는 또 이렇게 생각하였습니다.

'여러분, 누가 능히 사문 구담의 처소로 가서 이 일을 법답게 따질 수 있는 능력이 있겠는가?'

우리는 다시 이렇게 생각하였습니다.

---

3 또는 4폐다吠陀·4명론明論·4위다韋陀라고 쓰기도 함. 폐다吠陀는 범어 Veda의 음역. 4종 베다 성전이라는 뜻. 고대 인도 바라문교의 근본성전으로 리구폐다(梨俱吠陀, Ṛg-Veda)·사마폐다(沙摩吠陀, Sāma-Veda)·야유폐다(夜柔吠陀, Yajur-Veda)·아달바폐다(阿闥婆吠陀, Atharbha-Veda)의 네 가지 경전을 말함.

4 팔리본에는 이 부분이 '3베다·어휘語彙·의궤儀軌·음운론音韻論, 다섯 번째로 사전史傳의 시구에 대한 해석에 통달하였다'는 내용으로 되어 있다. 『잡아함경』 제23권 6백 번째 소경에서는 '송제경전誦諸經典·물류명자物類名字·만물차품萬物差品·자류분합字類分合·역세본말歷世本末 이 다섯 가지 기술에 모두 통달하였다'는 내용으로 되어 있다.

'아섭화라연다나마납은 부모도 높이 칭찬하는 사람으로서 청정하게 태어났고 나아가 7대 동안 부모의 종족이 끊이지 않았으며 대대로 나쁜 일이 없었고 널리 들은 것 모두 잊지 않았으며 4베다를 전부 외우고 인因·연緣·정正·문文·희戱 5구설句說에 깊이 통달하였다. 아섭화라연다나마납은 능히 사문 구담의 처소로 가서 이 일을 법답게 따질 수 있는 능력이 있을 것이다.'

원컨대 아섭화라연다나마납이시여, 사문 구담에게 가서 이 일을 법답게 따 져 주십시오."

아섭화라연다나마납이 모든 범지들에게 말하였다.

"여러분, 사문 구담은 법답게 설법합니다. 만일 법답게 설법한다면야 따질 수 없는 것입니다."

구살라의 많은 범지들이 말하였다.

"마납이시여, 당신은 아직 어떤 일에도 굽힌 적이 없으니, 미리 예상하여 스스로 항복할 것이 아닙니다. 왜냐하면 아섭화라연다나마납은 부모도 높이 칭찬하는 사람으로서 청정하게 태어났고 나아가 7대 동안 부모의 종족이 끊이지 않았으며 대대로 나쁜 일이 없었고 널리 들은 것 모두 잊지 않았으며 4베다를 전부 외우고 인因·연緣·정正·문文·희戱 5구설句說에 깊이 통달하기 때문입니다. 아섭화라연다나마납은 능히 사문 구담의 처소로 가서 이 일을 법답게 따질 수 있는 능력이 있을 것입니다. 원컨대 아섭화라연다나마납이시여, 사문 구담의 처소로 가서 이 일을 법답게 따져 주십시오."

아섭화라연다나마납은 구살라의 많은 범지들을 위하여 잠자코 받아 주었다.

이에 아섭화라연다나마납은 그 구살라의 많은 범지들을 데리고 부처님 처소로 나아가 문안드리고 물러나 한쪽에 앉아 여쭈었다.

"구담이시여, 여쭙고 싶은 것이 있는데 제가 여쭙는 것을 허락하시겠습니까? 들어 주시겠습니까?"

세존께서 말씀하셨다.

"마납이여, 너는 마음대로 물으라."

아섭화라연다나마납이 곧 여쭈었다.

"구담이시여, 모든 범지들은 이렇게 말하였습니다.

'범지종은 훌륭한데 다른 종성은 그만 못하고 범지종은 흰데 다른 종성은 다 검으며 범지는 청정한데 범지가 아닌 종성은 청정하지 못하다. 범지는 범천의 아들로서 그 입에서 나왔으니 범지는 범천의 변화로 된 것이다.'

잘 모르겠으나, 사문 구담께서는 어떻게 말씀하셨습니까?"

세존께서 말씀하셨다.

"내 이제 너에게 물으리니, 너는 아는 대로 대답하라. 마납아, 여니餘尼[5]국과 검부국劍浮國[6]에는 양반〔大家〕과 노비의 두 종성이 있는데, 양반이 노비가 되고, 노비가 양반이 되었다는 말을 혹 들어보았는가?"

"구담이시여, 저는 여니국과 검부국엔 양반과 노비의 두 종성이 있는데 양반이 노비가 되고 노비가 양반이 되었다는 말을 들었습니다."

"그와 같이 마납아, 범지梵志가 만일 바르게 나아가면 그는 잘 이해하여 스스로 법답게 알 것이요, 찰리刹利·거사居士·공사工師가 만일 바르게 나아가면 그들도 또한 잘 이해하여 스스로 법답게 알 것이다."

---

5 팔리어로는 Yona라고 함. 국명國名. 또는 야마나夜摩那라고 쓰기도 함. 인도 서북 지방에 위치한 나라.

6 팔리어로는 Kamboja라고 함. 또는 감보차국甘菩遮國·검보제劍菩提라고 쓰기도 하며, 의역하여 애愛·호好·승勝이라고 함. 검부국劍浮國은 고대 인도의 16대국 가운데 하나임.

"구담이시여, 매우 기이하고 매우 특별합니다. 유쾌하게 그 비유를 말씀하셨는데 다만 모든 범지들은 이렇게 말했습니다.

'범지종은 훌륭한데 다른 종성은 그만 못하고 범지종은 흰데 다른 종성은 다 검으며 범지는 청정한데 범지가 아닌 종성은 청정하지 못하다. 범지는 범천의 아들로서 그 입에서 나왔으니, 범지는 범천의 변화로 된 것이다.'"

세존께서 물으셨다.

"마납아, 네 생각에는 어떠한가? 혹 어떤 범지만 유독 이 허공에 붙들리지도 않고 묶이지도 않고 부딪히지도 않고 걸리지도 않으며 찰리·거사·공사는 그렇지 않다고 하겠는가?"

"구담이시여, 범지가 이 허공에 붙들리지도 않고 묶이지도 않으며 부딪히지도 않고 걸리지도 않는다면 찰리·거사·공사도 또한 그럴 것입니다."

"그와 같이 마납아, 범지가 만일 바르게 나아가면 그는 잘 이해하여 스스로 법답게 알 것이고 찰리·거사·공사도 바르게 나아가면 그도 또한 잘 이해하여 스스로 법답게 알 것이니라."

아섭화라연다나마납이 여쭈었다.

"구담이시여, 매우 기이하고 매우 특별합니다. 유쾌하게 그 비유를 말씀하셨는데 다만 모든 범지들은 이렇게 말했습니다.

'범지종은 훌륭한데 다른 종성은 그만 못하고 범지종은 흰데 다른 종성은 다 검으며 범지는 청정한데 범지가 아닌 종성은 청정하지 못하다. 범지는 범천의 아들로서 그 입에서 나왔으니, 범지는 범천의 변화로 된 것이다.'"

세존께서 물으셨다.

"마납아, 네 생각에는 어떠한가? 혹 어떤 범지만 유독 능히 자비심을 행해 맺음도 없고 원한도 없고 성냄도 없고 다툼이 없으며 찰리·거사·공사는 그렇지 않다고 하겠는가?"

"구담이시여, 범지가 능히 자비심을 행해 맺음도 없고 원한도 없으며 성냄도 없고 다툼이 없다면 찰리·거사·공사도 또한 그럴 것입니다."

"그와 같이 마납아, 범지가 만일 바르게 나아가면 그는 잘 이해하여 스스로 법답게 알고 찰리·거사·공사도 바르게 나아가면 그들도 또한 잘 이해하여 스스로 법답게 알 것이니라."

"구담이시여, 매우 기이하고 특별합니다. 유쾌하게 그 비유를 말씀하셨는데 다만 모든 범지는 이렇게 말했습니다.

'범지종은 훌륭한데 다른 종성은 그만 못하고 범지종은 흰데 다른 종성은 다 검으며 범지는 청정한데 범지가 아닌 종성은 청정하지 못하다. 범지는 범천의 아들로서 그 입에서 나왔으니 범지는 범천의 변화로 된 것이다.'"

세존께서 물으셨다.

"마납아, 네 생각에는 어떠한가? 만일 백 종류의 사람이 있는데, 혹 어떤 한 사람이 그들에게 '너희들은 모두 오라. 만일 찰리족刹利族·범지족梵志族으로 태어난 사람이 있다면 오직 그들만이 비누〔澡豆〕를 가지고 물에 가서 때를 씻어 지극히 깨끗해질 수 있다'고 했다고 말하자. 마납아, 네 생각에는 어떠한가? 찰리족이나 범지족이면 그들은 비누를 가지고 물에 가서 때를 씻어 지극히 깨끗해질 수 있고, 거사족居士族이나 공사족工師族이면 그들은 비누를 가지고 물에 가서 때를 씻어 지극히 깨끗해질 수 없겠는가? 아니면 모든 백 종류의 사람이 다 비누를 가지고 물에 가서 때를 씻어 지극히 깨끗해질 수 있겠는가?"

"구담이시여, 그 모든 백 종류의 사람들도 다 능히 비누를 가지고 물에 가서 때를 씻어 깨끗해질 수 있습니다."

"이와 같이 마납아, 범지가 만일 바르게 나아가면 그는 잘 이해하여 스스로 법답게 알 것이고 찰리·거사·공사도 만일 바르게 나아가면 그들도 또한 잘 이해하여 스스로 법답게 알 것이니라."

"구담이시여, 매우 기이하고 매우 특별합니다. 유쾌하게 그 비유를 말씀하셨는데 다만 모든 범지들은 이렇게 말합니다.

'범지종은 훌륭한데 다른 종성은 그만 못하고 범지종은 흰데 다른 종성은 다 검으며 범지는 청정한데 범지가 아닌 종성은 청정하지 못하다. 범지는 범천의 아들로서 그 입에서 나왔으니 범지는 범천의 변화로 된 것이다.'"

세존께서 물으셨다.

"마납아, 네 생각에는 어떠한가? 만일 백 종류의 사람이 있을 때 어떤 한 사람이 그들에게 '너희들은 모두 오라. 만일 찰리족이나 범지족으로 태어난 사람이라면 오직 그들만이 잘 마른 사라娑羅나 전단栴檀나무로 화모火母를 삼아 찬을 마찰시켜 불을 내어 오래가게 할 수 있다'고 말했다고 하자. 마납아, 네 생각에는 어떠한가? 찰리족이나 범지족이면 그들은 잘 마른 사라나 전단나무로 화모를 삼아야만 찬을 마찰시켜 불을 내어 오래가게 할 수 있고, 거사족이나 공사족이면 그들은 돼지나 개의 밥그릇, 이란단伊蘭檀나무나 그 밖의 쓸모없는 나무로 화모를 삼아야만 찬을 마찰시켜 불을 내어 오래가게 할 수 있는가? 아니면 모든 백 종류의 사람이 다 여러 종류의 나무로 화모를 삼아 찬을 마찰시켜 불을 내어 오래가게 할 수 있겠는가?"

"구담이시여, 그 모든 백 종류의 사람들도 다 능히 여러 종류의 나무로 화모를 삼아 찬을 마찰시켜 불을 내어 오래가게 할 수 있습니다."

"이와 같이 마납아, 범지가 만일 바르게 나아가면 그는 잘 이해하여 스스로 법답게 알 것이고 찰리·거사·공사도 만일 바르게 나아가면 그들도 또한 잘 이해하여 스스로 법답게 알 것이니라."

"구담이시여, 매우 기이하고 매우 특별합니다. 유쾌하게 그 비유를 말씀하셨는데 다만 모든 범지들은 이렇게 말했습니다.

'범지종은 훌륭한데 다른 종성은 그만 못하고 범지종은 흰데 다른 종성은 다 검으며 범지는 청정한데 범지가 아닌 종성은 청정하지 못하다. 범지는 범천의 아들로서 그 입에서 나왔으니 범지는 범천의 변화로 된 것이다.'"

세존께서 물으셨다.

"마납아, 네 생각에는 어떠한가? 만일 그 백 종류의 사람들이 다 여러 종류의 나무로 화모를 삼아 찬을 마찰시켜 불을 내어 오래가게 할 수 있다면 그 모든 불은 다 불꽃이 있고 빛이 있으며 열이 있고 광명이 있어서 다 능히 불의 구실을 할 수 있다. 그 중 어떤 불만 홀로 불꽃이 있고 빛이 있으며 열이 있고 광명이 있어서 불의 구실을 할 수 있고 그 중의 어떤 불은 유독 불꽃이 없고 빛이 없으며 열이 없고 광명이 없어서 불의 구실을 못한다고 하겠는가? 아니면 그 모든 불이 다 불꽃이 있고 빛이 있으며 열이 있고 광명이 있어서 불의 구실을 한다고 하겠는가?"

"구담이시여, 만일 그 백 종류의 사람이 다 여러 종류의 나무로 화모를 삼아 찬을 마찰시켜 불을 내어 오래가게 할 수 있다면 그 모든 불은 다 불꽃이 있고 빛이 있으며 열이 있고 광명이 있어서 다 불의 구실을 할 수 있습니다. 혹 그 가운데 어떤 불만 홀로 불꽃이 있고 빛이 있으며, 열이 있고 광명이 있어서 불의 구실을 한다는 것은 끝내 있을 수 없는 일입니다. 또 혹 그 가운데 어떤 불은 유독 불꽃이 없고 빛이 없으며 열이 없고 광명이 없어서 불의 구실을 하지 못한다는 것도 있을 수 없는 일입니다. 오직 구담이시여, 그 모든 불이 다 불꽃이 있고 빛이 있으며 열이 있고 광명이 있어서 다 불의 구실을 할 수 있습니다."

"이와 같이 마납아, 범지가 만일 바르게 나아가면 그는 잘 이해하여 스스로 법답게 알고 찰리・거사・공사도 만일 바르게 나아가면 그도 또한 잘 이해하여 스스로 법답게 알 수 있을 것이니라."

"구담이시여, 매우 기이하고 매우 기특합니다. 유쾌하게 그 비유를 말씀하셨는데 다만 모든 범지는 이렇게 말했습니다.

'범지종은 훌륭한데 다른 종성은 그만 못하고 범지종은 흰데 다른 종성은 다 검으며 범지는 청정한데 범지가 아닌 종성은 청정하지 못하다. 범지는 범천의 아들로서 그 입에서 나왔으니, 범지는 범천의 변화로 된 것이다.'"

세존께서 말씀하셨다.

"마납아, 만일 이 몸이 그 태어나는 바를 따른다면 곧 그의 구성원〔數〕이 될 것이니, 범지족으로 태어나면 곧 범지족의 구성원이 될 것이요, 만일 찰리족・거사족・공사족으로 태어나면 곧 찰리족・거사족・공사족의 구성원이 될 것이다. 마납아, 마치 불이 그 생겨나는 바를 따라 곧 그 구성〔數〕이 되는 것과 같나니, 나무로 인해 생기면 곧 그 나무 불의 구성이 될 것이요 풀이나 똥이나 섶으로 인해 생기면 곧 그 풀이나 똥이나 섶의 불의 구성이 될 것이다. 이와 같이 마납아, 이 몸이 태어나는 바를 따라 곧 그 구성원이 되는 것이니, 만일 범지족으로 태어나면 곧 그 범지족의 구성원이 될 것이요, 찰리족・거사족・공사족으로 태어나면 곧 그 찰리족・거사족・공사족의 구성원이 될 것이다."

세존께서 물으셨다.

“마납아, 네 생각에는 어떠한가? 만일 찰리 여자와 범지 남자가 서로 어울리면 그 어울림으로 말미암아 뒤에 곧 자식을 낳을 것이며 혹 아버지를 닮거나 혹 어머니를 닮거나 혹은 아버지도 어머니도 닮지 않을 것이다. 그때 너는 뭐라고 말하겠느냐? 그는 찰리인가, 범지인가?

“구담이시여, 찰리 여자와 범지 남자가 서로 어울리면 그 어울림으로 말미암아 뒤에 곧 자식을 낳을 것이며 혹은 아버지를 닮거나 혹은 어머니를 닮거나 혹은 아버지도 어머니도 닮지 않을 것입니다. 그때 저는 그를 찰리라고 말할 수 없고 또한 범지라고도 말할 수 없을 것입니다. 구담이시여, 저는 다만 그는 다른 몸이라고 말할 수 있을 뿐입니다.”

“그렇다. 마납아, 이 몸이 태어나는 바를 따라 곧 그 구성원이 되나니, 만일 범지족으로 태어나면 곧 범지족의 구성원이 될 것이요 찰리족 · 거사족 · 공사족으로 태어나면 곧 찰리족 · 거사족 · 공사족의 구성원이 될 것이다.”

세존께서 물으셨다.

“마납아, 만일 범지 여자와 찰리 남자가 서로 어울리면 그 어울림으로 말미암아 뒤에 곧 자식을 낳을 것이며 혹은 아버지를 닮거나 혹은 어머니를 닮거나 혹은 아버지도 어머니도 닮지 않을 것이다. 그때 너는 뭐라고 말하겠느냐? 그는 범지인가, 찰리인가?”

“구담이시여, 범지 여자와 찰리 남자가 서로 어울리면 그 어울림으로 말미암아 뒤에 곧 자식을 낳을 것이며 혹 아버지를 닮거나 혹 어머니를 닮거나 혹은 아버지도 어머니도 닮지 않을 것입니다. 그때 저는 그를 범지라고 말할 수 없고 또한 찰리라고도 말할 수 없을 것입니다.

구담이시여, 저는 다만 그는 다른 몸이라고 말할 수 있을 뿐입니다."

"그렇다. 마납아, 이 몸이 태어나는 바를 따라 곧 그 구성원이 되나니, 만일 범지족으로 태어나면 곧 범지족의 구성원이 될 것이요, 찰리족·거사족·공사족으로 태어나면 곧 찰리족·거사족·공사족의 구성원이 될 것이다."

세존께서 물으셨다.

"마납아, 네 생각에는 어떠한가? 만일 어떤 사람이 많은 초마草馬 가운데 한 수나귀를 풀어놓았는데 그 중 한 초마가 수나귀와 서로 교미하고 그 교미로 말미암아 뒤에 곧 망아지를 낳으면 너는 뭐라고 말하겠느냐? 그것은 나귀인가, 말인가?"

"구담이시여, 만일 어떤 초마가 수나귀와 서로 교미하고 그 교미로 말미암아 뒤에 곧 망아지를 낳으면, 저는 그것을 나귀라고 말할 수도 없고, 또한 그것을 말이라고 말할 수도 없을 것입니다. 구담이시여, 저는 그것을 노새라고 말할 수 있을 뿐입니다."

"그렇다. 마납아, 이 몸이 태어나는 바를 따라 곧 그 구성원이 되나니, 범지족으로 태어나면 곧 범지족의 구성원이 될 것이요, 찰리·거사·공사족으로 태어나면 곧 찰리·거사·공사족의 구성원이 될 것이다."

세존께서 말씀하셨다.

"마납아, 먼 옛날에 많은 선인仙人들이 일 없는 높은 곳에 함께 살면서, 이러한 나쁜 견해를 내었다.

'범지종은 훌륭한데 다른 종성은 그만 못하고, 범지종은 흰데 다른 종성은 다 검으며, 범지는 청정한데 범지가 아닌 종성은 청정하지 못하다. 범지는 범천의 아들로서 그 입에서 나왔으니 범지는 범천梵天의 변화로 된 것이다.'

그때 아사라선인제비라阿私羅仙人提鞞邏는 많은 선인들이 일 없는 높은 곳에 함께 살면서 이러한 나쁜 견해를 낸다는 말을 듣고는 가사를 입고 가사 두건으로 머리를 싸고 지팡이를 짚고 일산을 들고 흰 옷을 입고 몸을 변화시켜 문으로 들어가지 않고 선인들이 사는 조용한 방으로 와서 거닐고 있었다. 그때 일 없는 높은 곳에 함께 살던 어떤 한 선인이 아사라선인제비라가 가사를 입고 가사 두건으로 머리를 싸고 지팡이를 짚고 일산을 들고 흰 옷을 입고 몸을 변화시켜 문으로 들어가지 않고 선인들이 사는 조용한 방으로 와서 거니는 것을 보고는 일 없는 높은 곳에 함께 사는 많은 선인들에게 가서 곧 이렇게 말하였다.

'여러분, 지금 어떤 사람이 가사를 입고 가사 두건으로 머리를 싸고 지팡이를 짚고 일산을 들고 흰 옷을 입고 몸을 변화시켜 문으로 들어오지 않고 선인이 사는 조용한 방으로 와서 거닐고 있다. 그러니 우리 함께 가서 그에게 곧 〈너는 재〔灰〕가 되라, 너는 재가 되라〉는 주문을 외우는 것이 좋지 않겠는가?'

이에 일 없는 높은 곳에서 함께 살던 많은 선인들은 곧 저 아사라선인제비라가 있는 곳으로 가서 '너는 재가 되라, 너는 재가 되라'고 함께 주문을 외웠다. 그들이 주문법대로 그에게 '너는 재가 되라, 너는 재가 되라'고 주문을 외우자 그의 매우 빛나는 얼굴이 더욱 좋아지고 온몸엔 부드럽게 윤기가 흘렀다. 그러자 그 많은 선인들은 곧 이렇게 생각하였다.

'우리가 예전에 〈너는 재가 되라, 너는 재가 되라〉고 주문을 외우면 그는 곧 재가 되었었다. 그런데 지금 우리가 이 사람에게 〈너는 재가 되라, 너는 재가 되라〉고 하며 우리들이 주문법대로 이 사람에게 주문을 외웠으나 이 사람의 빛나는 얼굴이 더욱 좋아지고 온몸엔 부드럽게 윤기가 흐르나니 우리가 차라리 물어보는 것이 낫겠다.'

그리고 곧 그에게 물었다.

'그대는 누구인가?'

아사라선인제비라가 대답하였다.

'여러분, 당신들은 혹 아사라선인제비라가 있다는 말을 들어보았는가?'

'아사라선인제비라가 있다는 말을 들어보았다.'

'내가 곧 그 사람이다.'

그 많은 선인들은 곧 아사라선인제비라에게 사과하였다.

'용서하시기 바랍니다. 용서하시기 바랍니다. 저희들은 당신이 존경하는 아사라선인제비라인 줄 몰랐습니다.'

이에 아사라선인제비라는 여러 선인들에게 말하였다.

'나는 이미 용서하였노라. 너희들은 진실로 나쁜 견해를 내어 〈범지종은 훌륭한데 다른 종성은 그만 못하고 범지종은 흰 데 다른 종성은 다 검으며 범지는 청정한데 범지가 아닌 종성은 청정하지 못하다. 범지는 범천의 아들로서 그 입에서 나왔으니 범지는 범천의 변화로 된 것이다〉고 하였다.'

거기의 여러 선인들이 대답하였다.

'그렇습니다, 아사라시여.'

아사라는 다시 여러 선인들에게 물었다.

'너희들은 너희들의 아버지를 스스로 아는가?'

'압니다. 범지인 아버지는 범지인 아내를 맞이했으니 범지 여자가 아니면 안 되기 때문입니다. 그 아버지 또 그 아버지 나아가 7대의 아버지에 이르기까지 범지인 아버지는 그 범지인 아내를 맞이했으니 범지 여자가 아니면 안 되기 때문입니다.'

'너희들은 너희들의 어머니를 스스로 아는가?'

'압니다. 범지인 어머니는 범지인 남편을 맞이했으니, 범지 여자가 아니면 안 되기 때문입니다. 그 어머니 또 그 어머니 나아가 7대의 어머니에 이르기까지 범지인 어머니는 범지인 남편을 맞이했으니 범지 남자가 아니면 안 되기 때문입니다.'

아사라가 여러 선인들에게 다시 물었다.

'너희들은 혹 태를 받은 일을 스스로 아는가?'

'압니다. 3사事가 고루 합해져 태를 받았습니다. 곧 부모의 회합, 만족스럽지 않은 상황을 견뎌냄,[7] 향음(香陰 : 中有)의 이름 등 아사라여, 이런 일들이 모여 어머니 태에 들어갔습니다.'

'그러면 생을 받는 것이 남자인지, 여자인지 아는가? 찰리족에서 왔는지, 범지족·거사족·공사족에서 왔는지를 아는가? 동방에서 왔는지 남방·서방·북방에서 왔는지를 아는가?'

'모르겠습니다.'

아사라는 다시 그 선인들에게 말했다.

'여러분은 그것을 보지도 못했고 알지도 못한다. 그대들은 태를 받았지만 누가 어디서 왔으며, 남자인지 여자인지, 찰리족에서 왔는지 범지족·거사족·공사족에서 왔는지, 동방·남방·서방·북방 어디에서 왔는지를 알지 못한다. 그러면서 이렇게 말한다.

〈범지종은 훌륭한데 다른 종성은 그만 못하고 범지종은 흰데 다른 종성은 다 검으며 범지는 청정한데 범지가 아닌 종성은 청정하지 못하다. 범지는 범천의 아들로서 그 입〔口〕에서 나왔으니, 범지는 범천의 변화로 된 것이다.〉'

---

7 고려대장경의 원문은 '무만감내無滿堪耐'이다. 명본明本에는 만滿자가 누漏자로 되어 있다. 팔리본에는 이 부분이 'mātā ca utunī hoti'로 되어 있는데, 이는 어머니의 월경, 즉, 배란을 의미한다.

마납아, 저 일 없는 높은 곳에 살던 많은 선인들도 아사라선인제비라에게 이렇게 잘 가르침을 받고 잘 꾸짖음을 받고는 범지만이 청청하다고 주장할 수 없었는데 하물며 한낱 가죽옷이나 풀옷을 입는 그대들 따위겠는가?"

이에 아섭화라연다나마납은 세존께 직접 꾸짖음을 받고 마음속으로 걱정스럽고 슬퍼져 머리를 숙이고 잠자코 있으면서, 다시 뭐라고 할 말을 잃었다.

이에 세존께서는 아섭화라연다나마납을 직접 꾸짖으신 뒤에 다시 기쁘게 하시고자 곧 말씀하셨다.

"마납아, 어떤 한 범지가 재齋를 베풀고 보시를 행하였다. 그에겐 네 아이가 있었는데 둘은 학문을 좋아하고 둘은 학문을 좋아하지 않았다. 마납아, 네 생각에는 어떠한가? 그 범지는 누구에게 먼저 제일 좋은 자리와 제일 좋은 손 씻을 물과 제일 좋은 음식을 주겠는가?"

"구담이시여, 만일 그 범지의 두 아이가 학문을 좋아한다면 반드시 그들에게 먼저 제일 좋은 자리와 제일 좋은 손 씻을 물과 제일 좋은 음식을 줄 것입니다."

세존께서는 다시 물으셨다.

"마납아, 다시 어떤 한 범지가 재를 베풀고 보시를 행하였다. 그에게는 네 아이가 있었는데 둘은 학문을 좋아했지만 정진精進하지 않고 악법惡法 행하기를 기뻐하였고 둘은 학문을 좋아하지는 않았으나 정진하기를 좋아하고 묘법妙法 행하기를 기뻐하였다. 마납아, 네 생각에는 어떠한가? 그 범지는 누구에게 먼저 제일 좋은 자리와 제일 좋은 손 씻을 물과 제일 좋은 음식을 주겠는가?"

"구담이시여, 만일 그 범지의 두 아이가 비록 학문은 좋아하지 않으나 정진하기를 좋아하고 묘법 행하기를 기뻐한다면 반드시 그들에게 먼저 제일 좋은 자리와 제일 좋은 손 씻을 물과 제일 좋은 음식을 줄 것입니다."

"마납아, 너는 먼저는 학문하는 것을 칭찬하더니, 나중엔 계戒 지니는 것을 칭찬하고 있구나. 마납아, 나는 네 종성種姓이 다 청정하다고 말하며 시설하고 나타내 보였는데, 너도 또한 네 종성이 다 청정하다고 말하며 시설하고 나타내 보이고 있구나."

이에 아섭화라연다나마납은 곧 자리에서 일어나 부처님 발에 머리를 조아리려 하였다. 그때 그 대중들은 높고 큰 소리로 외쳤다.

"사문 구담께서는 매우 기이하고 특별하시다. 대여의족大如意足이 있으시고 대위덕大威德이 있으시며 큰 복〔大福祐〕이 있으시고 대위신력大威神力이 있으시다. 왜냐하면 사문 구담께서 네 종성이 다 청정하다고 말하며 시설하고 나타내 보이신 것처럼 아섭화라연다나마납으로 하여금 또한 네 종성이 다 청정하다고 말하게 하셨기 때문이다."

그때 세존께서는 그 대중들이 마음으로 생각하는 바를 아시고 말씀하셨다.

"그만두라, 그만두라. 아섭화라연다나여, 다만 마음으로 기뻐하면 족하다. 자리로 돌아가 앉으라. 내 지금 너를 위하여 설법하리라."

아섭화라연다나마납이 부처님 발에 머리를 조아리고 물러나 한쪽에 앉자 세존께서는 그를 위해 설법하시어 못내 우러르는 마음을 내게 하고 기쁨을 성취하게 하셨으며 한량없는 방편으로 그를 위해 설법하시어 못내 우러르는 마음을 내게 하고 기쁨을 성취하게 하신 다음엔 고요히 머무셨다.

이에 아섭화라연다나마납은 부처님께서 그를 위해 설법하시어 못내 우러르는 마음을 내게 하고 기쁨을 성취하게 하시자 곧 자리에서 일어나 부처님 발에 머리를 조아리고 세 번 돌고 물러갔다.

이때 구살라의 많은 범지들은 돌아온 지 얼마 되지 않아 곧 갖가지 말로 아섭화라연다나를 꾸짖었다.

"어쩌자는 것인가? 사문 구담을 항복받으려 하다가 도리어 사문 구담에게 항복하고 돌아오다니. 마치 어떤 사람이 눈을 위해 숲속으로 들어갔다가 도리어 눈을 잃고 돌아오는 것처럼 아섭화라연다나여, 그대도 또한 이와 같아서 사문 구담을 항복받으러 갔다가 도리어 그에게 항복하고 돌아왔구나. 또 마치 어떤 사람이 물을 마시려고 못〔池〕에 들어갔다가 도리어 목이 말라 돌아온 것처럼 아섭화라연다나여, 그대도 또한 이와 같아서 사문 구담을 항복받으러 갔다가 도리어 그에게 항복하고 돌아왔구나. 아섭화라연다나여, 어쩌자는 것인가?"

이에 아섭화라연다나마납은 구살라의 많은 범지들에게 말하였다.

"여러분, 저는 전에 이미 말하였습니다.

'사문 구담은 법답게 설법합니다. 만일 법답게 설법한다면야 따질 수 없는 것입니다.'"

부처님께서 이렇게 말씀하시자 아섭화라연다나마납은 부처님의 말씀을 듣고 기뻐하며 받들어 행하였다.

〔이 아섭화경에 수록된 경문의 글자 수는 4,413자이다. 『중아함경』 제37권에 수록된 경문의 글자 수는 모두 8,420자이다.〕

중아함경 제38권

12. 범지품 ④

〔여기서부터 제4 분별송分別誦인데 이 송에는 총 3품 반,[1] 35경이 수록되어 있다.〕

앵무경鸚鵡經 · 수한제경鬚閑提經과
바라바당경婆羅婆堂經과
수달다경須達哆經 · 범파라연경梵波羅延經과
황로원경黃蘆園經 · 두나경頭那經과
아가라하나경阿伽羅訶那經과
아란나경阿蘭那經 · 범마경梵摩經이다.

1 제4 분별송에는 완전한 두 품과 두 개의 반품半品이 수록되어 있는데, 이것을 순서대로 나열하면 「범지품」[後半品] · 「근본분별품」 · 「심품」 · 「쌍품」[前半品]이다. 고려대장경에서는 모두 합하여 3품 반이 수록되었다고 하였는데, 불광대장경에서는 사실대로 두 품과 두 개의 반품이 수록되어 있다고 설명하고 있다.

152) 앵무경鸚鵡經[2]〔제4 분별송〕

나는 이와 같이 들었다.

어느 때 부처님께서 왕사성王舍城을 유행하실 적에 죽림가란다원竹林加蘭哆園에 머무셨다. 그때 도제都題의 아들 앵무마납鸚武摩納은 잠깐 일이 있어 왕사성에 가서 어느 거사 집에 묵고 있었다. 이에 도제의 아들 앵무마납은 그가 묵는 집의 거사에게 물었다.

"혹 뭇 논사들의 종주宗主로서 대중을 통솔하고 사람들의 존경을 받으며 내가 때때로 가서 뵙고 받들어 공경할 만하며 그로 말미암아 받들어 공경할 때 나를 기쁘게 할 만한 사문 범지가 있습니까?"

거사가 대답하였다.

"있습니다. 천애(天愛 : 尊者)시여, 사문 구담은 석종자釋種子로서 석가 종족을 버리고 수염과 머리를 깎고 가사를 입고 지극한 믿음으로 출가하여 집 없이 도를 배워 무상정진각無上正盡覺[3]을 깨달았습니다. 천애시여, 그는 때로 가서 뵙고 받들어 공경할 만하며 그로 말미암아 받들어 공경할 때 마음에 기쁨을 얻을 것입니다."

앵무마납은 곧 다시 물었다.

"사문 구담은 지금 어디 계십니까? 나는 가서 뵙고 싶습니다."

"사문 구담은 이 왕사성의 죽림가란다원에 계시니 곧 가서 보시면 됩니다."

앵무마납은 그가 묵던 거사 집에서 나와 죽림가란다원으로 갔다.

---

2 이 경의 이역경으로는 유송劉宋 시대 구나발타라求那跋陀羅가 한역한 『앵무경』이 있다.

3 범어로는 anuttara-samyaksaṃbodhi이고, 팔리어로는 anuttara sammāsam bodhi의 번역. 위없는 올바른 부처님의 깨달음으로 무상정등각(無上正等覺 : 阿耨多羅三藐三菩提)과 동일.

앵무마납은 숲 사이에 계시는 세존을 멀리서 뵈었는데 그 모습은 단정하고 아름다워 별 속의 달과 같았고 빛나고 밝고 환하여 금산金山과 같았으며, 상호相好를 구족하고 위신은 위풍당당했으며 모든 근根은 고요하여 가려진 것이 없었고 조어調御를 성취해 마음이 쉬어 고요하였다. 그는 부처님을 본 뒤에 부처님 처소로 나아가 문안드리고 물러나 한쪽에 앉아 여쭈었다.

"구담이시여, 여쭙고 싶은 것이 있는데 허락하신다면 감히 여쭙겠습니다."

세존께서 말씀하셨다.

"너는 마음대로 물으라."

앵무마납이 여쭈었다.

"구담이시여, 제가 들은 바로는 만일 집에 있으면 잘 이해하여 곧 법답게 알지만 출가하여 도를 배우면 그렇지 않다고 합니다. 제가 구담께 여쭙나니, 이것에 대해 어떻게 생각하십니까?"

"그것은 일정하지 않느니라."

"구담이시여, 원컨대 이제 저를 위하여 이 일을 분별해 주십시오."

"마납아, 자세히 듣고 잘 기억하라. 내 마땅히 너를 위하여 자세히 분별하여 설명하겠다."

앵무마납은 분부를 받고 경청하였다.

부처님께서 말씀하셨다.

"마납아, 만일 집에 있거나 출가하여 도를 배우거나 삿된 행을 행하는 사람을 나는 칭찬하지 않느니라. 왜냐하면 만일 집에 있거나 출가하여 도를 배우거나 삿된 행을 행하는 사람은 잘 이해하지 못하여 법답게 알지 못하기 때문이니라. 그러므로 마납아, 만일 집에 있거나 출가하여 도를 배우거나 삿된 행을 행하는 사람을 나는 칭찬하지 않느니라. 마납아, 만일 집에 있거나 출가하여 도를 배우거나 바른 행을 행하는 사람을 나는 칭찬하느니라. 왜냐하면 만일 집에 있거나 출가하여 도를 배우거나 바른 행을 행하는 사람은 반드시 잘 이해하여 법답게 알기 때문이니라. 그러므로 마납아, 만일 집에 있거나 출가하여 도를 배우거나 바른 행을 행하는 사람을 나는 칭찬하느니라.

마납아, 나는 이와 같이 말하여 이 두 가지 법을 말했고 이와 같이 분별하고 이와 같이 나타내 보였느니라. 만일 어떤 사문 범지가 능력이 있고 견고하여 깊이 심취해 한결같이 오로지 힘쓰면 이것을 진리〔眞諦〕라 하고 다른 것은 허망하다 하느니라."

앵무마납이 아뢰었다.

"구담이시여, 제가 들은 바로는 만일 집에 있으면 큰 이익이 있고 큰 공덕이 있지만 출가하여 도를 배우면 그렇지 않다고 합니다. 제가 구담께 여쭙나니 이것에 대해 어떻게 생각하십니까?"

"그것은 일정하지 않느니라."

"구담이시여, 원컨대 저를 위해 이 일을 다시 분별해 주십시오."

"마납아, 자세히 듣고 잘 기억하라. 내 마땅히 너를 위하여 자세히 분별해 설명하겠다."

앵무마납은 분부를 받고 경청하였다. 부처님께서 말씀하셨다.

"마납아, 만일 집에 있는 사람이 큰 재환災患이 있고 큰 싸움이 있으며 큰 원망과 미움이 있어서 삿된 행을 행하면 큰 과보를 얻지 못하고 큰 공덕도 없느니라. 마치 농사지을 때 큰 재환이 있고 큰 싸움이 있으며 큰 원망과 미움이 있어서 삿된 행을 행하면 큰 과보를 얻지 못하고 큰 공덕이 없는 것과 같나니, 이와 같이 마납아, 집에 있는 사람도 또한 그와 같으니라. 마납아, 출가하여 도를 배우는 사람이 사소한 재환이 있고 사소한 다툼이 있으며 사소한 원망과 미움이 있어서 삿된 행을 행하면 큰 과보를 얻지 못하고 큰 공덕도 없느니라. 마치 살림살이에 사소한 재환이 있고 사소한 싸움이 있거나 사소한 원망과 미움이 있어서 삿된 행을 행하면 큰 과보를 얻지 못하고 큰 공덕이 없는 것과 같나니, 이와 같이 마납아, 출가하여 도를 배우는 사람도 또한 그와 같으니라.

마납아, 만일 집에 있는 사람이 큰 재환이 있고 큰 싸움이 있으며 큰 원망과 미움이 있더라도 바른 행을 행하면 큰 과보를 얻고 큰 공덕이 있느니라. 마치 농사지을 때 큰 재환이 있고 큰 싸움이 있으며 큰 원망과 미움이 있더라도 바른 행을 행하면 큰 과보가 있고 큰 공덕이 있는 것과 같나니, 이와 같이 마납아, 집에 있는 사람도 또한 이와 같으니라. 마납아, 출가하여 도를 배우는 사람이 사소한 재환이 있고 사소한 싸움이 있으며 사소한 원망과 미움이 있더라도 바른 행을 행하면 큰 과보를 얻고 큰 공덕이 있느니라. 마치 살림살이에 사소한 재환이 있고 사소한 싸움이 있으며 사소한 원망과 미움이 있더라도 바른 행을 행하면 큰 과보를 얻고 큰 공덕이 있는 것과 같나니, 이와 같이 마납아, 출가하여 도를 배우는 사람도 또한 그와 같으니라.

마납아, 나는 이와 같이 말하여 이 두 가지 법을 말했고 이와 같이 분별하고 이와 같이 나타내 보였느니라. 만일 어떤 사문 범지가 능력이 있고 견고하여 깊이 심취해 한결같이 오로지 힘쓰면 이것을 진리라 하고 다른 것은 허망하다 하느니라."

앵무마납이 아뢰었다.

"구담이시여, 저 모든 범지들은 5법[4]을 시설하여 큰 과보가 있고 큰 공덕이 있으며 복을 짓고 선을 얻습니다."

---

4 바라문교에서 설해지는 다섯 가지 법, 즉 진제眞諦·송습誦習·고행苦行·범행梵行·열행熱行을 말함.

세존께서 말씀하셨다.

"만일 모든 범지들이 5법을 시설하여 큰 과보가 있고 큰 공덕이 있으며 복을 짓고 선을 얻는다면 너는 이 대중 가운데서 지금 말할 수 있겠는가?"

"구담이시여, 저는 그렇게 못할 것이 없습니다. 왜냐하면 구담이시여, 저는 지금 이 대중 가운데 앉아 있기 때문입니다."

"너는 곧 말해보라."

앵무마납은 아뢰었다.

"구담이시여, 잘 들어주십시오. 범지는 첫째로 진제법眞諦法을 시설하여 큰 과보가 있고 큰 공덕이 있으며 복을 짓고 선을 얻습니다. 둘째는 송습誦習이요, 셋째는 열행熱行이며, 넷째는 고행苦行입니다. 구담이시여, 범지는 다섯째로 범행梵行을 시설하여 큰 과보가 있고 큰 공덕이 있으며 복을 짓고 선을 얻습니다."

세존께서 말씀하셨다.

"만일 어떤 범지가 5법을 시설하여, 큰 과보가 있고 큰 공덕이 있으며 복을 짓고 선을 얻는다면 그 범지 가운데 혹 이와 같은 말을 한 범지가 한 사람이라도 있었는가?

'나는 이 5법을 현세에서 스스로 알고 스스로 깨달았으며 스스로 증득하고 나서 그 과보를 시설한다.'"

"없습니다. 구담이시여."

"그러면 어떤 스승이나 또는 그 조사祖師, 나아가 7대 부모에 이르기까지 이러한 말을 한 적이 있는가?

'나는 이 5법을 현세에서 스스로 알고 스스로 깨달았으며, 스스로 증득하고 나서 그 과보를 시설한다.'"

"없습니다, 구담이시여."

그때 세존께서 물으셨다.

“마납아, 혹 옛날의 어떤 범지는 수壽가 끝나고 명命을 마치도록 경서를 외워 지녔고 경서를 널리 유포했으며, 경전을 외워 익혔다. 그 중 첫째는 야타夜吒요, 둘째는 바마婆摩이며, 셋째는 바마제바婆摩提婆요, 넷째는 비사밀다라毗奢蜜哆邏이며, 다섯째는 야바타건니夜婆陀揵尼요, 여섯째는 응의라바應疑羅婆이며, 일곱째는 바사타婆私吒요, 여덟째는 가섭迦葉이며, 아홉째는 바라바婆羅婆요, 열째는 바화婆惒였다. 지금의 모든 범지들은 곧 그들의 경전을 모두 외워 익히고, 지니고 배운다. 그들은 혹 이러한 말을 한 적이 있는가?

‘나는 이 5법을 현세에서 스스로 알고 스스로 깨달았으며 스스로 증득하고 나서 그 과보를 시설한다.’”

“없습니다, 구담이시여. 모든 범지들은 그저 믿음으로 받아 지닙니다.”

세존께서 말씀하셨다.

“만일 모든 범지 중에서 한 범지도 ‘나는 이 5법을 현세에서 스스로 알고 스스로 깨달았으며 스스로 증득하고 나서 그 과보를 시설한다’고 말하지 못했고 또한 스승이나 또는 그 조사祖師 나아가 7대 부모에 이르기까지 ‘나는 이 5법을 현세에서 스스로 알고 스스로 깨달았으며, 스스로 증득하고 나서 그 과보를 시설한다’고 말한 사람이 없으며, 또한 옛날에 수壽가 끝나고 명命을 마치도록 경서를 외워 지니고서 경서를 널리 펴며, 경전을 외워 익힌 범지들, 즉 첫째는 야타, 둘째는 바마, 셋째는 바마제바, 넷째는 비사밀다라, 다섯째는 야바타건니, 여섯째는 응의라바, 일곱째는 바사타, 여덟째는 가섭, 아홉째는 바라바, 열째는 바화인데, 지금의 모든 범지들도 그들의 경전을 모두 외워 익히고 지니고 배우면서 그들도 ‘나는 이 5법을 현세에서 스스로 알고 스스로 깨달았으며 스스로 증득하고 나서 과보를 시설한다'고 이렇게 말하지 않았다면 마납아, 그 모든 범지들은 이로써 믿어 향하는 가운데 근본이 없는 것이 아니겠는가?"

"구담이시여, 사실 근본이 없습니다. 모든 범지들은 그저 그런 말을 들은 뒤에 받아 지닐 뿐입니다."

세존께서 말씀하셨다.

"마치 여러 장님이 서로를 의지해 잡고 가는데 앞서가는 자는 뒤도 보지 못하고 또한 가운데도 보지 못하며 그 가운데 있는 자는 앞도 보지 못하고 또한 뒤도 보지 못하며 뒤에 있는 자는 가운데도 보지 못하고 또한 앞도 보지 못하는 것과 같이 마납아, 네가 말하는 모든 범지 무리들도 또한 그와 같다. 마납아, 아까는 믿음을 말하더니 이제는 들음을 말하는구나."

그러자 앵무마납은 세존께 성을 내고 미워하면서 기뻐하지 않았고 오히려 세존을 비방하고 세존께 손가락질하며 세존을 꾸짖었다. 그리고 구담을 비방하고 구담을 손가락질하며 구담을 떨어뜨리고자 세존께 말하였다.

"어떤 범지가 있는데 이름을 불가사사라弗袈娑娑羅라 하며, 성질이 곧고 청정하였습니다. 그는 이렇게 말하였습니다.

'만일 어떤 사문 범지가 자기는 사람보다 위되는 법〔人上法〕에 있어 앎이 있고 봄이 있어서 현재의 자기는 증득한 자라고 하면, 저는 그 말을 듣고는 크게 웃으며 옳지 않다고 생각할 것이다. 그것은 허망하여 진실이 아니요, 또한 법답지 않기 때문이다. 어떻게 사람이 사람 가운데 나서 스스로 사람보다 위되는 법을 얻었다고 말하는가? 만일 사람보다 위되는 법에 있어서 자기는 알고 자기는 보았다고 말한다면 그것은 옳지 않다.'"

이에 세존께서는 곧 이렇게 생각하셨다.

'도제의 아들 앵무마납은 나에게 성을 내고 미워하며 기뻐하지 않고 있구나. 나를 비방하고 나를 손가락질하며 나를 꾸짖고 있다. 그리고 구담을 비방하고 구담을 손가락질하고 구담을 떨어뜨리고자 내게 이런 말을 하였다.

〈구담이시여, 이름을 불가사사라라 하는 성질이 곧고 청정한 어떤 범지는 말하기를, 곧 어떤 사문 범지가 말하기를 자기는 사람보다 위되는 법에 있어 앎이 있고 봄이 있어서 현재의 자기는 증득한 자라고 한다면 나는 그 말을 듣고 크게 웃으며 옳지 않다고 생각할 것이다. 그것은 허망하여 진실이 아니요 또한 법답지 않기 때문이다. 어떻게 사람이 사람 가운데 나서 스스로 사람보다 위되는 법을 얻었다고 말할 수 있겠는가? 만일 사람보다 위되는 법에 있어서 자기는 알고 자기는 보았다고 말한다면 그것은 옳지 않다라고 이렇게 말하였습니다.〉'

세존께서는 이미 그런 줄 아시고서 말씀하셨다.

"마납아, 범지 불가사사라는 성질이 곧고 청정하였다. 그는 모든 사문 범지들이 마음으로 생각하는 바를 다 안 뒤에 이런 말을 했겠는가?

'혹 어떤 사문 범지가 말하기를, 자기는 사람보다 위되는 법에 있어 앎이 있고 봄이 있어서 현재의 자기는 증득한 자라고 한다면 나는 그 말을 듣고는 크게 웃으며 옳지 않다고 생각할 것이다. 그것은 허망하여 진실이 아니요, 또한 법답지 않기 때문이다. 어떻게 사람이 사람 가운데 나서 스스로 사람보다 위되는 법을 얻었다고 말할 수 있겠는가? 만일 사람보다 위되는 법에 있어서 자기는 알고 자기는 보았다고 말한다면 그것은 옳지 않다.'"

"구담이시여, 범지 불가사사라는 성질이 곧고 청정하였습니다. 그러나 그에게는 불니不尼라는 한 여종이 있었는데 불가사사라는 그 여종이 마음으로 생각하는 바도 알지 못했거늘 하물며 모든 사문 범지가 마음으로 생각하는 바를 알 수 있겠습니까? 만일 안다고 한다면 끝내 그럴 수 없을 것입니다."

세존께서 말씀하셨다.

"마치 나면서부터 장님인 사람이 말하기를 '검고 흰 빛깔도 없고 또한 검고 흰 빛깔을 보는 자도 없으며 좋고 나쁜 빛깔도 없고 또한 좋고 나쁜 빛깔을 보는 자도 없으며 길고 짧은 빛깔도 없고 또한 길고 짧은 빛깔을 보는 자도 없으며 가깝고 먼 빛깔도 없고 또한 가깝고 먼 빛깔을 보는 자도 없으며 굵고 가는 빛깔도 없고 또한 굵고 가는 빛깔을 보는 자도 없다. 나는 처음부터 보지도 못했고 알지도 못한다. 그러므로 빛깔은 없는 것이다'고 하는 것과 같나니, 그 장님이 이렇게 말하는 것을 진실하다고 하겠는가?"

앵무마납이 세존께 대답하였다.

"아닙니다. 구담이시여, 왜냐하면 검고 흰 빛깔도 있고 또한 검고 흰 빛깔을 보는 자도 있으며 좋고 나쁜 빛깔도 있고 또한 좋고 나쁜 빛깔을 보는 자도 있으며 길고 짧은 빛깔도 있고 또한 길고 짧은 빛깔을 보는 자도 있으며 가깝고 먼 빛깔도 있고 또한 가깝고 먼 빛깔을 보는 자도 있으며 굵고 가는 빛깔도 있고 또한 굵고 가는 빛깔을 보는 자도 있기 때문입니다. 만일 '나는 처음부터 보지도 못했고 알지도 못한다. 그러므로 빛깔이 없다'고 그 장님이 이렇게 말한다면 그것은 진실이라 할 수 없습니다."

"마납아, 범지 불가사사라는 성질이 곧고 청정하였지만 그가 말한 것은 나면서부터 눈 없는 사람과 같지 않겠는가?"

"구담이시여, 장님과 같습니다."

세존께서 말씀하셨다.

"마납아, 네 생각에는 어떠하냐? 만일 옛날에 수壽가 다하고 명命을 마치도록 경서를 외워 지니고 경서를 널리 유포하며 경전을 외워 익힌 범지가 있었다면 이른바 상가商伽 범지·생문生聞 범지·불가사사라弗袈裟娑羅 범지와 또 너의 아버지 도제都題이다. 혹 그들의 말은 옳기도 하고 옳지 않기도 하며 참되기도 하고 참되지 않기도 하며 높은 것도 있고 낮은 것도 있었는가?"

"만일 옛날에 수를 다하고 명을 마치도록 경서를 외워 지니고 경서를 널리 유포하며 경전을 외워 익힌 범지가 있었다면 이른바 상가 범지·생문 범지·불가사사라 범지와 또 저의 아버지 도제일 것입니다. 저는 그들의 말이 옳아서 옳지 않음이 없고 참되어 참되지 않음이 없으며, 높아서 낮음이란 없었으면 하고 생각합니다."

그때 세존께서 물으셨다.

"마납아, 범지 불가사사라는 성질이 곧고 청정하였지만 그가 말한 바는 옳지 않아서 옳음이 없다고 하지 않겠는가? 참되지 않아서 참됨이 없다고 하지 않겠는가? 지극히 낮아서 높음이 없다고 하지 않겠는가?"

"사실 그렇습니다, 구담이시여."

"다시 또 마납아, 장애가 되고 덮개〔覆蓋〕가 되며 눈 없는 장님을 만들고 지혜를 멸하며 한낱 제 스스로를 피로하게 할 뿐 열반을 얻지 못하게 하는 다섯 가지 법이 있다. 어떤 것이 다섯 가지인가? 마납아, 탐욕심이 그 첫 번째 법으로서 장애가 되고 덮개가 되며 눈 없는 장님을 만들고 지혜를 멸하며 한낱 제 스스로를 피로하게 할 뿐 열반을 얻지 못하게 한다. 마납아, 성냄과 몸에 대한 견해와 계에 대한 집착도 또한 그러하며 의심이 다섯 번째 법으로서 장애가 되고 덮개가 되며 눈 없는 장님을 만들고 지혜를 멸하며 한낱 제 스스로를 피로하게 할 뿐 열반을 얻지 못하게 하느니라. 마납아, 네 생각에는 어떠하냐? 이 다섯 가지 법에 걸리고 덮이며 묶이고도 그가 혹 자기의 이치를 관찰하고 남의 이치를 관찰하며 자기와 남의 두 이치를 함께 관찰하고 또 모든 사문 범지가 마음으로 생각하는 바를 알려고 한다면 그것은 끝내 그럴 수 없을 것이다. 마납아, 범지 불가사사라는 성질이 곧고 청정하였지만 탐욕에 물들고 탐욕에 더럽혀지며 탐욕에 접촉하고 탐욕에 의지하며 탐욕에 집착하고 탐욕 속에 들어가 재환災患을 보지 못하고 그것을 벗어나는 방법을 몰라 탐욕을 행했다. 그는 이 다섯 가지 법에 걸리고 덮이며 묶였으니 그는 혹 자기의 이치를 관찰하고 남의 이치를 관찰하며 자기와 남의 두 이치를 함께 관찰하고 또 모든 사문 범지가 마음으로 생각하는 바를 알려고 하더라도 끝내 그럴 수 없을 것이다.

또 마납아, 사랑스럽게 생각하고 뜻으로 즐거워하는 5욕欲의 공덕이 있다. 그것은 빛깔을 사랑하고 탐욕과 상응하며 매우 즐거워할 만한 것이다. 어떤 것이 다섯 가지인가? 눈으로 빛깔을 알고 귀로 소리를 알며 코로 냄새를 알고 혀로 맛을 알며 몸으로 촉감을 아는 것이다. 마납아, 네 생각에는 어떠하냐? 중생은 이 5욕의 공덕으로 말미암아 즐거움을 내고 기쁨을 내는데 다시 이보다 더한 것은 없겠느냐?"

"그렇습니다, 구담이시여."

세존께서 물으셨다.

"마납아, 네 생각에는 어떠하냐? 초목을 인因으로 하여 불을 붙이는 것과 초목을 떠나서 불을 붙이는 것 중에 어느 불꽃이 가장 위이고 가장 묘하며 가장 훌륭하겠는가?"

"구담이시여, 초목을 떠나서 불을 붙인다는 것은 끝내 있을 수 없습니다. 오직 여의족如意足의 능력이 있어야 가능할 뿐입니다. 구담이시여, 만일 초목을 떠나서 불을 붙인다면 그 불꽃은 가장 위이고 가장 묘하며 가장 훌륭할 것입니다."

"그렇고 그렇다. 마납아, 만일 초목을 떠나서 불을 붙인다는 것은 끝내 있을 수 없나니, 오직 여의족의 능력이 있어야 가능할 뿐이니라. 만일 초목을 떠나서 불을 붙인다면 그 불꽃은 가장 위이고 가장 묘하며 가장 훌륭할 것이다. 내가 이제 가정해서 말하겠다. 마납아, 초목을 인으로 하여 불을 붙이는 것과 같이 이렇게 중생이 일으킨 기쁨과 즐거움〔喜樂〕은 이른바 탐욕과 악하고 착하지 않은 법을 인한 것으로 평정의 즐거움〔捨樂〕을 얻지는 못하고 고요히 쉼에 이르지 못하는 것이다. 마납아, 초목을 떠나서 불을 붙이는 것과 같이 이렇게 중생이 일으킨 평등한 즐거움은 이른바 탐욕을 떠나고 모든 착한 법을 따르는 것으로 평등한 즐거움을 얻고 고요히 쉼에 이룰 수 있는 것이니라."

세존께서 말씀하셨다.

"마납아, 네 생각에는 어떠하냐? 어떤 범지가 재齋를 베풀고 보시를 행할 때, 혹 동쪽에서 어떤 찰리 동자가 와서 그가 이렇게 말한다고 하자.

'나는 저 중에서 제일 좋은 자리와 제일 좋은 손 씻을 물과 제일 좋은 음식을 얻으리라.'

그는 그 중 제일 좋은 자리와 제일 좋은 손 씻을 물과 제일 좋은 음식을 얻지 못하면 곧 원망하며 미움을 품을 것이다. 혹은 남쪽에서 어떤 범지 동자가 와서 그가 이렇게 말한다고 하자.

'나는 저 중에서 깨끗하고 맛있는 음식을 얻으리라.'

그는 그 중에서 깨끗하고 맛있는 음식을 얻지 못하면 곧 원망하여 미움을 품을 것이다. 혹은 서쪽에서 어떤 거사 동자가 와서 그가 이렇게 말한다고 하자.

'나는 저 중에서 배부른 음식을 얻으리라.'

그는 그 중에서 배부른 음식을 얻지 못하면 곧 원망하며 미움을 품을 것이다. 혹은 북쪽에서 어떤 공사工師 동자가 와서 그가 이렇게 말한다고 하자.

'나는 저 중에서 풍족한 음식을 얻으리라.'

그는 그 중에서 풍족한 음식을 얻지 못하면 곧 원망하며 미움을 품을 것이다. 마납아, 그 모든 범지들은 이러한 보시에 어떠한 과보가 있다고 시설하는가?"

앵무마납이 아뢰었다.

"구담이시여, 범지는 이러한 마음으로 보시를 행하지 않았는데 남으로 하여금 원망하고 미움을 품게 한 것입니다. 구담이시여, 그러나 마땅히 아셔야 합니다. 범지는 가엾게 여기는 마음으로 보시를 행했으므로 가엾게 여기는 마음으로 보시를 행한 뒤에 곧 큰 복을 얻을 것입니다."

세존께서 말씀하셨다.

"마납아, 범지는 큰 과보가 있고 큰 공덕이 있으며 복을 짓고 선善을 얻는 여섯 번째 법을 시설하지는 않는가?"

"그렇습니다, 구담이시여."

세존께서 물으셨다.

"마납아, 만일 어떤 범지가 다섯 가지 법을 시설하여 큰 과보가 있고 큰 공덕이 있으며 복을 짓고 선을 얻는다면 너는 이 법이 어느 곳에 많이 있다고 보느냐? 집에 있다 하겠느냐, 출가하여 도를 배우는

데 있다고 하겠느냐?"

"구담이시여, 만일 어떤 범지가 다섯 가지 법을 시설하여 큰 과보가 있고 큰 공덕이 있으며 복을 짓고 선을 얻는다면 저는 이 법은 출가하여 도를 배우는 데 많이 있고 집에 있지 않다고 봅니다. 왜냐하면 집에 있는 이는 일이 많아서 할 일이 많고 원한 맺음이 많으며 미움과 다툼이 많아서 그는 참된 진리를 수호할 수 없기 때문입니다. 구담이시여, 출가하여 도를 배우는 이는 일이 적어서 할 일이 적고 원한 맺음이 적으며 미움과 다툼이 적어서 그는 반드시 참된 진리를 수호할 수 있을 것입니다. 구담이시여, 저는 저 참된 진리가 출가하여 도를 배우는데 많이 있고 집에는 있지 않다고 봅니다. 왜냐하면 집에 있는 이는 일이 많아서 할 일이 많고 원한 맺음이 많으며 미움과 다툼이 많아서 그는 보시를 행할 수 없고 외워 익힐 수 없으며 고행苦行을 행할 수 없고 범행梵行을 행할 수 없기 때문입니다. 구담이시여, 출가하여 도를 배우는 이는 일이 적어 할 일이 적고 원한을 맺음이 적으며 미움과 다툼이 적어서 그는 보시를 행할 수 있고 그는 외워 익힐 수 있으며 고행을 행할 수 있고 범행을 행할 수 있습니다. 구담이시여, 범행을 행하는 것, 저는 이 법은 출가하여 도를 배우는 데 많이 있고 집에는 있지 않다고 봅니다."

세존께서 말씀하셨다.

"마납아, 만일 어떤 범지가 다섯 가지 법을 시설하여 큰 과보가 있고 큰 공덕이 있으며, 복을 짓고 선을 얻는다면, 나는 이것은 마음에서 일어난다고 말하리라. 어째서 마음이라 하는가? 만일 마음에 맺음〔結〕도 없고 원망〔怨〕도 없으며 성냄〔恚〕도 없고 다툼〔諍〕도 없으면 그것을 닦을 수 있기 때문이다. 마납아, 네 생각에는 어떠하냐? 만일 어떤 비구가 참된 진리를 수호한다면 그는 참된 진리를 수호함으로 인하여 기쁨〔喜〕을 얻고 즐거움〔悅〕을 얻을 것이니라. 마납아, 만일 기쁨이 있고 즐거움이 있으면 선과 잘 상응하므로 나는 이것을 마음에서 일어난다고 말하는 것이다.

어째서 마음이라 하는가? 만일 마음에 맺음도 없고 원망도 없으며 성냄도 없고 다툼도 없으면 그것을 닦을 수 있기 때문이다. 이렇게 그는 보시를 행할 수 있고 외워 익힐 수 있으며 고행을 행할 수 있고 범행을 행할 수 있다. 그는 범행을 행함으로 인하여 기쁨을 얻고 즐거움을 얻는다. 마납아, 만일 기쁨과 즐거움이 있으면 선과 잘 상응하므로 나는 이것을 마음에서 일어난다고 말하는 것이다.

어째서 마음이라 하는가? 만일 마음에 맺음도 없고 원망도 없으며 성냄도 없고 다툼도 없으면 그는 자애로움과 함께하는 마음으로 1방方을 가득 채워 성취하여 노닐고 이렇게 2방 · 3방 · 4방 · 4유維 · 상 · 하의 일체에 두루할 것이다. 그는 자애로움과 함께하는 마음으로 맺음도 없고 원망도 없으며 성냄도 없고 다툼도 없이 지극히 넓고 매우 크며 한량없이 잘 닦아 일체 세간을 가득 채우고 성취하여 노닐 것이다. 불쌍히 여김〔悲〕과 기뻐함〔喜〕도 마찬가지이며 평정함〔捨〕과 함께하는 마음으로 맺음도 없고 원망도 없으며 성냄도 없고 다툼도 없이 지극히 넓고 매우 크며 한량없이 잘 닦아 일체 세간을 가득 채우고 성취하여 노닐 것이다.

마납아, 마치 어떤 사람이 고둥〔螺〕을 잘 부는데, 만일 아직껏 그 소리를 듣지 못한 곳이 있으면 그가 밤중에 높은 산에 올라가 힘껏 고둥을 불어 미묘한 소리를 내어 사방에 가득 차게 하는 것과 같다. 이와 같이 비구는 자애로움과 함께하는 마음으로 1방方을 가득 채워 성취하여 노닐고 이렇게 2방 · 3방 · 4방 · 4유維 · 상하의 일체에 두루하게 한다. 자애로움과 함께하는 마음으로 맺음도 없고 원망도 없으며 성냄도 없고 다툼도 없이 지극히 넓고 매우 크며 한량없이 잘 닦아 일체 세간을 가득 채우고 성취하여 노닌다. 불쌍히 여김과 기뻐함도 마찬가지이며 마음은 평정과 함께하는 마음으로 맺음도 없고 원망도 없으며 성냄도 없고 다툼도 없이 지극히 넓고 매우 크며 한량없이 잘 닦아 일체 세간을 가득 채우고 성취하여 노닌다.

마납아, 네 생각에는 어떠하냐? 만일 어떤 이가 하늘을 구하되 기어이 천상天上을 구하기 때문에 곧 탐욕〔貪伺〕과 상응하는 마음을 쓰면서 '나는 하늘과 또 다른 하늘이 되리라'고 한다고 하자. 또 어떤 이는 하늘을 구하되 기어이 천상을 구하기 때문에 곧 맺음도 없고 원망도 없으며 성냄도 없고 다툼도 없으며 한량없이 지극히 넓게 잘 닦아 마음이 고요하고 뜻이 풀려 두루 가득하게 성취하여 노닐면서 '나는 하늘과 또 다른 하늘이 되리라'고 한다고 하자. 네가 그들을 볼 때 누가 하늘과 또 다른 하늘이 될 수 있겠는가?"

"구담이시여, 만일 그가 하늘을 구하되 기어이 천상을 구하기 때문에 곧 맺음도 없고 원망도 없으며 성냄도 없고 다툼도 없으며 한량없이 지극히 넓게 잘 닦아 마음이 고요하고 뜻이 풀려 두루 가득하게 성취하여 노닌다면 저는 그 사람이 반드시 하늘과 또 다른 하늘이 되리라고 봅니다."

세존께서 물으셨다.

"마납아, 네 생각에는 어떠하냐? 만일 어떤 이가 범천梵天을 구하되 기어이 범천 위〔上〕를 구하기 때문에 곧 탐욕과 상응하는 마음을 쓰면서 '나는 범천과 또 다른 범천이 되리라'고 한다고 하자. 또 혹 어떤 이는 범천을 구하되 기어이 범천 위를 구하기 때문에 곧 맺음도 없고 원망도 없으며, 성냄도 없고 다툼도 없으며, 한량없이 지극히 넓게 잘 닦아 마음이 고요하고 뜻이 풀려 두루 가득하게 성취하여 노닐면서

'나는 범천과 또 다른 범천이 되리라'고 한다고 하자. 네가 그들을 볼 때 누가 범천과 또 다른 범천이 될 수 있겠는가?"

"구담이시여, 만일 그가 범천을 구하되 기어이 범천 위를 구하기 때문에 곧 맺음도 없고 원망도 없으며 성냄도 없고 다툼도 없으며 한량없이 지극히 넓게 잘 닦아 마음이 고요하고 뜻이 풀려 두루 가득하게 성취하여 노닌다면 저는 그가 범천과 또 다른 범천이 되리라고 봅니다."

앵무마납이 여쭈었다.

"구담이시여, 범도梵道의 자취를 아십니까?"

세존께서 말씀하셨다.

"마납아, 내 이제 너에게 물으리니, 아는 대로 대답하라. 마납아, 네 생각에는 어떠하냐? 나라가라那羅歌邏 마을은 이 대중들에게서 멀리 떨어져 있지 않느냐?"

"멀리 떨어져 있지 않습니다."

네 생각에는 어떠하냐? 네가 이 대중 가운데 어떤 한 사람에게 '너는 저 나라가라 마을에 갔다가 곧 다시 돌아오라'고 한다면 그는 너의 지시를 받고 빨리 나라가라 마을에 갔다가 돌아올 것이다. 그가 돌아온 뒤에 네가 그 길, 곧 나라가라 마을로 가고 온 것과 나가고 들어온 일들을 물으면 그 사람은 과연 머뭇거리며 대답하지 못하겠느냐?"

"아닙니다, 구담이시여."

세존께서 말씀하셨다.

"마납아, 그 사람은 나라가라 마을을 갔다 오고서도 그 길에 대해 물으면 머뭇거리며 대답하지 못할 수는 있어도 여래如來·무소착無所著·등정각等正覺께 범도의 자취를 물었을 때 끝내 잠시라도 머뭇거리며 대답하지 못하는 일은 없을 것이다."

앵무마납이 세존께 여쭈었다.

"사문 구담이시여, 무착 천사無著天祠께서는 이 일을 구족하셨습니다. 곧 범도의 자취를 물으면 능히 빨리 대답하기 때문입니다. 세존이시여, 저는 이미 이해하였습니다. 선서善逝시여, 저는 이미 알았습니다. 세존이시여, 저는 지금 부처님과 법과 비구스님들께 귀의하겠습니다. 원컨대 세존께서는 제가 우바새가 되는 것을 허락해 주십시오. 저는 오늘부터 이 몸이 다할 때까지 스스로 귀의하여 목숨이 다하는 그 날까지 그렇게 하겠습니다."

부처님께서 이렇게 말씀하시자 앵무마납은 부처님의 말씀을 듣고, 기뻐하며 받들어 행하였다.

〔이 앵무경에 수록된 경문의 글자수는 4,561자이다.〕

153) 수한제경鬚閑提經〔제4 분별송〕

나는 이와 같이 들었다.

어느 때 부처님께서 구루수拘樓瘦를 유행하실 적에 바라바婆羅婆의 제1 정실靜室에 머무시면서 풀자리〔草座〕에 앉아 계셨다. 그때 세존께서는 밤을 지내고, 이른 아침에 가사를 입고 발우를 지니시고서 검마슬담劍摩瑟曇[5]에 들어가 차례로 걸식하셨다. 식사를 마치시고 오후에 돌아와 가사와 발우를 챙기고, 손과 발을 씻으신 뒤에 니사단尼師檀을 어깨 위에 걸치고 한 숲으로 나아가 낮에 거닐던 곳에 다다르셨다. 그때 세존께서는 그 숲으로 들어가 한 나무 밑에 이르러 니사단을 펴고

5 팔리어로는 kammāssadhamma라고 함. 의역하여 잡색목우雜色牧牛·조우調牛·조복박우調伏駮牛라고도 함. 인도 구루인拘樓人들의 도성都城.

결가부좌結加趺坐하셨다.

이때 수한제鬚閑提 이학異學은 오후에 천천히 거닐어 바라바의 제1 정실로 나아갔다. 수한제 이학은 멀리서 바라바의 제1 정실에서 풀자리를 펴고 한쪽 옆구리를 대고 누워 있는 사람을 보았는데 사자師子가 누워 있는 것 같기도 하고 사문沙門이 누워 있는 것 같기도 하며 범행자梵行者가 누워 있는 것 같기도 하였다. 수한제 이학은 그것을 본 뒤에 물었다.

"바라바여, 제1 정실에서 풀자리에 한쪽 옆구리를 대고 누워 있는 분은 누구시기에 그 모습이 사자가 누워 있는 것 같기도 하고, 사문이 누워 있는 것 같기도 하며 범행자가 누워 있는 것 같기도 한가?"

바라바 범지가 대답하였다.

"수한제여, 사문 구담이라는 석종釋種의 아들이 있다. 그분은 석가 종족을 버리고 수염과 머리를 깎고 가사를 입고 지극한 믿음으로 출가하여 집 없이 도를 배워 무상정진각無上正盡覺을 깨달으셨다. 바로 그분이 저 제1정실에서 풀자리에 한쪽 옆구리를 대고 누워 계시는데 사자가 누워 있는 것 같기도 하고 사문이 누워 있는 것 같기도 하며 범행자가 누워 있는 것 같기도 한 것이다."

수한제 이학이 말하였다.

"바라바여, 나는 이제 볼 필요 없는 것을 보았고 들을 필요 없는 것을 들었으니 곧 내가 사문 구담이 누워 있는 것을 본 것이다. 왜냐하면 저 사문 구담은 지地[6]를 파괴하였으니, 지地를 파괴한 사람은 쓸모가 없기 때문이다."

---

6 범어로는 pṛthivī라고 함. 여기에서 지地는 당시 외도인 바이세시카vaiśeṣika 학파에서 말하는 실체 가운데 하나이다. 색·냄새·맛·촉각을 가진 것으로 모든 여섯 가지 감각 능력을 개발 또는 성장시킬 수 있는 잠재능력을 가진 실체로 간주되고 있다.

"수한제여, 그대는 이 일로 저 사문 구담을 꾸짖어서는 안 된다. 왜냐하면 저 사문 구담에겐 많은 지혜가 있으니, 곧 찰리의 지혜와 범지의 지혜·거사의 지혜·사문의 지혜가 있고, 지혜를 말하면 모두들 성인의 지혜를 얻기 때문이다. 수한제여, 나는 이 사실을 저 사문 구담께 말씀드리고자 하는데 어떻겠는가?"

"바라바여, 말하고자 하거든 네 마음대로 하라. 나는 말리지 않겠다. 바라바여, 만일 사문 구담을 보게 되면 나도 또한 이 사실을 말할 것이다. 왜냐하면 저 사문 구담은 지地를 파괴하였으니, 지를 파괴한 사람은 쓸모가 없기 때문이다."

그때 세존께서는 낮에 유행처에 계시다가 사람들보다 탁월한 청정한 천이天耳로 바라바 범지와 수한제 이학이 하는 이야기를 들으신 뒤에 해질녘에 곧 연좌燕坐에서 일어나 바라바 범지의 제1 정실로 가셔서 풀자리 위에 니사단을 펴고 결가부좌하고 계셨다. 바라바 범지는 멀리서 숲 속에 계시는 세존을 뵈었는데 단정하고 아름다운 모습은 마치 별 가운데 달과 같았고 빛나고 밝고 환함은 마치 금산金山과 같았으며 상호를 구족했고 위신威神은 위풍당당했으며 모든 감관〔根〕은 고요하고 안정되어 가리움이 없었으며, 스스로 제어할 줄 아는 법을 성취하여 마음이 쉬어 고요했다. 그는 앞으로 나아가 부처님께 문안드리고 물러나 한쪽에 앉았다. 세존께서 물으셨다.

"바라바여, 너는 수한제 이학과 이 풀자리에 대해 이야기하였는가?"

바라바 범지가 세존께 대답하였다.

"그렇습니다. 구담이시여, 저도 또한 이 일을 사문 구담께 말씀드리려고 하였습니다. 그런데 사문 구담께서는 제가 말씀드리지도 않았는데 이미 스스로 알고 계시니 그것은 여래·무소착·등정각이시기 때문입니다."

세존께서 바라바 범지와 이 일을 이야기하고 계실 때 수한제 이학은 나중에 천천히 걸어 바라바의 제1 정실로 갔다. 세존께서는 멀리서 수한제 이학이 오는 것을 보시고 이렇게 말씀하셨다.

"수한제여, 안근眼根을 잘 제어하지 못하고 빈틈없이 수호하지도 못하면서 또 수행하지도 않는다면 반드시 괴로움의 과보를 받을 것이다. 그러나 그가 사문 구담을 따라 스스로 잘 제어하고 빈틈없이 잘 수호하면서 또 잘 수행하기도 한다면 반드시 즐거움의 과보를 얻을 것이다. 수한제여, 너는 이런 이유 때문에 '사문 구담은 지地를 파괴하였으니, 지를 파괴한 사람은 쓸모없다'고 말했는가?"

"그렇습니다, 구담이시여."

"수한제여, 이와 같이 이근耳根·비근鼻根·설근舌根·신근身根과 의근意根을 잘 제어하지 못하고 빈틈없이 수호하지도 못하면서 또 수행하지도 않는다면 반드시 괴로움의 과보를 받을 것이다. 그러나 그가 사문 구담을 따라 스스로 잘 제어하고 빈틈없이 수호하면서 또 잘 수행하기도 한다면 반드시 즐거움의 과보를 얻을 것이다. 수한제여, 너는 이런 이유 때문에 '사문 구담은 지地를 파괴하였으니, 지를 파괴한 사람은 쓸모없다'고 말했는가?"

"그렇습니다, 구담이시여."

세존께서 물으셨다.

"수한제여, 네 생각에는 어떠하냐? 혹 어떤 사람이 아직 출가하여 도를 배우기 전에는, 그는 눈으로 빛깔〔色〕을 알아 사랑스럽게 생각하고 마음으로 즐거워하며 욕망과 서로 호응하였다. 그러나 그는 그 뒤에 눈으로 빛깔〔色〕을 아는 것을 버리고 수염과 머리를 깎고 가사를 입고 지극한 믿음으로 출가하여 집 없이 도를 배웠다. 그는 눈으로 빛깔을 아는 것과 그것의 집착〔習〕과 멸함〔滅〕과 맛〔味〕과 근심〔患〕과 그것을 벗어나는 방법을 사실 그대로 알아 안으로 마음을 쉬어 노닐게 되었다. 그리고 그는 아직 빛깔에 대한 욕심〔色欲〕을 여의지 못하여 빛깔에 대한 애착에 잠식당하고 빛깔의 열〔色熱〕에 뜨거워지는 사람을 보면, 또 그가 눈으로 빛깔을 알아 사랑스럽게 생각하고 마음으로 즐거워하며 욕망과 서로 호응하여 행하는 것을 보게 되면 그것을 칭찬하지 않고 그것을 좋아하지 않았다. 수한제여, 네 생각에는 어떠하냐? 만일 이런 즐거움이 있고 애착과 빛깔 때문에 그 즐거움을 즐거워할 때 그가 천박하기 때문에 그것을 칭찬하지 않고 천박하기 때문에 그것을 좋아하지 않는다면 수한제여, 과연 그에게 할 말이 있겠는가?"

"없습니다, 구담이시여."

"수한제여, 네 생각에는 어떠하냐? 혹 어떤 사람이 아직 출가하여 도를 배우기 전에는 이와 같이 귀로는 소리를 알고 코로는 냄새를 알며 혀로는 맛을 알고 몸으로는 감촉을 알아 사랑스럽게 생각하고 마음으로 즐거워하며 욕망과 서로 호응하였다. 그러나 그는 그 뒤에 몸으로 감촉〔觸〕을 아는 것을 버리고 수염과 머리를 깎고 가사를 입고 지극한 믿음으로 출가하여 집 없이 도를 배웠다. 그는 몸으로 감촉을 아는 것과 그것의 집착〔習〕과 멸함〔滅〕과 맛〔味〕과 근심〔患〕과 그것을 벗어나는 방법을 사실 그대로 알아 안으로 마음을 쉬어 노닐게 되었다. 그리고 그는 아직 감촉에 대한 욕심〔觸欲〕을 여의지 못하여 감촉에 대한 애착에 잠식당하고 감촉의 열〔觸熱〕에 뜨거워지는 사람을 보면 또 그가 몸으로 감촉을 알아 사랑스럽게 생각하고 마음으로 즐거워하며 욕망과 서로 호응하여 행하는 것을 보게 되면 그것을 칭찬하지 않고, 그것을 좋아하지 않았다. 수한제여, 네 생각에는 어떠하냐? 만일 이런 즐거움이 있고 애착과 감촉 때문에 그 즐거움을 즐거워할 때 그가 천박하기 때문에 그것을 칭찬하지 않고 천박하기 때문에 그것을 좋아하지 않는다면 수한제여, 과연 그에게 할 말이 있겠는가?"

"없습니다, 구담이시여."

세존께서 물으셨다.

"수한제여, 네 생각에는 어떠하냐? 혹 어떤 사람이 아직 출가하여 도를 배우기 전에는 5욕欲의 공덕을 사랑스럽게 생각하고 마음으로 즐거워하며 욕망과 서로 호응하였다. 그러나 그는 그 뒤에 5욕의 공덕을 버리고 수염과 머리를 깎고 가사를 입고 지극한 믿음으로 출가하여 집 없이 도를 배웠다. 그는 5욕의 공덕과 그것의 집착과 멸함과 맛과 근심과 그것을 벗어나는 방법을 사실 그대로 알아 안으로 마음을 쉬어 노닐게 되었다. 그리고 그는 아직 5욕을 여의지 못하여 5욕에 대한 애착에 잠식당하고 5욕의 열에 뜨거워지는 사람을 보면 또 그가 5욕의 공덕을 사랑스럽게 생각하고 마음으로 즐거워하며 욕망과 서로 호응하여 행하는 것을 보게 되면 그것을 칭찬하지 않고 그것을 좋아하지 않았다. 수한제여, 네 생각에는 어떠하냐? 만일 이런 즐거움이 있고 5욕과 5욕에 대한 애착 때문에 그 즐거움을 즐거워할 때 그가 천박하기 때문에 그것을 칭찬하지 않고 천박하기 때문에 그것을 좋아하지 않는다면 수한제여, 과연 그에게 할 말이 있겠는가?"

"없습니다, 구담이시여."

"수한제여, 나는 이전에 출가하여 도를 배우기 전에는 5욕의 공덕을 어렵지 않게 얻어 그것을 사랑스럽게 생각하고 마음으로 즐거워하며 욕망과 서로 호응하였었다. 그러나 나는 그 뒤에 5욕의 공덕을 버리고 수염과 머리를 깎고 가사를 입고 지극한 믿음으로 출가하여 집 없이 도를 배웠다. 나는 그 5욕의 공덕과 그 집착과 멸함과 맛과 근심과 그것을 벗어나는 방법을 사실 그대로 알아 안으로 마음을 쉬어 노닐게 되었다. 그래서 나는 아직 5욕을 여의지 못하여 5욕에 대한 애착에 잠식당하고 5욕의 열에 뜨거워지며 5욕의 공덕을 사랑스럽게 생각하고 마음으로 즐거워하며 욕망과 서로 호응하여 행하는 사람을 보면 나는 그것을 칭찬하지 않고 나는 그것을 좋아하지 않는다. 수한제여, 네 생각에는 어떠하냐? 만일 이런 즐거움이 있고 5욕과 5욕에 대한 애착 때문에 그 즐거움을 즐거워할 때 천박하기 때문에 내가 그것을 칭찬하지 않고 천박하기 때문에 내가 그것을 좋아하지 않는다면 수한제여, 과연 내게 할 말이 있겠는가?"

"없습니다, 구담이시여."

세존께서 말씀하셨다.

"수한제여, 마치 거사나 거사의 아들이 지극히 크고 풍부하고 즐거워 자산과 재물이 한량없고 여러 가지 목축이 많으며 봉호와 식읍과 모든 생활 물자가 갖가지로 풍족하여 그는 5욕을 어렵지 않게 얻었다. 그는 몸의 묘행妙行과 입과 뜻의 묘행을 성취하였다. 그리고 죽음에 임박했을 땐 5욕의 공덕을 좋아하지 않아 버리고서 몸이 무너지고 목숨이 끝난 뒤에는 좋은 곳으로 올라가 천상天上에 나게 되어 5욕의 공덕을 구족하게 행하는 것과 같나니 수한제여, 이 하늘과 하늘의 아들이 과연 하늘의 5욕 공덕을 버리고 인간의 5욕을 좋아하여 기쁘다는 생각을 하겠는가?"

"아닙니다. 구담이시여, 왜냐하면 인간의 5욕이란 냄새나는 것으로 깨끗하지 못하며 그 마음은 매우 더럽고 악하여 향할 수 없고 미워하고 다투어 매우 괴롭습니다. 구담이시여, 인간의 5욕에 비하면 천상의 5욕은 가장 위이고 가장 묘하며 가장 훌륭한 것입니다. 저 하늘과 하늘의 아들이 천상의 5욕 공덕을 버리고 인간의 5욕을 좋아하여 기쁘다는 생각을 한다는 것을 끝내 있을 수 없습니다."

"그렇다, 수한제여. 나는 인간의 5욕을 끊고 천상의 5욕마저 건너려고 수염과 머리를 깎고 가사를 입고 지극한 믿음으로 출가하여 집 없이 도를 배우고는 저 5욕 공덕과 그 집착과 멸함과 맛과 근심과 그것을 벗어나는 방법을 사실 그대로 알아 안으로 마음을 쉬어 노닐게 되었다. 그래서 나는 아직 5욕을 여의지 못하여 5욕에 대한 애착에 잠식당하고 5욕의 열에 뜨거워지며 5욕의 공덕을 사랑스럽게 생각하고 마음으로 즐거워하며 욕망과 서로 호응하여 행하는 것을 보면 나는 그것을 칭찬하지 않고 나는 그것을 좋아하지 않는다. 수한제여, 네 생각에는 어떠하냐? 만일 이런 즐거움이 있고 5욕과 5욕에 대한 애착 때문에 그 즐거움을 즐거워할 때 천박하기 때문에 내가 그것을 칭찬하지 않고 천박하기 때문에 내가 그것을 좋아하지 않는다면 수한제여, 과연 내게 할 말이 있겠는가?"

"없습니다, 구담이시여."

세존께서 말씀하셨다.

"수한제여, 그것은 마치 문둥병을 앓는 사람이 몸이 썩어 문드러지고 벌레에게 먹힐 때 손톱으로 부스럼을 긁어 헤집고 불구덩이에다 그슬리는 것과 같나니 수한제여, 네 생각에는 어떠하냐? 만일 문둥병을 앓는 사람이 몸이 썩어 문드러지고 벌레에게 먹힐 때 손톱으로 부스럼을 긁어 헤집고 불구덩이에다 그슬린다면 이렇게 하고도 과연 병을 없애고 힘을 얻어 모든 근을 무너뜨리지 않고 문둥병을 벗어나 몸이 완전히 건강해지고 옛날처럼 회복되어 본래 살던 곳으로 돌아갈 수 있겠는가?"

"아닙니다. 구담이시여, 왜냐하면 만일 문둥병을 앓는 사람이 몸이 썩어 문드러지고 벌레에게 먹힐 때 손톱으로 부스럼을 긁어 헤집고 불구덩이에다 그슬린다면 그러면 다시 부스럼이 생겨 부스럼은 더욱 많아지고 본래보다도 부스럼은 더욱 커질 것이기 때문입니다. 그런데도 그는 도리어 문둥병을 즐거움으로 삼습니다."

"수한제여, 문둥병 앓는 사람이 몸이 썩어 문드러지고 벌레에게 먹힐 때 손톱으로 부스럼을 긁어 헤집고 불구덩이에다 그슬린다면 그러면 다시 부스럼이 생겨 부스럼은 더욱 많아지고 본래보다도 부스럼은 더욱 커지건만 그래도 그는 도리어 문둥병을 즐거움으로 삼는 것처럼 수한제여, 이와 같이 중생은 5욕을 여의지 못하여 5욕에 대한 애착에 잠식당하고 5욕의 열에 뜨거워지면서도 5욕을 행한다. 수한제여, 이와 같이 중생은 5욕을 여의지 못하여 5욕에 대한 애착에 잠식당하고 5욕의 열에 뜨거워지면서도 5욕을 행한다. 그러면 5욕은 더욱 많아지고 5욕에 대한 애착은 더욱 넓어지건만 그래도 그는 도리어 5욕에 대한 애착을 즐거움으로 삼느니라. 그들이 만일 5욕을 끊지 못하고, 5욕에 대한 애착을 여의지 못하고서 안으로 마음 쉬기를 이미 행했거나 지금 행하거나 앞으로 행하려 한다면 끝내 그럴 수 없느니라. 왜냐하면 이것은 5욕을 끊고 5욕에 대한 애착을 여의게 하는 도리가 아니요, 5욕을 행하는 것이기 때문이니라."

세존께서 말씀하셨다.

"수한제여, 그것은 마치 왕과 대신이 5욕을 얻기가 어렵지 않은 것과 같나니 그들이 만일 5욕을 끊지 못하고 5욕에 대한 애착을 여의지 못하고서 안으로 마음 쉬기를 이미 행했거나 지금 행하거나 앞으로 행하려 한다면 끝내 그럴 수 없느니라. 왜냐하면 이것은 5욕을 끊고 5욕에 대한 애착을 여의게 하는 도리가 아니요, 5욕을 행하는 것이기 때문이니라.

이와 같이 수한제여, 중생들은 아직 5욕을 여의지 못하여 5욕에 대한 애착에 잠식당하고 5욕의 열〔欲熱〕에 뜨거워지면서도 5욕을 행한다. 수한제여, 만일 중생이 5욕을 여의지 못하여, 5욕에 대한 애착에 잠식당하고 5욕의 열에 뜨거워지면서도 5욕을 행하면 그러면 5욕은 더욱 많아지고 5욕에 대한 애착은 더욱 커지건만 그래도 그들은 도리어 5욕을 즐거움으로 삼느니라. 그들이 만일 5욕을 끊지 못하고 5욕에 대한 애착을 여의지 못하고서 안으로 마음 쉬기를 이미 행했거나 지금 행하거나 앞으로 행하려 한다면 끝내 그럴 수 없느니라. 왜냐하면 이것은 5욕을 끊고 5욕에 대한 애착을 여의게 하는 도리가 아니요, 5욕을 행하는 것이기 때문이니라.

수한제여, 그것은 마치 문둥병을 앓는 사람이 몸이 썩어 문드러지고 벌레에게 먹히자 손톱으로 부스럼을 긁어 헤집고 불구덩이에다 그슬릴 때 어떤 사람이 그를 가엾게 생각하고 불쌍히 여겨 이익과 요익을 구하며 안온과 쾌락을 구하여 그 증세에 꼭 맞는 좋은 약을 주었고 그 증세에 꼭 맞는 좋은 약을 준 뒤에 그는 병이 없어지고 기력이 회복되어 모든 근根이 무너지지 않고 이미 문둥병을 벗어나 몸이 완전히 건강해지고 옛날처럼 회복되어 본래 살던 곳으로 돌아가는 것과 같다. 그런 그가 만일 어떤 문둥병을 앓는 사람이 몸이 썩어 문드러지고 벌레에게 먹힐 때 손톱으로 부스럼을 긁어 헤집고 불구덩이에다 그슬리는 것을 본다면 수한제여, 그 사람이 그것을 본 뒤에 과연 즐겁다는 생각이 들어 칭찬하고 좋아하겠는가?"

"아닙니다. 구담이시여, 왜냐하면 병이 있다면 반드시 약을 써야 하겠지만 병이 없으면 그럴 필요가 없기 때문입니다."

"수한제여, 네 생각에는 어떠하냐? 만일 그 문둥병을 앓던 사람이 병이 없어지고 기력이 회복되어 모든 근이 무너지지 않고 이미 문둥병을 벗어나 몸이 완전히 건강해지고 옛날처럼 회복되어 본래 살던 곳으로 돌아갔을 때 두 역사力士가 강제로 그 사람을 붙잡아 불구덩이에다 그슬린다면 그는 그 속에서 놀라고 두려워 불을 피하면서, 몸으로 심한 뜨거움을 느낄 것이다. 수한제여, 네 생각에는 어떠하냐? 그 불구덩이가 지금 더욱 뜨거워지고 큰 고통과 재앙이 예전보다 심해서이겠는가?"

"아닙니다. 구담이시여, 그가 전에 문둥병을 앓아 몸이 썩어 문드러지고 벌레에게 먹힐 때 손톱으로 부스럼을 긁어 헤집고 불구덩이에다 그슬리며 그 고통에 대해 매우 즐겁다는 갱락상更樂想을 내었던 것은 그 마음이 미혹되고 산란하며 전도顚倒된 생각을 가지고 있었기 때문입니다. 구담이시여, 그 사람은 이제 병이 없어지고 기력을 회복하여 모든 근이 무너지지 않고 이미 문둥병에서 벗어나 몸은 완전히 건강해지고 옛날처럼 회복되어 본래 살던 곳으로 돌아갔습니다. 그가 고통에 대해 매우 괴롭다는 갱락상을 내는 것은 그 마음이 태연하고 전도된 생각이 없기 때문입니다."

"수한제여, 문둥병을 앓는 사람은 몸이 썩어 문드러지고 벌레에게 먹힐 때 손톱으로 부스럼을 긁어 헤집고 불구덩이에다 그슬리며 그가 고통에 대해 매우 즐겁다는 갱락상更樂想을 내는 것은 그 마음이 미혹되고 산란하며 전도된 생각을 가지고 있기 때문이다. 수한제여, 이와 같이 중생은 5욕을 여의지 못하여 5욕에 대한 애착에 잠식당하고 5욕의 열에 뜨거워지면서도 5욕을 행한다. 그들이 고통스런 5욕에 대해 5욕은 즐겁다는 생각〔樂欲想〕을 가지는 것은 그 마음이 미혹되고 산란하며 전도된 생각을 가지고 있기 때문이다.

수한제여, 마치 그 사람이 병이 없어지고 기력이 회복되어 모든 근이 무너지지 않고 이미 문둥병을 벗어나 몸이 완전히 건강해지고 옛날처럼 회복되어 본래 살던 곳으로 돌아가면 그는 고통에 대해 매우 고통스럽다는 갱락상을 내고 그 마음이 태연하여 전도된 생각이 없는 것처럼 이와 같이 수한제여, 나는 고통스런 5욕에 대해 5욕은 괴롭다는 생각〔苦欲想〕을 하고 진실을 얻어 전도된 생각이 없다. 왜냐하면 수한제여, 과거의 5욕도 깨끗하지 못한 냄새나는 곳이요, 마음은 매우 더럽고 악하여 향할 수 없고, 미워하고 다투어 괴로움과 다시 부딪히며, 미래와 현재의 5욕도 또한 깨끗하지 못한 냄새나는 곳으로서 마음은 매우 더럽고 악하여 향할 수 없고, 미워하고 다투어 괴로움과 다시 부딪히기 때문이다. 수한제여, 여래・무소착・등정각은 병이 없는 것이 제일가는 이익이요, 열반이 제일가는 즐거움이라고 말하느니라."

"구담이시여, 저도 일찍이 나이 많고 덕이 높은 장로와 오래 배운 범행자들에게서 '병이 없는 것이 제일가는 이익이요, 열반이 제일가는 즐거움이다'라고 들었습니다."

세존께서 물으셨다.

"수한제여, 만일 네가 일찍이 나이 많고 덕이 높은 장로와 오래 배운 범행자들에게서 '병이 없는 것이 제일가는 이익이요, 열반이 제일가는 즐거움이다'라고 들었다면 수한제여, 어떤 것이 병이 없는 것이며, 어떤 것이 열반인가?"

이에 수한제 이학은 자신이 곧 병病이요 종기〔癰〕이며, 화살이요 뱀이며, 무상無常이요 고통이며, 공空이요 비신非神이면서 두 손을 문지르며 이렇게 말하였다.

"구담이시여, 이것이 병이 없는 것이며 이것이 열반입니다."

세존께서 말씀하셨다.

"수한제여, 나면서부터의 장님이 눈이 있는 사람에게서 '희고 깨끗하여 때가 없구나, 희고 깨끗하여 때가 없구나'라는 말을 듣고는 곧 희고 깨끗한 것을 찾았다. 그때 그를 위해 이익과 요익을 구하지 않고 안온과 쾌락을 구하지 않는 어떤 사기꾼이 때가 묻어 더러운 옷을 가지고 그에게 가서 말하였다.

'너는 알아야 한다. 이것은 희고 깨끗하여 때가 없는 옷이다. 너는 두 손으로 공경스럽게 받아 몸에 걸쳐라.'

그러자 그 장님은 기뻐하면서 곧 두 손으로 공경스럽게 받아 몸에 걸치고는 이렇게 말하였다.

'희고 깨끗하여 때가 없구나, 희고 깨끗하여 때가 없구나.'

수한제여, 그 사람이 스스로 알아 말했다고 하겠느냐, 알지 못하고 말했다고 하겠느냐, 스스로 보고 말했다고 하겠느냐, 스스로 보지 못하고 말했다고 하겠느냐?"

"구담이시여, 그렇게 말한 것은 실로 알지도 보지도 못한 것입니다."

세존께서 말씀하셨다.

"이와 같이 수한제여, 눈이 없는 장님이 자신이 곧 병이요 종기며, 화살이요 뱀이며, 무상이요 고통이며, 공이요 비신이면서 두 손을 문지르며 '구담이시여, 이것이 병이 없는 것이요, 이것이 열반입니다'라고 말하는 것처럼 수한제여, 너는 병이 없는 것도 알지 못하거늘 하물며 어찌 열반을 알고 보겠는가? 알고 본다고 말한다 해도 끝내 그럴 수 없느니라. 수한제여, 여래·무소착·등정각은 말하노라."

병이 없는 것 제일가는 이익이요
열반은 제일가는 즐거움이며
모든 도道 가운데는 8정도正道가
안온한 감로에 머물게 하느니라.

그 많은 사람들이 다 같이 이것을 들었는데 많은 이학들은 이 게송을 들은 뒤에 계속하여 서로 전하였으나 그 뜻은 알지 못하였다. 그들은 이미 듣고는 가르침을 구하고자 하였으나, 그들은 똑같이 어리석고 미련하여 도리어 서로 속였다. 그들의 그 현재의 몸은 4대大의 종류로서 부모를 좇아 나서 음식으로 자라나며 항상 덮어주고 문지르며 목욕시키지만 억지로 참아야 하고 부서지며 갈려 없어지고 떠나 흩어지는 물질이었다. 그래서 신神을 보고 신을 받으며 받음을 인연하여 곧 있고〔有〕 있음을 인연하여 곧 나며〔生〕 남을 인연하여 곧 늙고 죽으며〔老死〕 늙고 죽음을 인연하여 곧 시름하고 슬퍼하고 울며 근심하고 괴로워하고 번민하였으니, 이와 같이 그 생은 순전한 큰 괴로움의 무더기였다.

이에 수한제 이학은 곧 자리에서 일어나 가사 한쪽을 벗어 메고 합장하고 부처님을 향하여 여쭈었다.

"구담이시여, 저는 이제 사문 구담을 지극히 믿습니다. 원컨대 구담이시여, 잘 설법하시어 저로 하여금 '이것은 병이 없는 것이요, 이것은 열반이다'라고 알게 해 주십시오."

세존께서 말씀하셨다.

"수한제여, 만일 너의 거룩한 혜안慧眼이 깨끗해지지 못한다면, 내가 너를 위하여 병 없음과 열반을 말하더라도 끝내 알지 못하고 한낱 나를 번거롭게 하고 괴롭게만 할 것이다. 수한제여, 마치 날 때부터 장님인 사람이 남이 찾아가서 '너는 알아야 한다. 이것은 푸른빛이요, 누런 빛 · 빨간 빛 · 흰 빛이다'라고 하면 그 말을 따르는 것과 같나니, 수한제여, 날 때부터 장님인 사람이 혹 남의 말로 인해 그 푸른 빛 · 누런 빛 · 빨간 빛 · 흰 빛을 알겠는가?"

"아닙니다, 구담이시여."

"그와 같이 수한제여, 만일 너의 거룩한 혜안이 깨끗해지지 못한다면 내가 너를 위하여 병 없음과 열반을 말하더라도 끝내 알지 못하고 한낱 나를 번거롭게 하고 괴롭게만 할 것이다. 수한제여, 내가 너를 위하여 너의 증세에 꼭 맞는 묘한 약을 말하여 아직 깨끗하지 못한 거룩한 혜안慧眼을 청정하게 하리라. 수한제여, 만일 너의 거룩한 혜안이 청정해지면 너는 곧 '이것은 병이 없는 것이요, 이것은 열반이다'라고 스스로 알게 될 것이다. 수한제여, 마치 날 때부터 장님인 사람에게 여러 친족들이 있어 그들이 그를 사랑하고 가엾게 여겨 이익과 요익을 구하고 안온과 쾌락을 구하기 때문에 그를 위하여 눈을 치료하는 의사를 구하는 것과 같다. 그 눈을 치료하는 의사는 여러 가지 치료법을 베푸는데 혹은 토하게 하고 혹은 내리게 하며 혹은 코에 물을 붓고 혹은 다시 씻어 내리며 혹은 힘줄을 자극하고 혹은 눈물을 흘리게 하면 수한제여, 혹 그럴 때 깨끗한 두 눈을 얻게 되는 것과 같다. 수한제여, 만일 그의 두 눈이 청정해지면 곧 스스로 '이것은 푸른 빛·누런 빛·빨간 빛·흰 빛이다'라고 볼 것이다. 그래서 그는 그때 묻은 더러운 옷을 보고 곧 이렇게 생각할 것이다.

'저 사람은 나의 원수이다. 오랜 세월 동안 때 묻은 옷으로써 나를 속였다.'

그래서 그는 미워하는 마음을 가질 것이니 수한제여, 이 사람은 혹 그를 죽일 수도 있을 것이다. 이와 같이 수한제여, 나는 너를 위해 너의 증세에 꼭 맞는 묘한 약을 말하여 아직 깨끗해지지 못한 거룩한 혜안을 청정하게 하리라. 수한제여, 만일 너의 거룩한 혜안이 청정해지면 너는 곧 '이것은 병이 없는 것이요, 이것은 열반이다'라고 스스로 알게 될 것이다.

수한제여, 아직 깨끗하지 못한 거룩한 혜안을 청정하게 하는 네 가지 법이 있다. 어떤 것이 네 가지인가? 선지식을 가까이하여 공경하고 받들어 섬기는 것, 선법善法을 듣는 것, 잘 생각하는 것, 법과 다음 법을 향해 나아가는 것이다. 수한제여, 너는 마땅히 이렇게 배워 선지식을 가까이하여 공경하고 받들어 섬기며 선법을 듣고 잘 생각하여 법과 다음 법을 향해 나아가라. 수한제여, 너는 마땅히 이렇게 배우라. 수한제여, 너는 선지식善知識을 가까이하여 공경하고 받들어 섬기고 나서는 곧 선법을 듣고 선법을 들은 뒤에는 잘 생각하고 잘 생각한 뒤에는 곧 법과 다음 법을 향해 나아가고 법과 다음 법을 향해 나아간 뒤에는 곧 이 괴로움〔苦〕에 대하여 사실 그대로 알고 이 괴로움의 발생〔苦習〕을 알며 이 괴로움의 소멸〔苦滅〕을 알고 이 괴로움의 소멸에 이르는 길〔苦滅道〕에 대하여 사실 그대로 알아야 한다.

어떻게 괴로움을 사실 그대로 아는가? 곧 '태어남〔生〕이 괴로움이요, 늙음〔老〕이 괴로움이며 병듦〔病〕이 괴로움이요 죽음〔死〕이 괴로움이며 싫어하는 것과 만남이 괴로움이요 사랑하는 것과 헤어짐이 괴로움이며 구하되 얻지 못함이 괴로움이니 간략히 말해 5성음盛陰이 괴로움이다'라고 이렇게 괴로움을 사실 그대로 아느니라. 어떻게 괴로움의 발생을 사실 그대로 아는가? 곧 '이 애욕은 장차 미래의 목숨을 받고 기쁨의 탐욕〔喜欲〕과 함께 여러 가지 목숨을 원한다'고 이렇게 괴로움의 발생을 사실 그대로 아느니라. 어떻게 괴로움의 소멸을 사실 그대로 아는가? 곧 '이 애욕은 장차 미래의 목숨을 받고 기쁨의 탐욕과 함께 여러 가지 목숨을 원한다. 그러나 그것은 멸할 수 있고 무여無餘일 수 있으며 끊을 수 있고 버릴 수 있으며 토할 수 있고 다할 수 있으며 무욕無欲일 수 있고 없앨 수 있으며 쉬고 그칠 수 있는 것이다'라고 이렇게 괴로움의 소멸을 사실 그대로 아느니라. 어떻게 괴로움의 소멸에 이르는 길에 대하여 사실 그대로 아는가? 곧 '8정도〔支聖道〕로서 곧 바른 견해〔正見〕와 나아가 바른 선정〔正定〕까지이다. 이것을 여덟 가지라 한다'고 이렇게 괴로움의 소멸에 이르는 길에 대하여 사실 그대로 아느니라."

이 법을 말씀해 마치시자 수한제 이학은 티끌을 멀리하고 때를 떠나 모든 법에 대한 법안法眼이 생겼다. 이에 수한제 이학은 법을 보고 법을 얻고 희고 깨끗한 법을 깨달았다. 의심을 끊고 미혹을 건너, 다시는 다른 높일 이가 없어 남을 좇지 않고 망설임 없이 이미 과증果證에 머물러 세존의 법에서 두려움이 없게 되었다. 그는 곧 자리에서 일어나 부처님 발에 머리를 조아리고 여쭈었다.

"세존이시여, 원컨대 제가 출가하여 도를 배우게 하시고, 구족계具足戒를 받고 비구가 되게 해 주십시오."

세존께서 말씀하셨다.

"잘 왔구나. 비구여, 범행을 닦아라."

그래서 수한제 이학은 곧 출가하여 도를 배우고 구족계를 받고 비구가 되었다. 수한제 이학은 출가하여 도를 배우고 구족계를 받고 법을 안 뒤에는 아라하阿羅訶가 되었다.

부처님께서 이렇게 말씀하시자 존자 수한제는 부처님의 말씀을 듣고 기뻐하며 받들어 행하였다.

〔이 수한제경에 수록된 경문의 글자 수는 4,121자이다. 『중아함경』 제38권에 수록된 경문의 글자 수는 8,662자이다.〕[7]

---

7 이 권에 수록되어 있는 두 소경의 경문 글자 수를 합하면 8,682자인데, 여기에서는 8,662자로 표기하여 실제보다 20자가 부족하다.

중아함경 제 39 권

12. 범지품 ⑤

154) 바라바당경婆羅婆堂經[1]〔제4 분별송〕

나는 이와 같이 들었다.

어느 때 부처님께서 사위국을 유행하실 적에 동원東園 녹자모당鹿子母堂에 계셨다. 그때 바사타婆私吒와 바라바婆羅婆 두 범지족梵志族은 수염과 머리를 깎고 가사를 입고 지극한 믿음으로 출가하여 집 없이 도를 배웠다.

여러 범지들은 그들을 보고 심하게 꾸짖고 몹시 다그쳐 괴롭히면서 말하였다.

"범지종은 훌륭한데 다른 종성은 그만 못하고 범지종은 흰데 다른

---

1 이 경의 이역본으로는 송宋시대 시호施護가 한역한 『불설백의금당이바라문연기경佛說白衣金幢二婆羅門緣起經』이 있고, 참고 경전으로는 『장아함경』 다섯 번째 소경인 「소연경小緣經」이 있다.

종성은 다 검으며 범지는 청정한데 범지가 아닌 종성은 청정하지 못하다. 범지는 범천의 아들로서 그 입에서 나왔으니 범지는 범천의 변화로 된 것이다. 그런데 너희들은 훌륭한 것을 버리고 그만 못한 것을 따르며 흰 것을 버리고 검은 것을 따른다. 저 까까머리 사문은 검은 것에 묶였고 종자를 끊어 자식이 없다. 그러므로 너희들은 하는 짓이 매우 나빠서 지극히 큰 잘못을 범하였다."

그때 세존께서는 해질 녘에 연좌燕坐에서 일어나 녹자모당 위에서 내려와서 당堂 그늘 한데를 거니시면서 여러 비구들을 위하여 매우 깊고 미묘한 법을 말씀하고 계셨다. 존자 바사타는 멀리서 세존께서 해질녘에 연좌에서 일어나 당에서 내려오셔서 당 그늘 한데를 거니시며 여러 비구들을 위하여 매우 깊고 미묘한 법을 말씀하고 계신 것을 보았다. 존자 바사타는 그것을 본 뒤에 말하였다.

"현자 바라바婆羅婆여, 마땅히 알아야 한다. 세존께서는 해질 녘에 연좌에서 일어나 당에서 내려오셔서 당 그늘 한데를 거니시며 여러 비구들을 위하여 매우 깊고 미묘한 법을 말씀하고 계신다. 현자 바라바여, 우리 함께 부처님 처소로 가자. 가게 되면 부처님께 법을 들을 수 있으리라."

그리고 바사타와 바라바는 곧 부처님 처소로 나아가 머리 조아려 예배하고, 그 뒤를 따라 거닐었다. 세존께서는 돌아보시고 그 두 사람에게 말씀하셨다.

"바사타여, 너희들 두 범지는 범지족을 버리고 수염과 머리를 깎고 가사를 입고 지극한 믿음으로 출가하여 집 없이 도를 배우고 있다. 여러 범지들이 그런 너희를 보고 크게 꾸짖지 않았는가?"

"그렇습니다. 세존이시여, 여러 범지들은 저희들을 보고 심하게 꾸짖고 다그치며, 몹시 괴롭혔습니다."

세존께서 물으셨다.

"바사타여, 여러 범지들이 너희들을 보고 어떻게 심하게 꾸짖고 다그치며 몹시 괴롭혔느냐?"

"세존이시여, 여러 범지들은 저희들을 보고 이렇게 말했습니다.

'범지종은 훌륭한데 다른 종성은 그만 못하고 범지종은 흰데 다른 종성은 다 검으며 범지는 청정한데 범지가 아닌 종성은 청정하지 못하다. 범지는 범천의 아들로서 그 입에서 나왔으니 범지는 범천의 변화로 된 것이다. 그런데 너희들은 훌륭한 것을 버리고 그만 못한 것을 따르며 흰 것을 버리고 검은 것을 따른다. 저 까까머리 사문은 검은 것에 묶였고 종자를 끊어 자식이 없다. 그러므로 너희들은 하는 짓이 매우 나빠서 지극히 큰 잘못을 범하였다.'"

세존께서 말씀하셨다.

"바사타여, 저 여러 범지들의 말은 지극히 나쁘고 지극히 부당하다. 왜냐하면 그들은 어리석고 미련하여 이치를 잘 깨닫지 못하고 좋은 밭을 분별하지 못하며 스스로 알지도 못하면서 '우리 범지는 범천의 아들로서 그의 입에서 나왔으니 범지는 범천의 변화로 된 것이다'라고 말했기 때문이다. 왜냐하면 바사타여, 나의 이 위없는 밝음〔明〕과 행行과 깨달음〔作證〕에서는 생生의 훌륭함을 말하지 않고 종성種姓을 말하지 않으며 교만을 말하지 않기 때문이다. 그들이 내 뜻을 옳다느니 내 뜻을 옳지 않다느니 하는 것은 자리〔坐〕와 물〔水〕과 배운 경서를 표준한 것이다. 바사타여, 만일 혼인하는 자가 있으면 그들은 마땅히 생生을 말할 것이요, 종성種姓을 말할 것이며, 교만憍慢을 말할 것이다. 그들이 내 뜻을 옳다느니 내 뜻을 옳지 않다느니 하는 것은 자리와 물과 배운 경서를 표준한 것이다.

바사타여, 만일 생을 헤아리고 종성을 헤아리며 교만을 헤아리는 자가 있다면 그들은 나의 위없는 밝음〔明〕과 행行과 깨달음〔作證〕에서 아득히 멀어질 것이다. 바사타여, 생을 말하고 종성을 말하며 교만을 말하고 내 뜻을 옳다느니 내 뜻을 옳지 않다느니 함에 있어서 자리와 물과 배운 경서를 표준하는 것은 내 위없는 밝음〔明〕과 행行과 깨달음〔作證〕에서 아득히 떠나는 것이다.

그리고 바사타여, 어떤 사람도 서로 논쟁할 수 없는 세 종성이 있는데 그들은 선善과 불선법不善法이 뒤섞여 있어 성인들의 칭찬을 받기도 하고 받지 못하기도 한다. 어떤 것이 세 가지인가? 찰리종과 범지종과 거사종이다. 바사타여, 네 생각에는 어떠한가? 찰리는 산목숨을 죽이고 주지 않는 것을 빼앗으며 사음을 행하고 거짓말하며 나아가 삿된 견해를 가질 수 있고 거사도 또한 그러한데 범지는 그렇지 않은가?"

"세존이시여, 찰리도 또한 산목숨을 죽이고 주지 않는 것을 빼앗으며 사음을 행하고 거짓말하며 나아가 삿된 견해를 가질 수 있고 범지 · 거사도 또한 그렇습니다."

세존께서 물으셨다.

"바사타여, 네 생각에는 어떠한가? 범지는 살생을 떠나고 살생을 끊으며 주지 않는 것을 빼앗는 것과 사음과 거짓말과 나아가 삿된 견해 등을 여의어 바른 견해를 얻을 수 있지만 찰리 · 거사는 그렇지 않은가?"

"세존이시여, 범지도 살생을 떠나고 살생을 끊으며 주지 않는 것을 빼앗는 것과 사음과 나아가 삿된 견해 등을 여의어 바른 견해를 얻을 수 있고 찰리 · 거사도 또한 그렇습니다."

세존께서 물으셨다.

"바사타여, 네 생각에는 어떠하냐? 만일 한량없이 악하고 착하지 않은 법이 있으면, 이것은 찰리나 거사의 소행이요 범지는 아닌가? 또 만일 한량없이 착한 법이 있으면 이것은 범지의 소행이요 찰리나 거사는 아닌가?"

"세존이시여, 만일 한량없이 악하고 착하지 않은 법이 있으면 그것은 찰리나 거사도 행할 수 있고 범지도 또한 그렇습니다. 만일 한량없이 착한 법이 있으면 그것은 범지도 행할 수 있고 찰리나 거사도 또한 그렇습니다."

"바사타여, 만일 한량없이 악하고 착하지 않은 법이 있어 한결같이 찰리나 거사만이 행하고 범지는 아니라면 또 만일 한량없이 착한 법이 있어 한결같이 범지만 행하고 찰리나 거사는 그렇지 않다면 저 모든 범지들은 '우리들 범지는 범천의 아들로서 그의 입에서 나왔으니, 범지는 범천의 변화로 된 것이다'라고 이렇게 말할 수 있다. 왜냐하면 바사타여, 범지의 여자가 처음으로 혼인하는 것을 보거나 혼인한 뒤에 아이를 배는 것을 보거나 아이를 밴 뒤에 아이를 낳는 것을 보면 혹은 사내요 계집애다. 바사타여, 이렇게 모든 범지들도 또한 세상법과 같이 생산하는 길을 따라 태어난다. 그런데 저들은 거짓말로 범천을 빙자하여 '우리 범지는 범천의 아들로서 그 입에서 나왔으니, 범지는 범천의 변화로 된 것이다'라고 그렇게 말한다.

바사타여, 만일 여러 성姓과 여러 이름의 족성자가 여러 종족을 버리고 수염과 머리를 깎고 가사를 입고 지극한 믿음으로 출가하여 집 없이 나를 따라 도를 배운다면 마땅히 '우리 범지들은 범천의 아들로서 그의 입에서 나왔으니, 범지는 범천의 변화로 된 것이다'라고 이와 같이 말하라. 왜냐하면 바사타여, 그 족성자는 내 바른 법률 가운데 들어와 내 바른 법률을 받고 저쪽 언덕에 이르게 되었고 의심을 끊고 미혹을 건너 망설임이 없으며 세존의 법에 두려움이 없게 되었기 때문이다. 그러므로 그들은 마땅히 '우리 범지는 범천의 아들로서 그 입에서 나왔으니, 범지는 범천의 변화로 된 것이다'라고 말해야 할 것이다. 바사타여, 저 범천은 곧 여래如來·무소착無所著·등정각等正覺을 말한다. 범천은 곧 여래요, 냉철함은 곧 여래이며 번뇌가 없고 번뇌의 열독이 없으며 여여如如함을 여의지 않은 것이 곧 여래이니라.

바사타여, 네 생각에는 어떠하냐? 모든 석가족은 구사라拘娑羅의 왕 바사닉波斯匿에게 뜻을 낮추어 사랑하고 공경하며 지극히 존중하고 공양하며 받들어 섬기는가?"

"그렇습니다, 세존이시여."

세존께서 물으셨다.

"바사타여, 네 생각에는 어떠하냐? 만일 모든 석가족이 구사라의 왕 바사닉에게 뜻을 낮추어 사랑하고 공경하며 지극히 존중하고 공양하며 받들어 섬긴다면 그와 같이 구사라의 왕 바사닉도 곧 나에게 뜻을 낮추어 사랑하고 공경하며 지극히 존중하고 나를 공양하며 받들어 섬기겠는가?"

"모든 석가족이 구사라의 왕 바사닉에게 뜻을 낮추어 사랑하고 공경하며 지극히 존중하고 공양하며 받들어 섬긴다면 이것은 기특할 것이 없습니다. 그러나 만일 구사라의 왕 바사닉이 세존께 뜻을 낮추어 사랑하고 공경하며 지극히 존중하고 공양하며 받들어 섬긴다면 그것은 참으로 기특한 일입니다."

세존께서 말씀하셨다.

"바사타여, 구사라의 왕 바사닉은 나에게 뜻을 낮추어 사랑하고 공경하며 지극히 존중하고 나를 공양하며 받들어 섬긴다. 그러나 그는 '사문 구담의 종족은 지극히 높으나 내 종족은 낮고 사문 구담은 재보財寶가 매우 많으나 내 재보는 적으며 사문 구담은 형색이 지극히 묘하나 내 형색은 묘하지 못하며 사문 구담은 큰 위신威神이 있으나 내 위신은 작으며 사문 구담은 좋은 지혜가 있으나 나는 나쁜 지혜가 있다'는 그런 뜻에서가 아니다. 바사타여, 구사라의 왕 바사닉은 다만 법을 사랑하고 공경하며 지극히 존중하고 공양하며 받들어 섬기기 때문에, 나에게 뜻을 낮추어 사랑하고 공경하며 지극히 존중하고 나를 공양하며 받들어 섬기느니라."

그때 세존께서 비구들에게 말씀하셨다.

"바사타여, 언젠가 이 세상은 다 무너졌었다. 이 세상이 무너졌을 때 거기 있던 중생들은 황욱천晃昱天에 태어났다. 그들은 그 하늘에서 묘한 빛깔〔色〕을 생각대로 만들어 일체의 지절支節과 모든 근根을 구족하며 기쁨을 음식으로 삼고 스스로 몸에 광명이 있어 허공에 올라 깨끗한 빛깔이 오래 머물렀다. 바사타여, 언젠가 이 대지에 물이 가득 차고 그 큰 물 위를 바람이 불어 흔들었다. 그러면 맺히고 얽혀 정精이 되어 한데 모여 화합하였으니, 마치 지팡이로 젖을 저으면 숙락(熟酪 : 醍醐)이 맺히고 얽혀 정精이 되어 한데 모여 화합하는 것과 같았다. 이와 같이 바사타여, 언젠가 이 땅에 물이 가득 찼었고 그 큰 물 위를 바람이 불어 흔들었다. 그러면 맺히고 얽혀 정이 되어 한데 모여 화합하였고 여기서 빛깔과 향기로운 맛이 있는 지미(地味 : 대지의 精分)가 생겼다. 어떤 빛깔인가? 마치 생소生酥나 숙소熟酥 빛깔과 같다. 어떤 맛인가? 밀환蜜丸의 맛과 같다.

바사타여, 어느 땐가 이 세상이 다시 이루어졌을 때 황욱천에 태어났다가 거기서 목숨〔壽〕이 다하고 업業이 다하고 복福이 다하고 명命이 다한 중생이 있으면 그들은 이 세상에 태어나 사람이 되었다. 그들은 이 세간에 태어난 뒤에 묘한 빛깔을 생각대로 만들어 일체의 지절과 모든 근을 구족하였으며 기쁨을 음식으로 삼고, 스스로의 몸에 광명이 있어 허공에 올라 깨끗한 빛이 오래 머물렀다.

바사타여, 그때 세상에는 해도 달도 없고 또한 별도 없었으며 낮도 밤도 없고 한 달도 보름도 없었으며 계절도 없고 햇수도 없었다. 바사타여, 그때에는 아비도 없고 어미도 없었으며 남자도 없고 여자도 없었으며 또 양반도 없고 노비들도 없이 다 같은 중생일 뿐이었다. 그때 청렴하지 못하고 탐욕스런 어떤 중생이 곧 이렇게 생각하였다.

'어떤 것이 지미인가? 나는 차라리 손가락으로 그 지미를 찍어 맛보리라.'

그리고 그 중생은 곧 손가락으로 지미를 찍어 맛보았다. 이렇게 하여 그 중생은 지미를 알고 나서는 다시 더 먹기를 바랐다. 그때 중생은 다시 이렇게 생각했다.

'나는 왜 손가락으로 이 지미를 맛보느라고 스스로 괴로워하는가? 나는 이제 손으로 이 지미를 집어먹으리라.'

그 중생은 곧 손으로 이 지미를 집어먹었다. 그 중생들 가운데 다시 다른 중생들은 이 중생이 손으로 지미를 집어먹는 것을 보고 곧 이렇게 생각하였다.

'이것은 참으로 좋구나. 이것은 실로 유쾌하구나. 우리도 손으로 이 지미를 집어먹으리라.'

그때 그 중생들은 곧 손으로 이 지미를 집어먹었다. 그 중생들은 손으로 이 지미를 집어먹기를 되풀이한 뒤에 몸이 점점 뚱뚱해지고, 점점 무거워지며 점점 단단해졌다. 그래서 그들이 본래 가졌던 청정한 빛깔은 곧 없어지고 저절로 어둠이 생겼다.

바사타여, 세간의 법이 자연 여기서 생겼으니, 만일 어둠이 생기면 반드시 해와 달이 생기고, 해와 달이 생긴 뒤에는 곧 별이 생기며, 별이 생긴 뒤에는 곧 낮과 밤이 이루어지고, 낮과 밤이 이루어진 뒤에는 곧 한 달과 보름이 있으며, 계절과 햇수가 있게 되었기 때문이다. 그렇게 그들은 지미를 맛보며 오랫동안 세상에서 살았다.

바사타여, 만일 어떤 중생이 지미를 너무 많이 먹으면 그는 곧 나쁜 빛깔을 띠었고 지미를 조금 먹으면 그는 곧 묘한 빛깔을 띠었다. 이로부터 빛깔에 낫고 못함이 있음을 알게 되었고 빛깔의 낫고 못함으로 인하여 중생과 중생들은 서로 업신여기면서 말하였다.

'내 빛깔은 훌륭하고 네 빛깔은 못하다.'

빛깔의 낫고 못함으로 인하여 업신여김과 나쁜 법이 생겼기 때문에 지미는 곧 없어지고 말았다. 지미가 없어지자 그 중생들은 모두 모여 못내 슬퍼하고 울면서 이렇게 말하였다.

'어찌할꼬, 지미여. 어찌할꼬, 지미여.'

마치 요즘 사람들이 맛있는 음식을 먹을 때, 그 본래의 이름을 말하지도 않고 비록 받아먹더라도 그 이유를 알지 못하는 것과 같나니, 이 말의 뜻도 또한 그와 같으니라.

바사타여, 지미가 없어진 뒤에 그 중생들에게는 빛깔과 향기로운 맛이 있는 지비(地肥 : 地餠)가 생겼다. 어떤 빛깔인가? 마치 생소나 숙소 빛깔과 같다. 어떤 맛인가? 밀환 맛과 같다. 그들은 이 지비를 먹으면서 오랫동안 이 세상에서 살았다. 바사타여, 만일 어떤 중생이 이 지비를 많이 먹으면 그는 곧 나쁜 빛깔을 띠었고 이 지비를 적게 먹으면 그는 곧 묘한 빛깔을 띠었다. 이로부터 빛깔에 낫고 못함이 있음을 알게 되었고 빛깔의 낫고 못함으로 인하여 중생과 중생들은 서로 업신여기면서 말하였다.

'내 빛깔은 훌륭하고 네 빛깔은 못하다.'

그리고 빛깔의 낫고 못함으로 인하여 업신여김과 나쁜 법이 생겼기 때문에 지비는 곧 없어지고 말았다. 지비가 없어지자 그 중생들은 모두 모여 못내 슬퍼하고 울면서 이렇게 말하였다.

'어찌할꼬, 지비여. 어찌할꼬, 지비여.'

마치 요즘 사람들이 남에게 꾸지람을 당할 때 본래의 이름도 말하지 않고 비록 책망을 받으면서도 그 뜻을 알지 못하는 것과 같아서 이 말의 뜻도 또한 그와 같으니라.

바사타여, 지비가 없어진 뒤에 그 중생들에게는 빛깔과 향기로운 맛이 있는 바라婆羅가 생겼다. 어떤 빛깔인가? 마치 우담바라꽃〔曇華〕의 빛깔과 같다. 어떤 맛인가? 진 밀환〔淖蜜丸〕과 같다. 그들은 이 바라婆羅를 먹으면서 오랫동안 세상에 살았다. 바사타여, 만일 중생이 바라를 많이 먹으면 그는 곧 나쁜 빛깔을 띠었고 이 바라를 적게 먹으면 그는 곧 묘한 빛깔을 띠었다. 이로부터 빛깔에 낫고 못함이 있는 것을 알게 되었고 빛깔의 낫고 못함이 있음으로 말미암아 중생과 중생들은 서로 업신여기면서 말하였다.

'내 빛깔은 훌륭하고 네 빛깔은 못하다.'

빛깔의 낫고 못함으로 말미암아 업신여김과 나쁜 법이 생겼기 때문에 바라는 곧 없어지고 말았다. 바라가 없어지자 그 중생들은 모두 모여 못내 슬퍼하고 울면서 이렇게 말하였다.

'어찌할꼬, 바라여 어찌할꼬, 바라여.'

마치 요즘 사람들이 괴로운 법에 부딪쳤을 때 본래 이름을 말하지도 않고 비록 괴로움을 받더라도 그 뜻을 알지 못하는 것과 같아서 이 말의 뜻도 또한 그와 같으니라.

바사타여, 바라가 없어진 뒤에 그 중생들에게는 자연 멥쌀〔粳米〕이 생겼는데 희고 깨끗하고 껍질이 없으며 또한 속껍질도 없고 길이는 네 마디〔寸〕 정도였다. 아침에 베면 저녁에 나고 저녁에 베면 아침에 났으며 무르익으면 짭짤한 맛이 나고 풋기가 없었다. 중생들은 자연 멥쌀을 먹었고 그 중생들이 이 자연 멥쌀을 먹은 뒤에 곧 중생들에게 몇 가지 형상이 생겼으니 혹 어떤 중생은 남자의 형상이 되고 혹 어떤 중생은 여자의 형상이 되었다. 만일 그 중생들이 남자와 여자의 형상이 되면 그들은 서로 보고 '나쁜 중생이 생겼다'라고 그렇게 말하였다. 바사타여, 나쁜 중생이 생겼다는 것은 곧 부인을 두고 하는 말이다. 그 중생들이 남자의 형상과 여자의 형상이 되자 그 중생들은 곧 서로 엿보았고 서로 엿본 뒤에는 곧 눈으로 서로를 보았으며 눈으로 서로 본 뒤에는 곧 서로 친해졌고 서로 친해진 뒤에는 곧 번열煩熱이 생겼으며 번열이 생긴 뒤에는 곧 서로 애착하였고 서로 애착한 뒤에는 곧 음욕을 행하였다. 그리고 만일 다른 중생이 음욕을 행하는 것을 보면 곧 나무나 돌이나 혹은 몽둥이나 흙덩이로 때리면서 '아, 더럽고 나쁜 중생들이 법답지 않은 짓을 하는구나'라고 말하였다. 어떻게 중생들이 서로 이런 말을 하였는가? 마치 요즘 사람들이 신부를 맞이할 때 복꽃〔襆華〕을 뿌리거나 혹은 꽃다발〔華鬘〕을 드리우고 '신부여, 안온하시오. 신부여, 안온하시오'라고 이와 같이 말하는 것과 같았다. 본래는 미워하던 것이었지만 지금은 사랑하는 것이다.

바사타여, 혹 어떤 중생은 깨끗하지 못한 법을 미워하여 증오하고 수치스러워하며 부끄럽다는 생각을 품고는 그는 곧 하루나 이틀 나아가 엿새나 이레, 보름, 한 달, 내지 일 년 동안 대중을 떠났다. 바사타여, 혹 어떤 중생은 이 깨끗하지 못한 짓을 행하려고 곧 집을 짓고는 '이 속에서 나쁜 짓을 하자. 이 속에서 나쁜 짓을 하자'고 이렇게 말하였다. 바사타여, 이것을 세상에 집〔家〕이 세워지게 된 법의 첫 번째 인연이라 한다. 이는 옛날의 제일의 지혜로서 법다워서 법답지 않음이 아니며 법답기에 사람들이 귀하게 여기는 것이다.

그 중에 어떤 게으른 중생은 곧 '나는 왜 날마다 자연 멥쌀을 거둬야 하는가? 차라리 내일 하루 먹을 분량을 한꺼번에 거두는 것이 어떨까?'라고 이와 같이 생각하였다. 그리고 그는 곧 하루 먹을 쌀을 더 거두었다. 그때 어떤 중생이 그 중생에게 말하였다.

'중생아, 나와라. 쌀을 거두러 함께 가자.'

그는 곧 대답했다.

'나는 이미 이틀 치를 한꺼번에 거두었으니, 그대나 거두러 가게.'

그 중생은 이 말을 듣고 곧 이렇게 생각했다.

'그것은 참으로 잘한 일이다. 그것은 참으로 유쾌한 일이다. 그러면 나도 이제 차라리 내일 먹을 쌀까지 한꺼번에 거두는 것이 좋지 않을까?'

그는 곧 내일 먹을 쌀까지 한꺼번에 거둬가지고 왔다. 다시 어떤 중생이 그 중생에게 말했다.

'중생아, 나와라. 쌀을 거두러 함께 가자.'

그는 곧 대답했다.

'나는 이미 내일 먹을 쌀까지 한꺼번에 거두었으니 그대나 거두러 가게.'

그 중생은 이 말을 듣고 이렇게 생각했다.

'그것은 참으로 잘한 일이다. 그것은 참으로 유쾌한 일이다. 그러면 나는 이제 차라리 여러 날 먹을 쌀을 한꺼번에 거두는 것이 낫지 않을까?'

그 중생은 곧 이레 동안 먹을 쌀을 한꺼번에 거둬 가지고 왔다. 그 중생이 그처럼 자연 멥쌀을 많이 거둬 쌓아 두자, 그 이레치 멥쌀에서는 곧 껍질이 생겼고 벤 지 이레가 지나도 역시 껍질이 생겼으며 벤 자리에서 다시는 쌀이 나지 않았다.

그러자 그 중생들은 곧 모두 모여 몹시 슬피 울면서 이렇게 말하였다.

'우리는 악하고 착하지 않은 법을 내었으니 곧 우리는 쌀을 묵혀 쌓아 두었다. 왜냐하면 우리는 본래 묘한 빛깔을 생각대로 만들어 일체의 지절과 모든 근根을 구족하였으며 기쁨으로 음식을 삼고 스스로의 몸에 광명이 있어 허공에 올라 깨끗한 빛이 오래 머물렀었다. 그때 우리에게 지미地味가 생겨 빛깔과 향기로운 맛이 있었으니 어떤 빛깔이던가? 마치 생소生酥나 숙소熟酥 빛깔과 같았다. 어떤 맛이던가? 마치 밀환蜜丸 맛과 같았다. 우리들은 지미를 먹으면서 세상에서 오랫동안 살았다. 우리는 지미를 많이 먹으면 곧 나쁜 빛깔이 생겼고 지미를 적게 먹으면 곧 묘한 빛깔을 띠었다. 이로부터 빛깔에 낫고 못함이 있음을 알게 되었고 빛깔의 낫고 못함이 있음으로 말미암아 우리는 각각 서로 업신여기면서 〈내 빛깔은 훌륭한데 네 빛깔은 그만 못하다〉라고 말하였다. 그리고 빛깔의 낫고 못함으로 말미암아 업신여김과 나쁜 법이 생겨났기 때문에 지미는 곧 없어지고 말았다. 지미가 없어진 뒤로 우리에게는 지비地肥가 생겨났는데 빛깔과 향기로운 맛이 있었다. 어떤 빛깔이던가? 마치 생소나 숙소 빛깔과 같았다. 어떤 맛이던가? 밀환 맛과 같았다. 우리는 지비를 먹으면서 세상에서 오랫동안 살았다. 그런데 우리가 지비를 많이 먹으면 곧 나쁜 빛깔이 생겼고 지비를 적게 먹으면 곧 묘한 빛깔을 띠었다. 이로부터 빛깔에 낫고 못함이 있음을 알게 되었고 빛깔의 낫고 못함이 있음으로 말미암아 우리는 각각 서로 업신여기면서 〈내 빛깔은 훌륭한데 네 빛깔은 그만 못하다〉고 말하였다. 빛깔의 낫고 못함으로 말미암아 업신여김과 나쁜 법이 생겨났기 때문에 지비는 곧 없어지고 말았다.

지비가 없어진 뒤로 우리에게는 바라婆羅가 생겼는데 빛깔과 향기로운 맛이 있었다. 어떤 빛깔이던가? 마치 우담바라꽃의 빛깔과 같았다. 어떤 맛이던가? 마치 진 밀환[淳蜜丸]과 같았다. 우리는 바라를 먹으면서 세상에서 오랫동안 살았다. 우리가 바라를 많이 먹으면 곧 나쁜 빛깔이 생겼고 바라를 적게 먹으면 곧 묘한 빛깔을 띠었다. 이로부터 빛깔에 낫고 못함이 있음을 알게 되었고 빛깔의 낫고 못함이 있음으로 말미암아 우리는 각각 서로 업신여기면서 〈내 빛깔은 훌륭한데 네 빛깔은 그만 못하다〉라고 말하였다. 빛깔의 낫고 못함으로 말미암아 업신여김과 나쁜 법이 생겨났기 때문에 바라는 곧 없어지고 말았다.

바라가 없어진 뒤로 우리에게는 자연 멥쌀이 생겼다. 희고 깨끗하여 껍질도 없고 또한 속껍질도 없으며 길이는 네 마디 정도였다. 아침에 베면 저녁에 나고 저녁에 베면 아침에 나며 무르익으면 짭짤한 맛이 나고 풋기가 없었다. 우리는 그 자연 멥쌀을 먹었는데 이렇게 우리가 그 자연 멥쌀을 많이 거두어 쌓아두자 그렇게 묵은 멥쌀에는 곧 껍질이 생기고 벤 지 이레가 지나도 또한 껍질이 생겼으며 벤 자리에서 다시는 쌀이 나지 않는다. 그러니 우리는 차라리 밭을 만들고 푯말을 세우는 것이 좋지 않을까?'

이에 그 중생들은 밭을 만들고 푯말을 세웠다. 그 중에 어떤 중생은 자기 밭에 곡식이 있는데도 남의 밭에 들어가 남의 곡식을 훔쳤다. 그 주인은 그것을 보고 곧 이렇게 말하였다.

'아아, 더럽고 나쁜 중생이여, 어떻게 이런 짓을 하는가? 네 곡식을 가지고 있으면서 남의 밭에 들어와 남의 곡식을 훔치는구나. 너는 이번에는 가도 좋다. 그러나 이후에 다시는 그런 짓을 하지 말라.'

그러나 그 중생은 다시 두 번 세 번 남의 곡식을 훔쳤다. 그 주인도 또한 두 번 세 번이나 그것을 보게 되자 곧 주먹으로 때리고 대중이 있는 곳으로 끌고 가서 대중에게 말하였다.

'이 중생은 자기도 곡식을 가지고 있으면서 내 밭에 들어와 내 곡식을 훔쳤다.'

그러자 그 중생도 또한 대중에게 말하였다.

'이 중생은 주먹으로 나를 때리고 대중이 있는 곳으로 끌고 왔다.'

이에 그 여러 중생들은 모두 한데 모여 못내 슬피 울면서 이렇게 말하였다.

'우리는 악하고 착하지 못한 법을 내었으니 이른바 밭을 지킨다는 것이다. 무슨 까닭인가? 밭을 지키기 때문에 서로 다투며 잃음이 있고 다함이 있으며 서로 할 말이 있고 주먹으로 서로 때리는 일이 있다. 우리는 차라리 이 대중 가운데서 형색이 단정하고 지극히 묘하여 가장 제일가는 한 사람을 천거하여 밭주인으로 세우자. 그래서 만일 꾸짖을 만한 사람이 있으면 그를 시켜 꾸짖게 하고 만일 물리칠 만한 사람이 있으면 그를 시켜 물리치게 하자. 그리고 우리가 얻은 벼곡식을 법답게 실어다가 그에게 주자.'

이에 대중들은 그 대중 가운데서 형색이 단정하고 묘하여 가장 제일가는 사람을 천거하여 밭주인으로 삼고, 만일 꾸짖을 만한 사람이 있으면 그를 시켜 꾸짖게 하고, 만일 물리칠 만한 사람이 있으면 그를 시켜 물리치게 하였다. 그리고 그들이 얻은 곡식을 법답게 실어다가 그 밭주인에게 주었으니 이것이 밭주인이요, 이 밭주인을 찰리刹利라고 한다. 그는 법답게 중생을 즐겁게 하고 중생을 수호하여 계를 행하게 하였으니 이것이 왕이요, 이 왕을 왕이라 하였다.

바사타여, 이것을 세상에 찰리 종족이 있게 된 첫 번째 인연이라 한다. 이는 옛날의 제일의 지혜로서 법다워서 법에 맞지 않음이 없으며 법답기에 사람들이 귀하게 여긴다.

그때 특별한 중생들은 지킴〔守〕을 병病이라 하고 지킴을 종기〔癰〕라

하며 지킴을 화살이나 가시로 여겨 곧 지킴을 버리고 일 없이 한가한 곳에 풀집을 짓고 선禪을 배웠다. 그들은 일 없이 한가한 곳에서 아침마다 이른 아침에 촌·읍이나 왕성으로 들어가 밥을 빌었다. 많은 중생들은 그를 보고는 곧 밥을 주고, 공경하고 존중하면서 이렇게 말하였다.

'이 특별한 중생들은 지킴을 병이라 하고 지킴을 종기라 하며 지킴을 화살이나 가시라 하여 곧 지킴을 버리고 일 없는 곳에 풀집을 짓고 선을 배운다. 이 귀한 사람들은 악하고 착하지 않은 법을 버리나니 이것이 범지요, 이 범지를 범지라 하자.'

그 중생들은 선을 배우다가 선을 얻지 못하고 고행苦行을 배우다가 고행을 얻지 못하며 멀리 여읨을 배우다가 멀리 여읨을 얻지 못하고 일심一心을 배우다가 일심을 얻지 못하며 정진精進을 배우다가 정진을 얻지 못하자 그만 일 없이 한가한 곳을 버리고 촌·읍이나 왕성으로 돌아와 네 기둥의 집을 짓고 경서經書를 만들었다. 그 많은 사람들은 이런 모습을 보고 다시는 보시하지 않았고 공경하거나 존중하지도 않으면서 이렇게 말하였다.

'이 특별한 중생들은 이전에는 지킴을 병이라 하고 지킴을 종기라 하며 지킴을 화살이나 가시라 하여 곧 지킴을 버리고 일 없이 한가한 곳에 풀집을 짓고 선을 배웠다. 그러나 선을 배우다가 선을 얻지 못하고 고행을 공부하다가 고행을 얻지 못하며 멀리 여읨을 배우다가 멀리 여읨을 얻지 못하고 일심을 배우다가 일심을 얻지 못하며 정진을 배우다가 정진을 얻지 못하자 그만 일 없이 한가한 곳을 버리고 촌·읍이나 왕성으로 돌아와 네 기둥의 집을 짓고 경서를 만들었다. 이 귀한 사람들은 다시 널리 많이 들어 배우고 이렇게 널리 들으면서 다시는 선을 배우지 않나니 이렇게 널리 듣는 자들을 널리 들어 아는 사람

이라 하자.'

바사타여, 이것을 이 세상에 범지 종족이 있게 된 첫 번째 인연이라 한다. 이는 옛날의 제일의 지혜로서 법다워서 법에 맞지 않음이 없고 법답기에 사람들이 귀하게 여기느니라.

이에 그 특별한 중생들은 각각 여러 곳으로 가서 농사를 지었다. 이렇게 각각 여러 곳으로 가서 농사를 지었으니 이렇게 각각 여러 곳으로 가서 농사를 짓는 사람을 비사鞞舍라 하였다. 바사타여, 이것을 세상에 비사 종족이 있게 된 첫 번째 인연이라 한다. 이는 옛날의 제일의 지혜로서 법다워서 법에 맞지 않음이 없으며 법답기에 사람들이 귀하게 여기느니라.

바사타여, 이 세상에 이 세 종성種姓이 일어난 뒤에는 곧 제4의 사문종沙門種이 있게 됨을 안다. 어떤 것이 이 세상에 세 종성이 일어난 뒤에 곧 제4의 사문이 있게 됨을 아는 것인가? 찰리 종족의 족성의 아들은 능히 스스로 악하고 착하지 않은 법을 꾸짖고 스스로 악하고 착하지 않은 법을 싫어하고 미워하여 수염과 머리를 깎고 가사를 입고 지극한 믿음으로 출가하여 집 없이 도를 배우면서 '나는 사문이 되어 범행梵行을 행하리라'고 이렇게 생각한다. 그는 곧 사문이 되어 범행을 행한다. 이와 같이 범지 종족이나 비사 종족의 족성의 아들들도 또한 스스로 악하고 착하지 않은 법을 꾸짖고 스스로 악하고 착하지 않은 법을 싫어하고 미워하여 수염과 머리를 깎고 가사를 입고 지극한 믿음으로 출가하여 집 없이 도를 배우면서 '나는 사문이 되어 범행을 하리라'고 이렇게 생각한다. 그리고 그는 곧 사문이 되어 범행을 행한다. 바사타여, 이와 같이 세상에는 이 세 종성이 일어난 뒤에 곧 제4의 사문종이 있게 됨을 아느니라.

바사타여, 나는 이제 이 세 종성에 대해 자세히 말하리라. 어떻게 널리 이 세 종성이 있는가? 찰리 종족의 족성의 아들이 몸으로 착하지 않은 법을 행하고 입과 뜻으로 착하지 않은 법을 행하면 그는 몸이 무너지고 목숨이 끝난 뒤에는 한결같이 괴로움을 받는다. 이와 같이 범지 종족·비사 종족의 족성의 아들들도 몸으로 착하지 않은 법을 행하고 입과 뜻으로 착하지 않은 법을 행하면 그는 몸이 무너지고 목숨이 끝난 뒤에는 한결같이 괴로움을 받는다.

바사타여, 찰리 종족의 족성의 아들이 몸으로 착한 법을 행하고 입과 뜻으로 착한 법을 행하면 그는 몸이 무너지고 목숨이 끝난 뒤에는 한결같이 즐거움을 받는다. 이와 같이 범지 종족·비사 종족의 족성의 아들들도 몸으로 착한 법을 행하고 입과 뜻으로 착한 법을 행하면 그는 몸이 무너지고 목숨이 끝난 뒤에는 한결같이 즐거움을 받는다.

바사타여, 찰리 종족의 족성의 아들이 몸으로 두 가지 행과 호행護行을 행하고 입과 뜻으로 두 가지 행과 호행을 행하면 그는 몸이 무너지고 목숨이 끝난 뒤에는 괴로움과 즐거움을 받는다. 이와 같이 범지 종족·비사 종족의 족성의 아들들도 몸으로 두 가지 행과 호행을 행하고 입과 뜻으로 두 가지 행과 호행을 행하면 그는 몸이 무너지고 목숨이 끝난 뒤에는 괴로움과 즐거움을 받느니라.

바사타여, 찰리 종족의 족성의 아들이 7각법覺法[2]을 닦아 잘 생각하고 잘 관찰하면 그는 이와 같이 알고 이와 같이 보아 욕루欲漏에서 심

---

2 7각지覺支를 말함. 산스크리트리트로는 Sapta-bodhy-aṅga라 함. 깨달음을 얻기 위해 유용한 일곱 가지 사항이라는 뜻. 마음의 상태에 따라 존재를 관찰함에 있어서 깨달음에 도움이 되는 일곱 가지 항목. 첫째, 택법각지擇法覺支로 가르침 가운데 진실된 것을 선택하고 거짓된 것을 버림. 둘째, 정진각지精進覺支로 한마음으로 노력하는 것. 셋째, 희각지喜覺支로 진실의 가르침을 실행하는 기쁨으로 삶. 넷째, 경안각지經安覺支로 심신을 발랄하고 쾌적하게 함. 다섯째, 사각지捨覺支로 대상으로의 속박을 버림. 여섯째, 정각지定覺支로 마음을 집중하여 흔들리지 않음. 일곱째, 염각지念覺支로 생각을 평탄하게 하는 것.

해탈心解脫하고 유루有漏와 무명루無明漏에서 심해탈하며 해탈한 뒤에는 곧 해탈한 줄을 알아 생이 이미 다하고 범행은 이미 서며 해야 할 일은 이미 마쳐 다시는 후세의 목숨을 받지 않음을 사실 그대로 안다. 이와 같이 범지 종족·비사 종족의 족성의 아들들도 7각법을 닦아 잘 생각하고 잘 관찰하면 그는 이와 같이 알고 이와 같이 보아 욕루에서 심해탈하고 유루·무명루에서 심해탈하며 해탈한 뒤에는 곧 해탈한 줄을 알아 생이 이미 다하고 범행은 이미 서고, 해야 할 일은 이미 마쳐 다시는 후세의 목숨을 받지 않음을 사실 그대로 안다. 바사타여, 이와 같이 이 세 종족을 널리 설명하였느니라."

범천제주梵天帝主가 게송으로 말하였다.

찰리로 이족존二足尊이신 분
종족의 성이 있다고 말하며
밝음과 행을 배워 구하니
그는 하늘과 사람의 칭찬을 받네.

"바사타여, 범천제주는 이 게송을 잘 말하였으니 잘하지 않은 것이 아니요, 잘 노래하고 외웠으니 잘하지 않은 것이 아니며 잘 읊어 말하였으니 잘하지 않은 것이 아니다. 그는 이렇게 말하였다."

찰리로 이족존이신 분
종족의 성이 있다고 말하며
밝음과 행을 배워 구하니
그는 하늘과 사람의 칭찬을 받네.

"무슨 까닭인가? 나도 또한 그렇게 말했기 때문이다."

찰리로 이족존이신 분
종족의 성이 있다고 말하며
밝음과 행을 배워 구하니
그는 하늘과 사람의 칭찬을 받네.

부처님께서 이렇게 말씀하시자 존자 바사타와 바라바 및 모든 비구들은 부처님의 말씀을 듣고 기뻐하며 받들어 행하였다.

〔이 바라바당경에 수록된 경문의 글자 수는 총 5,068자이다.〕

155) 수달다경須達哆經[3]〔제4 분별송〕

나는 이와 같이 들었다.

어느 때 부처님께서 사위국을 유행하실 적에 승림급고독원勝林給孤獨園에 계셨다. 그때 수달다須達哆 거사는 부처님 처소로 나아가 머리 조아려 예배하고 물러나 한쪽에 앉았다. 세존께서 물으셨다.

"거사의 집에서는 혹 보시를 행하는가?"

수달다 거사가 대답하였다.

"그렇습니다, 세존이시여. 저희 집에서는 보시를 행합니다. 다만 좋

3 이 경의 이역 경전으로는 소제蕭齊시대 구나비지求那毗地가 한역한 『불설수달경佛說須達經』과 송宋 시대 법천法天이 한역한 『불설장자시보경佛說長者施報經』과 실역失譯 『불설삼귀오계자심염리공덕경佛說三歸五戒慈心厭離功德經』이 있으며, 참고 경전으로는 『증일아함경』 제19권 「등취사제품等趣四諦品」의 세 번째 소경이 있다.

은 것이 없어 거친 것밖에 할 수 없으니 곧 겨밥에 참깨국과 새앙나물 한 줌뿐입니다.”

세존께서 말씀하셨다.

“거사여, 거친 음식을 보시하거나 오묘한 음식을 보시하거나 다 같이 과보를 받느니라. 거사여, 만일 거친 보시를 행하되 믿고서 보시하지 않고 일부러 보시하지 않으며 손수 보시하지 않고 스스로 가서 보시하지 않으며 생각하면서 보시하지 않고 믿음으로 말미암아 보시하지 않으며 업業의 과보果報를 관찰하여 보시하지 않으면 마땅히 이러한 과보를 받는다고 관찰하라. 곧 마음으로 좋은 집을 얻으려 하지 않고 좋은 수레를 얻으려 하지 않으며 좋은 옷을 얻으려 하지 않고 좋은 음식을 얻으려 하지 않으며 좋은 5욕欲의 공덕을 얻으려 하지 않은 것이다. 무슨 까닭인가? 지극하지 않은 마음으로 보시를 행하였기 때문이니 거사여, 마땅히 이와 같은 과보를 받는다는 것을 알아야 한다.

거사여, 만일 거친 보시를 행하되 믿고서 보시하고 일부러 보시하며 손수 보시하고 스스로 가서 보시하며 생각하면서 보시하고 믿음으로 말미암아 보시하며 업의 과보를 관찰하여 보시하면 마땅히 이러한 과보를 받는다고 관찰하라. 곧 마음으로 좋은 집을 얻으려 하고 좋은 수레를 얻으려 하며 좋은 옷을 얻으려 하고 좋은 음식을 얻으려 하며 좋은 5욕의 공덕을 얻으려 하는 것이다. 무슨 까닭인가? 지극한 마음으로 보시를 행하였기 때문이니 거사여, 마땅히 이와 같은 과보를 받는다는 것을 알아야 하느니라.

거사여, 만일 묘한 보시를 행하되 믿고서 보시하지 않고 일부러 보시하지 않으며 손수 보시하지 않고 스스로 가서 보시하지 않으며 생각하면서 보시하지 않고 믿음으로 말미암아 보시하지 않으며 업의 과보를 관찰하고 보시하지 않으면 마땅히 이와 같은 과보를 받는다고 관찰하라. 곧 마음으로 좋은 집을 얻으려 하지 않고 좋은 수레를 얻으려 하지 않으며 좋은 옷을 얻으려 하지 않고 좋은 음식을 얻으려 하지 않으며 좋은 5욕의 공덕을 얻으려 하지 않은 것이다. 무슨 까닭인가? 지극하지 않은 마음으로 보시를 행하였기 때문이니 거사여, 마땅히 이와 같은 과보를 받는다는 것을 알아야 한다.

거사여, 만일 묘한 보시를 행하되 믿고서 보시하고 일부러 보시하며 손수 보시하고 스스로 가서 보시하며 생각하면서 보시하고 업의 과보를 관찰하여 보시하면 마땅히 이러한 과보를 받는다고 관찰하라. 곧 마음으로 좋은 집을 얻으려 하고 좋은 수레를 얻으려 하며 좋은 옷을 얻으려 하고 좋은 음식을 얻으려 하며 좋은 5욕의 공덕을 얻으려 하는 것이다. 무슨 까닭인가? 지극한 마음으로 보시를 행하였기 때문이니 거사여, 마땅히 이와 같은 과보를 받는다는 것을 알아야 하느니라.

거사여, 옛날 과거 세상에 범지로서 수람隨藍이라 이름하는 큰 장자가 있었느니라. 재산은 한량없고 봉호封戶와 식읍食邑과 온갖 보배가 많았으며 목축牧畜과 산업도 헤아릴 수 없이 많았다. 그는 보시를 행하였는데 그 모양은 이러하였다. 곧 8만 4천의 금발우에 은銀가루를 가득 담아 이러한 큰 보시를 행하고, 8만 4천의 은발우에 금가루를 가득 담아 이러한 큰 보시를 행하며, 8만 4천의 금발우에 금가루를 가득 담아 이러한 큰 보시를 행하고, 8만 4천의 은발우에 은가루를 가득 담아 이러한 큰 보시를 행하며, 8만 4천의 코끼리를 장엄하고 장식하며 백낙白絡으로 그 위를 덮어 이러한 큰 보시를 행하고, 8만 4천의 말을 장엄하고 장식하며 백낙과 합금 따위의 비나(霏那 : 福德行)를 얹어 이러한 큰 보시를 행하며, 젖을 짜면 모두 한 섬의 젖을 얻을 수 있는 8만 4천의 소에 옷을 짜 입혀〔衣繩衣覆〕 이러한 큰 보시를 행하고, 모습이 단정하여 보는 사람마다 다 기뻐하는 8만 4천의 여자를 여러 가지 보배와 영락으로 완벽하게 장식하여 이러한 큰 보시를 행하였으니, 그 밖의 음식물이야 더 말할 필요가 있겠느냐?

거사여, 범지 수람隨藍이 이러한 큰 보시를 행하였더라도 만일 다시 어떤 이가 염부장(閻浮場 : 閻浮洲道場)에 가득한 범부들에게 밥을 보시한다면 이것은 저 보시보다 더 훌륭한 것이다. 거사여, 만일 범지 수람이 이러한 큰 보시를 행하고 또 염부장에 가득 찬 범부들에게 밥을 보시하더라도 만일 다시 어떤 이가 한 수다원須陀洹에게 음식을 보시한다면 이것은 저 보시보다 더 훌륭한 것이다. 거사여, 만일 범지 수람이 이러한 큰 보시를 행하고 또 염부장에 가득 찬 범부들에게 음식을 보시하며 1백 수다원에게 밥을 보시하더라도 만일 다시 어떤 이가 한 사다함斯陀含에게 밥을 보시한다면 이것은 저 보시보다 더 훌륭한 것이다. 거사여, 만일 범지 수람이 이러한 큰 보시를 행하고 또 염부장에 가득 찬 범부들에게 음식을 보시하며 1백 수다원 · 1백 사다함에게 음식을 보시하더라도 만일 다시 어떤 이가 한 아나함阿那含에게 음식을 보시하면 이것은 저 보시보다 더 훌륭한 것이다. 거사여, 만일 범지 수람이 이러한 큰 보시를 행하고, 또 염부장에 가득 찬 범부들에게 음식을 보시하며 1백 수다원 · 1백 사다함 · 1백 아나함에게 음식을 보시하더라도 만일 다시 어떤 이가 한 아라하阿羅訶에게 음식을 보시한다면 이것은 저 보시보다 더 훌륭한 것이다.

거사여, 만일 범지 수람이 이러한 큰 보시를 행하고 또 염부장에 가득 찬 범부들에게 밥을 보시하며 1백 수다원 · 1백 사다함 · 1백 아나함 · 1백 아라하에게 음식을 보시하더라도 만약 다시 어떤 이가 한 벽지불辟支佛에게 음식을 보시한다면 이것은 저 보시보다 더 훌륭한 것이다.

거사여, 만일 범지 수람이 이러한 큰 보시를 행하고 또 염부장에 가득 찬 범부들에게 음식을 보시하며 1백 수다원 · 1백 사다함 · 1백 아나함 · 1백 아라하 · 1백 벽지불에게 음식을 보시하더라도 만일 다시 어떤 이가 한 여래 · 무소착 · 등정각에게 음식을 보시한다면 이것은 저 보시보다 더 훌륭한 것이다. 거사여, 만일 범지 수람이 이러한 큰 보시를 행하고 또 염부장에 가득 찬 범부들에게 밥을 보시하며 1백 수다원 · 1백 사다함 · 1백 아나함 · 1백 아라하 · 1백 벽지불에게 밥을 보시하더라도 만일 어떤 이가 방사를 지어 사방 비구들에게 보시하면 이것은 저 보시보다 가장 훌륭한 것이다.

거사여, 만일 범지 수람이 이러한 큰 보시를 행하고 또 염부장에 가득 찬 범부들에게 음식을 보시하며 1백 수다원 · 1백 사다함 · 1백 아나함 · 1백 아라하 · 1백 벽지불에게 음식을 보시하고 방사를 지어 사방 비구들에게 보시하더라도 만일 다시 어떤 이가 기뻐하는 마음으로 부처님과 법과 비구스님 등 3보에 귀명歸命하고 또 계를 받는다면 이것은 저 보시보다 더 훌륭한 것이다. 거사여, 만일 범지 수람이 이러한 큰 보시를 행하고 또 염부장에 가득 찬 범부들에게 음식을 보시하며 1백 수다원 · 1백 사다함 · 1백 아나함 · 1백 아라하 · 1백 벽지불에게 밥을 보시하고, 방사를 지어 사방 비구들에게 보시하며, 기뻐하는 마음으로 부처님과 법과 비구스님 등 3보에 귀명하고, 또 계를 받더라도, 만일 어떤 이가 일체 중생을 위하여, 소젖을 짜는 동안만큼의 짧은 시간이라도 사랑하는 마음을 행한다면 이것은 저 보시보다 더 훌륭한 것이다.

거사여, 만일 범지 수람이 이러한 큰 보시를 행하고 또 염부장에 가득 찬 범부들에게 밥을 보시하며 1백 수다원 · 1백 사다함 · 1백 아나함 · 1백 벽지불에게 밥을 보시하고 방사를 지어 사방 비구스님에게 보시하며 기뻐하는 마음으로 부처님과 법과 비구 스님 등 3보에 귀명하고 또 계를 받으며 일체 중생을 위하여 소젖을 짜는 동안만큼의 짧은 시간이라도 사랑하는 마음을 행하더라도 만일 어떤 이가 능히 일체 모든 법은 무상하고 괴로운 것이며 공하고 신이 아니라고〔非神〕[4] 관찰한다면 이것은 저 보시보다 더 훌륭한 것이니라.

거사의 생각은 어떠하냐? 옛날의 범지로서 큰 장자인 수람이 다른 사람이라 생각하느냐? 그렇게 생각하지 말라. 왜냐하면 그는 바로 지금의 나인 줄 알아야 한다. 나는 옛날 범지로서 큰 장자였으며 이름을 수람이라 하였다. 거사여, 나는 그때 내 자신도 요익하게 하였고 남도 요익하게 하였으며, 또 많은 사람을 요익하게 하였다. 세상을 가엾게 여겼으며 하늘을 위하고 사람을 위하여 이치와 요익을 구하고 안온과 쾌락을 구하였다. 그때에는 법을 연설하였으나 최후의 경지〔究竟〕에 이르지 못하였고 희고 깨끗한 법에 대하여 최후의 경지에까지 이르지 못하였으며 범행에 대하여 최후의 경지에까지 이르지 못하였고 범행에 대하여 최후의 경지에까지 이르러 마치지 못하였다. 그때에는 생·노·병·사와 울음·근심·슬픔을 여의지 못하였고 또한 일체의 괴로움을 벗어나지 못하였다.

거사여, 나는 이제 세상에 나와 여래·무소착·등정각·명행성위·선서·세간해·무상사·도법어·천인사·불중우라고 불린다. 나는 이제는 내 자신도 요익하게 하고 남도 요익하게 하며 또한 많은 사람을 요익하게 한다. 세상을 가엾게 여기며 하늘을 위하고 사람을 위하여 이치와 요익을 구하고 안온과 쾌락을 구한다. 나는 이제 법을 연설하여 최후의 경지〔究竟〕에 이르게 되었고 희고 깨끗한 법의 최후

4 고려대장경 원문은 비신非神인데, 팔리어로는 anatta이고, 무아無我 혹은 비아非我로 한역되기도 한다.

의 경지에 이르렀으며 범행의 최후의 경지에 이르렀고 범행의 최후의 경지에 이르러 마쳤다. 나는 이제 이미 생・노・병・사와 울음・근심・슬픔을 여의었고 나는 이제 이미 일체의 괴로움을 벗어났느니라."

부처님께서 이렇게 말씀하시자 수달다 거사와 여러 비구들은 부처님의 말씀을 듣고 기뻐하며 받들어 행하였다.

〔이 수달다경에 수록된 경문 글자 수는 1,589자이다.〕

156) 범파라연경梵波羅延經〔제4 분별송〕

나는 이와 같이 들었다.

어느 때 부처님께서 사위국을 유행하실 적에 승림급고독원에 계셨다. 그때 구사라국拘娑羅國의 많은 범지들은 오후에 천천히 거닐어 부처님 계신 곳에 나아가 문안드리고 물러나 한쪽에 앉아 여쭈었다.

"구담이시여, 여쭙고 싶은 것이 있는데 제가 여쭙는 것을 허락하시겠습니까?"

세존께서 말씀하셨다.

"그대들 마음대로 물으라."

여러 범지들은 여쭈었다.

"구담이시여, 혹 지금도 옛날 범지법을 배우는 범지가 있습니까? 아니면 옛날 범지법에서 벗어났습니까?"

세존께서 대답하셨다.

"지금은 옛날 범지법을 배우는 범지가 없고 범지들은 오래전부터 이미 옛날의 범지법을 벗어났느니라."

그때 여러 범지들이 여쭈었다.

"구담이시여, 왜 지금은 옛날의 범지법을 배우는 범지가 없으며 모든 범지들이 옛날의 범지법을 벗어난 지는 얼마나 오래되었습니까?"

그때 세존께서는 게송으로 대답하셨다.

이른바 옛날 범지들
제 자신을 다스리고 열심히 행하여
저 5욕의 공덕을 버리고
청정한 범행 행하였네.

깨끗한 행과 계행을 행하고
부드럽고 온순한 성품 이루어
용서하고 이해하며 해칠 마음 없애고
욕됨을 참고 그 뜻을 지켰네.

옛날에는 이런 법 있어
범지들은 이런 것 보호하지 않았으니
그들이 가졌던 재물과 곡식
범지들 이런 것 지키지 않고
외워 익히는 것을 재물과 곡식 삼아
범지들은 이것을 지키고 간직했네.

갖가지 색깔과 옷과
집과 평상, 와구를 갖춘
풍성한 성과 모든 나라들

범지에게 배우기 이와 같았네.

이 범지 남을 해칠 마음이 없고
모든 법을 잘 지키고 보호하기에
남의 집에 이르더라도
아무도 그를 제어하는 이 없었고
문을 열고 밥을 빌 때에도
밥 때를 맞추어 찾아갔었네.

범지가 집에 머물러 있으면
보는 사람 모두 다 보시하고자 하였고
48년이 꽉 차는 동안
청정한 범행을 닦아 행했네.

명행성明行成을 찾아 구하는 것
이것이 옛날 범지의 행이었지.
그들은 남의 재물 도둑질하지 않고
또한 두려워하는 것도 없었네.

사랑과 사랑으로 서로 호응하며
서로 화합하고 어울렸지만
번뇌를 일으키지 않으려 했기에
음욕과 상응하는 것 싫어하였네.

지금의 모든 범지들은
능히 이렇게 행하지 못하지만

저들은 만일 어떤 제일행第一行 있다 하면
범지는 그것을 기어코 구했네.

저들은 어떠한 음욕의 법도
생시에도 꿈에도 행하지 않았으니
저들의 이러한 범행으로 인하여
나는 범梵이라고 스스로 일컬었네.

그들에게 이런 행 있는 줄 알았으면
슬기로운 사람은 꼭 그들을 알아야 하네.
평상은 허술하고 옷은 보잘것없으며
소酥와 우유 먹으며 목숨을 부지했고

남에게 비는 것은 모두 법대로 하여
재齋를 베풀고 보시까지 행했으며
재를 베풀 때도 남의 힘 빌지 않고
스스로 빈 것으로 충당하였네.

재를 베풀고 보시 행할 때에도
그는 소를 잡는 일이 없었으니
부모나 형제처럼 여기고
다른 친족처럼 친근히 했네.

사람이나 소나 마찬가지로
이로 인해 그들에게 즐거움 생겼나니
먹고 마심에 몸에선 힘이 솟고

그것을 타는 자는 안온하고 즐거웠네.

이러한 이치 있는 줄 알았으면
소를 죽이는 일 즐기지 말라.
부드럽고 연한 몸 지극히 크고
정색精色에 칭찬 따르리.

옛날 범지의 행.
은근히 스스로의 이익 구했으니
범지는 제 자신의 이익을 위해
할 일과 안할 일을 터득하였네.

그는 장차 이 세상에 와서
반드시 이 세상을 제도하리니
저 달〔月〕이 이 달보다 뛰어나
그것보고 마음이 그에게 쏠리네.

한밤중 유희할 적엔
모든 부녀자들 장엄하게 꾸몄고
길吉한 소 그 앞을 둘러쌌는데
아름다운 부녀자들 지극히 단정했네.

인간의 미묘한 욕심
범지는 항상 소원하였네.
수레나 탈 것을 두루 갖추고
잘 만든 옷에 좋은 치장을.

살 집 장만하고 혼인하는 것
범지는 항상 소원하였네.
그들이 이런 결박 지음으로써
우리들이 저기에서 여기로 왔네.

풍성하고 흡족한 재물과 미곡米穀
그리고 그 밖에 남는 재물 있으시면
대왕이여 재와 보시 행하여
그 재물의 이익 잃지 마소서.

대왕은 여기에 호응하였고
범지와 대왕〔車乘〕[5]은
상재象齋와 마재馬齋를 행하되
마재 때엔 문을·막지 않았네.

한데 모여 보시와 재를 행하고
그 재물은 범지에게 보시하였네.
그들은 이를 따라 이익을 얻고
사랑하고 즐거워하며 재물을 아꼈네.

그들은 그로써 욕심을 일으켜
갈수록 애착만 늘어났으니
마치 넓은 못의 물처럼
한량없는 재물을 탐했네.

---

5 팔리본에 의하면 거승車乘은 전차들의 주인[車乘之主], 즉 왕을 지칭하는 말이다.

이렇게 사람에겐 소들이 있어
살아가는 생활의 도구 삼았네.
그들이 이런 결박 지음으로써
우리들이 저기에서 여기로 왔네.

풍성하고 흡족한 재물과 미곡
또 당신께 소가 많다면
대왕이여 재를 행하고 보시 행하여
그 재물의 이익 잃지 마소서.

대왕은 여기에 호응하였고
범지와 대왕은
한량없는 백천 마리 소
재 행함으로 말미암아 죽였네.

머리의 뿔이 예쁘지 않건
소건 돼지건 그 땐 가리지 않고
앞으로 나아가 쇠뿔을 잡고
날카로운 칼로 소를 죽였네.

울부짖는 소 아비에게 달려갔으니
그 나찰羅刹 이름은 향香이라 하네.
칼로 소를 찔러 죽일 때
그는 '법이 아니다' 소리 질렀네.

이 법으로써 재를 행하니

그 큰 허물 코앞에 닥치리.
아무런 이유 없이 죽이는 것
근본에서 멀어지고 쇠퇴하는 법이네.

옛날에는 세 가지 병만 있었으니
욕망과 굶주림과 늙음
그러나 소를 미워한 까닭에
98종의 질병이 생겨났다네.

이와 같이 갈수록 다투게 되므로
지혜로운 사람이 미워하나니
만일 사람들이 이러한 것 본다면
어느 누가 미워하지 않으리.

이와 같은 이 세상의 행行
지혜도 없고 가장 하천하네.
제각기 욕심내고 미워하나니
마치 아내가 남편을 비방하듯

찰리와 범지의 딸들
그리고 타고난 성바지를 수호하려는 이들
만약 생生의 법을 범한다면
그것은 끝없는 욕심 때문이니라.

"이와 같이 범지여, 지금은 옛날의 범지법을 배우는 범지가 없고 범지들은 오래전부터 이미 범지법에서 벗어났느니라."

이에 구사라국의 많은 범지들이 아뢰었다.

"세존이시여, 저희들은 이미 알았습니다. 선서善逝시여, 저희들은 이미 이해하였습니다. 세존이시여, 저희들은 지금부터 부처님과 법과 비구 스님들께 귀의하겠습니다. 원컨대 세존이시여, 저희들이 우바새가 되는 것을 허락해 주십시오. 저는 오늘부터 이 몸이 다할 때까지 스스로 귀의하여 목숨이 다하는 그날까지 그렇게 하겠습니다."

부처님께서 이렇게 말씀하시자 구사라국拘娑羅國의 많은 범지들과 모든 비구들은 부처님의 말씀을 듣고 기뻐하며 받들어 행하였다.

〔이 범파라연경에 수록된 경문의 글자 수는 959자이다. 『중아함경』 제39권에 수록된 경문의 글자 수는 총 7,616자이다.〕[6]

6 고려대장경 원문에는 십천육백구十千六百九자로 되어 있는데, 앞에 표시된 세 경전의 글자 수를 합해 보면 모두 7,616자이다. 그리하여 역자가 7,616자로 바꾸어 표기하였다.

중아함경 제 40 권

12. 범지품 ⑥

157) 황로원경黃蘆園經[1]

나는 이와 같이 들었다.

어느 때 부처님께서 비란야鞞蘭若를 유행하실 적에 황로원黃蘆園에 계셨다. 그때 비란야의 범지는 나이가 너무 많아 목숨을 마칠 때에 이르렀는데 그의 나이는 120세였다. 오후에 지팡이를 의지하고 천천히 걸어 부처님께 나아가 문안드리고 부처님 앞에서 지팡이에 의지한 채 서서 아뢰었다.

"구담이시여, 제가 들으니 사문 구담께서는 나이도 너무 젊고 출가하여 공부한 지도 얼마 되지 않았건만 이름 있고 덕망 높은 사문 범지가 친히 오는데도 경례도 하지 않고 존중하지도 않으며 자리에서 일

---

1 이 경의 이역본으로는 역자를 알 수 없는 『불위황죽원노바라문설학경佛爲黃竹園老婆羅門說學經』이 있다.

어나지도 않고 자리에 앉으라고 청하지도 않는다 합니다. 구담이시여, 그것은 아주 잘못된 일입니다."

세존께서 말씀하셨다.

"범지여, 나는 애당초 하늘이나 악마 · 범梵 · 사문 범지 등 사람에서부터 하늘에 이르기까지 스스로 와서 여래로 하여금 경례하고 존중하게 하며 자리에서 일어나 앉기를 청하게 하는 이를 보지 못하였다. 범지여, 만일 어떤 이가 와서 여래로 하여금 경례하고 존중하게 하며 자리에서 일어나 앉기를 청하게 하고자 한다면 그는 반드시 머리가 부서져 일곱 조각이 날 것이다."

범지는 다시 여쭈었다.

"구담께서는 맛이 없군요〔瞿曇無味〕."[2]

세존께서는 말씀하셨다.

"범지여, 나로 하여금 맛이 없게 하는 것들이 있다. 그러나 그대의 말과는 같지 않다. 만일 빛깔의 맛 · 소리의 맛 · 냄새의 맛 · 감촉의 맛이 있으면 여래는 그것들에 대해서 지혜를 끊어 없애고 뿌리째 뽑아 다시는 나지 않게 하오. 이것이 나로 하여금 맛이 없게 하는 것들이다. 하지만 그대의 말과는 같지 않다."

범지가 다시 아뢰었다.

"구담께서는 두려움이 없군요."

"범지여, 나로 하여금 두려움이 없게 하는 것들이 있다. 그러나 그대의 말과는 같지 않다. 만일 빛깔의 두려움과 소리 · 냄새 · 맛 · 감촉의 두려움이 있으면 여래는 그것에 대해서 지혜를 끊어 없애고 뿌리째 뽑아 다시는 나지 않게 한다. 이것이 나로 하여금 두려움이 없게

---

2 『불위황죽원노바라문설학경』에는 이 부분이 "이 사문 구담은 게으르고 태만하기만 하다[此沙門瞿曇但懈怠慢]"로 되어 있다.

하는 것들이다. 하지만 그대의 말과는 같지 않다."

범지가 다시 아뢰었다.

"구담께서는 태胎에 들지 않겠군요."

"범지여, 나로 하여금 태에 들어가지 않게 하는 것들이 있다. 그러나 그대의 말과는 같지 않다. 만일 어떤 사문 범지가 미래의 태상胎床에 대해서 지혜를 끊어 없애고 뿌리째 뽑아 다시 나지 않게 한다면 나는 그는 태에 들어가지 않는다고 말한다. 여래는 미래의 태상에 대해서 지혜를 끊어 없애고 뿌리째 뽑아 다시는 나지 않게 한다. 그러므로 나로 하여금 태에 들어가지 않게 한다. 이것이 나로 하여금 태에 들어가지 않게 하는 것들이다. 하지만 그대의 말과는 같지 않다.

범지여, 나는 이 중생들이 무명으로 태어나고 무명으로 즐거워하며 무명에 덮이고 무명의 알〔卵〕에 싸여 있을 때 나는 먼저 법을 관찰하였다. 그러므로 나는 중생 중에서 가장 제일이다.

마치 닭이 알을 깔 때 혹은 10개 혹은 12개를 때때로 생각하고 때때로 덮어 주며 때때로 따뜻하게 하고 때때로 옹호하는데 그 뒤에 닭이 설사 방일하더라도 그 중에 어떤 병아리는 혹은 부리로 혹은 발톱으로 그 알을 쪼아 부수고 편안하게 스스로 나온다. 그러면 그 병아리는 병아리 중에서 가장 제일이 된다. 나도 또한 그와 같아서 이 중생들이 무명으로 태어나고 무명으로 즐거워하며 무명에 덮이고 무명의 알에 싸여 있을 때 내가 먼저 법을 관찰하였다. 그러므로 나는 중생들 중에서 제일이니라.

범지여, 나는 다북풀을 가지고 각수覺樹 밑으로 가서 나무 밑에 풀을 깔고 그 위에 니사단을 펴고 가부좌를 하고 앉아 바른 자세를 흩트리지 않고 반드시 누漏가 다한 경지에 이르고자 하였다. 나는 바른 자세를 흩트리지 않고 반드시 누가 다한 경지에 이르고자 하였고 나는 바르게 앉은 뒤에 욕심을 여의고 악하고 착하지 않은 법을 여의어 각覺도 있고 관觀도 있으며 여의는 데서 생기는 기쁨과 즐거움이 있는 초선을 성취하여 노닐었다. 이른바 나는 그때 제1 증상심增上心을 얻어 곧 현세에서 안락한 삶을 어렵지 않게 얻었고 즐거이 머물러 두려움이 없었으며 안온하고 쾌락하였고 열반을 향해 오르게 되었다.

범지여, 나는 각과 관을 이미 쉬고 안이 고요하여 한마음이 되어 각도 없고 관도 없으며 선정에서 생기는 기쁨과 즐거움이 있는 제2선을 성취하여 노닐었다. 이른바 나는 그때 제2 증상심을 얻어 곧 현세에서 안락한 삶을 어렵지 않게 얻었고 즐거이 머물러 두려움이 없었으며 안온하고 쾌락하였고 열반을 향해 오르게 되었다.

범지여, 나는 기쁨의 욕심을 여의고 평정하여 구함 없이 노닐며 바른 생각과 바른 지혜로 몸에 즐거움을 깨닫는다. 이른바 성인께서 말씀하신 성인의 평정〔捨〕·기억〔念〕·즐거움에 머묾〔樂住〕·공空이 있는 제3선에 이르러 성취하여 노닐었다. 이른바 나는 그때 제3 증삼심을 얻어 곧 현세에서 안락한 삶을 어렵지 않게 얻었고 즐거이 머물러 두려움이 없었으며 안온하고 쾌락하였고 열반을 향해 오르게 되었다.

범지여, 나는 즐거움이 멸하고 괴로움도 멸했는데 기쁨과 걱정의 뿌리는 이미 멸한 상태였으며 괴로움도 없고 즐거움도 없는〔不苦不樂〕 평정〔捨〕·기억〔念〕·청청淸淨이 있는 제4선을 성취하여 노닐었다. 이른바 나는 그때 제4 증상심을 얻어 곧 현세에서 안락한 삶을 어렵지 않게 얻었고 즐거이 머물러 두려움이 없었으며 안온하고 쾌락하였고 열반을 향해 오르게 되었다.

범지여, 나는 그때 이미 이러한 선정의 마음〔定心〕이 청정하게 되어 더러움도 없고 번뇌도 없으며 부드럽게 잘 머물며 움직이지 않는 마음을 얻었고 과거를 기억하는 지혜의 신통〔宿命之通〕을 공부하여[3] 증득하게 되었다. 내가 어떤 행동을 하고 어떤 모양을 가졌었는지 헤아릴 수 없을 만큼 오랜 옛날에 겪은 일을 기억하였다. 곧 1생·2생·백 생·천 생·성겁·패겁과 헤아릴 수 없는 성패겁 동안 저 중생의 이름은 무엇이었고 그는 옛날에 무슨 일을 했으며 나는 일찍이 저기 태어나 어떤 성姓과 어떤 이름이었고 어떻게 태어났으며 어떤 음식을 먹었으며 어떤 고락을 받았고 얼마나 오래 살았으며 얼마나 오래 머물렀고 어떻게 목숨을 마쳤는지를 기억하였다. 여기서 죽어 저기에 태어나고 저기서 죽어 여기에 태어났는데 나는 그곳에 태어나 어떤 성과 어떤 이름이었으며 어떻게 태어났고 어떤 음식을 먹었으며 어떤 고락을 받았고 얼마나 오래 살았으며 얼마나 오래 머물렀고 어떻게 목숨을 마쳤는지 등을 다 기억하였다. 이른바 나는 그때 초야에 제1의 명달明達을 얻었고 본래 방일함이 없음으로써 즐겁게 멀리 떠나 머물면서 수행하고 정근하였다. 이른바 무지가 멸하고 지혜가 생겨났으며 어둠이 무너지고 밝게 되었으며 무명이 멸하고 밝음이 생겼으니 이른바 과거를 기억하는 지혜를 증득하고 밝게 통달한 것이다.

범지여, 나는 이미 이러한 선정의 마음이 청정하게 되어 더러움도 없고 번뇌도 없으며 부드럽게 잘 머물며 움직이지 않는 마음을 얻었고 생사를 아는 지혜의 신통〔宿命智通〕을 공부하여 증득하게 되었다. 나는 사람들보다 뛰어난 청정한 천안天眼으로써 이 중생들의 죽을 때와 태어날 때 좋은 빛깔과 나쁜 빛깔, 묘하고 묘하지 않음, 좋은 곳과 나쁜 곳으로 왕래하는 것을 보고 저 중생들이 지은 업대로 된다는 것을 사실대로 보았다. 곧 만일 이 중생들이 몸으로 짓는 악행과 입과

---

3 고려대장경에 각覺자로 되어 있는 것을 송·원·명 3본에 의거하여 학學자로 수정하고 번역하였다. 앞뒤에 반복되고 있는 문장에 학學자로 되어 있는 것을 보아도 학學자가 옳다.

뜻으로 짓는 악행을 성취하여 성인을 비방하고 삿된 소견으로써 삿된 소견의 업을 성취하면 그는 이 인연으로 몸이 무너지고 목숨이 끝난 뒤에는 반드시 나쁜 곳으로 가서 지옥에 태어났다. 만일 이 중생들이 몸으로 짓는 묘행과 입과 뜻으로 짓는 묘행을 성취하여 성인을 비방하지 않고 바른 소견으로써 바른 소견의 업을 성취하면 그는 이 인연으로 몸이 무너지고 목숨이 끝난 뒤에는 반드시 좋은 곳으로 올라가 천상에 태어났다. 이른바 나는 그때 중야中夜에 이 제2의 명달明達을 얻었고 본래 방일함이 없음으로써 즐거운 마음으로 멀리 떠나 머무르면서 수행하고 정근하였다. 그리하여 무지가 멸하고 지혜가 생겼으며 어둠이 무너지고 밝게 되었으며 무명이 멸하고 밝음이 생겼으니 이른바 번뇌가 다한 지혜〔漏書智〕를 증득하고 밝게 통달한 것이니라.

범지여, 나는 이미 이러한 선정의 마음이 청정하게 되어 더러움도 없고 번뇌도 없으며 부드럽게 잘 머물며 움직이지 않는 마음을 얻었고 누가 다한 지혜의 신통〔漏盡智通〕을 공부하여 밝게 깨닫게 되었다. 나는 이 괴로움에 대하여 사실 그대로 알고 이 괴로움의 발생을 알며 이 괴로움의 소멸을 알고 이 괴로움에 이르는 길에 대하여 사실 그대로 알았다. 또 이 누(漏 : 煩惱)에 대하여 사실 그대로 알고 이 누의 발생을 알며 이 누의 소멸을 알고 이 누의 소멸에 이르는 길에 대하여 사실 그대로 알았다. 나는 이렇게 알고 이렇게 보아 욕루欲漏에서 마음이 해탈하고 유루와 무명루無明漏에서 마음이 해탈하였으며 해탈한 뒤에는 곧 해탈한 줄을 알아 생生이 이미 다하고 범행梵行도 이미 섰으며 할 일을 이미 다 마쳐 다시는 후세의 목숨을 받지 않는다는 사실을 알았다. 그리하여 나는 그때 새벽〔後夜〕에 이 제3의 명달明達을 얻었고 본래 방일함이 없음으로써 즐거운 마음으로 멀리 떠나 머무르면서 수행하고 정근하였다. 그리하여 무지無智가 멸하고 지혜가 생겼으며 어둠이 무너지고 밝게 되었으며 무명이 멸하고 밝음이 생겼으니, 이른 바 번뇌가 다한 지혜를 증득하고 밝게 통달한 것이니라.

범지여, 만일 바른 말이 있어 어리석지 않은 법을 설한다면 그는 중생의 세상에 나되 일체 중생들 가운데서 가장 훌륭하며 괴로움과 즐거움에 덮이지 않나니, 마땅히 알라. 저 바른 말을 한 사람은 바로 나였었다. 왜냐하면 나는 어리석지 않은 법을 연설하였고 중생의 세상에 나서 일체 중생 가운데서 가장 훌륭하며 괴로움과 즐거움에 덮이지 않았기 때문이니라."

이에 비란야 범지는 곧 지팡이를 버리고 부처님 발에 머리를 조아리고 세존께 아뢰었다.

"세존께서는 제일이요 세존께서는 위대하시며 세존께서는 최고이시고 세존께서는 수승하시며 세존께서는 부처와 같으시고 세존께서는 사람과 같지 않으시며 세존께서는 짝할 이 없으시고 세존께서는 장애가 없고 세존께서는 장애할 사람이 없습니다. 세존이시여, 저는 지금 부처님과 법과 비구 스님들께 귀의하겠습니다. 원컨대 세존께서는 제가 우바새 되는 것을 허락해 주십시오. 저는 오늘부터 이 몸이 다할 때까지 스스로 귀의하여 목숨이 다하는 날까지 그렇게 하겠습니다."

부처님께서 이렇게 말씀하시자 비란야 범지와 다른 비구들은 부처님의 말씀을 듣고, 기뻐하며 받들어 행하였다.

〔이 황로원경에 수록된 경문의 글자 수는 모두 1,602자이다.〕

158) 두나경頭那經〔제4 분별송〕

나는 이와 같이 들었다.

어느 때 부처님께서 사위국을 유행하실 적에 승림급고독원에 계셨다. 그때 두나頭那 범지는 오후에 천천히 걸어 부처님께 나아가 문안드리고 물러나 한쪽에 앉았다.

세존께서 물으셨다.

"만일 어떤 이가 '너는 범지냐?' 하고 묻는다면 너는 스스로 범지라고 말할 수 있겠느냐?"

"구담이시여, 만일 바로 범지라고 말하는 자가 있다면 그는 부모가 천거한 바로서 생生을 받음이 청정하며 나아가 7대 동안 부모의 종족이 끊어지지 않았고 대대로 악이 없었으며 널리 듣고 모두 기억해 네 가지 경전을 환히 외우고 인因·연緣·정正·문文·희戱의 5구설句說을 깊이 통달한 사람일 것입니다. 구담이시여, 정녕 범지라고 일컬을 자는 바로 저입니다. 왜냐하면 나는 부모가 천거한 바로서 생을 받음이 청정하며 나아가 7대 동안 부모의 종족이 끊어지지 않았고 대대로 악이 없었으며 널리 듣고 모두 기억해 네 가지 경전을 환히 외우고 인因·연緣·정正·문文·희戱의 5구설을 깊이 통달했기 때문입니다."

세존께서 말씀하셨다.

"두나여, 내가 이제 네게 물으리니 너는 아는 대로 대답하라. 두나여, 네 생각에는 어떠하냐? 옛날에 수壽가 다하고 명命을 마치도록 경서를 외워 기억하고 경서를 널리 유포하며 경서를 외워 익힌 범지들이 있었으니, 이른바 그들은 야타夜吒·바마婆摩·바마제바婆摩提婆·비사밀다라毗奢蜜哆邏·야타건니夜陀揵尼·응의라바應疑羅婆·바사타婆私吒·가섭迦葉·바라바婆羅婆·바화婆和였다. 그들은 다섯 가지 범지를 시설하였으니, 곧 범梵과 같은 범지·하늘과 같은 범지·범지의 경계를 넘지 않는 범지·범지의 경계를 넘는 범지요, 다섯 번째는 전다라旃荼羅 범지이다. 두나여, 이 다섯 종류의 범지 중에 너는 어느 범지에

속하느냐?"

두나가 아뢰었다.

"구담이시여, 이 이치에 대해 간략하게 말씀하실 뿐 자세히 분별하지 않으시니 저는 알 수가 없습니다. 오직 원하옵건대 사문 구담이시여, 자세히 말씀하시어 저로 하여금 그 뜻을 알게 해 주십시오."

세존께서 말씀하셨다.

"두나여, 자세히 듣고 잘 기억하라. 내가 너를 위하여 자세히 분별하여 말하리라."

"예, 구담이시여."

두나는 분부를 받아 경청하였다.

부처님께서 말씀하셨다.

"두나여, 어떤 범지가 범梵과 같은가? 어떤 범지는 부모가 천거한 바로서 생을 받음이 청정하며 나아가 7대 동안 부모의 종족이 끊어지지 않았고 대대로 악이 없었다. 그는 48년 동안 동자의 범행을 행하면서 경서를 얻어 그것을 외워 익히려고 한다. 그는 경서를 얻어 그것을 외워 익힌 뒤에는 스승을 공양하기 위하여 재물을 구걸하되 법답게 하고 법답지 않게 하지 않는다. 어떤 것이 법답지 않은 것인가?[4] 농사·살림살이·책·계산·산수·조각·글씨·문장·경經·시詩·칼이나 몽둥이·왕의 심부름 등으로 재물을 구하지 않고 법답게 구걸해 구걸한 재물로 스승을 공양한다. 그는 재물을 보시한 뒤에 자애로운 마음으로 1방을 가득 채워 성취하여 노닐고 이렇게 2·3·4방과·4유·상하 일체를 두루 채운다. 자애로운 마음〔慈心〕으로 맺힘도

4 고려대장경에 '운하불여법云何不如法'으로 되어 있는데, 내용으로 보아 '운하여법云何如法,' 즉 '어떻게 법답게 하는가?'라야 옳을 것으로 생각된다. 뒤에 반복되는 문장에서도 마찬가지이다.

없고 원망도 없으며 성냄도 없고 다툼도 없이 지극히 넓고 매우 크며 한량없이 잘 닦아 일체 세간을 가득 채우고 성취하여 노닌다. 이와 같이 슬픈 마음〔悲心〕과 기쁜 마음〔喜心〕도 또한 그러하며 평정한 마음〔捨心〕으로 맺힘도 없고 원망도 없으며 성냄도 없고 다툼도 없이 지극히 넓고 매우 크며 한량없이 잘 닦아 일체 세간을 가득 채우고 성취하여 노닌다. 두나여, 이런 범지는 범과 같으니라.

두나여, 어떤 범지가 하늘과 같은가? 어떤 범지는 부모가 천거한 바로서 생을 받음이 청정하며 나아가 7대 동안 부모의 종족이 끊어지지 않았고 대대로 악이 없었다. 그는 48년 동안 동자의 범행을 행하면서 경서를 얻어 그것을 외워 익히려고 한다. 경서를 얻어 그것을 외워 익힌 뒤에는 스승을 공양하기 위하여 재물을 구걸하되 법답게 하고 법답지 않게 하지 않는다. 어떤 것이 법답지 않은 것인가? 농사·살림살이·책·계산·산수·조각·글씨·문장·경·시·칼이나 몽둥이·왕의 심부름 등으로 재물을 구하지 않고 법답게 구걸해 구걸한 재물로 스승을 공양한다. 그는 재물을 보시한 뒤에 몸으로 짓는 묘행과 입과 뜻으로 짓는 묘행을 행한다. 몸으로 짓는 묘행과 입과 뜻으로 짓는 묘행을 행한 뒤에 그는 이 인연으로 몸이 무너지고 목숨이 끝난 뒤에는 반드시 좋은 곳으로 올라가서 천상에 태어난다. 두나여, 이런 범지는 하늘과 같으니라.

두나여, 어떤 범지가 경계를 벗어나지 않는 범지인가? 어떤 범지는 부모가 천거한 바로서 생을 받음이 청정하며 나아가 7대 동안 부모의 종족이 끊어지지 않았고 대대로 악이 없었다. 그는 48년 동안 동자의 범행을 행하면서 경서를 얻어 그것을 외워 익히려고 한다. 그는 경서를 얻어 그것을 외워 익힌 뒤에는 스승을 공양하기 위하여 재물을 구걸하되 법답게 하고 법답지 않게 하지 않는다. 어떤 것이 법답지 않은 것인가? 농사·살림살이·책·계산·산수·조각·글씨·문장·경·시·칼이나 몽둥이·왕의 심부름 등으로 재물을 구하지 않고 법답게 구걸해 구걸한 재물로 스승을 공양한다. 그는 재물을 보시한 뒤에 자신을 위해서 아내를 구하되, 법답게 하지 법답지 않게 하지는 않는다.

어떤 것이 법답지 않은 것인가? 그는 범지의 딸에게 마음이 쏠려 서로 사랑하고 서로 안고 교합하는 그런 짓을 하지 않는다. 그는 범지의 딸에게 장가들고, 범지의 딸이 아니거나 찰리의 딸에게는 장가들지 않는다. 또 아이 밴 여자나 아이를 낳은 여자에게는 장가가지 않는다. 두나頭那여, 무엇 때문에 범지는 아이 밴 여자에게는 장가들지 않는가? 그 여자 때문에 다른 남자들로부터 더러운 음욕을 가진 자라고 불리지 않기 위해서이다. 그래서 범지는 아이 밴 여자에게는 장가들지 않는다. 두나여, 무엇 때문에 범지는 아이 낳은 여자에게는 장가들지 않는가? 그 여자 때문에 다른 남자들로부터 더러운 성냄을 가진 자라고 불리지 않기 위해서이다. 그래서 범지는 아이 낳은 여자에게는 장가들지 않는다. 두나여, 그가 장가를 드는 것은 재물을 위해서도 아니요〔不爲財物〕 교만함을 위해서도 아니며〔不爲憍傲〕 장엄을 위해서도 아니요〔不爲莊嚴〕 장식을 위해서도 아니며〔不爲校飾〕 다만 자식을 얻기 위해서이다〔但爲子故〕.[5] 그는 아들을 낳은 뒤에도 만일 옛날 범지들의 종요로운 맹세와 처소와 경계가 있으면 거기에 머무르고 그것을 지켜 그것을 벗어나지 않는다. 두나여, 이와 같은 범지가 그 경계를 벗어나지 않는 범지이니라.

두나여, 어떤 범지가 경계를 벗어나는 범지인가? 어떤 범지는 부모

---

5 이 부분이 팔리본에는 "애욕을 위해서도 아니요[不爲愛欲], 데리고 놀기 위해서도 아니며[不爲嬉戲], 보고 즐기기 위해서도 아니요[不爲觀樂], 단지 자식을 얻기 위해서이다[但爲得子故]"라고 되어 있다.

가 천거한 바로서 생을 받음이 청정하며 나아가 7대 동안 부모의 종족이 끊어지지 않았고 대대로 악이 없었다. 그는 48년 동안 동자의 범행을 행하면서 경서를 얻어 그것을 외워 익히려고 한다. 그는 경서를 얻어 그것을 외워 익힌 뒤에는 스승을 공양하기 위하여 재물을 구걸하되 법답게 하고 법답지 않게 하지 않는다. 어떤 것이 법답지 않은 것인가? 농사 · 살림살이 · 책 · 계산 · 산수 · 조각 · 글씨 · 문장 · 경 · 시 · 칼이나 몽둥이 · 왕의 심부름 등으로 재물을 구하지 않고 법답게 구걸해 구걸한 재물로 스승을 공양한다. 그는 재물을 보시한 뒤에 스스로 아내를 구하되 법답게 하지 법답지 않게 하지는 않는다.

어떤 것이 법답지 않은 것인가? 그는 범지의 딸에게 마음이 쏠려 서로 사랑하고 서로 안고 교합하는 그런 짓을 하지 않는다. 그는 범지의 딸에게 장가들고, 범지의 딸이 아니거나 찰리의 딸에게는 장가들지 않는다. 또 아이 밴 여자나 아이를 낳은 여자에게도 장가들지 않는다. 두나여, 무엇 때문에 범지는 아이 밴 여자에게는 장가들지 않는가? 그 여자 때문에 다른 남자들로부터 더러운 음욕을 가진 자라고 불리지 않기 위해서이다. 그래서 범지는 아이 밴 여자에게는 장가들지 않는다. 두나여, 무엇 때문에 범지는 아이 낳은 여자에게는 장가들지 않는가? 그 여자 때문에 다른 남자들로부터 더러운 성냄을 가진 자라고 불리지 않기 위해서이다. 그래서 범지는 아이 낳은 여자에게는 장가들지 않는다. 두나여, 그가 장가를 드는 것은 재물을 위해서도 아니요, 교만함을 위해서도 아니며, 장엄함을 위해서도 아니요, 장식을 위해서도 아니며, 다만 자식을 얻기 위해서이다. 그러나 그는 아들을 낳은 뒤에는 옛날 범지들의 종요로운 맹세와 처소와 경계가 있어도 거기에 머무르지 않고 그것을 받아 가지지 않으며 곧 그것을 벗어난다. 두나여, 이와 같은 범지가 그 경계를 벗어나는 범지니라.

두나여, 어떤 범지가 범지 전다라인가? 어떤 범지는 부모가 천거한 바로서 생을 받음이 청정하며, 나아가 7대 동안 부모의 종족이 끊어지지 않았고 대대로 악이 없었다. 그는 48년 동안 동자의 범행을 행하면서 경서를 얻어 그것을 외워 익히려 한다. 그는 경서를 얻어 그것을 외워 익힌 뒤에는 스승을 공양하기 위하여 재물을 구걸하되, 법답게 하고 법답지 않게 하지 않는다. 어떤 것이 법답지 않은 것인가? 농사·살림살이·책·계산·산수·조각·글씨·문장·경·시·칼이나 몽둥이·왕의 심부름 등으로 재물로 구하지 않고 법답게 구걸해 구걸한 재물로 스승을 공양한다. 그는 재물을 보시한 뒤에 스스로 아내를 구하되, 법답게 하고 법답지 않게 하지는 않는다.

어떤 것이 법답지 않은 것인가? 그는 범지의 딸에게 마음이 쏠려 서로 사랑하고 서로 껴안고 교합하는 그런 짓을 하지 않는다. 그는 범지의 딸에게 장가들고, 범지의 딸이 아니거나 찰리의 딸에게는 장가들지 않는다. 또 아이 밴 여자나 아이를 낳은 여자에게는 장가들지 않는다. 두나여, 무엇 때문에 범지는 아이 밴 여자에게는 장가들지 않는가? 그 여자 때문에 다른 남자들로부터 더러운 음욕을 가진 자라고 불리지 않기 위해서이다. 그래서 범지는 아이 밴 여자에게는 장가들지 않는다. 두나여, 무엇 때문에 범지는 아이 낳은 여자에게는 장가들지 않는가? 그 여자 때문에 다른 남자들로부터 더러운 성냄을 가진 자라고 불려지지 않기 위해서이다. 그래서 범지는 아이 낳은 여자에게는 장가들지 않는다. 범지여, 그가 장가를 가는 것은 재물을 위해서도 아니요 교만함을 위해서도 아니며 장엄함을 위해서도 아니요 장식을 위해서도 아니며 다만 자식을 얻기 위해서이다. 그러나 그는 아들을 낳은 뒤에는 왕에 어울리는 일·도적에 어울리는 일·사도邪道에 어울리는 일을 행하면서 이렇게 말한다.

'범지는 마땅히 어떤 일이라도 해야 한다. 그리고 범지는 그 때문에 물들지 않아야 하고, 또한 그 때문에 더러워지지도 않아야 한다. 비유하면 마치 불과 같아서 깨끗한 것도 태우고 깨끗하지 않은 것도 태워야 한다. 또 범지는 어떤 일도 하지 않아야 한다. 그리고 범지는 그 때문에 물들지 않아야 하고 또한 그 때문에 더러워지지도 않아야 한다.'

두나여, 이와 같은 범지가 범지 전다라이니라.

두나여, 이 다섯 종류의 범지에서 너는 어느 범지에 속하느냐?"

두나가 아뢰었다.

"구담瞿曇이시여, 마지막에 말씀하신 그 범지 전다라에도 저는 아직 미치지 못하거늘, 하물며 다른 범지이겠습니까? 세존이시여, 저는 이미 알았습니다. 선서시여, 저는 이미 이해하였습니다. 세존이시여, 저는 지금 부처님과 법과 비구스님들께 귀의하겠습니다. 원컨대 세존께서는 제가 우바새가 되는 것을 허락해 주십시오. 저는 오늘부터 이 몸이 다할 때까지 스스로 귀의하여, 목숨이 다하는 그 날까지 그렇게 하겠습니다."

부처님께서 이와 같이 말씀하시자 두나 범지는 부처님 말씀을 듣고 기뻐하며 받들어 행하였다.

〔이 두나경에 수록된 경문의 글자 수는 1,850자이다.〕

159) 아가라하나경阿伽羅訶那經〔제4 분별송〕

나는 이와 같이 들었다.

어느 때 부처님께서 사위국을 유행하실 적에 승림급고독원勝林給孤獨

園에 계셨다. 그때 아가라하나阿伽羅訶那범지는 오후에 천천히 걸어서 부처님께 나아가 문안드리고 물러나 한쪽에 앉아 아뢰었다.

"구담이시여, 여쭙고 싶은 것이 있는데 허락하신다면 감히 여쭙겠습니다."

세존께서 말씀하셨다.

"너는 마음대로 물으라."

범지가 곧 여쭈었다.

"구담이시여, 범지의 경전은 무엇을 의지하여 머무나이까?"

세존께서 말씀하셨다.

"범지의 경전은 사람을 의지하여 머무느니라."

"구담이시여, 사람은 무엇을 의지하여 머무나이까?"

"사람은 벼나 보리를 의지하여 머무느니라."

"구담이시여, 벼나 보리는 무엇을 의지하여 머무나이까?"

"벼나 보리는 땅을 의지하여 머무느니라."

"구담이시여, 땅은 무엇을 의지하여 머무나이까?"

"땅은 물을 의지하여 머무느니라."

범지가 다시 여쭈었다.

"구담이시여, 물은 무엇을 의지하여 머무나이까?"

세존께서는 대답하셨다.

"물은 바람을 의지하여 머무느니라."

"구담이시여, 바람은 무엇을 의지하여 머무나이까?"

"바람은 허공을 의지하여 머무느니라."

"구담이시여, 허공은 무엇을 의지하여 머무나이까?"

"허공은 의지하는 것이 없다. 다만 해와 달로 인하여 본래부터 허공이 있었느니라."

범지가 다시 여쭈었다.

"구담이시여, 해와 달은 무엇을 의지하여 머무나이까?"

세존께서는 대답하셨다.

"해와 달은 사왕천四王天을 의지하여 머무느니라."

"구담이시여, 사왕천은 무엇을 의지하여 머무나이까?"

"사왕천은 삼십삼천三十三天을 의지하여 머무느니라."

"삼십삼천은 무엇을 의지하여 머무나이까?"

"삼십삼천은 험마천(燄摩天 : 焰摩天)을 의지하여 머무느니라."

"구담이시여, 험마천은 무엇을 의지하여 머무나이까?"

"험마천은 도슬다천兜瑟哆天을 의지하여 머무느니라."

"구담이시여, 도슬다천은 무엇을 의지하여 머무나이까?"

"도슬다천은 화락천化樂天을 의지하여 머무느니라."

"구담이시여, 화락천은 무엇을 의지하여 머무나이까?"

"화락천은 타화락천他化樂天을 의지하여 머무느니라."

범지가 다시 여쭈었다.

"구담이시여, 타화락천은 무엇을 의지하여 머무나이까?"

세존께서 대답하셨다.

"타화락천은 범세梵世를 의지하여 머무느니라."

"구담이시여, 범세는 무엇을 의지하여 머무나이까?"

"범세는 대범大梵을 의지하여 머무느니라."

"구담이시여, 대범은 무엇을 의지하여 머무나이까?"

"대범은 인욕忍辱 · 온화함〔溫〕 · 선량함〔良〕을 의지하여 머무느니라."

"구담이시여, 인욕 · 온화함 · 선량함은 무엇을 의지하여 머무나이까?"

"인욕 · 온화함 · 선량함은 열반을 의지하여 머무느니라."

범지가 다시 여쭈었다.

"구담이시여, 열반은 무엇을 의지하여 머무나이까?"

세존께서 대답하셨다.

"범지의 의욕意欲은 무궁한 일을 의지한다. 그러므로 네가 이제 내게 질문하는 것도 끝이 없다. 그러나 열반은 의지하는 것이 없다. 다만 열반은 멸하여 마치는 것이요, 열반은 제일이니라. 범지여, 이러한 이치가 있나니 나를 좇아 범행을 행하라."

범지가 아뢰었다.

"세존이시여, 저는 이미 알았습니다. 선서시여, 저는 이미 이해하였습니다. 세존이시여, 저는 지금 부처님과 법과 비구 스님들께 귀의하겠습니다. 원컨대 세존께서는 저 우바새가 되는 것을 허락해 주십시오. 저는 오늘부터 이 몸이 다할 때까지 스스로 귀의하여 목숨이 다하는 그날까지 그렇게 하겠습니다."

부처님께서 이렇게 말씀하시자 아가라하나 범지는 부처님 말씀을 듣고 기뻐하며 받들어 행하였다.

〔이 아가라하나경에 수록된 경문의 글자 수는 634자이다.〕

160) 아란나경阿蘭那經〔제4 분별송〕

나는 이와 같이 들었다.

어느 때 부처님께서 사위국을 유행하실 적에 승림급고독원에 계셨다. 그때 여러 비구들이 점심 공양을 마친 뒤에 강당에 모여 앉아 이러한 일을 의논하였다.

"여러분, 참으로 기이하고 참으로 기이합니다. 사람의 목숨은 지극히 짧아 반드시 뒷세상으로 가게 됩니다. 그러므로 착한 일을 해야 하고 범행梵行을 행해야 합니다. 한 번 나서 죽지 않는 것은 없습니다. 그런데 지금 세상 사람들은 법다운 행에 대해서 의로운 행에 대해서 선한 행에 대해서 묘한 행에 대해서 하는 것도 없고 구하는 것도 없습니다."

그때 세존께서는 낮에 활동하는 곳에 계시면서 사람들보다 뛰어난 청정한 천이天耳로써 여러 비구들이 점심 뒤에 강당에 모여 앉아 이러한 일을 의논하는 것을 들으셨다.

"여러분, 참으로 기이하고 참으로 기이합니다. 사람의 목숨은 지극히 짧아 반드시 뒷세상으로 가게 됩니다. 그러므로 착한 일을 해야 하고 범행梵行을 행해야 합니다. 한 번 나서 죽지 않는 것은 없습니다. 그런데 지금 세상 사람들은 법다운 행에 대해서 의로운 행에 대해서 선한 행에 대해서 묘한 행에 대해서 하는 것도 없고 구하는 것도 없습니다."

세존께서는 들으신 뒤에 해질 무렵〔晡時〕 연좌에서 일어나 강당으로 가시어 비구들 앞에서 자리를 펴고 앉아 여러 비구들에게 물으셨다.

"너희들은 무슨 일을 의논하였느냐? 무엇하러 강당에 모여 앉았느냐?"

그때 여러 비구들이 아뢰었다.

"세존이시여, 저희 비구들은 점심 공양을 마친 뒤에 강당에 모여 앉아 이러한 일을 의논하였습니다.

'여러분, 참으로 기이하고 참으로 기이합니다. 사람의 목숨은 지극히 짧아 반드시 뒷세상으로 가게 됩니다. 그러므로 착한 일을 해야 하고 범행을 행해야 합니다. 한 번 나서 죽지 않는 것은 없습니다. 그런데 지금 세상 사람들은 법다운 행에 대해서 의로운 행에 대해서 선한

행에 대해서 묘한 행에 대해서 하는 것도 없고 구하는 것도 없습니다.'

세존이시여, 저희들은 이 일을 의논하였고 이 일로 강당에 모여 앉았습니다."

세존께서 찬탄해 말씀하셨다.

"훌륭하고 훌륭하다. 비구들아, 너희들이 이런 말을 하였구나.

'여러분, 참으로 기이하고 참으로 기이합니다. 사람의 목숨은 지극히 짧아 반드시 뒷세상으로 가게 됩니다. 그러므로 착한 일을 하여야 하고 범행梵行을 행하여야 합니다. 한 번 나서 죽지 않는 것은 없습니다. 그런데 지금 세상 사람들은 법다운 행에 대해서 의로운 행에 대해서 선한 행에 대해서 묘한 행에 대해서 하는 것도 없고 구하는 것도 없습니다.'

무슨 까닭인가? 나도 또한 이렇게 말하기 때문이니라.

'참으로 기이하고 참으로 기이하다. 사람의 목숨은 지극히 짧아 반드시 뒷세상으로 가게 된다. 그러므로 착한 일을 하여야 하고 범행을 행하여야 한다. 그런데 지금 세상 사람들은 법다운 행에 대해서 의로운 행에 대해서 선한 행에 대해서 묘한 행에 대해서 하는 것도 없고 구하는 것도 없구나.'

무슨 까닭인가? 먼 옛날에는 중생이 있어 수명이 8만 세였다. 비구들아, 사람의 수명이 8만 세였을 때 이 염부주는 지극히 크고 풍족하고 즐거우며 재물과 보배가 많았고 촌·읍들은 닭이 한 번에 날아갈 정도로 가까이 있었다. 비구들아, 사람의 수명이 8만 세였던 때 여자는 나이 5백 세가 되어야 시집갔었다. 비구들아, 사람의 수명이 8만 세였던 때 병으로는 오직 추위·더위·대소변·욕심·굶주림·늙음이 있을 뿐 더 이상 다른 근심은 없었다.

비구들아, 사람의 수명이 8만 세였던 때에 구뢰바拘牢婆라는 왕이 있었다. 그는 전륜왕이 되어 총명하고 지혜로웠으며 네 종류의 군사가 있어 천하를 바르게 다스렸고 자기 자신도 자재로웠으며 법다운 법왕으로서 7보를 성취하였었다. 그 7보란 윤보輪寶·상보象寶·마보馬寶·주보珠寶·여보女寶·거사보居士寶·주병신보主兵臣寶이니 이것을 7보라 한다. 그에게는 용모가 단정하고 용맹하며 두려움이 없는 천 명의 아들이 있어 능히 다른 무리들을 항복받았으며 반드시 이 일체의 땅과 나아가 큰 바다에 이르기까지 다스릴 만하였다. 그들은 칼이나 몽둥이를 쓰지 않고 법으로써 가르치고 명령하여 안온을 얻게 하였다.

비구들아, 구뢰바왕에게는 범지가 있었는데 그 이름은 아란나阿蘭那이고 큰 장자였다. 그는 부모가 천거한 바로서 생을 받음이 청정하고 나아가 7대 동안 부모의 종족이 끊어지지 않고 대대로 악이 없었으며 널리 듣고 모두 기억해 네 가지 경전을 환히 외우며 인因·연緣·정正·문文·희戲, 5구설句說을 깊이 통달하였다.

비구들아, 범지 아란나에게는 한량없는 백천 마납마摩納磨[6]가 있었다. 범지 아란나는 한량없는 백천 마납마들을 위하여 어떤 일 없는 곳에 머무르면서 경서를 가르치고 있었다. 그때 범지 아란나는 혼자서 고요한 곳에 머물면서 편안히 앉아 깊은 사유思惟에 잠겨 있다가 마음으로 이렇게 생각하였다.

'참으로 기이하고 참으로 기이하다. 사람의 목숨은 지극히 짧아 반드시 뒷세상으로 가게 된다. 그러므로 착한 일을 하여야 하고 범행을 행하여야 한다. 한 번 나서 죽지 않는 것은 없다. 그런데 지금 세상

6 팔리어 māṇava의 음역어이고, 바라문 청년, 혹은 바라문 동자를 뜻한다. 마납摩納 혹은 마나바摩那婆·마납바摩納婆로 음역하기도 한다.

사람들은 법다운 행에 대해서 의로운 행에 대해서 선한 행에 대해서 묘한 행에 대해서 하는 것도 없고 구하는 것도 없구나. 나는 차라리 수염과 머리를 깎고 가사를 입고 지극한 믿음으로 출가하여 집 없이 도를 배우자.'

이에 범지 아란나는 몇 나라의 여러 마납마 처소에 가서 말하였다.

'여러 마납마들이여, 나는 혼자 고요한 곳에 있으면서 편안히 앉아 깊은 사유思惟에 잠겨 있다가 마음으로 이렇게 생각하였다. 〈참으로 기이하고 참으로 기이하다. 사람의 목숨은 지극히 짧아 반드시 뒷세상으로 가게 된다. 그러므로 착한 일을 하여야 하고 범행을 행하여야 한다. 한 번 나서 죽지 않는 것은 아무것도 없다. 그런데 지금 세상 사람들은 법다운 행에 대해서 의로운 행에 대해서 선한 행에 대해서 묘한 행에 대해서 하는 것도 없고 구하는 것도 없다. 나는 이제 차라리 수염과 머리를 깎고 가사를 입고 지극한 믿음으로 출가하여 집 없이 도를 배우자. 여러 마납들이여, 나는 이제 수염과 머리를 깎고 가사를 입고 지극한 믿음으로 출가하여 집 없이 도를 배우고자 한다. 너희들은 장차 어떻게 하려는가?'

몇몇 나라의 마납마들이 아뢰었다.

'존사尊師시여, 저희들이 아는 것은 모두 스승님의 은혜를 입은 것입니다. 만일 스승님께서 수염과 머리를 깎고 가사를 입고 지극한 믿음으로 출가하여 집 없이 도를 배우시겠다면 저희들도 또한 수염과 머리를 깎고 가사를 입고 지극한 믿음으로 출가하여 집 없이 도를 배우겠습니다.'

이에 범지 아라나는 그 뒤에 수염과 머리를 깎고 가사를 입고 지극한 믿음으로 출가하여 집 없이 도를 배웠다. 그 몇몇 나라의 여러 마납마들도 또한 수염과 머리를 깎고 가사를 입고 지극한 믿음으로 출가하여 집 없이 그 스승 범지 아란나를 따라 도를 배웠다. 여기서 스승 아란나와 스승 아란나의 제자라는 이름이 생겼다.

그때 스승 아란나는 제자들을 위해 설법하였다.

'여러 마납마들이여, 참으로 기이하고 참으로 기이하다. 사람의 목숨은 지극히 짧아 반드시 뒷세상으로 가게 된다. 그러므로 착한 일을 해야 하고 범행을 행하여야 한다. 한 번 나서 죽지 않는 것은 아무것도 없다. 그런데 지금 세상 사람들은 법다운 행에 대해서 의로운 행에 대해서 선한 행에 대해서 묘한 행에 대해서 하는 것도 없고 구하는 것도 없구나.'

그때 스승 아란나는 제자들을 위해 설법하였다.

'여러 마납마들이여, 참으로 기이하고 참으로 기이하다. 사람의 목숨은 지극히 짧아 반드시 뒷세상으로 가게 된다. 그러므로 착한 일을 해야 하고 범행을 행하여야 한다. 한 번 나서 죽지 않는 것은 아무것도 없다. 그런데 지금 세상 사람들은 법다운 행에 대해서 의로운 행에 대해서 선한 행에 대해서 묘한 행에 대해서 하는 것도 없고 구하는 것도 없구나.'

이와 같이 스승 아란나는 제자들을 위하여 설법하였다.

다시 스승 아란나는 제자들을 위하여 설법하였다.

'마납마들이여, 마치 풀잎 위의 아침 이슬방울이 해가 뜨면 곧 사라져 잠깐 존재할 뿐 오래가지 못하는 것과 같이 마납마들이여, 사람의 목숨도 아침 이슬과 같아서 얻기도 매우 어렵지만 지극히 짧아 의미가 없으며 큰 고통과 재환災患만 있는데 그 재환은 너무도 많으니라.'

이와 같이 스승 아란나는 제자들을 위하여 설법하였다.

다시 스승 아란나는 제자들을 위하여 설법하였다.

'마납마들이여, 마치 큰비가 올 때 떨어지는 물방울에 거품이 일어나 혹은 생겼다가 혹은 사라지는 것처럼 이와 같이 마납마들이여, 사람의 목숨도 물거품과 같아서 매우 얻기도 어렵지만 지극히 짧아 의미가 없다. 큰 고통과 재환만 있는데 그 재환은 너무도 많으니라.'

이와 같이 스승 아란나는 제자들을 위하여 설법하였다.

다시 스승 아란나는 제자들을 위하여 설법하였다.

'마납마들이여, 마치 작대기를 물속에 던지면 들어갔다가 재빨리 다시 나오는 것처럼, 이와 같이 마납마들이여, 사람의 목숨도 작대기를 물속에 던지면 도로 나오는 시간이 너무나 빠른 것과 같아서 매우 얻기도 어렵지만 지극히 짧아 의미가 없다. 큰 고통과 재환만 있는데 그 재환은 너무도 많으니라.'

이와 같이 스승 아란나는 제자들을 위하여 설법하였다.

다시 스승 아란나는 제자들을 위하여 설법하였다.

'마납마들이여, 마치 새로 만든 질그릇을 물에 담갔다 곧 꺼내면 바람과 열에 부딪쳐 재빨리 마르는 것과 같이 마납마들이여, 사람의 목숨도 새로 만든 질그릇을 물에 적셨을 때 재빨리 마르는 것과 같아서 매우 얻기도 어렵지만 너무도 짧아 아무 의미가 없다. 큰 고통과 재환만 있는데 그 재환은 너무도 많으니라.'

이와 같이 스승 아란나는 제자들을 위하여 설법하였다.

다시 스승 아란나는 제자들을 위하여 설법하였다.

'마납마들이여, 마치 조그만 살점을 큰 가마솥 물속에 넣고 밑에서 불을 세게 때면 어느새 다 타 버리는 것처럼 마납마들이여, 사람의 목숨도 살점과 같아서 매우 얻기도 어렵지만 지극히 짧아 아무 의미가 없다. 큰 고통과 재환만 있는데 그 재환은 너무도 많으니라.'

이와 같이 스승 아란나는 제자들을 위하여 설법하였다.

다시 스승 아란나는 제자들을 위하여 설법하였다.

'마납마들이여, 마치 도적을 묶어서 사형장으로 보내 죽이려고 할 때 떼어 놓는 발길 따라 걸음걸음 죽음으로 나아가고 걸음걸음 목숨이 줄어드는 것처럼 마납마들이여, 사람의 목숨도 도적을 묶어 사형장으로 보내 죽이는 것과 같아서 매우 얻기도 어렵지만 지극히 짧아 아무 의미가 없다. 큰 고통과 재환만 있는데 그 재환은 너무도 많으니라.'

이와 같이 스승 아란나는 제자들을 위하여 설법하였다.

다시 스승 아란나는 제자들을 위하여 설법하였다.

'마납마들이여, 마치 백정이 송아지를 끌고 가서 죽이려 할 때 떼어 놓는 발걸음 따라 걸음걸음 죽음으로 나아가고 걸음걸음 목숨이 줄어드는 것처럼 마납마들이여, 사람의 목숨도 소를 끌고 가서 죽이는 것과 같아서 매우 얻기도 어렵지만 지극히 짧아 아무 의미가 없다. 큰 고통과 재환만 있는데 그 재환은 너무도 많으니라.'

이와 같이 스승 아란나는 제자들을 위하여 설법하였다.

다시 스승 아란나는 제자들을 위하여 설법하였다.

'마납마들이여, 마치 베를 짤 때에 그 오가는 씨실을 따라 베가 완성되면 곧 마치는 것처럼 마납마들이여, 사람의 목숨도 베를 짜서 마치는 것과 같아서 매우 얻기도 어렵지만 지극히 짧아 아무 의미가 없다. 큰 고통과 재환만 있는데 그 재환은 너무도 많으니라.'

이와 같이 스승 아란나는 제자들을 위하여 설법하였다.

다시 스승 아란나는 제자들을 위하여 설법하였다.

'마납마들이여, 마치 산골짜기 물이 갑자기 불어나서 모든 것을 휩쓸고 내려갈 때 물이 빠르게 흘러 잠시도 멈추지 않는 것처럼 마납마들이여, 사람의 목숨도 빨리 달려 잠시도 머무름이 없느니라. 이와 같이 마납마들이여, 사람의 목숨도 재빨리 흐르는 물과 같아서 얻기도

매우 어려우며 지극히 짧아 아무 의미가 없다. 큰 고통과 재환만 있는데 그 재환은 너무도 많으니라.'

이와 같이 스승 아란나는 제자들을 위하여 설법하였다.

다시 스승 아란나는 제자들을 위하여 설법하였다.

'마납마들이여, 마치 어두운 밤에 지팡이를 땅에 던지면 혹은 거꾸로 떨어지기도 하고 혹은 바로 떨어지기도 하며 혹은 다시 옆으로 떨어지기도 하고 혹은 깨끗한 곳에 떨어지기도 하며 혹은 깨끗하지 못한 곳에 떨어지기도 하는 것처럼 마납마들이여, 중생들은 무명無明에 덮이고 애욕에 묶여 혹은 지옥에 나기도 하고 혹은 축생에 나기도 하며 혹은 아귀에 나기도 하고 혹은 천상에 나기도 하며 혹은 인간에 나기도 한다. 이와 같이 마납마들이여, 사람의 목숨도 어둠 속에서 지팡이를 땅에 던지는 것과 같아서 얻기도 매우 어렵지만 지극히 짧아 아무 의미가 없다. 큰 고통과 재환만 있는데 그 재환은 너무도 많으니라.'

이와 같이 스승 아란나는 제자들을 위하여 설법하였다.

다시 스승 아란나는 제자들을 위하여 설법하였다.

'마납마들이여, 나는 세상에서 탐욕을 끊고 마음에 다툼이 없어 남의 재물이나 여러 가지 생활 도구를 보아도 탐욕을 일으켜 내 것으로 만들고 싶지 않으니 나는 탐욕에 있어서 그 마음을 깨끗이 없앴다. 이와 같이 성냄과 수면睡眠과 들뜸에 있어서도 또한 그러하다. 나는 세상에서 의심을 끊고 미혹을 막아 모든 착한 법에 대해서 망설임이 없으니 나는 의혹에 있어서 그 마음을 깨끗이 없앴다. 마납마들이여, 너희들도 또한 세상에서 탐욕을 끊고 마음에 다툼이 없어 남의 재물과 여러 가지 생활 도구를 보더라도 탐욕을 일으켜 내 것으로 만들려고 하지 말아야 하리니 너희들도 탐욕에 있어서 그 마음을 깨끗이 없애도록 하라. 이와 같이 성냄과 수면과 들뜸에 있어서도 또한 그러하며 너희들은 세상에서 의심을 끊고 미혹을 막아 모든 착한 법에 대해서 망설임이 없어야 하느니라.'

이와 같이 스승 아란나는 제자들을 위하여 설법하였다.

다시 스승 아란나는 제자들을 위하여 설법하였다.

'마납마들이여, 나는 자애로운 마음〔慈心〕으로 1방을 가득 채워 성취하여 노닐고, 이와 같이 2·3·4방과 4유·상·하 일체를 가득 채운다. 자애로운 마음으로 맺힘도 없고 원망도 없으며 성냄도 없고 다툼도 없이 지극히 넓고 매우 크며 한량없이 잘 닦아 일체 세간을 두루 채우고 성취하여 노닌다. 이와 같이 슬픈 마음〔悲心〕과 기쁜 마음〔喜心〕도 마찬가지이며 평정한 마음〔捨心〕으로 맺힘도 없고 원망도 없으며 성냄도 없고 다툼도 없이 지극히 넓고 매우 크며 한량없이 잘 닦아 일체 세간을 가득 채우고 성취하여 노닌다.

마납마들이여, 너희들도 또한 자애로운 마음으로 1방을 가득 채워 성취하여 노닐고 이와 같이 2·3·4방과 4유·상하 일체를 가득 채우고 자애로운 마음으로 맺힘도 없고 원망도 없으며 성냄도 없고 다툼도 없이 지극히 넓고 매우 크며 한량없이 잘 닦아 일체 세간을 가득 채우고 성취하여 노닐어야 한다. 슬픈 마음과 기쁜 마음도 마찬가지이며 평정한 마음으로 맺힘도 없고 원망도 없으며 성냄도 없고 다툼도 없이 지극히 넓고 매우 크며 한량없이 잘 닦아 일체 세간을 가득 채우고 성취하여 노닐어야 하느니라.'

이와 같이 스승 아란나는 제자들을 위하여 설법하였다.

다시 스승 아란나는 제자들을 위하여 범세법梵世法을 연설하였다. 스승 아란나가 범세법을 연설했을 때 여러 제자들 중에 법을 두루 갖추고 받들어 행하지 않은 자들이 있으면 그들은 목숨을 마친 뒤에 사왕천四王天에 나거나 혹은 삼십삼천에 나며 혹은 험마천에 나거나 혹은 도솔다천에 나며 혹은 화락천에 나거나 혹은 타화락천에 태어났다. 스승 아란나가 범세법을 연설했을 때 여러 제자들 중에 법을 두루 갖추고 받들어 행하는 자가 있으면 4범실梵室[7]을 닦아 탐욕을 버리고 그는 목숨을 마친 뒤에는 범천에 태어날 수 있었다. 그때 스승 아란나는 이렇게 생각하였다.

'나는 제자들과 함께 뒷세상에 함께 가서 한곳에 태어나지 않으리라. 나는 이제 차라리 증상자增上慈를 닦으리라. 증상자를 닦으면 목숨을 마친 뒤에 황욱천晃昱天에 태어날 것이다.'

스승 아란나는 그 뒤에 다시 증상자를 닦았다. 증상자를 닦았으므로 목숨을 마친 뒤에 황욱천에 나게 되었다. 스승 아란나와 그 모든 제자들은 도를 배운 것이 헛되지 않아 큰 과보를 증득하였다.

비구들아, 너희들의 생각에는 어떠하냐? 옛날의 스승 아란나를 다른 사람이라고 생각하느냐? 그런 생각을 말라. 왜냐하면 비구들아, 마땅히 알아야 하나니 그는 곧 지금의 나이니라. 나는 그때 스승 아란나라고 이름하였고 한량없는 백천의 많은 제자가 있었으며 모든 제자들을 위하여 범세법을 연설하였다. 내가 범세법을 연설했을 때 모든 제자들 중에 법을 두루 갖추고 받들어 행하지 않은 자들이 있으면 그들은 목숨을 마친 뒤에 사왕천에 나기도 했고 혹은 삼십삼천에 나기도 했으며 혹은 험마천燄摩天에 나기도 했고 혹은 도솔다천兜瑟哆天에 나기도 했으며 혹은 화락천化樂天에 나기도 했고 혹은 타화락천他化樂天에 나기도 했다. 내가 범세법을 연설했을 때 모든 제자들 중에 법을 두루 갖추고 받들어 행하는 자가 있으면 4범실梵室을 닦아 탐욕을 버

7 자·비·희·사의 4무량심無量心을 말한다. 이 네 가지를 닦으면 대범천大梵天에 태어나는 과보를 받게 된다.

리고 그는 목숨을 마친 뒤에는 범천에 태어날 수 있었다. 나는 그때 이렇게 생각하였다.

'나는 제자들과 함께 뒷세상에 함께 가서 한곳에 태어나지 않으리라. 나는 이제 차라리 다시 증상자를 닦으리라. 증상자를 닦으면 목숨을 마친 뒤에는 황욱천에 태어날 수 있으리라.'

그때 나와 제자들은 도를 배운 것이 헛되지 않아 큰 과보를 얻었느니라.

나는 그때에 내 자신도 요익하게 하였고 남도 요익하게 하였으며 많은 사람을 요익하게 하였다. 세간을 가엾이 여겼으며 하늘을 위하고 사람을 위하여 의義와 요익을 구하고 안온과 쾌락을 구하였었다. 나는 그때에는 설법하였으나 구경究竟에 이르지는 못하였고 최후의 희고 깨끗한 법에 이르지 못하였으며 최후의 범행에 미치지 못하였고 최후의 범행을 마치는 데에는 이르지 못하였었다. 나는 그때에는 생·노·병·사와 울음과 근심과 슬픔을 여의지 못하였고 또한 능히 일체의 괴로움에서도 벗어나지 못하였었다.

비구들아, 나는 이제 세상에 나와 여래如來·무소착無所著·등정각等正覺·명행성위明行成爲·선서善逝·세간해世間解·무상사無上士·도법어道法御·천인사天人師로서, 불중우佛衆祐라고 불린다. 나는 이제 내 자신도 요익하게 하였고 남도 요익하게 하였으며 많은 사람을 요익하게 하였다. 세간을 가엾게 여기고 하늘을 위하고 사람을 위하여 의와 요익을 구하고 안온과 쾌락을 구하였다. 나는 이제는 설법하여 구경에 이르게 되었고 최후의 희고 깨끗한 법에 이르렀으며 최후의 범행을 이루었고 최후의 범행을 마쳤다. 나는 이제 이미 생·노·병·사와 울음과 근심과 슬픔을 여의었고 나는 이제 이미 일체의 괴로움에서 벗어나게 되었다.

비구들아, 만일 바르게 말하는 사람이 있다면 '사람의 목숨은 지극히 짧아 반드시 뒷세상으로 가게 된다. 그러므로 착한 일을 해야 하고 범행을 행하여야 한다. 한 번 나서 죽지 않는 것은 없다'고 말하리라.

비구여, 이제 이것은 바른 말이다. 왜냐하면 이제 만일 장수하는 사람이 있다면 아무리 오래라 해도 백 년, 혹은 그것을 조금 넘었을 것이다. 만일 장수하는 사람이라면 3백 철을 살 것이니, 봄철 1백, 여름철 1백, 겨울철 1백이다.

이것은 1천2백 달을 사는 것이니, 봄 4백, 여름 4백, 겨울 4백 달이다. 1천2백 달을 사는 것은 2천4백 번의 보름을 사는 것이니, 봄 8백, 여름 8백, 겨울 8백 보름이다. 2천4백 번의 보름을 사는 것은 3만 6천의 밤낮이니, 봄 1만 2천, 여름 1만 2천, 겨울 1만 2천의 밤낮이다. 3만 6천 밤낮을 사는 것은 7만 2천 끼니를 먹는 것인데 거기에는 장애와 어머니 젖이 있다. 장애가 있다는 것은 괴로워 먹지 못하고 성이 나서 먹지 못하며 병들어 먹지 못하고 일이 있어 먹지 못하며 다니느라 먹지 못하고 왕 앞이라 먹지 못하며 재일齋一이라서 먹지 못하고 얻지 못해 먹지 못하는 것이다. 비구들아, 이것을 1백 년을 사는 동안의 1백 년의 햇수·철 수·년 수와 철 수·달 수·보름 수·달과 보름 수·낮 수·밤 수·밤과 낮 수·끼니 수·장애 수·끼니와 장애의 수라고 한다.

비구들아, 만일 스승이 제자를 위하여 큰 사랑과 불쌍히 여김과 가엾게 여기는 마음을 일으켜 의리와 요익을 구하고 안온과 쾌락을 구한다면 나는 이미 그것을 다하였으니 너희도 또한 마땅히 힘쓰도록 하라. 곧 일 없는 곳이나 산속 숲·나무 밑·빈 곳이나, 편안하고 고요한 곳에 가서 편안히 앉아 깊이 사색하되 방일하지 말고 부지런히 힘쓰고 꾸준히 나아가 후회가 없게 하라. 이것이 나의 가르침이요, 이것이 나의 훈계이니라."

부처님께서 이렇게 말씀하시자 모든 비구들은 부처님 말씀을 듣고, 기뻐하며 받들어 행하였다.

〔이 아란나경의 경문 글자 수는 3,291자이다. 『중아함경』 제40권에 수록된 경문의 글자 수는 7,377자이다.〕

중아함경 제41권

12. 범지품 ⑦

161) 범마경梵摩經[1]〔제4 분별송〕

나는 이와 같이 들었다.

어느 때 부처님께서 비타제국鞞陀提國을 유행하실 적에 큰 비구들과 함께 계셨다. 그때 미살라彌薩羅에 범바梵摩라는 범지가 살고 있었다. 그는 아주 큰 부자로서 재산이 한량없이 많았고 목축牧畜과 산업産業도 헤아릴 수 없이 많았으며 봉호와 식읍食邑 등 여러 가지를 구족하여 매우 풍족하였다. 미살라와 거기서 나는 물 그리고 초목草木에 이르기까지 그 모든 것은 비타제의 아들 마갈타摩竭陀왕 미생원未生怨이 특별히 범봉梵封으로 하사한 것이었다. 범지 범마에게는 우다라優多羅라는 마납이 있었다. 그는 부모가 천거한 바요 태어남이 청정하며, 7대 동

1 이 경의 이역본으로 오吳나라 시대 지겸支謙이 한역한 『범마유경梵摩渝經』이 있다.

안 그 부모가 종족을 끊지 않았고 대대로 악이 없었으며 총지를 널리 듣고 네 가지 경전을 환히 외워 인因·연緣·정正·문文·희戲의 5구설句說을 깊이 통달한 자였다. 범지 범마는 들었다.

'사문 구담瞿曇이라는 석가 종족의 아들은 석가 종족을 버리고 수염과 머리를 깎고 가사를 입고 지극한 믿음으로 집을 버려 가정이 없이 도를 배우는 자인데 지금 비타제국에 노닐면서 큰 비구들과 함께 계신다. 그 사문 구담은 큰 명성이 있어 시방十方에 두루 소문이 났고, 그 사문 구담은 여래·무소착·등정각·명행성위·선서·세간해·무상사·도법어·천인사·불중우라 호칭한다. 그는 이 세상과 하늘·악마·범梵·사문 범지 등 사람에서부터 하늘에 이르기까지를 스스로 알고 스스로 깨닫고 스스로 징험하고 성취하여 노닌다. 그가 법을 설하면 처음도 묘하고 중간도 묘하고 마지막도 또한 묘하며 뜻도 있고 문체도 있으며 구족하고 청정하여 범행을 나타낸다.'

그는 또 들었다.

'그 사문 구담은 32대인상大人相을 성취하였다. 만일 저 대인의 상相을 성취하면 그에게는 반드시 두 길만이 있으니 그것은 진실하여 허망하지 않다. 곧 만일 집에 있으면 반드시 전륜왕이 되어 총명하고 지혜가 있으며 4종류의 군사를 두어 천하를 다스리며 자기로 말미암아 자재하게 되고 법다운 법왕으로서 7보를 성취한다. 7보란 윤보輪寶·상보象寶·마보馬寶·주보珠寶·여보女寶·거사보居士寶·주병신보主兵臣寶이다. 이것을 7보라 한다. 그는 1천의 아들을 두는데 얼굴이 단정하며 용맹하고 두려움이 없어 모든 무리들을 능히 항복받을 수 있다. 그는 반드시 이 일체의 땅과 나아가 저 큰 바다에 이르기까지 모두 다스리되 무기를 쓰지 않고 법으로써 가르쳐 안온을 얻게 한다. 그리고 그가 만일 수염과 머리를 깎고 가사를 입고, 지극한 믿음으로 집을 버려 가정이 없이 도를 배우면 반드시 여래·무소착·등정각이 되고 이름이 널리 퍼져 시방十方에 두루 들리게 될 것이다.'

범지 범마는 이 말을 듣고 우다라에게 말하였다.

"우다라여, 나는 이렇게 들었다.

'저 사문 구담이라는 석가釋迦족의 아들은 석가 종족을 버리고 수염과 머리를 깎고 가사를 입고 지극한 믿음으로 집을 버려 가정이 없이 도를 배우는 자인데 지금 비타제국에 노닐면서 큰 비구들과 함께 계신다. 우다라여, 그 사문 구담은 큰 명성이 있어 시방十方에 두루 퍼졌고 그 사문 구담은 여래·무소착·등정각·명행성위·선서·세간해·무상사·도법어·천인사·불중우라 호칭한다. 그는 이 세상과 하늘·악마·범·사문 범지 등 사람에서부터 하늘에 이르기까지를 스스로 알고 스스로 깨닫고 스스로 증득하고 성취하여 노닌다. 그가 법을 설하면 처음도 묘하고 중간도 묘하고 마지막도 또한 묘하며 뜻도 있고 문채도 있으며 구족하고 청정하여 범행을 나타낸다.'

또 우다라여 나는 이런 말도 들었다.

'그 사문 구담은 32대인상을 성취하였다. 만일 대인상을 성취하면 그에게는 반드시 두 길만이 있으니 그것은 진실하여 허망하지 않다. 곧 만일 집에 있으면 반드시 전륜왕이 되어 총명하고 지혜가 있으며 4종의 군사를 두어 천하를 다스리며 자기로 말미암아 자재하게 되고 법다운 법왕으로서 7보를 성취한다. 그 7보란 윤보·상보·마보·주보·여보·거사보·주병신보이다. 이것을 7보라 한다. 그는 1천 아들을 두는데, 얼굴이 단정하며 용맹하고 두려움이 없어 모든 무리들을 능히 항복받는다. 그는 반드시 이 일체의 땅과 큰 바다까지 다스리지만 무기를 쓰지 않고 법으로써 가르쳐 안온을 얻게 한다. 그리고 그가 만일 수염과 머리를 깎고 가사를 입고 지극한 믿음으로 집을 버려 가정이 없이 도를 배우면 반드시 여래·무소착·등정각이 되고 이름이 널리 퍼져 시방十方에 두루 들리게 될 것이다.'

우다라여, 너는 모든 경전에 있는 32대인상에 대한 가르침을 받아 가지거라.

만일 대인상을 성취하면 그에게는 반드시 두 길만이 있으니 그것은 진실하여 허망하지 않다. 만일 집에 있으면 반드시 전륜왕이 되어 총명하고 지혜가 있으며 4종의 군사를 두어 천하를 다스리며 자기로 말미암아 자재하게 되고 법다운 법왕으로서 7보를 성취한다. 그 7보란 윤보·상보·마보·주보·여보·거사보·주병신보이다. 이것을 7보라 한다. 그는 1천 아들을 두는데 얼굴은 단정하며 용맹하고 두려움이 없어 모든 무리들을 능히 항복받는다. 그는 반드시 이 일체의 땅과 큰 바다까지 다스리되 무기를 쓰지 않고 법으로써 가르쳐 안온을 얻게 한다. 그리고 그가 만일 수염과 머리를 깎고 가사를 입고 지극한 믿음으로 집을 버려 가정이 없이 도를 배우면 반드시 여래·무소착·등정각이 되고 이름이 널리 퍼져 시방十方에 두루 들리게 될 것이다."

우다라가 대답하였다.

"예, 세존世尊[2]이시여. 저는 모든 경전에 있는 32대인상에 대한 가르침을 받아 가지겠습니다.

만일 대인상을 성취하면 그에게는 반드시 두 길만이 있으니, 그것은 진실하여 허망하지 않습니다. 만일 집에 있으면 반드시 전륜왕이 되어 총명하고 지혜가 있으며 4종의 군사를 두어 천하를 다스리며 자기로 말미암아 자재하게 되고 법다운 법왕으로서 7보를 성취할 것입니다. 그 7보란 윤보·상보·마보·주보·여보·거사보·주병신보

2 우다라가 자기의 스승인 범마 범지에게 쓴 존칭이다.

입니다. 이것을 7보라고 합니다. 그는 1천 아들을 두는데 얼굴은 단정하며 용맹하고 두려움이 없어 모든 무리들을 능히 항복받습니다. 그는 반드시 이 일체의 땅과 큰 바다까지 다스리되 무기를 쓰지 않고 법으로써 가르쳐 안온을 얻게 합니다. 그리고 그가 만일 수염과 머리를 깎고 가사를 입고 지극한 믿음으로 집을 버려 가정이 없이 도를 배우면 반드시 여래·무소착·등정각이 되고 이름이 널리 퍼져 시방에 두루 들리게 될 것입니다."

범지 범마가 말하였다.

"우다라여, 너는 저 사문 구담이 있는 곳으로 가서 저 사문 구담이 정말 그러한가, 그렇지 않은가를 관찰해 보라. 정말로 서른 두 가지 대인상을 가졌을까?"

우다라 마납은 이 말을 듣고 범지 범마의 발에 머리를 조아려 예배하고 세 번 돌고 떠났다. 그는 세존이 계신 곳으로 나아가 문안을 드린 뒤에 물러나 한쪽에 앉아 세존의 몸에서 서른두 가지 상을 살펴보았다. 그는 세존의 몸에서 서른 가지 상이 있는 것은 보았지만 두 가지 상에 대해서는 의혹을 가졌으니, 곧 음마장陰馬藏과 광장설廣長舌이었다.

세존께서는 생각하셨다.

'이 우다라는 내 몸에서 서른두 가지 상을 관찰하다가 서른 가지 상만 있는 것을 보고 두 가지 상에 대해서는 의혹을 가졌으니 곧 음마장과 광장설이다. 내가 이제 그 의혹을 끊어주리라.'

세존께서는 이렇게 생각하시고 곧 '여기상여의족如其像如意足을 부려 우다라 마납으로 하여금 내 몸의 음마장과 광장설을 보게 하리라'고 생각하셨다. 이에 세존께서는 곧 여기상여의족을 부렸고 여기상여의족을 부리자 우다라 마납은 세존의 몸에서 음마장과 광장설을 볼 수 있었다. 광장설은 입에서 나온 혀가 온 얼굴을 다 덮는 것이었다.

우다라 마납은 그것을 보고 나서 이렇게 생각하였다.

'사문 구담은 서른두 가지 대인상을 성취하였다. 만일 대인상을 성취하면 그에게는 반드시 두 길만이 있으니 그것은 진실하여 허망하지 않다. 만일 집에 있으면 반드시 전륜왕이 되어 총명하고 지혜가 있으며 4종의 군사를 두어 천하를 다스리며 자기로 말미암아 자재하게 되고 법다운 법왕으로서 7보를 성취한다. 그 7보란 윤보·상보·마보·주보·여보·거사보·주병신보이다. 이것을 7보라고 한다. 그는 1천 아들을 두는데 얼굴은 단정하며 용맹하고 두려움이 없어 다른 무리들을 능히 항복받는다. 그는 이 일체의 땅과 나아가 큰 바다까지 다스리되 무기를 쓰지 않고 법으로써 가르쳐 안온을 얻게 한다. 그리고 그가 만일 수염과 머리를 깎고 가사를 입고 지극한 믿음으로 집을 버려 가정이 없이 도를 배우면 반드시 여래·무소착·등정각이 되고 이름이 널리 퍼져 시방十方에 두루 들리게 된다.'

우다라 마납은 다시 이렇게 생각하였다.

'나는 이제 그 위의와 예절을 더욱 세심히 관찰하고 또 그가 노닐며 가는 곳마다 다 관찰하리라.'

이에 우다라 마납은 곧 부처님을 따라 여름 4개월 동안 그 위의와 예절을 관찰하고 또 그가 노닐며 가는 곳마다 다 관찰하였다. 우다라 마납은 여름 4개월을 지내면서 세존의 위의와 예절을 기뻐하였고 또 그가 노닐며 가는 곳마다 관찰한 뒤에 세존께 여쭈었다.

"구담이시여, 저는 이제 일이 생겨 돌아가고자 하직을 청하나이다."

세존께서는 말씀하셨다.

"우다라여, 네 마음대로 하라."

우다라 마납은 세존의 말씀을 듣고 잘 받아 가지고 곧 자리에서 일어나 세 번 돌고 물러갔다. 그는 범지 범마가 있는 곳으로 돌아가 그의 발에 머리를 조아려 예배하고 물러나 한쪽에 앉았다.

범지 범마는 물었다.

"우다라여, 참으로 소문대로 사문 구담은 큰 명성이 있어 시방十方에 두루 퍼졌으며 참으로 서른두 가지 대인상을 가졌더냐?"

우다라 마납은 대답하였다.

"그렇습니다, 스승님. 참으로 소문대로 사문 구담께서는 큰 명성이 있어 시방에 두루 퍼졌습니다. 사문 구담은 바로 그런 분이시고 그렇지 않은 분이 아니며, 참으로 서른두 가지 상도 있었습니다. 스승님이여, 사문 구담은 발바닥이 편편하여 똑바로 서십니다. 스승님이여, 이것을 사문 구담 대인의 대인상이라 합니다. 사문 구담은 발바닥에 수레바퀴 같은 무늬가 있는데 그 바퀴에 1천 개의 바큇살이 있어 일체를 구족하였습니다. 스승님이여, 이것을 사문 구담 대인의 대인상이라 합니다. 사문 구담은 발가락이 가늘고 깁니다. 스승님이여, 이것을 사문 구담 대인의 대인상이라 합니다. 사문 구담은 발 둘레가 똑바르고 곧습니다. 스승님이여, 이것을 사문 구담 대인의 대인상이라 합니다. 사문 구담은 발꿈치의 양쪽이 편편합니다. 스승님이여, 이것을 사문 구담 대인의 대인상이라고 합니다. 사문 구담은 발의 두 복사뼈가 겉으로 나타나지 않습니다. 스승님이여, 이것을 사문 구담 대인의 대인상이라 합니다. 사문 구담은 몸의 털이 위로 향해 났습니다. 스승님이여, 이것을 사문 구담 대인의 대인상이라 합니다. 사문 구담은 손가락과 발가락 사이에 막이 있어 마치 기러기발과 같습니다. 스승님이여, 이것을 사문 구담 대인의 대인상이라 합니다. 사문 구담은 손과 발이 아주 아름답고 보드라워 마치 도라兜羅[3]꽃과 같습니다. 스승님이여, 이것을 사문 구담 대인의 대인상이라 합니다. 사문 구담은 살결이 부드럽고 매끄러워 티끌이나 물이 묻지 않습니다. 스승님이여, 이것을 사문 구담 대인의 대인상이라 합니다. 사문 구담은 털이 있는데 그 하나하나의 털은 온몸의 털구멍마다 한 개씩 나 있고 그 빛은 감청색甘靑色이며 고둥과 같이 오른쪽으로 말려 있습니다. 스승님이여, 이것을 사문 구담 대인의 대인상이라 합니다. 사문 구담은 장딴지가 마치 사슴 다리 같습니다. 스승님이여, 이것을 사문 구담 대인의 대인상이라 합니다. 사문 구담은 남근男根이 오므라들어 몸 안에 숨겨져 있는 것이 마치 말의 그것과 같습니다. 스승님이여, 이것을 사문 구담 대인의 대인상이라 합니다. 사문 구담은 몸매가 둥글고 아름다워 니구류尼拘類나무와 같고 아래위가 둥글어 서로 잘 어울립니다. 스승님이여, 이것을 사문 구담 대인의 대인상이라 합니다. 사문 구담은 몸이 구부정하지 않습니다. 몸이 구부정하지 않은데도 바로 서서 팔을 펴면 무릎을 만질 수 있습니다. 스승님이여, 이것을 사문 구담 대인의 대인상이라 합니다. 사문 구담은 몸이 황금색으로서 자마금紫磨金과 같습니다. 스승님이여, 이것을 사문 구담 대인의 대인상이라 합니다. 사문 구담은 몸의 일곱 군데가 충만합니다. 일곱 군데가 충만하다는 것은 두 발바닥·두 손바닥·두 어깨 및 목 부분입니다. 스승님이여, 이것을 사문 구담 대인의 대인상이라 합니다. 사문 구담은 상체가 커서 마치 사자와 같습니다. 스승님이여, 이것을 사문 구담 대인의 대인상이라 합니다. 사문 구담은 턱이 사자와 같습니다. 스승님이여, 이것을 사문 구담 대인의 대인상이라 합니다. 사문 구담은 등이 판판하고 곧습니다. 스승님이여, 이것을 사문 구담 대인의 대인상이라 합니다. 사문 구담은 두 어깨가 가지런하며 목이 편편하고 충만합니다. 스승님

---

3 팔리어로 tūla이고 면綿·세면細綿이라 한역한다. 또 도라면兜羅綿이라 한역한 곳도 있다. 풀이나 나무에 생기는 솜처럼 부드러운 보푸라기나 꽃을 가리킨다.

이여, 이것을 사문 구담 대인의 대인상이라 합니다. 사문 구담은 이가 40개나 되고, 이가 성글게 나지 않았으며, 이가 희고 가지런하며, 가장 훌륭한 맛을 맛볼 수 있는 감각이 있습니다. 스승님이여, 이것을 사문 구담 대인의 대인상이라 합니다. 사문 구담은 목소리가 맑고 아름다워 그 소리가 마치 가라비가迦羅毘伽 소리와 같습니다. 스승님이여, 이것을 사문 구담 대인의 대인상이라 합니다. 사문 구담은 혀가 넓고 깁니다. 혀가 넓고 길다는 것은 혀를 입에서 내면 온 얼굴을 두루 덮을 수 있는 것입니다. 스승님이여, 이것을 사문 구담 대인의 대인상이라 합니다. 사문 구담은 속눈썹이 충만하여 마치 소의 눈썹과 같습니다. 스승님이여, 이것을 사문 구담 대인의 대인상이라 합니다. 사문 구담은 눈동자가 검푸릅니다. 스승님이여, 이것을 사문 구담 대인의 대인상이라 합니다. 사문 구담은 정수리에 육계肉髻가 있어 둥글고 머리털은 고둥처럼 오른쪽으로 말려 있습니다. 스승님이여, 이것을 사문 구담 대인의 대인상이라 합니다. 사문 구담은 눈썹 사이에 털이 나 있는데 깨끗하고 희며 오른쪽으로 말려 있습니다. 스승님이여, 이것을 사문 구담 대인의 대인상이라 합니다.

스승님이여, 이상의 것들을 사문 구담의 서른두 가지 대인상 성취라고 합니다. 만일 대인상을 성취하면 그에게는 반드시 두 길만이 있는데 그것은 진실하여 허망하지 않습니다. 만일 집에 있으면 반드시 전륜왕轉輪王이 되어 총명하고 지혜가 있으며 4종의 군사를 두어 천하를 다스리며 자기로 말미암아 자재하고 법다운 법왕으로서 7보를 성취합니다. 그 7보란 윤보·상보·마보·주보·여보·거사보·주병신보입니다. 이것을 7보라 합니다. 그는 1천 아들을 두는데 얼굴이 단정하며 용맹하고 두려움이 없어 다른 무리들을 능히 항복받습니다. 그는 반드시 일체 땅은 물론 큰 바다까지 다스리는데 무기를 쓰지 않고 법으로써 가르쳐 안온을 얻게 합니다. 또 그가 만일 수염과 머리를 깎고 가사를 입고 지극한 믿음으로 집을 버려 가정이 없이 도를 배우면 반드시 여래・무소착・등정각을 얻어 이름이 널리 퍼져 시방에 두루 알려질 것입니다.

또 스승님이여, 제가 사문 구담을 뵈오니 옷을 입어야겠다고 생각하면 이미 옷이 입혀져 있고 옷을 걸치려고 생각하면 이미 옷이 걸쳐지며 방을 나가야겠다고 생각하면 어느새 방에서 나와 있고 동산을 벗어나야겠다고 생각하면 어느새 동산에서 나와 있으며 길을 걸어 마을에 이르러 마을로 들어갈 마음을 가지면 어느새 마을에 들어가 있으며 거리에 있다가 집으로 들어갈 마음을 내면 어느새 집으로 들어가 있고 평상을 바로 잡으려 하면 어느새 평상이 바로 잡혀 있고 앉으려는 마음을 내면 어느새 앉아 있고 손을 씻으려 하면 어느새 손이 씻어지고 음식을 받고자 하면 어느새 음식을 받고 먹으려 하면 이내 먹으며 손을 씻고 주원하고 자리에서 일어나 집에서 나오고자 하면 어느새 집에서 나와 있으며 거리에서 마을로 나오려 하면 어느새 마을을 나와 있고 동산으로 들어가려고 하면 어느새 동산으로 들어가며 방으로 들어가려고 하면 어느새 방으로 들어갔습니다.

스승님이여, 사문 구담은 옷을 입고 옷매무새를 단정하게 하되 높지도 않고 낮지도 않게 하며 옷이 몸에 달라붙지도 않고 바람이 불어도 몸에서 옷이 떨어지지 않았습니다. 스승님이여, 사문 구담은 언제나 새 옷을 지을 적에는 성인들을 따라 칼로 마름질하여 나쁜 빛깔로 물을 들입니다. 이와 같이 그 성인은 나쁜 빛깔로 물을 들입니다. 그가 옷을 가지는 것은 재물을 위해서도 아니요, 뽐내기 위해서도 아니며, 자신의 몸을 꾸미기 위해서도 아니요, 장엄하기 위해서도 아닙니다. 다만 모기・등에에게 물리지 않고 바람과 햇볕을 가리기 위해서

이며, 또 부끄러워서 그 몸을 가리는 것입니다.

그는 방을 나올 때 몸을 구부리거나 젖히지 않습니다. 스승님이여, 사문 구담은 방을 나올 때 끝내 몸을 구부리지 않습니다.

스승님이여, 사문 구담은 만약 걸어가려 할 때에는 먼저 오른발을 듭니다. 바르게 들어 바르게 놓아 걸어갈 때 요란스럽지 않고 또한 비틀거리지도 않으며 복사뼈가 서로 부딪치지도 않습니다.

스승님이여, 사문 구담은 걸어갈 때 먼지에 더럽혀지지 않습니다. 왜냐하면 원래 잘 걸으시기 때문입니다.

그는 동산을 나올 때 몸을 구부리거나 젖히지 않습니다. 스승님이여, 사문 구담은 동산을 나올 때 끝내 몸을 구부리지 않습니다. 마을에 이르러서는 몸을 오른쪽으로 돌려 관찰하되 마치 용처럼 관찰하며 두루두루 관찰하여 살피고 두려워하지 않고 겁내지도 않으며 또한 놀라지도 않고 사방을 관찰합니다. 왜냐하면 여래·무소착·등정각이시기 때문입니다.

그는 마을로 들어갈 때 몸을 구부리거나 젖히지 않습니다. 스승님이여, 사문 구담은 마을로 들어갈 때 끝내 몸을 구부리지 않습니다. 그는 거리에 있을 때에도 굽어보거나 우러러보지 않으며 오직 곧바로 보아 그 사이에 아는 바와 보는 바에 걸림이 없습니다.

스승님이여, 사문 구담은 모든 감각기관이 언제나 고요합니다. 왜냐하면 원래 잘 행하였기 때문입니다.

그는 집으로 들어갈 때 몸을 구부리거나 젖히지 않습니다. 스승님이여, 사문 구담은 집으로 들어갈 때 끝내 몸을 구부리지 않습니다.

스승님이여, 사문 구담은 몸을 돌려 오른쪽으로 돌아 평상을 바루고 앉습니다. 그는 자리 위에서 온몸에 힘을 주고 앉지도 않고 또한 손으로 무릎을 괴고 앉지도 않습니다. 그는 자리에 앉은 뒤에는 답답해하지도 않고 괴로워하지도 않으며 또한 기뻐하지도 않습니다. 씻을 물을 받을 때에는 높이 들지도 않고 낮게 들지도 않으며 많이 받지도 않고 적게 받지도 않습니다.

그는 음식을 받을 때에도 그릇을 높이 들지도 않고 낮추지도 않으며 많이 받지도 않고 적게 받지도 않습니다. 스승님이여, 사문 구담은 음식을 받을 때 발우에 가득 채우지 않으며 국도 음식과 비등하게 받습니다.

스승님이여, 사문 구담은 단식을 반듯하게 다듬어서 천천히 입에 넣습니다. 단식摶食을 입에 넣기 전에는 입을 벌리지 않고 입에 넣은 뒤에는 세 번 씹은 뒤에 삼키고 밥이나 국이 없어도 또한 씹으며 입안에 나머지가 조금 있을 때 다시 단식을 넣습니다. 스승님이여, 사문 구담은 3사事가 청정한 음식으로써 맛을 얻고자 하고 그 맛에 집착하려 하지 않습니다. 그가 음식을 얻는 것은 재물로 삼기 위해서도 아니요 뽐내기 위해서도 아니며 겉치레하기 위해서도 아니요 장엄하기 위해서도 아닙니다. 다만 몸을 보존하여 오래 살면서 병이 없게 하기 위해서입니다. 그것으로써 묵은 질병〔故疹〕을 낫게 하고 새로 병이 생기지 않게 하며 목숨을 보존하고 병이 없게 하며 기운이 있고 쾌락하게 하기 위해서입니다.

식사하기를 마치고 손 씻을 물을 받을 때에는 그릇을 높이 들지도 않고 낮게 들지도 않으며 물을 많이 받지도 않고 적게 받지도 않으며 발우 물을 받을 때에도 그릇을 높이 들지도 않고 낮게 들지도 않으며 많이 받지도 않고 적게 받지도 않습니다. 그는 손을 깨끗이 씻은 뒤에 발우도 깨끗이 씻고 발우를 깨끗이 씻은 뒤에는 또 그 손도 깨끗이 씻으며 손을 닦은 뒤에는 곧 발우를 닦고 발우를 닦은 뒤에는 곧 손을 닦습니다. 그는 발우를 씻고 닦은 발우를 한쪽에 가만히 두되 가까이 두지도 않고 멀리 두지도 않으며 발우를 자주 살펴보지도 않고 또 발우에 집착하지도 않습니다. 그는 이 음식을 비방하지도 않고 저 음식을 찬양하지도 않으며 다만 잠자코 있을 뿐입니다.

그는 모든 거사들을 위해 법을 설하여 마음을 내게 하고 못내 우러르게 하며 성취하게 하고 기뻐하게 합니다. 한량없는 방편으로써 그들을 위해 법을 설하여 마음을 내게 하고 못내 우러르게 하며 성취하게 하고 기뻐하게 한 뒤에는 곧 자리에서 일어나 물러갑니다.

그는 집을 나갈 때 몸을 구부리거나 젖히지 않습니다. 스승님이시여, 사문 구담은 집을 나갈 때 끝내 몸을 구부리지 않습니다. 그는 거리에 있으면서는 굽어보지도 않고 우러러보지도 않으며 오직 곧바로 보는데 그 중간에 알고 보는 바에 장애가 없습니다.

스승님이여, 사문 구담은 모든 감각기관이 언제나 일정합니다. 왜냐하면 원래 잘 행하여 왔기 때문입니다.

그는 마을을 나갈 때 몸을 구부리거나 젖히지 않습니다. 스승님이여, 사문 구담은 마을을 나갈 때 끝내 몸을 구부리지 않습니다. 그는 동산으로 들어갈 때에도 몸을 구부리거나 젖히지 않습니다. 스승님이여, 사문 구담은 동산으로 들어갈 때 끝내 몸을 구부리지 않습니다.

그는 점심 뒤에는 가사와 발우를 챙기고 손과 발을 씻고는 니사단尼師檀을 어깨에 걸치고 방에 들어가 고요히 앉습니다. 스승님이여, 사문 구담은 세상을 요익하게 하기 위하여 방에 들어가 고요히 앉습니다. 스승님이여, 사문 구담은 해질 무렵에 연좌宴坐에서 일어나면 얼굴에 광택이 있습니다. 왜냐하면 여래·무소착·등정각이시기 때문입니다.

스승님이여, 사문 구담은 여덟 가지 음성을 냅니다.

첫째 심심甚深, 둘째 비마루파毘摩樓簸, 셋째 입심入心, 넷째 가애可愛,

다섯째 극만極滿, 여섯째 활구活瞿, 일곱째 분료分了, 여덟째 지智입니다. 이것은 많은 사람들이 사랑하고 즐겨하며 생각하는 것으로서 그 마음의 선정을 얻게 하는 것입니다. 스승님이여, 사문 구담이 대중을 따라 설법하면 그 음성은 대중 밖으로 나가지 않고 오직 대중들에게만 들립니다. 그들을 위해 법을 설하여 마음을 내게 하고, 못내 우러르게 하며 성취하게 하고 기뻐하게 합니다. 한량없는 방편으로써 그들을 위해 법을 설하여 마음을 내게 하고 못내 우러르게 하며 성취하게 하고 기뻐하게 한 뒤에는 곧 자리에서 일어나 본래 있던 곳으로 돌아갑니다. 스승님이여, 사문 구담은 그 형상이 이러하며 이보다 뛰어난 점들만 있습니다. 어르신이여, 저는 저 사문 구담에게 나아가 그를 따라 범행을 배우고 싶습니다."

범지 범마가 말하였다.

"네 마음대로 하라."

이에 우다라 마납은 범지 범마 발에 머리를 조아려 예배하고 세 바퀴 돌고 나서 물러갔다. 그는 부처님께 나아가 부처님 발에 머리를 조아려 예배하고 물러나 한쪽에 앉아 여쭈었다.

"세존이시여, 저는 세존을 따라 도를 배우고 구족계를 받아 비구가 되어 세존을 따라 범행 닦기를 원하나이다."

이에 세존께서는 우다라 마납을 제도하여 도를 배워 구족계를 받게 하시었다. 우타라 마납을 제도하여 도를 배워 구족계를 받게 한 뒤에 세존께서는 비타제국鞞陀提國에 노니시면서 큰 비구들과 함께 점점 앞으로 나아가 미살라의 대천내림大天㮈林에 머무르셨다.

저 미살라의 범지와 거사들은 이렇게 들었다.

'사문 구담은 석가족釋迦族의 아들로서 석가 종족을 버리고 출가하여 도를 배우고는 비타제국에 노니시면서 큰 비구들과 함께 계속 걸어서

이 미살라의 대천내림에 오셔서 머물고 계신다. 사문 구담은 큰 명성이 있어 시방十方에 두루 알려져 있고 그 사문 구담은 여래 · 무소착 · 등정각 · 명행성위 · 선서 · 세간해 · 무상사 · 도법어 · 천인사 · 불중우라 호칭한다. 그는 이 세상과 하늘 · 악마 · 범梵 · 사문 범지 등 사람에서부터 하늘에 이르기까지를 스스로 알고 스스로 깨닫고 스스로 증득하여 성취하여 노닌다. 그가 법을 설하면 처음도 묘하고 중간도 묘하고 마지막도 또한 묘하며 뜻도 있고 문채도 있으며 구족하고 청정하여 범행을 나타낸다. 만일 여래 · 무소착 · 등정각을 뵈옵고 존경하고 예배하며 공양하고 받들어 섬기면 유쾌하게 좋은 이익을 얻는다.'

미살라의 범지와 거사들은 "우리도 모두 가서 저 사문 구담을 뵈옵고 예배하고 공양하자" 하고는 각각 그 권속을 데리고 미살라를 나와 북으로 가서 대천내림에 이르렀다. 그들은 세존을 뵈옵고 예배하고 공양하려고 부처님 계신 곳으로 나아갔다. 미살라의 범지와 거사들은 혹 부처님 발에 머리를 조아리고 물러나 한쪽에 앉기도 하고 혹은 부처님께 문안을 드리고 물러나 한쪽에 앉기도 하며 혹은 부처님을 향해 합장하고 물러나 한쪽에 앉기도 하고 혹은 멀리서 부처님을 뵙고는 잠자코 앉기도 하였다.

저 미살라의 범지와 거사들이 각각 제자리에 앉자 부처님께서는 그들을 위해 설법하여 마음을 내게 하고 못내 우러르게 하며 성취하게 하고 기뻐하게 하셨다. 한량없는 방편으로써 그들을 위해 설법하여 마음을 내게 하고 못내 우러르게 하며 성취하게 하고 기뻐하게 하시고 나서 잠자코 계셨다.

범지 범마도 '사문 구담은 석가 종족의 아들로서 석가 종족을 버리고 출가하여 도를 배우고는 비타제국에 노니시면서 큰 비구들과 함께 이리저리 다니시다가 이 미살라국 대천내림에 이르러 머물고 계신다.

큰 명성이 있어 시방에 두루 알려져 있고 사문 구담은 여래·무소착·등정각·명행성위·선서·세간해·무상사·도법어·천인사·불중우라 호칭한다. 그는 이 세상과 하늘·악마·범·사문 범지 등 사람에서부터 하늘에 이르기까지를 스스로 알고 스스로 깨닫고 스스로 증득하여 성취하여 노닌다. 그가 법을 연설하면 처음도 묘하고 중간도 묘하고 마지막도 또한 묘하며 뜻도 있고 문채도 있으며 구족하고 청정하여 범행梵行을 나타낸다. 만일 여래·무소착·등정각을 뵈옵고 존경하고 예배하며 공양하고 받들어 섬기면 유쾌하게 좋은 이익을 얻는다'는 소문을 듣고는 '나도 이제 가서 사문 구담을 뵈옵고 예배하고 공양해야겠다'고 생각하였다.

범지 범마는 어자御者에게 분부했다.

"너는 어서 수레를 꾸며라. 내가 지금 사문 구담에게로 가리라."

어자는 분부를 받고 곧 수레를 꾸민 뒤에 돌아와 아뢰었다.

"수레를 다 꾸몄습니다. 어르신께선 때를 알려 주소서."

이에 범마는 지극히 아름다운 수레를 타고 미살라를 나와 북으로 대천내림에 이르러 세존을 뵈옵고 예배하고 공양하려고 하였다. 그때 세존께서는 한량없는 대중에게 앞뒤로 둘러싸인 채 그들을 위해 설법하고 계셨다. 범지 범마는 세존께서 한량없는 대중에게 앞뒤로 둘러싸여 그들을 위해 설법하고 계시는 것을 멀리서 보고는 두려움이 생겼다. 이에 범마는 곧 그 자리를 피해 길 가 나무 밑으로 가서 어떤 마납에게 분부했다.

"너는 저 사문 구담에게 가서 나를 위해 '거룩하신 몸은 병이 없이 건강하고 편안하시며 기거起居도 경편輕便하시고 기력도 여전하십니까' 하고 문안을 드려라. 그리고 이렇게 말하라.

'구담이시여, 우리 스승 범마는 〈거룩하신 몸은 병이 없이 건강하고 편안하시며, 기거도 경편하시고 기력도 여전하십니까〉 하고 문안을 드리나이다. 구담이시여, 우리 스승 범마는 와서 사문 구담을 뵙고자 하나이다'라고 하여라."

이에 마납은 분부를 받고 부처님께 나아가 문안드리고 물러나 한쪽에 앉아 여쭈었다.

"구담이시여, 우리 스승 범마는 '거룩하신 몸은 병이 없이 건강하고 편안하시며 기거도 경편하시고 기력도 여전하십니까' 하고 문안드리나이다. 구담이시여, 우리 스승 범마는 와서 사문 구담을 뵙고자 하나이다."

세존께서 말씀하셨다.

"마납아, 범지 범마로 하여금 안온하고 쾌락하게 하고, 하늘·사람·아수라·건답화揵沓惒·나찰 및 다른 모든 몸도 다 안온하고 쾌락하게 하리라. 마납아, 범지 범마가 오고 싶어하면 오라고 하라."

이에 마납은 부처님 말씀을 들어 잘 받아 가지고 곧 자리에서 일어나 부처님을 세 바퀴 돌고는 물러갔다. 그는 범지 범마에게 돌아와 아뢰었다.

"스승님이여, 저는 이미 사문 구담에게 전달했습니다. 저 사문 구담은 지금 스승님을 기다리고 계십니다. 스승님은 때를 아소서."

범지 범마는 곧 수레에서 내려 걸어서 부처님 계신 곳으로 나아갔다. 그 대중들은 멀리서 범지 범마가 오는 것을 보고 곧 자리에서 일어나 길을 열고 옆으로 피했다. 왜냐하면 이름과 덕망과 지식이 많았기 때문이다. 범지 범마는 그 대중들에게 말했다.

"여러분, 모두들 자리에 앉으시오. 나는 곧장 가서 사문 구담을 뵙고자 합니다."

이에 범마는 부처님 계신 곳으로 나아가 문안드리고 물러나 한쪽에 앉았다. 그때 범마의 두 감각기관인 안근眼根과 이근耳根은 무너지지 않았었다. 범지 범마는 자리에 앉아 부처님 몸의 서른두 가지 상을 자세히 관찰해 보았는데, 그 중 서른 가지 상만 보고 두 가지 상에 대해서는 의심을 가졌다. 두 가지 의심스러운 것은 곧 음마장陰馬藏과 광장설廣長舌이었다.

그때 범마는 게송으로 세존께 여쭈었다.

내 일찍 들은 바에 의하면
스승 사문 구담 몸에는
서른두 가지 대인상이 있다 하던데
그 중의 두 가지 상은 볼 수 없구려.

참으로 음마장이 있다 하는가?
그것은 모든 사람 지극히 높이는 것
어떻게 사람 중에 가장 높다 하는가?
이제 그 미묘한 혀도 보이지 않네.

스승이여, 만일 넓고 긴 혀 있으면
원컨대 나에게 보여주소서.
내 지금 실로 의혹을 가졌나니
원컨대 조어調御하여 의혹을 풀어 주소서.

세존께서는 이렇게 생각하셨다.

'이 범지 범마는 내 몸에서 서른두 가지 상을 찾다가 그 서른 가지 상만을 보고 두 가지 상에 대해서는 의혹을 가졌으니 곧 음마장과 광

장설廣長舌이다. 나는 이제 그 의혹을 풀어 주리라.'

세존께서는 그런 줄을 아시고 곧 여기상여의족如其像如意足을 지으셨다. 세존께서 여기상여의족을 지으시자 범지 범마는 세존의 몸에서 음마장과 광장설을 보았다. 그 중에서 광장설이란 입에서 혀를 내밀면 온 얼굴을 모두 뒤덮는 것이다. 세존께서는 여의족을 그치시고 범지 범마를 위해 게송을 설하셨다.

네가 일찍이 들은 바
서른두 가지 대인상
그것은 모두 내 몸에 있어
원만하게 구족했고 최상으로 똑바르니
내게서 조어調御받고 의심을 끊어
범지야, 미묘한 믿음 내어라.

지극히 보고 듣기 어려운 것은
최상의 정진각正盡覺이요
세상에 나타나기 극히 어려운 것도
최상의 정진각이니
범지야, 나는 정각正覺으로서
최상의 올바른 법왕法王이니라.

범지 범마는 이 게송을 듣고 이렇게 생각했다.

'이 사문 구담은 서른두 가지 대인상을 성취하였다. 이른바 대인의 상을 성취하면 그에게는 반드시 두 길만이 있으니 그것은 진실하여 허망하지 않다. 만일 집에 있으면 반드시 전륜왕이 되어 총명하고 지혜가 있으며 4종의 군사를 두고 천하를 다스리되 법다운 법왕으로서 7보를 성취한다. 그 7보란 윤보·상보·마보·주보·여보·거사보·주병신보로서 이것을 7보라 한다. 그는 1천 아들을 두는데 얼굴은 단정하며 용맹하고 두려움이 없어 다른 무리들을 능히 항복받는다. 또 그는 이 모든 땅은 물론 나아가 저 큰 바다까지도 다스리지만 무기를 쓰지 않고 법으로써 가르쳐 안온을 얻게 한다. 그리고 그가 만일 수염과 머리를 깎고 가사를 입고 지극한 믿음으로 집을 버려 가정이 없이 도를 배우면 그는 반드시 여래·무소착·등정각이 되고 그 이름이 널리 퍼져 시방에 두루 알려지게 된다.'

이에 세존께서는 이렇게 생각하셨다.

'이 범지 범마는 오랫동안 아첨함이 없었고 속임이 없었던 자이다. 그가 묻고자 하는 것은 모든 것을 알고 싶어 서지 장난치고 희롱하기 위해서가 아니다. 나는 이제 그에게 매우 심오한 아비담阿毘曇을 설명해주리라.'

세존께서 그런 줄을 아시고 범지 범마를 위해 곧 게송으로 말씀하셨다.

이 세상에서 법을 즐겼기 때문에
다음 세상에선 요익饒益할 것이다.
바라문아, 너는 무슨 일이나
네가 생각한 대로 물으라.
이런저런 모든 것 네가 묻는 일
내 너를 위해 의혹을 끊어주리라.

바라문 범마가 게송으로 아뢰었다.

세존께서는 이미 범지 범마 위해
무엇이나 아뢰라 허락하셨네.
나는 내가 생각하는 무슨 일이나
마음대로 세존님께 여쭈오리라.

어떠한 것을 범지라 하고
3달達에는 어떠한 뜻이 있습니까?
무엇 때문에 무착無着이라 하고
어떤 것을 정진각正盡覺이라 합니까?

그때 세존께서 게송으로 대답하셨다.

악하고 착하지 않은 법 멸하고
잘 선택하여 범행에 머무르며
범지의 행을 닦아 익히면
그 때문에 범지라 한다.

지난 일 환히 통달해 알고
즐거움과 또 나쁜 길 보며
무명無明이 모두 끝나게 되는 것
이것을 알면 모니牟尼라 한다.

맑고 깨끗한 마음을 잘 알고
음욕·성냄·어리석음에서 벗어나
세 가지 밝음〔三明〕을 성취하면
그 때문에 3달達이라 한다.

착하지 않은 법을 멀리 여의고
제일의第一義에 바르게 머무르면
세상에서 제일로 존경받나니
그 때문에 무착無着이라 한다.

하늘과 사람을 요익하게 하고
눈〔眼〕을 주고 다툼을 부수어 없애며
두루 알고 현세에서 모두 보나니
그 때문에 정진각正盡覺이라 한다.

이때 범마는 곧 자리에서 일어나 부처님 발에 머리를 조아리고자 하였다. 그때 대중들은 모두 동시에 큰 소리로 외쳤다. "사문 구담은 참으로 기이하고 참으로 특별하시다. 큰 여의족如意足이 있고 큰 위덕威德이 있으며 큰 복이 있고 큰 위신威神이 있다. 왜냐하면 이 미살라국에 있는 범지나 거사 중에서는 범지 범마가 그 태생이 제일이다. 범지 범마는 부모의 칭찬을 받았고 그 태어남이 청정하여 7대 동안 그 부모가 종족을 끊지 않았으며 대대로 나쁜 일이 없었다. 그런데 그가 사문 구담에게 최대한 마음을 낮추어 존경하고 예배하며 공양하고 받들어 섬기기 때문이다.

사문 구담은 참으로 기이하고 참으로 특별하시다. 큰 여의족이 있고 큰 위덕이 있으며 큰 복이 있고 큰 위신威神이 있다. 왜냐하면 이 미살라국에 있는 범지나 거사 중에서는 범지 범마가 학문이 제일이다. 범지 범마는 총지總持를 널리 듣고 네 가지 전경典經을 환히 외우며 인因·연緣·정正·문文·희戲의 5구설句說을 깊이 통달하였다. 그런데 그가 사문 구담에게 최대한 마음을 낮추어 존경하고 예배하며 공양하고 받들어 섬기기 때문이다.

사문 구담은 참으로 기이하고 참으로 특별하시다. 큰 여의족이 있고 큰 위덕이 있으며 큰 복이 있고 큰 위신이 있다. 왜냐하면 이 미살라국에 있는 범지나 거사 중에서는 범지 범마가 재물이 가장 많다. 범지 범마는 지극히 큰 부자로 재산이 한량없고 목축과 산업도 헤아릴 수 없을 정도로 많으며 봉호封戶와 식읍食邑 등 여러 가지가 다 구족하고 풍족하였으니 미살라 안에 있는 것은 거기서 나는 물·초목까지도 비타제鞞陀提의 아들인 마갈타摩竭陀왕 미생원(未生怨 : 阿闍世)이 범봉梵封으로 특별히 하사한 것이다. 그런데 그가 사문 구담에게 최대한 마음을 낮추어 존경하고 예배하며 공양하고 받들어 섬기기 때문이다.

사문 구담은 참으로 기이하고 참으로 특별하시다. 큰 여의족이 있고 큰 위덕이 있으며 큰 복이 있고 큰 위신이 있다. 왜냐하면 이 미살라국에 있는 범지나 거사 중에서는 범지 범마가 가장 수명이 많은 분이다. 그는 극히 오래 산 장로長老로서 수명이 구족하여 나이가 126세나 된다. 그런데 그가 사문 구담에게 최대한 마음을 낮추어 공존경하고 예배하며 공양하고 받들어 섬기기 때문이다."

이때 세존께서는 남의 마음을 아는 지혜로써 대중들이 생각하는 바를 아시고 범지 범마에게 말씀하셨다.

"그만두라, 범지여. 마음만 기쁘면 족하니라. 돌아가 다시 자리에 앉아라. 너를 위해 설법해 주리라."

범지 범마는 부처님 발에 머리를 조아리고 물러나 한쪽에 앉았다. 세존께서는 그를 위해 설법하시어 마음을 내게 하고 못내 우러르게 하며 성취하게 하고 기뻐하게 하셨다. 한량없는 방편으로 그를 위해 설법하시어 마음을 내게 하고 못내 우러르게 하며 성취하게 하고 기뻐하게 하신 뒤에 모든 부처님의 법과 같이 먼저 단정법端政法을 연설하시자 듣는 이들이 모두 즐거워하고 기뻐하였다. 이른바 보시布施를 말씀하시고 계율에 대해 말씀하시며 하늘에 나는 법을 말씀하시고 욕심은 재환災患이 된다고 꾸짖으시고 나고 죽음은 더러움이라 하시며 욕심이 없음을 묘한 도道의 희고 깨끗함이라 칭찬하셨다. 말씀을 마치시자 부처님께서는 그에게 즐거워하고 기뻐하는 마음, 두루 만족하는 마음, 부드럽고 연한 마음, 견디고 참는 마음, 위로 오르는 마음, 한결같은 마음, 의심이 없는 마음, 덮임이 없는 마음이 있고, 부처님의 바른 법을 받을 만한 능력이 있음을 아셨다. 그래서 모든 부처님이 말씀하신 바르고 긴요한 법인 괴로움·괴로움의 발생·괴로움의 소멸·괴로움의 소멸에 이르는 길을 갖추어 설명하셨다. 범지 범마는 그 자리에서 괴로움·괴로움의 발생·괴로움의 소멸·괴로움의 소멸에 이르는 길의 네 가지 성스러운 진리를 보았다. 마치 흰 천이 물들기 쉬운 것처럼 범마는 그 자리에서 괴로움·괴로움의 발생·괴로움의 소멸·괴로움의 소멸에 이르는 길의 네 가지 성스러운 진리를 보았다.

이에 범마는 법을 보아 법을 얻고 희고 깨끗한 법을 깨달아 의심을 끊고 의혹에서 벗어나 달리 존경하는 이가 없고 또한 남을 의지하지 않으며 아무 망설임이 없이 이미 과증果證에 머물러 세존의 법에서 두려움이 없게 되었다. 그는 곧 자리에서 일어나 부처님 발에 머리를 조아려 예를 올렸다.

"세존이시여, 저는 지금부터 부처님과 법과 비구 스님들께 귀의하나이다. 원하옵건대 세존께서는 저를 받아들이시어 우바새가 되게 해주십시오. 저는 오늘부터 이 몸이 다할 때까지 귀의하여 목숨을 마치는 그 날까지 그렇게 하겠습니다."

범지 범마는 부처님을 향해 합장하고 여쭈었다.

"세존이시여, 부디 내일 비구들과 함께 저의 초대를 받아 주소서."

세존께서는 범지 범마를 위하여 잠자코 그 청을 받아 주셨다. 범지 범마는 세존께서 잠자코 그 청을 받아 주심을 알고 부처님 발에 머리를 조아려 예배하고 세 바퀴 돌고 나서 물러갔다. 그는 자기 집으로 돌아와 곧 그 날 밤으로 아주 맛있는 반찬과 갖가지 풍성한 음식을 준비하였다. 준비를 마치고는 이른 아침에 자리를 펴고 때가 되자 외쳤다.

"세존이시여, 음식은 이미 다 준비되었습니다. 세존께서는 때를 아소서."

이에 세존께서는 밤이 지나고 이른 아침에 가사를 입고, 발우를 가지시고 비구들을 데리고 세존께서 앞장서서 범지 범마의 집으로 나아가 비구들 앞에 자리를 펴고 앉으셨다. 범지 범마는 세존과 비구들이 자리에 앉아 고요해지자, 몸소 손 씻을 물을 돌리고 맛난 반찬과 갖가지 풍성한 음식을 손수 권하며 한껏 공양하게 하였다. 공양이 끝나자 발우를 거두고, 손 씻을 물을 돌리고는 작은 평상을 가져다 앉아서 주원呪願을 받았다. 범지 범마가 자리에 앉자, 세존께서는 그를 위해 주원을 말씀하셨다.

불火에 비는 것 제일의 재齋요
통通하는 음성은 모든 음성의 근본이며
임금은 사람 중의 가장 높은 이요
바다는 강물의 제일이 되며
달은 모든 별 중에 가장 밝고
밝게 비춤은 해보다 더한 것 없네.

상・하와 4유維와 모든 방위와
또 일체의 모든 세간
사람에서 하늘에 이르기까지
오직 부처님만이 가장 제일이니라.

이에 세존께서는 범지 범마를 위해 주원을 말씀하신 뒤에 곧 자리에서 일어나 떠나셨다.

세존께서는 미살라국에서 며칠을 지내신 뒤에 가사를 챙기고 발우를 가지고 계속 걸어서 앞으로 나아가 사위국 기수급고독원에 이르러 그곳에 머무셨다. 이때 많은 비구들은 사위국에서 밥을 빌다가 저 미살라의 범지 범마가 게송으로 부처님께 질문한 일이 있은 후 곧 목숨을 마쳤다는 소식을 들었다. 그들은 밥을 먹은 뒤 오후에 가사와 발우를 챙기고 손과 발을 씻고 니사단尼師檀을 어깨에 걸치고 부처님 계신 곳으로 나아가 머리를 조아려 예배한 뒤에 물러나 한쪽에 앉아 여쭈었다.

"세존이시여, 저희 많은 비구들은 이른 아침에 가사를 입고 발우를 가지고 사위국으로 들어가 밥을 빌다가 저 미살라의 범지 범마가 게송으로 부처님께 질문한 일이 있은 후 곧 목숨을 마쳤다고 들었습니다. 세존이시여, 그는 어느 곳으로 가서 어디에 태어날 것이며 그 뒷세상은 어떠하겠습니까?"

세존께서는 말씀하셨다.

"비구들아, 범지 범마는 지극히 큰 이익이 있다. 그는 마지막에 법을 알았고 법을 위하여 나를 성가시게 하지 않았다. 비구들아, 범지 범마는 5하분결下分結이 다해 저 세계에 태어나 열반涅槃을 얻고 다시는 물러나지 않는 법을 얻었으니 이 세상에 다시는 돌아오지 않을 것이다."

그때 세존께서는 범마가 아나함을 얻을 것이라고 기별記別을 주셨다.

부처님께서는 이렇게 말씀하시자 범지 범마와 모든 비구들은 부처님 말씀을 듣고 기뻐하며 받들어 행하였다.

〔이 범마경에 수록된 경문의 글자 수는 6,776자이다. 『중아함경』 제41권에 수록된 경문의 글자 수는 총 6,776자이고, 제4 분별송 「범지품梵志品」에 수록되어 있는 경문의 글자 수는 모두 55,652자이다.〕[4]

---

4 제4 분별송에 들어 있는 「범지품」, 즉 『중아함경』 제38권부터 제41권까지에 수록되어 있는 경문의 총 글자 수는 실제로 총 30,471자인데 여기에서는 30,454자로 기록되어 있다. 각 권마다의 총 글자 수를 합하면 30,424자로서 그 또한 여기 기록된 30,454자보다 30자가 적고 38권부터 41권까지 소경을 전부 합한 실제 글자 수보다는 17자가 적다.

중아함경 제 42 권

13. 근본분별품根本分別品 ①

〔이 품에는 모두 10개의 소경이 수록되어 있다.〕

분별육계경分別六界經 · 분별육처경分別六處經과
분별관법경分別觀法經 · 온천림천경溫泉林天經과
석중선실존경釋中禪室尊經과
아난설경阿難說經 · 의행경意行經과
구루수무쟁경拘樓瘦無諍經과
앵무경鸚鵡經 · 분별대업경分別大業經이다.

162) 분별육계경分別六界經〔제4 분별송〕

나는 이와 같이 들었다.

어느 때 부처님께서 마갈타국摩竭陁國을 유행하실 적에 왕사성에 들어가 묵으시게 되었다.

그때 세존께서 어느 질그릇 만드는 집에 가셔서 말씀하셨다.

"도사陶師[1]여, 내가 저 질그릇 굽는 방에서 하룻밤 묵고 싶은데 들어 주겠는가?"

질그릇 굽는 기술자가 대답하였다.

"저에겐 아무 지장이 없습니다. 그런데 어떤 비구가 먼저 그 방에 묵고 있습니다. 만일 그가 허락한다면 마음대로 하십시오."

그때 존자 불가라사리弗迦邏娑利[2]가 이미 그 질그릇 굽는 방에 먼저 묵고 있었다. 이에 세존께서는 도사陶師의 집에서 나와 그 질그릇 굽는 방으로 가서 존자 불가라사리에게 말씀하셨다.

"비구여, 나는 이 질그릇 굽는 방에서 하룻밤을 묵고자 하는데 그대는 허락해 주겠는가?"

존자 불가라사리가 대답하였다.

"그대여, 나에겐 아무 지장이 없습니다. 이 질그릇 굽는 방에는 풀자리가 이미 깔려져 있습니다. 그대가 묵고자 하거든 마음대로 하십시오."

그때 세존께서는 그 질그릇 굽는 방에서 밖으로 나와 발을 씻으시고 도로 안으로 들어가 풀 자리 위에 니사단尼師檀을 펴고는 가부좌를 하고 앉아 밤이 새도록 조용히 선정에 드셨다. 존자 불가라사리도 또한 밤이 새도록 조용히 선정에 들었다. 그때 세존께서는 이렇게 생각하셨다.

'이 비구는 선정에 머물러 있다. 참으로 기특하다. 나는 이제 저 비구에게 〈너의 스승은 누구며 너는 누구를 의지하여 출가하여 도를 배

1 팔리본에는 도사陶師의 이름이 Bhaggava로 기록되어 있는데, 한역본에는 이름이 나오지 않았다.

2 팔리어로는 Pukkusāti이고, 불가사弗加沙 또는 불가라바리弗加羅婆利라고도 한다.

우고 누구에게 법을 받았는가〉고 물어 보리라.'

세존께서는 이렇게 생각하시고 곧 물으셨다.

"비구여, 너의 스승은 누구인가? 너는 누구를 의지하여 출가하여 도를 배우며 누구에게 법을 받았는가?"

존자 불가라사리가 대답하였다.

"현자여, 사문 구담瞿曇이라는 석가 종족의 아들이 있습니다. 그분은 석가 종족을 버리고 수염과 머리를 깎고 가사를 입고 지극한 믿음으로 출가하여 집 없이 도를 배워 위없는 정진각正盡覺을 얻었습니다. 그 분이 제 스승입니다. 나는 그 분을 의지하여 출가하여 도를 배우고 법을 받았습니다."

세존께서는 다시 물으셨다.

"비구여, 스승을 뵌 일이 있는가?"

"뵙지 못했습니다."

"만일 스승을 뵌다면 알아보겠는가?"

존자 불가라사리가 대답하였다.

"알아보지 못할 것입니다. 그러나 현자여, 나는 그 분이 세존·여래·무소착·등정각·명행성위明行成爲·선서·세간해·무상사·도법어道法御·천인사·불중우佛衆祐라고 호칭되고 있다는 말을 들었습니다. 그 분이 내 스승입니다. 나는 그 분을 의지하여 출가하여 도를 배우고 법을 받았습니다."

그때 세존께서는 다시 이렇게 생각하셨다.

'이 족성자는 나를 의지해 출가하여 도를 배우고 법을 받았다. 내가 지금 어찌 그를 위해 설법하지 않을 수 있겠는가?'

세존께서는 이렇게 생각하시고 존자 불가라사리에게 말씀하셨다.

"비구여, 내가 너를 위해 설법해 주리라. 이 법은 처음도 좋고 중간도 좋으며 마지막도 또한 좋다. 뜻도 있고 문체도 있으며 청정함을 구족하였고 범행梵行을 나타낸다. 이른바 육계六界를 분별하는 것이니 너는 마땅히 자세히 듣고 잘 기억하라."

존자 불가라사리가 대답하였다.

"예."

부처님께서는 그에게 말씀하셨다.

"비구여, 사람에게는 6계취界聚 · 6촉처觸處 · 18의행意行 · 4주처住處가 있다. 만일 거기에 머물러 있으면 근심스럽고 슬픈 일을 듣지 않을 것이요 근심스럽고 슬픈 일을 듣지 않은 뒤에 마음은 곧 미워하지도 않고 근심하지도 않을 것이며 수고롭지도 않고 또한 두려워하지도 않을 것이다. 이와 같은 가르침이 있으면 지혜에 게으르지 않게 되고 참된 진리를 지켜 보호하게 되며 은혜로운 보시를 기르게 되느니라. 비구여, 마땅히 이 최상을 배우고 지극히 고요함을 배워 6계를 분별하여야 한다.

이와 같이 비구여, 사람에게는 6계취界聚가 있으니 이것은 무엇을 말하는가? 이른바 지계地界 · 수계水界 · 화계火界 · 풍계風界 · 공계空界 · 식계識界이다. 비구여, 사람에게 6계취가 있다 함은 이것을 말하는 것이다.

비구여, 사람에게는 6촉처觸處가 있으니, 이것은 무엇을 말하는가? 이른바 비구여, 안촉眼觸은 빛깔을 보고 이촉耳觸은 소리를 들으며 비촉鼻觸은 냄새를 맡고 설촉舌觸은 맛을 보며 신촉身觸은 촉감을 느끼고 의촉意觸은 법을 아느니라. 비구여, 사람에게 6촉처가 있다 함은 이것을 말하는 것이다.

비구여, 사람에게는 18의행意行이 있으니, 이것은 무엇을 말하는가? 이른바 비구여, 눈이 빛깔을 보아 빛깔에 기쁨〔喜〕이 있다고 관찰하고 빛깔에 근심〔憂〕이 있다고 관찰하며 빛깔에 기쁘지도 근심하지도 않음〔捨〕이 있다고 관찰한다. 이렇게 귀・코・혀・몸에 있어서도 또한 그러하며 뜻이 법을 알아 법에 희가 있다고 관찰하고 법에 우가 있다고 관찰하며 법에 사가 있다고 관찰한다. 비구여, 이 6희관喜觀과 6우관憂觀과 6사관捨觀을 합하면 18행이 된다. 비구여, 사람에게 18의 행이 있다 함은 이것을 말하는 것이다.

비구여, 사람에게 4주처住處가 있으니, 이것은 무엇을 말하는가? 이른바 참된 진리의 주처〔眞諦住處〕와 지혜의 주처〔慧住處〕와 보시의 주처〔施住處〕와 쉼의 주처〔息住處〕니라. 비구여, 사람에게 4주처가 있다 함은 이것을 말하는 것이다.

비구여, 어떤 것이 '지혜를 게을리 하지 않는 것〔不放逸慧〕'인가? 만일 어떤 비구가 몸의 경계를 분별하여 이렇게 생각한다고 하자.

'지금 내 이 몸에는 태어나면서 받은 안의 지계〔內地界〕가 있다. 그것은 무엇인가? 이른바 머리털과 몸털・손톱・이・거칠고 섬세한 살갗・껍질・살・뼈・힘줄・콩팥・염통・간・허파・지라・대장・위・똥 등이다. 또 이와 비슷한 것들로 태어나면서 받은 몸속의 단단한 것, 단단한 성질로 몸 안에 있는 다른 모든 것들이다.'

비구여, 이것을 안의 지계라 한다. 비구여, 혹 안의 지계와 바깥의 지계〔外地界〕가 있는데 그 일체를 통틀어 지계地界라고 말한다.

'그 일체는 나의 소유가 아니요 나는 그것의 소유가 아니며 또한 신神도 아니다.'

이와 같이 지혜로 관찰하여 그 진실을 알아 마음이 이 지계에 집착하지 않는다면 비구여, 이것을 지혜를 게을리 하지 않는 것이라 하느니라.

비구여, 지혜를 게을리 하지 않는 것이란, 만일 어떤 비구가 몸의 경계를 분별하여 이렇게 생각한다고 하자.

'지금 나의 이 몸에는 태어나면서 받은 안의 수계水界가 있다. 그것은 무엇인가? 이른바 뇌막腦膜[3] · 눈물 · 땀 · 콧물 · 가래침 · 고름 · 피 · 기름 · 골수 · 침 · 담痰 · 오줌 따위이다. 또 이와 비슷한 것들로 태어나면서 받은 몸 속의 물 종류와 물의 성질로 몸 안을 적시는 다른 모든 것들이다.'

비구여, 이것을 안의 수계〔內水界〕라 한다. 비구여, 혹 안의 수계와 바깥 수계〔外水界〕가 있는데 그 일체를 통틀어 수계水界라고 말한다.

'그 일체는 나의 소유가 아니요, 나는 그것의 소유가 아니며 또한 신神도 아니다.'

이와 같이 지혜로 관찰하여 그 진실을 알아 마음이 이 수계에 집착하지 않는다면, 비구여, 이것을 지혜를 게을리 하지 않는 것이라 하느니라.

비구여, 또 지혜를 게을리 하지 않는 지혜란, 만일 어떤 비구가 이 몸의 경계를 분별하여 이렇게 생각한다고 하자.

'지금 내 이 몸에는 태어나면서 받은 안의 화계〔內火界〕가 있다. 그것은 무엇인가? 이른바 뜨거운 몸 · 따뜻한 몸 · 번민하는 몸 · 온장溫莊한 몸으로서 곧 음식을 소화시키는 것을 말한다. 또 이와 비슷한 것들로 태어나면서 받은 몸속의 불과 불의 성질로 몸 안을 뜨겁게 하는 다른 모든 것들이다.'

비구여, 이것을 안의 화계라 한다. 비구여, 안의 화계와 바깥 화계〔外火界〕가 있는데 그 일체를 통틀어 화계라고 말한다.

'그 일체는 나의 소유가 아니요 내가 그것의 소유도 아니며 또한 신

---

3 송宋 · 원元 · 명明 3본에는 모두 뇌수腦髓로 되어 있다.

도 아니다.'

이와 같이 지혜로 관찰하여 그 진실을 알아 마음이 이 화계에 집착하지 않는다면 비구여, 이것을 지혜를 게을리 하지 않는 것이라 하느니라.

비구여, 또 지혜를 게을리 하지 않는 것이란, 만일 어떤 비구가 몸의 경계를 분별하여 이렇게 생각한다고 하자.

'지금 내 이 몸에는 태어나면서 받은 안의 풍계〔內風界〕가 있다. 그것은 무엇인가? 이른바 상풍上風・하풍下風・협풍脇風・제축풍掣縮風・축풍蹴風・비도풍非道風・절절풍節節風・식출풍息出風・식입풍息入風[4] 등이다. 또 이와 비슷한 것들로 태어나면서 받은 몸속의 바람과 바람의 성질로 몸 안을 움직이는 다른 모든 것들이다.'

비구여, 이것을 안의 풍계라 한다. 비구여, 안의 풍계와 바깥 풍계〔外風界〕가 있는데 그 일체를 통틀어 풍계風界라 말한다.

'그 일체는 나의 소유가 아니요 나는 그것의 소유가 아니며 또한 신도 아니다.'

이와 같이 지혜로 관찰하여 그 진실을 알아 마음이 이 풍계에 집착하지 않는다면 비구여, 이것을 지혜를 게을리 하지 않는 것이라 하느니라.

비구여, 또 지혜를 게을리 하지 않는 것이란 만일 어떤 비구가 몸의 경계를 분별하여 이렇게 생각한다고 하자.

'지금 내 이 몸에는 태어나면서부터 받은 안의 공계〔內空界〕가 있다.

---

4 한역본에는 9종의 풍風이 나오지만 팔리본에는 7종풍으로 되어 있다. 7종풍은 다음과 같다. 상행풍(上行風, uddhaṃgamā vātā : 구토나 딸꾹질)・하행풍(下行風, adhogamā vātā : 대소변)・장외풍(腸外風, kucchisayā vātā)・장내풍(腸內風, koṭṭhāsayā vātā)・지체순환풍(支體循環風, aṅgamoṅgānusārino vātā : 몸을 굽혔다 펴고 혈액이 순환하는 것)・식입풍(息入風, assāso : 들숨)・식출풍(息出風, passāso : 날숨)이다.

그것은 무엇인가? 이른바 눈구멍·귓구멍·콧구멍·입구멍과 목구멍을 움직여 먹은 것과 마신 것이 조용히 목구멍에 머물거나 혹은 밑으로 내려가 나오는 것 등이다. 또 이와 비슷한 것들로 태어나면서부터 받은 몸속의 공간, 살과 살갗과 뼈와 힘줄에 덮이지 않은 다른 모든 빈 공간들이다.'

비구여, 이것을 안의 공계라 한다. 비구여, 혹 안의 공계와 바깥 공계〔外空界〕가 있는데 그 일체를 통틀어 공계空界라고 말한다.

'그 일체는 나의 소유가 아니요 나도 그것의 소유가 아니며 또한 신도 아니다.'

이와 같이 지혜로 관찰하여 그 진실을 알아 마음이 이 공계에 집착하지 않는다면 비구여, 이것을 지혜를 게을리 하지 않는 것이라 하느니라.

비구여, 만일 어떤 비구가 이 5계界에 대해서 사실 그대로를 알고 사실 그대로를 안 뒤에 마음이 거기에 집착하지 않고 해탈하면 오직 식識만이 남는다. 그것은 어떠한 식인가? 즐거워하는 식〔樂識〕·괴로워하는 식〔苦識〕·기뻐하는 식〔喜識〕·근심하는 식〔憂識〕·괴롭지도 즐겁지도 않은 식〔捨識〕[5]이니라.

비구여, 낙갱락樂更樂[6]으로 인하여 즐거운 감각〔樂覺〕이 생기고 그는 즐거운 감각을 느낀다. 즐거운 감각을 느낀 뒤에는 곧 즐거운 감각을 느낀 줄을 안다. 만일 어떤 비구가 이 낙갱락樂更樂을 멸하고 이 낙갱락을 멸한 뒤에 혹 낙갱락으로부터 생긴 즐거운 감각이 있을 때 그것

---

5 사식捨識은 고苦·락樂과 구별되는 괴롭지도 즐겁지도 않은 식[不苦不樂識]을 말한다.

6 낙갱락은 곧 낙촉樂觸이다. 즉 즐거움[樂]을 감수感受하는 촉觸을 말한다. 이하 고갱락苦更樂·희갱락喜更樂·우갱락憂更樂·사갱락捨更樂, 또한 괴로움·기쁨 등을 감수하는 촉觸을 말한다.

도 또한 멸하고 쉬고 그친다면 그는 이미 차갑게 된 줄을 알게 되느니라.

비구여, 고갱락苦更樂으로 인하여 괴로운 감각〔苦覺〕이 생기고 그는 괴로운 감각을 느낀다. 괴로운 감각을 느낀 뒤에는 곧 괴로운 감각을 느낀 줄을 안다. 만일 어떤 비구가 이 고갱락을 멸하고 이 고갱락을 멸한 뒤에 혹 고갱락으로부터 생긴 괴로운 감각이 있을 때 그것도 또한 멸하고 쉬고 그친다면 그는 이미 차갑게 된 줄을 알게 되느니라.

비구여, 희갱락喜更樂으로 인하여 기쁜 감각〔喜覺〕이 생기고 그는 기쁜 감각을 느낀다. 기쁜 감각을 느낀 뒤에는 곧 기쁜 감각을 느낀 줄을 안다. 만일 어떤 비구가 이 희갱락을 멸하고 이 희갱락을 멸한 뒤에 혹 희갱락으로부터 생긴 기쁜 감각이 있을 때 그것도 또한 멸하고 쉬고 그친다면 그는 이미 차갑게 된 줄을 알게 되느니라.

비구여, 우갱락憂更樂으로 인하여 근심의 감각〔憂覺〕이 생기고 그는 근심의 감각을 느낀다. 근심의 감각을 느낀 뒤에는 곧 근심의 감각을 느낀 줄을 안다. 만일 어떤 비구가 이 우갱락을 멸하고 이 우갱락을 멸한 뒤에 혹 우갱락으로부터 생긴 근심스런 감각이 있을 때 그것도 또한 멸하고 쉬고 그친다면 그는 이미 차갑게 된 줄을 알게 되느니라.

비구여, 사갱락捨更樂으로 인하여 괴롭지도 즐겁지도 않은 감각〔捨覺〕이 생기고 그는 괴롭지도 즐겁지도 않은 감각을 느낀다. 괴롭지도 즐겁지도 않은 감각을 느낀 뒤에는 곧 괴롭지도 즐겁지도 않은 감각을 느낀 줄 안다. 만일 어떤 비구가 이 사갱락을 멸하고 이 사갱락을 멸한 뒤에 혹 사갱락으로부터 생긴 괴롭지도 즐겁지도 않은 감각이 있을 때 그것도 또한 멸하고 그친다면, 그는 이미 차갑게 된 줄을 알게 되느니라.

비구여, 이런저런 갱락更樂 때문에 이런저런 감각〔覺〕이 생기고 이런저런 갱락이 멸한 뒤에는 이런저런 감각도 또한 멸한다. 그는 이 감각은 갱락으로부터 생기고 갱락이 근본이요 갱락이 원인이며 갱락으로부터 생기고 갱락이 우두머리가 되며 갱락에 의지하여 행해진다는 것을 안다. 비구여, 마치 불씨는 찬목鑽木[7]과 사람의 방편으로 말미암아 열이 생기기 때문에 불이 일어나는 것과 같다. 그러니 비구여, 저 많은 나무를 서로 떨어뜨려 흩어 놓으면 거기서 생겨나던 불은 다 꺼져서 차가운 나무토막이 되는 것과 같으니라.

이와 같이 비구여, 이런저런 갱락 때문에 이런저런 감각이 생기고 이런저런 갱락이 멸한 뒤에는 이런저런 감각도 또한 멸한다. 그는 이 감각은 갱락으로부터 생기고 갱락이 근본이요 갱락이 원인이며 갱락으로부터 생기고 갱락이 우두머리가 되며 갱락을 의지하여 행해진다는 것을 안다.

만일 비구가 이 3각覺[8]에 물들지 않고 해탈한다면 그 비구에게는 오직 평정〔捨〕만 있어 지극히 청정할 것이다. 비구여, 그 비구는 이렇게 생각한다.

'나는 이 청정한 평정〔捨〕으로 한량이 없는 공처空處로 옮겨 들어가고 이러한 마음을 닦아서 그것을 의지하고 거기에 머무르며 거기에서 서고 그것을 인연하며 그것에 묶이리라. 나는 이 청정한 평정으로 한량없는 식처識處와 무소유처無所有處·비유상비무상처非有想非無想處로 옮겨 들어가 이러한 마음을 닦아서 그것을 의지하고 거기에 머무르며 거기에서 서고 그것을 인연하며 그것에 묶이리라.'

비구여, 마치 쇠붙이를 제련하는 재주가 뛰어난 사람이 불로 쇠붙

7 나무에 구멍을 뚫고 다른 나무로 비벼 불을 얻는 일, 또는 그럴 때 쓰는 나무를 말한다.

8 3수受라고도 한다. 고각苦覺·낙각樂覺·사각捨覺이다.

이를 달구어 극히 얇게 만들고 또 화람火爦으로 자꾸 불기운을 더해 여러 차례 단련하여 깨끗하게 하며 지극히 부드럽고 광명이 나게 하는 것과 같다. 비구여, 이 쇠붙이가 그 장인에게서 여러 차례 불기운이 가해가고 여러 차례 단련되어 깨끗해지고 지극히 부드럽고 광명이 나게 된 뒤에 그 장인은 자기가 만들고 싶은 대로 혹은 오색 비단을 잇기도 하고 새 옷을 꾸미기도 하며 가락지・팔찌・영락・보만 등 만들고 싶은 것을 마음대로 만든다. 이와 같아서 비구여, 그 비구는 이렇게 생각한다.

'나는 이 청정한 평정으로 한량없는 공처로 옮겨 들어가 이러한 마음을 닦아서 그것을 의지하고 거기에 머무르며 거기에서 서고 그것을 인연하며 그것에 묶이리라. 나는 이 청정한 평정으로 한량없는 식처・무소유처・비유상비무상처로 옮겨 들어가 이러한 마음을 닦아서 그것을 의지하고 거기에 머무르며 거기에서 서고 그것을 인연하며 그것에 묶이리라.'

그 비구는 다시 이렇게 생각한다.

'내가 이 청정한 평정으로 한량없는 공처를 의지한다면 이것은 바로 유위有爲이다. 만일 그것이 유위라면 그것은 곧 무상無常한 것이다. 만일 그것이 무상한 것이라면 그것은 곧 괴로운 것이다.'

만일 그것이 괴로운 것이라면 곧 괴로운 것인 줄 알 것이요, 괴로운 것인 줄 안 뒤에 그는 다시는 이 평정을 옮겨 한량없는 공처空處로 들어가지 않을 것이다.

'내가 이 청정한 평정으로 한량없는 식처・무소유처・비유상비무상처를 의지한다면 이것은 바로 유위이다. 만일 그것이 유위라면 그것은 곧 무상한 것이요, 만일 그것이 무상한 것이라면 그것은 곧 괴로운 것이다.'

만일 그것이 괴로운 것이라면 곧 괴로운 것인 줄 알 것이요, 괴로운 것인 줄 안 뒤에 그는 다시는 이 평정을 옮겨 한량없는 식처·무소유처·비유상비무상처로 들어가지 않을 것이다.

비구여, 만일 어떤 비구가 이 네 곳을 지혜로 관찰하여 진실 그대로를 알아 마음으로 성취하지 않고 옮겨 들어가지 않는다면 그는 그때에는 다시는 유위가 아니요, 또한 있다거나 없다고 생각할 대상도 없을 것이다. 그는 몸을 받아 최후로 깨달았으면 곧 몸을 받아 최후로 깨달은 줄을 알 것이요, 목숨을 받아 최후로 깨달았으면 곧 목숨을 받아 최후로 깨달은 줄을 알 것이다. 몸이 무너지고 목숨이 끝나 수명을 이미 마친 뒤에는 그가 깨달은 모든 것들도 멸하고 쉬고 그쳐 차갑게 되는 줄을 알 것이다.

비구여, 비유컨대 타오르는 등불은 기름과 심지를 의지하나니, 만일 기름을 계속해서 더해 주지 않고 심지를 이어 주는 사람이 없으면 먼저 것은 이미 다 타고 뒤의 것은 계속 이어지지 않아 다시 받을 것이 없는 것과 같다. 이와 같이 비구가 몸을 받아 최후로 깨달았으면 곧 몸을 받아 최후로 깨달은 줄을 알고 목숨을 받아 최후로 깨달았으면 곧 목숨을 받아 최후로 깨달은 줄을 안다. 몸이 무너지고 목숨이 끝나 수명을 이미 마친 뒤에는 그가 깨달은 모든 것들도 멸하고 쉬고 그쳐 차갑게 되는 줄을 안다.

비구여, 이것을 비구의 제일 바른 지혜라 한다. 이른바 최후의 경지까지 멸한 데 이른 것이니 누漏가 다한 비구가 이것을 성취한다면 제일 바른 지혜를 성취하는 것이니라.

비구여, 이 해탈은 참다운 진리〔眞諦〕에 머물러 이동하지 않게 되나니 참다운 진리란 법 그대로를 말하는 것이고, 거짓말이란 허망한 법을 말하는 것이다. 비구여, 그는 그 제일 참다운 진리를 성취한 것이다.

비구여, 그 비구는 보시를 베푸는데, 보시 받는 사람들 중에 혹 옛날 원수가 있더라도 그는 그때의 일을 놓아버리고 토하고 떠나서 해탈하고 멸해 없앤다.

비구여, 이것을 비구의 제일 올바른 혜시惠施라 한다. 이른바 일체의 세간을 모두 버리고 욕심이 없으며 멸하고 쉬고 그치나니 비구여, 이것을 성취한다면 제일의 혜시를 성취하는 것이니라.

비구여, 그 비구의 마음이 음욕과 성냄과 어리석음에 더럽혀진다면 그는 해탈을 얻지 못한다. 비구여, 이 일체의 음욕과 성냄과 어리석음이 다해 탐욕이 없어지고 멸하고 쉬고 그치면 제일의 쉼〔息〕[9]을 얻게 된다. 비구여, 이것을 성취한다면 제일의 쉼을 성취하는 것이니라.

비구여, '나〔我〕'란 스스로 자랑하는 것이다. '나는 미래에도 존재할 것이다' 하여도 또한 스스로 자랑하는 것이요, '나는 존재하지도 존재하지 않지도 않을 것이다' 하여도 또한 스스로 자랑하는 것이다. '나는 색유色有가 될 것이다' 하여도 또한 스스로 자랑하는 것이요, '나는 무색유無色有가 될 것이다' 하여도 또한 스스로 자랑하는 것이며, '나는 색유도 무색유도 되지 않을 것이다' 하여도 또한 스스로 자랑하는 것이다. '나는 생각〔想〕이 있을 것이다' 하여도 또한 스스로 자랑하는 것이요, '나는 생각이 없을 것이다' 하여도 또한 스스로 자랑하는 것이며, '나는 생각이 있는 것도 아니요 생각이 없는 것도 아닐 것이다' 하여도 또한 스스로 자랑하는 것이다. 이것은 뽐내는 것〔貢高〕이요, 이것은 교만〔憍慠〕이며, 이것은 방일放逸이다. 비구여, 만일 이 일체의 자랑과 뽐냄과 교만과 방일이 없으면 그것을 마음의 쉼〔意息〕이라 하느니

9 팔리어로는 upasama이고, 지식止息 또는 적정寂靜으로 한역하기도 한다.

라.

비구여, 만일 그 마음이 쉬면 곧 미워하지도 않고 근심하지도 않으며 고달파하지도 않고 두려워하지도 않는다. 무슨 까닭인가? 그 비구는 법을 성취하였기 때문에 더 이상 밉다고 말할 것이 없느니라. 만일 미워하지 않으면 걱정하지 않을 것이요, 걱정하지 않으면 시름하지 않을 것이며, 시름하지 않으면 고달파하지 않을 것이요, 고달파하지 않으면 두려워하지 않을 것이며, 두려워하지 않기 때문에 곧 반열반般涅槃을 얻게 될 것이다. 그래서 생은 이미 다하고 범행은 이미 서고 할 일은 이미 마쳐 다시는 후세의 목숨을 받지 않는다는 것을 진실 그대로 알게 될 것이니라."

이렇게 설법을 마치자 존자 불가라사리는 티끌을 멀리 하고 때〔垢〕를 여의어 모든 법안法眼이 생겼다.

이에 존자 불가라사리는 법을 보아 법을 얻고 희고 깨끗한 법〔白淨法〕을 깨달아 의심을 끊고 의혹을 벗어나 다시는 더 이상 존경할 사람이 없고 다시는 남을 의지할 것도 없어 아무 망설임 없이 이미 과증果證에 머물러 세존의 법에서 두려움이 없게 되었다. 그는 곧 자리에서 일어나 부처님 발에 머리를 조아려 예배드리고 아뢰었다.

"세존이시여, 저는 잘못을 뉘우칩니다. 선서善逝시여, 저는 고백합니다. 미련한 사람처럼 미친 사람처럼 정신이 나간 사람처럼 바보처럼 좋은 밭을 알아보지 못했습니다. 스스로 깨달아 알 수가 없었습니다. 왜냐하면 저는 여래·무소착·등정각을 일컬어 '그대'라고 불렀기 때문입니다. 원컨대 세존이시여, 참회를 받아 주십시오. 저는 이제 참회한 뒤에는 다시는 저지르지 않겠습니다."

세존께서는 말씀하셨다.

"비구여, 너는 진실로 미련하고 어리석었으며 너는 진실로 정신이

나간 바보였다. 너는 여래·무소착·등정각을 일컬어 '그대'라고 불렀기 때문이다. 비구여, 만일 네가 스스로 참회하고 잘못을 알아 드러내며 조심해 다시는 저지르지 않을 수 있다면 비구여, 그와 같이 한다면 곧 거룩한 법法과 율律에 있어서 이익이 되고 손해가 되지 않을 것이다. 왜냐하면 능히 스스로 참회하고 잘못을 알아 드러내었으며 조심하여 다시는 저지르지 않을 것이기 때문이니라."

부처님께서 이렇게 말씀하시자 존자 불가라사리는 부처님 말씀을 듣고 기뻐하며 받들어 행하였다.

〔이 분별육계경의 경문 글자 수는 3,131자이다.〕

163) 분별육처경分別六處經〔제4 분별송〕

나는 이와 같이 들었다.

어느 때 부처님께서 사위국을 유행하실 적에 승림급고독원勝林給孤獨園에 계셨다. 그때 세존께서 모든 비구들에게 말씀하셨다.

"내가 너희들을 위하여 설법하리라. 그것은 처음도 묘하고 중간도 묘하며 마지막도 또한 묘하다. 의미도 있고 문체도 있으며 청정淸淨을 구족하고 범행梵行을 나타내는 것으로서 분별육처경分別六處經이라고 하니 자세히 듣고 잘 기억하도록 하라."

그때 모든 비구들이 아뢰었다.

"세존이시여, 마땅히 가르침을 받겠습니다."

부처님께서 말씀하셨다.

"너희들은 마땅히 6처處의 안〔內〕을 알아야 하고[10] 6갱락처更樂處의 안을 알아야 하며[11] 18의행意行의 안을 알아야 하고 36도刀의 안을 알아야 한다. 그 중에서 그것을 끊고 이것을 성취하고 한량없는 설법에서 마땅히 안〔內〕을 알아야 한다.

또 3의지意止는 이른바 성인이 익히는 것이요, 성인은 이를 익히고 나서야 대중을 가르칠 수 있다. 또 위없는 조어사〔無上調御士〕는 사람들을 다루어 일체의 방위로 나아가게 하나니 이것을 분별육처경의 일이라 하느니라.

마땅히 6처處의 안〔內〕을 알아야 한다는 것은 무슨 말인가? 이른바 안처眼處·이처耳處·비처鼻處·설처舌處·신처身處·의처意處이다. 마땅히 6처의 안을 알아야 한다는 것은 이것을 말한 것이다.

마땅히 6갱락처更樂處의 안〔內〕을 알아야 한다는 것은 무슨 말인가? 이른바 눈의 갱락은 빛깔〔色〕을 보는 것이요, 귀의 갱락은 소리〔聲〕를 듣는 것이며, 코의 갱락은 냄새〔香〕를 맡는 것이요, 혀의 갱락은 맛〔味〕을 보는 것이며, 몸의 갱락은 촉감〔觸〕을 느끼는 것이고, 뜻의 갱락更樂은 법法을 아는 것이니, 6갱락처의 안을 알아야 한다는 것은 이것을 말한 것이다.

마땅히 18의행意行의 안〔內〕을 알아야 한다는 것은 무슨 말인가? 비구는 눈으로 빛깔을 본 뒤에 그 빛깔을 기뻐할 만한 것〔喜住〕이라고 분별하고 그 빛깔을 근심할 만한 것〔憂住〕이라고 분별하며 그 빛깔을 덤덤한 것〔捨住〕이라고 분별한다. 이와 같이 귀·코·혀·몸도 또한 그러하며 뜻이 법을 안 뒤에는 그 법을 기뻐할 만한 것이라고 분별하고 그 법을 근심할 만한 것이라고 분별하며 그 법을 무덤덤한 것이라

---

10 팔리본에는 이 부분이 '6내처內處를 알아야 한다'는 내용으로 되어 있다. 또 팔리본에는 6외처(外處 : 六境)와 6식신識身도 거론하고 있으나 한역본에는 없다.

11 팔리본에는 '6촉신觸身을 알아야 한다'는 내용으로 되어 있다. 갱락更樂은 후대에 촉觸으로 번역되었다.

고 분별한다. 이것을 6희喜를 분별하고 6우憂를 분별하고 6사捨를 분별하는 것이라 하며 통틀어 18의행이라고 말한다. 마땅히 18의행의 안을 알아야 한다는 것은 이것을 말하는 것이니라.

마땅히 36도刀의 안〔內〕을 알아야 한다는 것은 무슨 말인가? 집착을 의지하는 6희喜가 있고 욕심 없음을 의지하는 6희도 있으며 집착을 의지하는 6우憂가 있고 욕심 없음을 의지하는 6우도 있으며 집착을 의지하는 6사捨가 있고 욕심 없음을 의지하는 6사도 있다.

어떤 것이 6희가 집착을 의지하는 것이며 어떤 것이 6희가 욕심 없음을 의지하는 것인가? 눈이 빛깔을 보고는 기쁨〔喜〕을 내는 데에 두 종류가 있으니 혹은 집착을 의지하고 혹은 욕심 없음을 의지한다. 어떤 기쁨이 집착을 의지하는 것인가? 눈이 빛깔을 보고 사랑스럽다 하여 마음으로 생각하고 빛깔을 사랑하며 욕심과 어울리는 즐거움이 있어 아직 얻지 못한 것은 얻고자 하고 이미 얻은 것은 기억하며 기뻐한다면 이러한 기쁨을 '집착에 의지하는 기쁨'이라 한다. 어떤 기쁨이 욕심 없음을 의지하는 것인가? 빛깔은 무상한 것이라서 변하고 바뀌는 것인 줄을 알아 모든 욕심을 없애고 멸하고 쉬며 과거나 현재의 일체 빛깔은 무상한 것이요 괴로움이며 멸하는 법이라는 것을 기억하고 기쁨을 낸다면 이러한 기쁨을 '욕심 없음을 의지하는 기쁨'이라 한다. 이와 같이 귀·코·혀·몸에 있어서도 또한 그러하니라.

뜻이 법을 알고 기쁨을 내는 데에도 두 종류가 있으니 혹은 집착을 의지하고 혹은 욕심 없음을 의지한다. 어떤 기쁨이 집착을 의지하는 것인가? 뜻이 법을 알고 사랑스럽다 하여 마음으로 생각하고 법을 사랑하며 욕심과 어울리는 즐거움이 있어 아직 얻지 못한 것은 얻고자 하고 이미 얻은 것은 기억하며 기뻐한다면 이러한 기쁨을 '집착을 의지하는 기쁨'이라 한다. 어떤 기쁨이 욕심 없음을 의지하는 것인가?

법은 무상한 것이어서 변하고 바뀌는 것인 줄을 알아 모든 욕심을 없애고 멸하고 쉬며 과거나 현재의 일체 법은 무상한 것이요 괴로운 것이며 멸하는 법이라는 것을 기억하고 기쁨을 낸다면 이러한 기쁨을 '욕심 없음을 의지하는 기쁨'이라 하느니라.

어떤 것이 6우憂가 집착을 의지하는 것이며 어떤 것이 6우가 욕심 없음을 의지하는 것인가? 눈이 빛깔을 보고 근심하는 데에 두 종류가 있으니 혹은 집착을 의지하고 혹은 욕심 없음을 의지한다. 어떤 근심〔憂〕이 집착을 의지하는 것인가? 눈으로 빛깔을 보고 사랑스럽다 하여 마음으로 생각하고 빛깔을 사랑하면 욕심과 어울리는 즐거움이 있게 된다. 그러나 아직 얻지 못한 것을 얻지 못하고 이미 얻은 것이 오래되어 흩어져 무너지고 멸하거나 변하고 바뀌면 근심이 생긴다. 이러한 근심을 '집착을 의지하는 근심'이라 한다. 어떤 근심이 욕심 없음을 의지하는 것인가? 빛깔은 무상한 것이어서 변하고 바뀌는 것인 줄을 알아 모든 욕심을 없애고 멸하고 쉬며 과거나 현재의 일체 빛깔은 무상한 것이요 괴로운 것이며 멸하는 법이라는 것을 기억하고는 이렇게 생각한다.

'나는 언제나 성취하여 저곳에서 노닐 수 있을까? 모든 성인들이 성취하여 노니신 저곳에서.'

이는 위로 구족하려는 바람에서 생기는 두려움이고 괴롭고 근심스러움을 알아서 생긴 근심이다. 이러한 근심을 '욕심 없음을 의지하는 근심'이라 한다. 이와 같이 귀·코·혀·몸에 있어서도 또한 그러하니라.

뜻이 법을 알고 근심하는 데에도 두 종류가 있으니, 혹은 집착을 의지하기도 하고, 혹은 욕심 없음을 의지하기도 한다. 어떤 근심이 집착을 의지하는 것인가? 뜻이 법을 알고 사랑스럽다 하여 마음으로 생각하고 법을 사랑하면, 욕심과 어울리는 즐거움이 있게 된다. 그러나 아직 얻지 못한 것을 얻지 못하고, 이미 얻은 것이 오래되어 흩어져 무너지고 멸하며 변하고 바뀌면 근심이 생긴다. 이러한 근심을 '집착을 의지하는 근심'이라 한다. 어떤 근심이 욕심 없음을 의지하는 것인가? 법이란 무상한 것이어서 변하고 바뀌는 것인 줄을 알아 모든 욕심을 없애고 멸하고 쉬며 과거나 현재의 모든 법은 무상한 것이고 괴로운 것이며 멸하는 법이라는 것을 기억하고는 이렇게 생각한다.

'나는 언제나 성취하여 저곳에서 노닐 수 있을까? 모든 성인들이 성취하여 노니신 저곳에서.'

이것은 위로 구족하려는 바람에서 생기는 두려움이고 괴롭고 근심스러움을 알므로 생겨나는 근심이다. 이러한 근심을 '욕심 없음을 의지한 근심'이라 한다.

어떤 것이 6사捨가 집착을 의지하는 것이며 어떤 것이 6사가 욕심 없음을 의지하는 것인가? 눈이 빛깔을 보고 담담한 데에도 두 종류가 있으니, 혹은 집착을 의지하고 혹은 욕심 없음을 의지한다. 어떤 담담함〔捨〕[12]이 집착을 의지하는 것인가? 눈이 빛깔을 보고는 그것에 담담하지만 그가 평등하고 많이 듣지 않았고 지혜가 없는 어리석은 범부라서 빛깔에 대해 담담하더라도 빛깔〔色〕로부터 벗어나지는 못한다면 이것을 '집착을 의지하는 담담함'이라 한다. 어떤 담담함이 욕심 없음을 의지하는 것인가? 빛깔은 무상한 것이어서 변하고 바뀌는 것인 줄을 알아 모든 욕심을 없애고 멸하고 쉬며 과거나 현재의 일체 빛깔은 무상한 것이고 괴로운 것이며 멸하는 법이라는 것을 기억하고 담담함에 머무르며, 만일 지극한 뜻이 있더라도 담담함을 닦아 익힌다면 이

12 다른 부분에서는 주로 사捨를 평정으로 번역했는데, 여기에서는 '평정'보다는 '담담함'이라고 번역했다.

것을 '욕심 없음을 의지하는 담담함'이라 한다. 이와 같이 귀・코・혀・몸에 있어서도 또한 그러하니라.

뜻이 법을 알고 그것에 담담한 데에도 두 종류가 있으니, 혹은 집착을 의지하고, 혹은 욕심 없음을 의지한다. 어떤 담담함이 집착을 의지하는 것인가? 뜻이 법을 알고는 그것에 담담하지만 그가 평등하고 많이 듣지 않았고 지혜가 없는 어리석은 범부라서 법에 대해 담담하더라도 법으로부터 벗어나지는 못한다면 이것을 '집착을 의지하는 담담함'이라 한다. 어떤 담담함이 욕심 없음을 의지하는 것인가? 뜻이 법은 무상한 것이어서 변하고 바뀌는 것인 줄을 알아 모든 욕심을 없애고 멸하고 쉬며 과거나 현재의 일체 법은 무상한 것이고 괴로운 것이며 멸하는 법이라는 것을 기억하고 담담함에 머무르며 또 만일 지극한 뜻이 있더라도 담담함을 닦아 익힌다면 이것을 '욕심 없음을 의지하는 담담함'이라 하느니라.

이것을 집착을 의지하는 6희喜, 욕심 없음을 의지하는 6희, 집착을 의지하는 6우憂, 욕심 없음을 의지하는 6우, 집착을 의지하는 6사捨, 욕심 없음을 의지하는 6사라 하나니, 이를 통틀어 36도刀라고 한다. '마땅히 안을 알아야 한다'고 한 것은 이로 인해 그렇게 말한 것이니라.

이 가운데에서 '그것을 끊고 이것을 성취한다'는 것은 무슨 말인가? 이른바 6희가 욕심 없음을 의지하면 이것을 취하고 이것에 의지하며 이것에 머무른다. 이른바 6희가 집착을 의지하면 그것을 멸하고 그것을 없애며 그것을 뱉나니, 이와 같이 그것을 끊는다. 이른바 6우가 욕심 없음을 의지하면 이것을 취하고 이것에 의지하며 이것에 머무른다. 이른바 6우가 집착을 의지하면 그것을 멸하고 그것을 없애며 그것을 뱉나니, 이와 같이 그것을 끊는다. 이른바 6사가 욕심 없음을 의지하면 이것을 취하고 이것에 의지하며 이것에 머무른다. 이른바 6사가 집착을 의지하면 그것을 멸하고 그것을 없애며 그것을 뱉나니, 이와 같이 그것을 끊는다.

이른바 6우가 욕심 없음을 의지하면 이것을 취하고 이것에 의지하며 이것에 머무른다. 이른바 6희가 욕심 없음을 의지하면 그것을 멸하고 그것을 없애며 그것을 뱉나니 이와 같이 그것을 끊는다. 이른바 6사가 욕심 없음을 의지하면 이것을 취하고 이것에 의지하며 이것에 머무른다. 이른바 6우가 욕심 없음을 의지하면 그것을 멸하고 그것을 없애며 그것을 뱉나니, 이와 같이 그것을 끊는다.

평정〔捨〕에는 한량없는 갱락更樂, 여러 종류의 갱락이 있는 것이 있다. 또 평정에는 단 하나의 갱락, 여러 종류가 아닌 갱락이 있는 것도 있다. 어떤 평정에 한량없는 갱락, 여러 종류의 갱락이 있는가? 만일 평정이 빛깔이나, 소리・냄새・맛・촉감을 버리는 것이라면, 그 평정에는 한량없는 갱락, 여러 종류의 갱락이 있다. 어떤 평정에 단 하나의 갱락, 여러 종류가 아닌 갱락이 있는가? 이른바 평정이 한량없는 공처空處를 의지하거나 혹은 한량없는 식처識處를 의지하거나 혹은 무소유처無所有處를 의지하거나 혹은 비유상비무상처非有想非無想處를 의지한다면 이 평정에는 단 하나의 갱락, 여러 종류가 아닌 갱락이 있다.

이른바 그 평정에 단 하나의 갱락, 여러 종류가 아닌 갱락이 있으면 이것을 취하고 이것에 의지하며 이것에 머무른다. 이른바 그 평정에 한량없는 갱락, 여러 종류의 갱락이 있으면 그것을 멸하고 그것을 없애며 그것을 뱉나니 이와 같이 그것을 끊는다. 한량이 없음을 취하고 한량이 없음에 의지하며 한량이 없음에 머무는 것, 이른바 이런 평정에는 단 하나의 갱락, 여러 종류가 아닌 갱락이 있으니, 이것을 취하고 이것에 의지하며 이것에 머무른다. 이른바 그 평정에 한량없는 갱락, 여러 종류의 갱락이 있으면 그것을 멸하고 그것을 없애며 그것을 뱉나니, 이와 같이 그것을 끊는다. '그 중에서 그것을 끊고 이것을 성취한다'는 것은 이것을 말하는 것이니라.

'마땅히 한량없는 설법에서 안을 알아야 한다'는 것은 무슨 말인가? 여래에게는 네 부류의 제자가 있으니, 그들에게는 증상하는 행〔增上行〕이 있고 증상하는 뜻〔增上意〕이 있으며, 증상하는 생각〔增上念〕이 있고 증상하는 지혜〔增上慧〕가 있다. 그리고 변재가 있어서 제일가는 변재를 성취하였으며 수명은 백 세이니라. 여래는 그들을 위하여 백 년 동안을 설법하였다. 다만 음식을 먹을 때와 대소변을 볼 때와 잠잘 때 및 모임이 있을 때는 제외된다. 그들은 여래가 말하는 법의 문구와 법의 글귀에 대해서 그 뜻을 관찰하는데 지혜로써 얼른 그 뜻을 관찰하고 다시는 여래의 법을 묻지 않는다. 무슨 까닭인가? 여래의 설법은 끝이 없고 그 법을 다할 수가 없기에 그 많은 문구와 법구法句의 뜻을 관찰하다가는 결국 네 부류의 제자가 목숨을 마치게 되기 때문이다. 마치 활 잘 쏘는 네 사람이 활줄을 세게 당겨 화살을 한꺼번에 쏘면 잘 배우고 잘 알고 또 방편도 있기 때문에 순식간에 꿰뚫고 지나가는 것과 같다. 이와 같이 세존에게는 네 부류의 제자가 있으니, 그들에게는 증상하는 행이 있고 증상하는 뜻이 있으며 증상하는 생각이 있고 증상하는 지혜가 있다. 변재가 있어서 제일가는 변재를 성취하였으며 수명은 백 세이니라. 여래는 그들을 위하여 백 년 동안을 설법하였다. 다만 음식 먹을 때와 대소변을 볼 때와 잠잘 때 및 모임이 있을 때는 제외된다. 그들은 여래가 말하는 문구와 법의 글귀에 대해서 그 뜻을 관찰하는데 지혜로써 얼른 그 뜻을 관찰하고 다시는 여래의 법을 묻지 않는다. 무슨 까닭인가? 여래의 설법은 끝이 없고 다할 수 없기 때문이니라. '마땅히 한량없는 설법의 안을 알아야 한다'는 것은 이것을 말하는 것이니라.

'3의지意止[13]는 이른바 성인이 익히는 것이요, 성인은 이를 익힌 뒤에야 대중을 가르칠 수 있다'는 것은 무엇을 말하는가? 만일 여래가 제자들을 위하여 설법한다면 이는 가엾이 생각하고 불쌍히 여겨 그들을 위해 이치와 요익을 구하고 안온과 쾌락을 구하며 자비심을 내는 것이다. 이것은 그들의 요익을 위함이요 쾌락을 위함이며 요익의 즐거움을 위함이다. 혹 그 제자들이 공경하지 않고 또한 순종하지 않으며 지혜를 세우지 않고 그 마음이 법을 향해 법으로 나아가지 않으며 바른 법을 받지 않고 세존의 가르침을 어겨 선정〔定〕을 얻지 못하더라도 세존은 그것 때문에 근심하거나 슬퍼하지 않는다. 그저 세존은 하고자 하는 바가 없는 평등함〔捨〕으로 항상 생각하고 항상 지혜로울 뿐이다. 이것이 첫 번째 의지意止로서 이른바 성인이 익히는 것이요 성인은 이를 익히고 나서야 대중을 가르칠 수 있다.

또 여래가 제자를 위하여 설법하는 것은 가엾이 생각하고 불쌍히 여겨 그들을 위해 이치와 요익을 구하고 안온과 쾌락을 구하며 자비심을 내는 것이다. 이것은 그들의 요익을 위함이요 쾌락을 위함이며 요익의 즐거움을 위함이다. 혹 그 제자들이 공경하고 또한 순종하며 지혜를 세우고 그 마음이 법을 향해 법으로 나아가며 바른 법을 받아 가지고 세존의 가르침을 어기지 않아 능히 선정을 얻더라도 세존은 그것 때문에 기뻐하지 않는다. 그저 세존은 하고자 하는 바가 없는 평등한 마음으로 항상 생각하고 항상 지혜로울 뿐이다. 이것이 두 번째 의지로서 이른바 성인이 익히는 것이요, 성인은 이를 익힌 뒤에야 대중을 가르칠 수 있다.

---

13 의지意止는 팔리본에 satipaṭṭhānā, 즉 염처念處·염주念住로 되어 있다.

또 여래가 제자를 위하여 설법하는 것은 가엾이 생각하고 불쌍히 여겨 그들을 위하여 이치와 요익을 구하고 안온과 쾌락을 구하며 자비심을 내는 것이다. 이것은 그들은 요익을 위함이요 쾌락을 위함이며 요익의 즐거움을 위함이다. 그러나 혹 어떤 제자들은 공경하지 않고 또한 순종하지 않으며 지혜를 세우지 않고 그 마음이 법을 향해 법으로 나아가지 않으며 바른 법을 받지 않고 세존의 가르침을 어겨 선정을 얻지 못한다. 또 어떤 제자는 공경하고 순종하며 지혜를 세우고 그 마음이 법을 향해 법으로 나아가며 바른 법을 받아 가지고 세존의 가르침을 어기지 않아 능히 선정을 얻는다. 그렇다 하더라도 세존은 그것 때문에 근심하고 슬퍼하거나 또는 기뻐하지도 않는다. 그저 세존은 하고자 하는 바가 없는 평등한 마음으로 항상 생각하고 항상 지혜로울 뿐이다. 이것이 세 번째 의지로서 이른바 성인이 익히는 것이요, 성인은 이를 익힌 뒤에야 대중을 가르칠 수 있다. '3의지는 이른바 성인이 의지하는 것이요, 성인은 이를 익힌 뒤에야 대중을 가르칠 수 있다'고 한 것은 이것을 말한 것이니라.

'위없는 조어사調御士는 사람들을 다루어 일체의 방위로 나아가게 한다'는 것은 무슨 말인가? 조어사는 사람들을 다루어 특정한 방향으로 나아가게 하나니, 혹은 동방·남방·서방·북방으로 나아가게 하는 것을 말한다. 코끼리를 다루는 사람은 코끼리를 다루어 특정한 방향으로 나아가게 하나니, 혹은 동방·남방·서방·북방으로 나아가게 한다. 말을 다루는 사람은 말을 다루어 특정한 방향으로 나아가게 하나니, 혹은 동방·남방·서방·북방으로 나아가게 한다. 소를 다루는 사람은 소를 다루어 특정한 방향으로 나아가게 하나니, 혹은 동방·남방·서방·북방으로 나아가게 한다. 이와 같이 위없는 조어사는 사람들을 다루어 일체의 방위로 나아가게 한다.

그 중에 방위〔方〕란, 색色을 색으로 관찰하면 이것을 첫 번째 방위라 한다. 안으로 색이란 생각〔想〕이 없고 밖으로 색을 관찰하면 이것을 두 번째 방위라 한다. 깨끗하게 해탈하여 몸의 촉감을 성취하여 노닐면 이것을 세 번째 방위라 한다. 일체의 색이라는 생각을 넘어 상대가 있다는 생각을 없애고 약간의 생각도 기억하지 않으면 곧 한량없는 공空이다. 이 한량없는 공처〔無量空處〕를 성취하여 노니는 것을 네 번째 방위라 한다. 일체의 한량없는 공처를 넘으면 곧 한량없는 식識이다. 이 한량없는 식처〔無量識處〕를 성취하여 노니는 것을 다섯 번째 방위라 한다. 일체의 한량없는 식처를 넘으면 곧 무소유이다. 이 무소유처無所有處를 성취하여 노니는 것을 여섯 번째 방위라 한다. 일체의 무소유처를 넘으면 곧 비유상비무상非有想非無想이다. 이 비유상비무상처非有想非無想處를 성취하여 노니는 것을 일곱 번째 방위라 한다. 일체의 비유상비무상처를 넘어 상想과 지知가 멸해 다한 몸의 촉감을 성취하여 노니는 것, 지혜로 관찰해 번뇌〔漏〕가 완전히 끊어진 지혜, 이것을 여덟 번째 방위라 한다. '위없는 조어사가 사람들을 다루어 일체의 방위로 나아가게 한다'는 것은 이것을 말한 것이니라."

부처님께서 이렇게 말씀하시자 모든 비구들은 부처님 말씀을 듣고 기뻐하며 받들어 행하였다.

〔이 분별육처경의 경문 글자 수는 2,512자이다.〕

164) 분별관법경分別觀法經〔제4 분별송〕

나는 이와 같이 들었다.

어느 때 부처님께서 사위국을 유행하실 적에 승림급고독원[14]에 계셨다.

그때 세존께서 모든 비구들에게 말씀하셨다.

"내가 너희들을 위하여 설법하리라. 그것은 처음도 묘하고 중간도 묘하며 마지막도 또한 묘하다. 뜻도 있고 문채도 있으며, 청정을 구족하고 범행梵行을 나타낸다. 이를 분별관법경分別六處經이라 하니, 자세히 듣고 잘 기억하라."

그러자 모든 비구들이 아뢰었다.

"세존이시여, 마땅히 가르침을 받겠습니다."

부처님께서 말씀하셨다.

"비구들아, 이러이러한 관법이 있다. 너희들이 이렇게 관觀하고 나면 비구들아, 너희들의 마음은 밖으로 나가 흩어지고 마음이 안에 머무르지 못하며 집착하지 않으면서 두려워하게 된다. 비구들아, 이러이러한 관법이 있다. 너희들이 이렇게 관하고 나면 비구들아, 너희들의 마음은 밖으로 나가지 않고 흩어지지도 않으며 마음이 안에 머물고 집착하지 않아 두려워하지 않게 된다. 이렇게 하면 다시는 생·노·병·사가 일어나지 않을 것이니 이것을 고통의 끝이라 하느니라."

부처님께서는 이렇게 말씀하시고 곧 자리에서 일어나 방으로 들어가 편안히 앉으셨다.

이에 모든 비구들은 곧 이렇게 생각하였다.

'여러분, 마땅히 알아야 합니다. 세존께서는 이런 이치를 간략히 말씀하시고 자세히 분별하지 않으셨습니다. 그리고는 곧 자리에서 일어나 방으로 들어가 편안히 앉으셨습니다.

14 승림급고독원은 기수급고독원祇樹給孤獨園이라고도 한다.

〈비구들아, 이러이러한 관법이 있다. 너희들이 이렇게 관하고 나면 비구들아, 너희들의 마음은 밖으로 나가 흩어지고 마음이 안에 머무르지 못하며 집착하지 않으면서 두려워하게 된다. 비구들아, 이러이러한 관법이 있다. 너희들이 이렇게 관하고 나면 비구들아, 마음은 밖으로 나가지 않고 흩어지지도 않으며 마음이 안에 머물고 집착하지 않아 두려워하지 않게 된다. 이렇게 하면 다시는 생・노・병・사가 일어나지 않을 것이니 이것을 고통의 끝이라 하느니라.〉'

그들은 다시 이렇게 생각하였다.

'여러분, 누가 능히 조금 전 세존께서 간략히 말씀하신 그 뜻을 자세하게 분별할 수 있겠습니까?'

그들은 다시 이렇게 생각하였다.

'존자 대가전연大迦旃延은 항상 부처님과 여러 지혜로운 범행인들로부터 칭찬을 받습니다. 존자 대가전연이라면 조금 전 세존께서 간략히 말씀하신 그 뜻을 자세히 분별할 수 있을 것입니다. 여러분, 우리 다 같이 존자 대가전을 찾아가 이 뜻을 설명해 달라고 간청해 봅시다. 만일 존자 대가전연이 그것을 분별해 주거든 우리들은 그것을 잘 받아가집시다.'

이에 모든 비구들은 존자 대가전연을 찾아가 문안드리고 물러나 한쪽에 앉아 아뢰었다.

"존자 대가전연이여, 세존께서는 간략히 이런 이치를 말씀하시고 자세히 분별해 주지 않으셨습니다. 그리고는 곧 자리에서 일어나 방으로 들어가 편안히 앉으셨습니다.

'비구들아, 이러이러한 관법이 있다. 너희들이 이렇게 관하고 나면 비구들아, 너희들의 마음은 밖으로 나가 흩어지고 마음이 안에 머무르지 않으며 집착하지 않으면서 두려워하게 된다. 비구들아, 이러이러한 관법이 있다. 너희들이 이렇게 관하고 나면 비구들아, 너희들의 마음은 밖으로 나가지 않고 흩어지지도 않으며 마음이 안에 머물고 집착하지 않아 두려워하지 않게 된다. 이렇게 하면 다시는 생·노·병·사가 일어나지 않을 것이니 이것을 고통의 끝이라 하느니라.'

저희들은 곧 이렇게 생각하였습니다.

'여러분, 조금 전 세존께서 간략히 말씀하신 그 뜻을 누가 자세하게 분별할 수 있겠습니까?'

저희들은 다시 이렇게 생각하였습니다.

'존자 대가전연은 항상 부처님과 여러 지혜로운 범행자들로부터 칭찬을 받습니다. 존자 대가전연이라면 조금 전 세존께서 간략히 말씀하신 그 뜻을 자세하게 분별해 줄 수 있을 것입니다.'

그러니 부디 존자 대가전연이여, 저희를 사랑하고 가엾이 여겨 그것을 자세히 설명해 주십시오."

그때 존자 대가전연이 말했다.

"여러분, 제가 비유를 들어 말할 터이니 들어 보십시오. 슬기로운 사람은 비유를 들어 말하면 곧 그 뜻을 이해할 것입니다. 여러분, 어떤 사람이 나무 심〔實〕[15]을 구하려고 하였습니다. 그는 나무 심을 구하기 위하여 도끼를 가지고 숲으로 들어갔습니다. 그런데 그는 큰 나무가 뿌리와 줄기·마디·가지·잎·꽃·심으로 구성되어 있는 것을 보고 뿌리와 줄기·마디와 심은 건드리지 않고 그저 가지와 잎만 건드렸습니다. 지금 여러분의 말도 또한 이와 같습니다. 세존께서 현재 계시는데 그 분을 내버려두고 제게 와서 그 뜻을 묻다니요. 무슨 까닭인가? 여러분은 마땅히 아셔야 합니다. 세존은 곧 눈이요 지혜며 이

15 팔리본에는 sāra, 즉 진수眞髓로 되어 있는데, 이는 나무의 심〔樹心〕을 가리킨다.

치요 법이며 법의 주인이요 법의 장수이십니다. 진리〔眞諦〕의 이치를 말씀하시고 일체의 이치를 나타내심은 오직 세존에게만 있는 것입니다. 여러분은 마땅히 세존께 나아가 '세존이시여, 이것은 무엇이며, 이것은 무슨 뜻입니까?' 하고 그 이치를 여쭈어 보아야 합니다. 그리고 만일 세존께서 말씀하시거든 여러분은 마땅히 잘 받아 가지십시오."

그러자 비구들이 아뢰었다.

"그렇습니다, 존자 대가전연이여. 세존께서는 눈이요 지혜며 이치요 법이며 법의 주인이요 법의 장수이십니다. 진리의 뜻을 말씀하시고 일체의 이치를 나타내심은 오직 세존에게만 있는 것입니다. 저희들은 마땅히 세존께 나아가 '세존이시여, 이것은 무엇이며, 이것은 무슨 뜻입니까?' 하고 그 뜻을 여쭈어 보아야 합니다. 그리고 만일 세존께서 말씀하시면 저희들은 마땅히 잘 받아 가져야 합니다. 그러나 존자 대가전연께서는 항상 세존과 여러 지혜로운 범행인들로부터 칭찬을 받고 있습니다. 그러니 존자 대가전연이시라면 조금 전 세존께서 간략히 말씀하신 그 뜻을 자세히 분별할 수 있을 것입니다. 부디 존자 대가전연이여, 저희를 사랑하고 가엾이 여겨 그 뜻을 자세히 설명해 주십시오."

존자 대가전연이 모든 비구들에게 말하였다.

"여러분, 모두 제 말을 들으십시오, 여러분, 어떻게 비구의 마음이 밖으로 나가 흩어지는가? 여러분, 어떤 비구는 눈으로 색色을 보면 식識은 색의 모양을 먹고〔食〕 식은 색의 즐거운 모양에 집착하며 식은 색의 즐거운 모양에 묶입니다. 그리고 그 색의 모양〔相〕과 맛〔味〕은 마음을 결박해 밖으로 나가 흩어지게 합니다. 이와 같이 귀·코·혀·몸에 있어서도 또한 그러합니다. 또 뜻으로 법을 알면 식은 법의 모양을 먹고 식은 법의 즐거운 모양에 집착하며 식은 법의 즐거운 모양에 묶입니다. 그리고 그 법의 모양과 맛은 마음을 결박해 밖으로 나가 흩어지게 합니다. 여러분, 이렇게 하여 비구의 마음은 밖으로 나가 흩어집니다.

여러분, 어떻게 비구의 마음이 밖으로 나가 흩어지지 않는가? 여러분, 어떤 비구는 눈으로 색을 보아도 식은 색의 모양을 먹지 않고 식은 색의 즐거운 모양에 집착하지 않으며 식은 색의 즐거운 모양에 묶이지 않습니다. 그러면 그 색의 모양과 맛은 마음을 결박하지 않고 마음은 밖으로 나가 흩어지지 않습니다. 이와 같이 귀·코·혀·몸에 있어서도 또한 그러합니다. 뜻으로 법을 알아도 식은 법의 모양을 먹지 않고 식은 법의 즐거운 모양에 집착하지 않으며 식은 법의 즐거운 모양에 묶이지 않습니다. 그 법의 모양과 맛은 마음을 결박하지 않고 마음은 밖으로 나가 흩어지지 않습니다. 여러분, 이렇게 하여 비구의 마음은 밖으로 나가 흩어지지 않는 것입니다.

여러분, 어떻게 비구의 마음이 안에 머무르지 않는가? 여러분, 어떤 비구는 욕심을 여의고 악하고 착하지 않은 법을 여읩니다. 그리하여 각覺이 있고 관觀이 있으며 여의는 데서 생기는 기쁨〔喜〕과 즐거움〔樂〕이 있는 초선初禪을 성취하여 노닙니다. 그러나 그의 식이 악을 여의는 맛에 집착해 그것에 의지하고 거기에 머무르며 그것을 인연하고 그것에 묶이면 그 식은 안에 머무르지 못합니다.

또 여러분, 비구는 각과 관을 이미 쉬고 안이 고요하여 한마음이 됩니다. 그리하여 각도 없고 관도 없으며 선정〔定〕에서 생기는 기쁨과 즐거움이 있는 제2선을 성취하여 노닙니다. 그러나 그의 식識이 선정의 맛에 집착해 그것에 의지하고 거기에 머무르며 그것을 인연하고 그것에 묶이면 그 식은 안에 머무르지 못합니다.

다시 여러분, 비구는 기쁨의 욕심을 여의고 평정하여 구함 없이 노닐며 바른 생각과 바른 지혜로 몸에 즐거움을 깨닫습니다. 이는 저 성인께서 말씀하신 성인의 평정〔捨〕·기억〔念〕·즐거움에 머묾〔樂住〕·공空입니다. 바로 이 제3선을 얻어 성취하여 노닙니다. 그러나 그의 식이 기쁨이 없는 맛〔無喜味〕에 집착하여 그것에 의지하고 거기에 머무르며 그것을 인연하고 그것에 묶이면 그 식은 안에 머무르지 못합니다.

다시 여러분, 비구는 즐거움이 멸하고 괴로움도 멸하는데 기쁨과 걱정의 뿌리〔本〕는 이미 멸한 상태이며 괴로움도 없고 즐거움도 없는 평정〔捨〕·기억〔念〕·청정清淨이 있는 제4선을 성취하여 노닙니다. 그러나 그의 식이 평정과 기억과 청정의 맛에 집착하여 그것에 의지하고 거기에 머무르며 그것을 인연하고 그것에 묶이면 그 식은 안에 머무르지 못합니다.

다시 여러분, 비구는 일체의 색이라는 생각을 벗어나서 상대가 있다는 생각을 멸하고 이런저런 생각을 기억하지 않습니다. 그리하여 한량없는 공空으로 들어가 이 한량없는 공처空處를 성취하여 노닙니다. 그러나 그의 식이 공의 지혜〔空智〕의 맛에 집착하여 그것에 의지하고 거기에 머무르며 그것을 인연하고 그것에 묶이면 그 식은 안에 머무르지 못합니다.

다시 여러분, 비구는 일체의 한량없는 공처를 벗어나서 한량없는 식으로 들어가고 이 한량없는 식처를 성취하여 노닙니다. 그러나 그의 식이 식의 지혜〔識智〕의 맛에 집착하여 그것에 의지하고 거기에 머무르며 그것을 인연하고 그것에 묶이면 그 식은 안에 머무르지 못합니다.

다시 여러분, 비구는 일체의 한량없는 식처를 벗어나서 무소유로 들어가고 이 무소유처를 성취하여 노닙니다. 그러나 그의 식이 무소유의 지혜〔無所有智〕의 맛에 집착하여 그것에 의지하고 거기에 머무르며 그것을 인연하고 그것에 묶이면 그 식은 안에 머무르지 못합니다.

다시 여러분, 비구는 일체의 무소유처를 벗어나서 비유상비무상非有想非無想으로 들어가고 이 비유상비무상처를 성취하여 노닙니다. 그러나 그의 식이 무상의 지혜〔無想智〕의 맛에 집착하여 그것에 의지하고 거기에 머무르며 그것을 인연하고 그것에 묶이면 그 식은 안에 머무르지 못합니다. 여러분, 이렇게 하여 비구의 마음은 안에 머무르지 못하는 것입니다.

여러분, 어떻게 비구 마음이 안에 머무르는가? 여러분, 어떤 비구는 욕심을 여의고 악하고 착하지 않은 법을 여읩니다. 그리하여 각이 있고 관도 있으며 여의는 데서 생기는 기쁨과 즐거움이 있는 초선을 얻어 성취하여 노닙니다. 그러나 그의 식이 떠나는 맛에 집착하지 않아 그것에 의지하지 않고 거기에 머무르지 않으며 그것을 인연하지 않고 그것에 묶이지 않으면 그 식은 안에 머물게 됩니다.

다시 여러분, 비구는 각과 관을 이미 쉬고 안이 고요해져 한마음이 됩니다. 그리하여 각도 없고 관도 없으며 선정에서 생기는 기쁨과 즐거움이 있는 제2선을 얻어 성취하여 노닙니다. 이때 그의 식이 선정의 맛에 집착하지 않아 그것에 의지하지 않고 거기에 머무르지 않으며 그것을 인연하지 않고 그것에 묶이지 않으면 그 식은 안에 머물게 됩니다.

다시 여러분, 비구는 기쁨의 욕심을 여의고 평정하여 구함 없이 노닐며 바른 생각과 바른 지혜로 몸에 즐거움을 깨닫습니다. 이는 저 성인께서 말씀하신 성인의 평정·기억·즐거움에 머묾·공입니다. 바로 이 제3선을 얻어 성취하여 노닙니다. 이때 그의 식이 기쁨이 없는 맛에 집착하지 않아 그것에 의지하지 않고 거기에 머무르지 않으며 그것을 인연하지 않고 그것에 묶이지 않으면 그 식은 안에 머물게 됩니다.

다시 여러분, 비구는 즐거움이 멸하고 괴로움도 멸하는데 기쁨과 걱정의 뿌리는 이미 멸한 상태이며 괴로움도 없고 즐거움도 없는 평정과 기억 · 청정이 있는 제4선을 얻어 성취하여 노닙니다. 이때 그의 식이 평정과 기억과 청정의 맛에 집착하지 않아 그것에 의지하지 않고 거기에 머무르지 않으며 그것을 인연하지 않고 그것에 묶이지 않으면 그 식은 안에 머물게 됩니다.

다시 여러분, 비구는 일체의 색이라는 생각을 벗어나 상대가 있다는 생각을 멸하고 이런저런 생각을 기억하지 않습니다. 그리하여 한량없는 공空으로 들어가 이 한량없는 공처를 성취하여 노닙니다. 이때 그의 식이 공의 지혜의 맛에 집착하지 않아 그것에 의지하지 않고 거기에 머무르지 않으며 그것을 인연하지 않고 그것에 묶이지 않으면 그 식은 안에서 머무르게 됩니다.

다시 여러분, 비구는 일체의 한량없는 공처를 넘어 한량없는 식으로 들어가고 이 한량없는 식처를 성취하여 노닙니다. 이때 그의 식이 식의 지혜의 맛에 집착하지 않아 그것에 의지하지 않고 거기에 머무르지 않으며 그것을 인연하지 않고 그것에 묶이지 않으면 그 식은 안에 머무르게 됩니다.

다시 여러분, 비구는 일체의 한량없는 식처를 벗어나 무소유로 들어가고 이 무소유처無所有處를 성취하여 노닙니다. 이때 그의 식이 무소유의 지혜의 맛에 집착하지 않아 그것에 의지하지 않고 거기에 머무르지 않으며 그것을 인연하지 않고 그것에 묶이지 않으면 그 식은 안에서 머무르게 됩니다.

다시 여러분, 비구는 일체의 무소유처를 넘어 비유상비무상으로 들어가고 이 비유상비무상처를 성취하여 노닙니다. 이때 그의 식이 무상의 지혜〔無常智〕의 맛에 집착하지 않아 그것에 의지하지 않고 거기에 머무르지 않으며 그것을 인연하지 않고 그것에 묶이지 않으면 그 식은 안에 머무르게 됩니다. 여러분, 이렇게 하여 비구의 마음은 안에 머무르는 것입니다.

여러분, 어떻게 비구는 집착하지 않으면서 두려워하게 되는가?[16] 여러분, 어떤 비구는 색염色染을 떠나지 않고 색욕色欲을 떠나지 않으며 색애色愛를 떠나지 않고 색갈色渴을 떠나지 않습니다. 여러분, 만일 어떤 비구가 색염을 떠나지 않고 색욕을 떠나지 않으며 색애色愛를 떠나지 않고 색갈色渴을 떠나지 않는다면 그는 색을 얻고자 하여 색을 구하고 색에 집착하며 색에 머물게 됩니다. 그래서 '색은 곧 나〔我〕요, 색은 내 소유다'라고 생각합니다. 색을 얻고자 하여 색에 집착하고 색에 머물러 '색은 곧 나요 색은 내 소유다'라고 생각한 뒤에는 식은 색에 대하여 집착하게 됩니다. 식이 색을 집착한 뒤에는 그 색이 변하고 바뀔 때마다 식도 색을 따라 바뀝니다. 식이 색을 따라 바뀐 뒤에 그는 두려움을 일으켜서 마음이 그 가운데 머무르게 됩니다. 마음이 알지 못하기 때문에 곧 두려워하고 괴로워하나니 이것이 집착하지 않으면서 두려워하는 것입니다. 이와 같이 각覺[17] · 상想 · 행行도 또한 그러합니다.

어떤 비구는 식염識染을 떠나지 않고 식욕識欲을 떠나지 않으며 식애識愛를 떠나지 않고 식갈識渴을 떠나지 않습니다. 여러분, 만일 어떤

16 한역에는 '불수이공포不受而恐怖'로 되어 있는데, 팔리본에는 집착하지 않으면서도 공포가 있다〔不取着而有恐怖, anupādā paritassanā hoti〕로 되어 있다.

17 5온蘊의 수受에 해당한다.

비구가 식염을 떠나지 않고 식욕을 떠나지 않으며 식애를 떠나지 않고 식갈을 떠나지 않는다면 그는 식을 구하고자 하여 식을 구하고 식에 집착하며 식에 머물게 됩니다. 그래서 '식은 곧 나요, 식은 내 소유다'라고 생각합니다. 그가 식을 얻고자 하여 식을 구하고 식에 집착하며 식에 머물러 '식은 곧 나요, 식은 내 소유다'라고 생각한 뒤에는 식識은 식識에 대하여 집착하게 됩니다. 식이 식을 집착한 뒤에는 그 식이 변하고 바뀔 때마다 식도 식을 따라 바뀝니다. 식이 식을 따라 바뀐 뒤에 그는 두려움을 일으켜서 마음이 그 가운데 머무르게 됩니다. 마음이 알지 못하기 때문에 곧 두려워하고 괴로워하나니 이것이 집착하지 않으면서 두려워하는 것입니다. 여러분, 이와 같은 것이 비구가 집착하지 않으면서 두려워하는 것입니다.

여러분, 어떻게 비구는 집착하지 않아 두려워하지 않게 되는가? 여러분, 어떤 비구는 색염을 떠나고 색욕을 떠나며 색애를 떠나고 색갈을 떠납니다. 여러분, 만일 어떤 비구가 색염을 떠나고 색욕을 떠나며 색애를 떠나고 색갈을 떠난다면 그는 색을 얻으려고 하지 않아서 색을 찾지도 않고 색에 집착하지도 않으며 색에 머무르지도 않게 됩니다. 그래서 '색은 나가 아니요, 색은 내 소유도 아니다'라고 생각합니다. 그는 색을 얻으려고 하지 않아서 색을 구하지도 않고 색에 집착하지도 않으며 색에 머무르지도 않아 '색은 나가 아니요, 색은 내 소유도 아니다'라고 생각한 뒤에는 식은 색에 대하여 집착하지 않습니다. 식이 색을 집착하지 않은 뒤에는 그 색이 변하고 바뀔 때에도 식은 색을 따라 변하지 않습니다. 식이 색을 따라 변하지 않은 뒤에는 그는 두려움을 일으키지 않고 마음도 그 가운데 머무르지 않게 됩니다. 마음이 알기 때문에 곧 두려워하지 않고 괴로워하지 않나니 이것이 집착하지 않아 두려워하지 않는 것입니다. 이와 같이 각·상·행도 또한 그러합니다.

어떤 비구는 식염을 떠나고 식욕을 떠나며 식애를 떠나고 식갈을 떠납니다. 여러분, 만일 어떤 비구가 식염을 떠나고 식욕을 떠나며 식애를 떠나고 식갈을 떠난다면 그는 식을 얻으려고 하지 않아 식을 구하지도 않고 식에 집착하지도 않으며 식에 머무르지도 않게 됩니다. 그래서 '식은 나가 아니요, 식은 내 소유도 아니다'라고 생각합니다. 그는 식을 얻으려고 하지 않아 식을 구하지도 않고 식에 집착하지도 않으며 식에 머물지도 않아 '식은 나가 아니요 식은 내 소유도 아니다'라고 생각한 뒤에는 식은 식에 대하여 집착하지 않습니다. 식이 식을 집착하지 않은 뒤에는 그 식이 변하고 바뀔 때에도 식은 식을 따라 변하지 않습니다. 식이 식을 따라 변하지 않은 뒤에는 그는 두려움을 일으키지 않고 마음도 그 가운데 머무르지 않게 됩니다. 마음이 알기 때문에 곧 두려워하지 않고 괴로워하지 않나니 이것이 집착하지 않아 두려워하지 않는 것입니다. 여러분, 이와 같은 것이 비구가 집착하지 않아 두려워하지 않는 것입니다.

여러분, 세존께서는 이 이치를 간략히 말씀하시고 자세히 분별하지 않은 채 곧 자리에서 일어나 방으로 들어가 편안하게 앉으셨습니다.

'비구들아, 이러이러한 관찰이 있다. 너희들이 이렇게 관찰한다면 비구들아, 마음이 밖으로 나가 흩어지고 마음이 안에 머무르지 않으며 집착하지 않으면서 두려워하게 된다. 비구들아, 이러이러한 관찰이 있다. 너희들이 이렇게 관찰한다면 마음이 밖으로 나가지 않고 흩어지지도 않으며 마음이 안에 머물고 집착하지 않아 두려워하지 않게 된다. 이렇게 하면 다시는 생生・노老・병病・사死가 일어나지 않을 것이니, 이것을 괴로움의 끝〔苦邊〕이라 하느니라.'

이처럼 세존께서는 간략히 말씀하시고 자세히 분별하지 않으셨습니다. 저는 이에 대해 이 글귀와 이 글로써 이와 같이 자세히 설명하였습니다. 여러분, 부처님께 나아가 이 말을 자세하게 말씀드리고 나서 만일 세존께서 말씀하신 이치와 같거든 여러분은 마땅히 받아 가지십시오."

이에 여러 비구들은 존자 대가전연의 말을 듣고 잘 받아 외우고 곧 자리에서 일어나 존자 대가전연을 세 번 돌고 떠났다. 그들은 부처님 계신 곳으로 나아가 머리를 조아려 예배하고 물러나 한쪽에 앉아 여쭈었다.

"세존이시여, 세존께서는 아까 이 이치를 간략히 말씀하시고 자세히 분별하지 않으셨습니다. 그리고는 곧 자리에서 일어나 방으로 들어가 편안하게 앉으셨습니다. 이에 존자 대가전연은 이러한 글귀와 이러한 글로써 그것에 대하여 자세히 설명하였습니다."

세존께서는 들으시고 찬탄하셨다.

"훌륭하고 훌륭하다. 그는 내 제자 중에서 눈이 있고 지혜가 있으며 법이 있고 이치가 있는 사람이다. 왜냐하면 스승이 제자들에게 그 이치를 간략히 말하고 자세히 분별하지 않자 그 제자가 이런 글귀와 이런 글로써 그것을 자세히 설명하였기 때문이다. 가전연 비구가 설명한 그대로를 너희들은 마땅히 받아 가져라. 왜냐하면 이치를 살펴 설명한다면 응당 그러하기 때문이니라."

부처님께서 이렇게 말씀하시자 모든 비구들은 부처님 말씀을 듣고 기뻐하며 받들어 행하였다.

〔이 분별관법경에 수록된 경문 글자 수는 2,751자이다. 『중아함경』 제42권에 수록된 경문 글자 수는 모두 8,394자이다.〕

중아함경 제43권

13. 근본분별품 ②

165) 온천림천경溫泉林天經[1]〔제4 분별송〕

나는 이와 같이 들었다.

어느 때 부처님께서 왕사성을 유행하실 적에 죽림가란다원竹林迦蘭哆[2]園에 계셨다. 그때 존자 삼미제三彌提[3]도 또한 왕사성에 노닐며 온천림溫泉林에 머물고 있었다. 존자 삼미제는 먼동이 트는 새벽에 방을 나와 온천으로 가서 언덕 위에 옷을 벗어놓고 온천에 들어가 목욕한 뒤에 다시 나와 몸을 닦고 옷을 입었다.

그때 몸이 지극히 아름답고 얼굴이 의젓한 어떤 한 하늘〔有一天〕[4]이

---

1 이 경의 이역본으로 서진西晋 시대 축법호竺法護가 한역한 『불설존상경佛說尊上經』이 있다.

2 명본明本에는 이 부분의 가란다迦蘭哆가 가란타迦蘭陁로 되어 있다.

3 팔리어로는 Samiddhi이다.

4 팔리어본에는 '어떤 한 천녀[某一天女, aññatara devatā]로 되어 있다.

있었다. 그는 먼동이 틀 무렵에 존자 삼미제가 있는 곳으로 가서 머리를 조아려 절하고 물러나 한쪽에 서 있었다. 그 하늘의 얼굴은 위엄스럽고 극히 아름다워 그 광명이 온천 언덕을 두루 비추었다. 그 하늘은 한쪽에 서서 존자 삼미제에게 여쭈었다.

"비구여, 발지라제跋地羅帝[5]의 게송을 받아 지니고 계십니까?"[6]

존자 삼미제는 그 하늘에게 대답하였다.

"나는 발지라제의 게송을 받아 가지지 못했습니다."

그는 그 하늘에게 도로 물었다.

"그대는 발지라제의 게송을 받아 지니고 계십니까?"

그 하늘이 대답하였다.

"저도 발지라제의 게송을 받아 가지지 못했습니다."

존자 삼미제가 그 하늘에게 물었다.

"그러면 누가 발지라제의 게송을 받아 가졌습니까?"

하늘이 대답하였다.

"세존께서 이 왕사성에 노니시면서 죽림가란다동산에 계시는데 그분은 발지라제의 게송을 받아 가지고 계십니다. 비구여, 그대는 가서 세존에게 직접 발지라제의 게송을 잘 받아 지니고 독송하십시오. 왜냐하면 발지라제의 게송은 법이 있고 뜻이 있어 범행梵行의 근본이 되며 지혜로 나아가고 깨달음으로 나아가며 열반으로 나아가게 하기 때문입니다. 그러므로 족성자로서 지극한 믿음이 있어 출가하여 집 없이 도를 배우는 자는 마땅히 발지라제의 게송을 잘 받아 지니고 독송

5 발지라제는 음역어이다. 그 뜻은 '밤마다 또는 날마다 한결같이 현명하고 착하게 생활하는 사람'이라는 뜻이다.

6 한역에는 수지受持로 되어 있는데, 이것을 의역하면 '기억하다'라는 뜻이 된다. 즉 '외우고 계십니까?' 정도의 뜻이다.

해야 합니다.”

그 하늘은 이렇게 말한 뒤 존자 삼미제의 발에 머리를 조아려 예를 올리고, 세 번 돌고는 거기서 사라졌다.

그때 존자 삼미제는 하늘이 사라진 지 오래지 않아 부처님 계신 곳으로 나아가 머리를 조아려 예배하고 물러나 한쪽에 앉아 여쭈었다.

“세존이시여, 제가 오늘 먼동이 틀 무렵 방에서 나와 저 온천에 가서 언덕 위에 옷을 벗어 놓고 온천에 들어가 목욕한 뒤에 곧 언덕으로 나와 몸을 닦고 있을 때였습니다. 그때 몸이 지극히 아름답고 얼굴이 의젓한 어떤 하늘이 먼동이 트는 새벽에 저에게 와서 머리를 조아려 절하고 물러나 한쪽에 섰습니다. 그 하늘은 얼굴이 위엄스럽고 지극히 아름다웠으며 그 광명은 온천 언덕을 두루 비추었습니다. 그 하늘은 물러나 한쪽에 서서 제게 물었습니다.

‘비구여, 발지라제의 게송을 받아 지니고 계십니까?

저는 그 하늘에게 대답했습니다.

‘발지라제의 게송을 받아 가지지 못했습니다.’

저는 도로 그 하늘에게 물었습니다.

‘그대는 발지라제의 게송을 받아 가졌습니까?’

그 하늘은 대답했습니다.

‘저도 또한 발지라제의 게송을 받아 가지지 못했습니다.’

저는 다시 그 하늘에게 물었습니다.

‘누가 발지라제의 게송을 받아 가졌습니까?’

그 하늘은 대답했습니다.

‘세존께서 이 왕사성에 노니시면서 죽림가란다동산에 계시는데 그분은 발지라제의 게송을 받아 가지셨습니다. 비구여, 그대는 가서 세존에게 직접 발지라제의 게송을 잘 받아 지니고 독송하십시오. 왜냐하면 발지라제의 게송은 뜻이 있고 법이 있고 범행의 근본이 되며 지혜로 나아가고 깨달음으로 나아가며, 열반으로 나아가게 하기 때문입니다. 그러므로 족성자로서 지극한 믿음으로 출가하여 집 없이 도를 배우는 자는 마땅히 발지라제의 게송을 잘 받아 지니고 독송해야 합니다.'

그 하늘은 이와 같이 말한 뒤 제 발에 머리를 조아리고 세 번 돌고는 곧 거기서 사라졌습니다."

세존께서 물으셨다.

"삼미제여, 너는 그 하늘이 어디서 왔으며 그 하늘의 이름이 무엇인지 아는가?"

"세존이시여, 저는 그 하늘이 어디서 왔으며 그 이름이 무엇인지 알지 못합니다."

"삼미제여, 그 천자의 이름은 정전正殿이며 삼십삼천 군대의 장수이니라."

이에 존자 삼미제는 아뢰었다.

"세존이시여, 지금이야말로 바로 그때입니다. 선서善逝시여, 지금이야말로 바로 그때입니다. 만일 세존께서 모든 비구들을 위하여 발지라제의 게송을 말씀하신다면 모든 비구들은 세존에게서 그 말씀을 듣고 잘 받아 가질 것입니다."

세존께서 말씀하셨다.

"삼미제여, 자세히 듣고 잘 기억하라. 내가 너를 위하여 설명하리라."

존자 삼미제가 대답했다.

"예."

그때 모든 비구들도 가르침을 받고 경청하였다.

부처님께서는 말씀하셨다.

부디 과거를 생각지 말고
또한 미래를 바라지도 말라.
과거의 일은 이미 사라졌고
미래는 아직 이르지 않았느니라.

현재 존재하는 모든 것〔法〕
그것 또한 이렇게 생각해야 하나니
어느 것도 견고하지 못함을 기억하라.
슬기로운 사람은 이와 같이 아느니라.

만일 성인의 행을 실천하는 이라면
어찌 죽음을 근심하리.
나는 결코 그것을 만나지 않으리니
큰 고통과 재앙 여기서 끝나리라.

이와 같이 열심히 힘써 행하며
밤낮으로 쉬지 말고 게으르지 말지니
그러므로 이 발지라제의 게송을
언제나 마땅히 설해야 하느니라.

부처님께서는 이렇게 말씀하시고 곧 자리에서 일어나 방으로 들어가 고요히 앉으셨다. 이에 모든 비구들은 곧 이렇게 생각하였다.

'여러분, 마땅히 아셔야 합니다. 세존께서는 다음과 같은 가르침을 간략히 말씀하시고 자세히 분별해 주시지 않으셨습니다. 그리고는 곧 자리에서 일어나 방으로 들어가 편안하게 앉으셨습니다.'

부디 과거를 생각지 말고
또한 미래를 바라지도 말라
과거의 일은 이미 사라졌고
미래는 아직 이르지 않았느니라.

현재 존재하는 모든 것
그것 또한 이렇게 생각해야 하나니
어느 것도 견고하지 못함을 기억하라
슬기로운 사람은 이와 같이 아느니라.

만일 성인의 행을 실천하는 이라면
어찌 죽음을 근심하리.
나는 결코 그것을 만나지 않으리니
큰 고통과 재앙 여기서 끝나리라.

이와 같이 열심히 힘써 행하며
밤낮으로 쉬지 말고 게으르지 말지니
그러므로 이 발지라제의 게송을
언제나 마땅히 설해야 하느니라.

그들은 다시 이렇게 생각하였다.

'여러분, 아까 세존께서 간략히 말씀하신 그 뜻을 누가 자세히 분별

해 줄 수 있겠습니까?'

그들은 다시 이렇게 생각하였다.

'존자 대가전연은 언제나 세존 및 모든 지혜로운 범행인들의 칭찬을 받습니다. 존자 대가전연이라면 아까 세존께서 간략하게 말씀하신 그 뜻을 자세히 분별해 줄 수 있을 것입니다.

여러분 다 같이 존자 대가전연에게 가서 그 뜻을 설명해 달라고 청합시다. 만일 존자 대가전연께서 설명해 주거든 우리는 마땅히 그것을 잘 받아 가집시다.'

이에 모든 비구들은 존자 대가전연에게 가서 문안드리고 물러나 한쪽에 앉아 아뢰었다.

"존자 대가전연이여, 마땅히 아셔야 합니다. 세존께서는 다음과 같은 가르침을 간략히 말씀하시고 자세히 분별해 주시지 않으셨습니다. 그리고는 곧 자리에서 일어나 방으로 들어가 편안히 앉으셨습니다."

부디 과거를 생각지 말고
또한 미래를 바라지도 말라.
과거의 일은 이미 사라졌고
미래는 아직 이르지 않았느니라.

현재 존재하는 모든 것
그것 또한 이렇게 생각해야 하나니
어느 것도 견고하지 못함을 기억하라.
슬기로운 사람은 이렇게 아느니라.

만일 성인의 행을 실천하는 이라면

어찌 죽음을 근심하리.
나는 결코 그것을 만나지 않으리니
큰 고통과 재앙 여기서 끝나리라.

이와 같이 열심히 힘써 행하며
밤낮으로 쉬지 말고 게으르지 말지니
그러므로 이 발지라제의 게송을
언제나 마땅히 설해야 하느니라.

"저희는 곧 이렇게 생각하였습니다.

'여러분, 아까 세존께서 간략히 말씀하신 그 뜻을 누가 자세히 분별할 수 있겠습니까?'

우리는 다시 이렇게 생각하였습니다.

'존자 대가전연은 언제나 세존 및 모든 지혜로운 범행인들의 칭찬을 받습니다. 존자 대가전연이라면 아까 세존께서 간략히 말씀하신 그 뜻을 자세히 분별해 줄 수 있을 것입니다.'

오직 원컨대 존자 대가전연께서는 저희들을 사랑하고 가엾이 여겨 그 뜻을 자세히 설명해 주십시오."

존자 대가전연이 말하였다.

"여러분, 제가 비유로 말하리니 잘 들으십시오. 지혜로운 사람은 비유를 들으면 곧 그 뜻을 잘 이해합니다.

여러분, 어떤 사람이 나무 심〔實〕[7]을 얻기 위해 도끼를 가지고 숲속으로 들어갔습니다. 그런데 그는 큰 나무가 뿌리와 줄기·마디·가

7 팔리본에는 진수(眞髓, sāva)로 되어 있다. 이는 나무의 심[樹心]을 가리킨다.

지 · 잎 · 꽃 · 심으로 구성되어 있는 것을 보고 그는 뿌리와 줄기 · 마디 · 심은 건드리지 않고 가지와 잎만 건드렸습니다. 지금 여러분의 말도 또한 이와 같습니다. 세존께서 현재 계시는데 그 분을 버려두고 내게 와서 그 뜻을 묻다니요. 무슨 까닭이겠습니까? 여러분은 마땅히 아셔야 합니다. 세존께서는 곧 눈이요 지혜며 이치요 법이며 법의 주인이요 법의 장수이십니다. 진리의 뜻을 말씀하시고 일체의 이치를 나타내심은 오직 세존에게만 있는 것입니다. 여러분은 마땅히 세존께 나아가 '세존이시여, 이것은 무엇이며 이것은 무슨 뜻입니까?' 하고 그 뜻을 여쭈어 보아야 합니다. 만일 세존께서 말씀하시거든 여러분은 마땅히 잘 받아 가지십시오."

그때 모든 비구들이 말하였다.

"그렇습니다, 존자 대가전연이여. 세존께서는 곧 눈이요 지혜며 이치요 법이며 법의 주인이요 법의 장수이십니다. 진리의 뜻을 말씀하시고 일체의 이치를 나타내심은 오직 세존에게만 있는 것입니다. 따라서 저희들은 마땅히 세존께 나아가 '세존이시여, 이것은 무엇이며 이것은 무슨 뜻입니까?' 하고 그 뜻을 여쭈어 보아야 합니다. 그리고 만일 세존께서 말씀하시면 저희들은 마땅히 잘 받아 가져야 합니다. 그러나 존자 대가전연께서는 항상 세존과 모든 지혜로운 범행인들의 칭찬을 받고 있습니다. 그러니 존자 대가전이시라면 능히 아까 세존께서 간략히 말씀하신 그 뜻을 자세히 분별할 수 있을 것입니다. 원컨대 존자 대가전연이여. 저희를 사랑하고 가엾이 여겨 그 뜻을 자세히 설명해 주십시오."

존자 대가전연이 모든 비구들에게 말하였다.

"여러분, 다 함께 제 말을 들으십시오. 여러분, 어떻게 비구가 과거를 기억[念]하게 되는가? 여러분, 어떤 비구는 실로 눈[眼]이 있어서 좋아하는 빛깔[色]을 보고는 마음으로 기억하고 빛깔을 사랑하며 욕심과 상응相應하고 마음으로 즐기며 그 근본을 더듬어 보는데 그 근본은 곧 과거입니다. 그리고 그의 식識은 과거에 대해 욕심내고 물들고 집착합니다. 식識이 욕심내고 물들고 집착하기 때문에 곧 그것을 즐기게 되고 그것을 즐기기 때문에 곧 과거를 기억하게 됩니다. 이와 같이 귀·코·혀·몸에 있어서도 또한 그러합니다.

어떤 비구는 실로 뜻[意]이 있어서 좋아하는 법法을 알고는 마음으로 기억하고 법을 사랑하며 욕심과 상응하고 마음으로 즐기며 그 근본을 더듬어 보는데 그 근본은 곧 과거입니다. 그리고 과거에 대해 욕심내고 물들고 집착합니다. 식이 욕심내고 물들고 집착하기 때문에 곧 그것을 즐기게 되고 그것을 즐기기 때문에 곧 과거를 기억하게 됩니다. 여러분, 이와 같이 비구는 과거를 생각하게 됩니다.

여러분, 어떻게 비구가 과거를 생각하지 않게 되는가? 여러분, 어떤 비구는 실로 눈이 있어서 좋아하는 빛깔을 보고는 마음으로 기억하고 빛깔을 사랑하며 욕심과 상응하고 마음으로 즐기며 그 근본을 더듬어 보는데 그 근본은 곧 과거입니다. 그러나 그의 식은 과거에 대해 욕심내거나 물들고 집착하지 않습니다. 식이 욕심내거나 물들고 집착하지 않기 때문에 곧 그것을 즐기지 않게 되고, 그것을 즐기지 않기 때문에 곧 과거를 기억하지 않게 됩니다. 이와 같이 귀·코·혀·몸에 있어서도 또한 그러합니다.

어떤 비구는 실로 뜻이 있어서 좋아하는 법을 알고는 마음으로 기억하고 법을 사랑하며 욕심과 상응하고 마음으로 즐기며 그 근본을 더듬어 보는데 그 근본은 곧 과거입니다. 그러나 그의 식은 과거에 대해 욕심내거나 물들고 집착하지 않습니다. 식이 욕심내거나 물들고 집착하지 않기 때문에 곧 그것을 즐기지 않게 되고 그것을 즐기지 않기 때문에 곧 과거를 기억하지 않게 됩니다. 여러분, 이와 같이 비구는 과거를 기억하지 않게 됩니다.

여러분, 어떻게 비구가 미래에 바라는 것이 있게 되는가? 여러분, 어떤 비구는 미래의 눈〔眼〕과 빛깔〔色〕과 눈의 식〔眼識〕이 있다고 생각합니다. 그리고 그는 아직 얻지 못한 것을 얻으려 하고 얻게 되기를 마음으로 바랍니다. 그는 마음으로 바라기 때문에 곧 그것을 즐기게 되며 그것을 즐기기 때문에 곧 미래에 바라는 것이 있게 됩니다. 이와 같이 귀·코·혀·몸에 있어서도 또한 그러합니다.

어떤 비구는 미래의 뜻〔意〕과 법法과 뜻의 식〔意識〕이 있다고 생각합니다. 그리고 그는 아직 얻지 못한 것을 얻으려 하고 얻게 되기를 마음으로 바랍니다. 그는 마음으로 바라기 때문에 곧 그것을 즐기게 되며 그것을 즐기기 때문에 곧 미래에 바라는 것이 있게 됩니다. 여러분, 비구는 이와 같이 미래를 원하게 됩니다.

여러분, 어떻게 비구가 미래에 바라는 것이 없게 되는가? 여러분, 어떤 비구는 미래의 눈과 빛깔과 눈의 식이 있다고 생각합니다. 그러나 그는 얻지 못한 것을 얻으려 하지 않고 얻게 되기를 마음으로 바라지도 않습니다. 그는 마음으로 원하지 않기 때문에 곧 그것을 즐기지 않게 되며 그것을 즐기지 않기 때문에 곧 미래에 바라는 것이 없게 됩니다. 이와 같이 귀·코·혀·몸에 있어서도 또한 그러합니다.

어떤 비구는 미래의 뜻과 법과 뜻의 식이 있다고 생각합니다. 그러나 그는 얻지 못한 것을 얻으려 하지 않고 얻게 되기를 마음으로 바라지도 않습니다. 그는 마음으로 바라지 않기 때문에 곧 그것을 즐기지 않게 되며 그것을 즐기지 않기 때문에 곧 미래에 바라는 것이 없게 됩니다. 여러분, 비구는 이와 같이 미래에 바라는 것이 없게 됩니다.

여러분, 어떻게 비구가 현재의 법을 받아들이게 되는가? 여러분,

어떤 비구는 현재의 눈과 빛깔과 눈의 식이 있다고 생각합니다. 그리고 그의 식識은 현재에 대해서 욕심내고 물들고 집착합니다. 식識이 욕심내고 물들고 집착하기 때문에 곧 그것을 즐기게 되고 그것을 즐기기 때문에 곧 현재의 법法을 받아들이게 됩니다. 이와 같이 귀·코·혀·몸에 있어서도 또한 그러합니다.

어떤 비구는 현재의 뜻과 법과 뜻의 식이 있다고 생각합니다. 그리고 그의 식은 현재에 대해서 욕심내고 물들고 집착합니다. 식이 욕심내고 물들고 집착하기 때문에 곧 그것을 즐기게 되며 그것을 즐기기 때문에 곧 현재의 법을 받아들이게 됩니다. 여러분, 이와 같이 비구가 현재의 법을 받아들이게 됩니다.

여러분, 어떻게 비구가 현재의 법을 받아들이지 않게 되는가? 여러분, 어떤 비구는 현재 눈과 빛깔과 눈의 식이 있다고 생각합니다. 그러나 그의 식은 현재에 대해서 욕심내거나 물들고 집착하지 않습니다. 식이 욕심내거나 물들고 집착하지 않기 때문에 곧 그것을 즐기지 않게 되고 그것을 즐기지 않기 때문에 곧 현재의 법을 받아들이지 않게 됩니다. 이와 같이 귀·코·혀·몸에 있어서도 또한 그러합니다.

어떤 비구는 현재의 뜻과 법과 뜻의 식이 있다고 생각합니다. 그러나 그의 식은 현재에 대해서 욕심내거나 물들고 집착하지 않습니다. 식이 욕심내거나 물들고 집착하지 않기 때문에 곧 그것을 즐기지 않게 되고 그것을 즐기지 않기 때문에 곧 현재의 법을 받아들이지 않게 됩니다. 여러분, 이와 같이 비구는 현재의 법을 받아들이지 않게 됩니다.

여러분, 세존께는 다음과 같은 가르침을 간략히 말씀하시고 널리 분별하지 않으셨습니다. 그리고 곧 자리에서 일어나 방으로 들어가 편안하게 앉으셨습니다."

부디 과거를 생각지 말고
또한 미래를 바라지도 말라.
과거의 일은 이미 사라졌고
미래는 아직 이르지 않았느니라.

현재 존재하는 모든 것
그것 또한 이렇게 생각해야 하나니
어느 것도 견고하지 못함을 기억하라
슬기로운 사람은 이렇게 아느니라.

만일 성인의 행을 실천하는 이라면
어찌 죽음을 근심하리.
나는 그것을 결코 만나지 않으리니
큰 고통과 재앙 여기서 끝나리라.

이와 같이 열심히 힘써 행하며
밤낮으로 쉬지 말고 게으르지 말지니
그러므로 이 발지라제의 게송을
언제나 마땅히 설해야 하느니라.

"이렇게 세존께서는 간략히 말씀하시고 자세히 분별해 주시지 않으셨습니다. 저는 이에 대해 이런 글귀와 글로써 이와 같이 자세히 설명하였습니다. 여러분, 부처님께 나아가 자세히 말씀드리는 것이 좋겠습니다. 그리하여 만일 세존께서 말씀하신 이치와 같거든 여러분들은 마땅히 받아 가지십시오."

이에 모든 비구들은 존자 대가전연에게서 들은 말을 잘 받아 지니고 독송하며 곧 자리에서 일어나 존자 대가전연을 세 번 돌고 떠났다. 그들은 부처님 계신 곳으로 나아가 머리를 조아려 예배하고 물러나 한쪽에 앉아 여쭈었다.

"세존이시여, 아까 세존께서는 이 이치를 간략히 말씀하시고 자세히 분별해주시지 않으셨습니다. 그리고는 곧 자리에서 일어나 방으로 들어가 편안하게 앉으셨습니다. 이에 존자 대가전연이 이런 글귀와 글로써 그것을 자세히 분별해 주었습니다."

세존께서는 들으시고 찬탄하셨다.

"훌륭하고 훌륭하다. 그는 내 제자 중에서 눈이 있고 지혜가 있으며 법이 있고 이치가 있는 사람이다. 무슨 까닭인가? 스승이 제자들에게 이 이치를 간략히 말하고 자세히 분별해 주지 않자 그 제자는 이런 글귀와 이런 글로써 그것을 자세하게 설명해 주었다. 가전연 비구가 설명한 그대로를 너희들은 마땅히 받아 가져라. 왜냐하면 이치를 살펴 설명한다면 응당 그러하기 때문이니라."

부처님께서 이렇게 말씀하시자 모든 비구들은 부처님 말씀을 듣고 기뻐하며 받들어 행하였다.

〔이 온천림천경에 수록된 경문의 글자 수는 2,580자이다.〕

166) 석중선실존경釋中禪室尊經[8]〔제4 분별송〕

나는 이와 같이 들었다.

---

8 이 경의 이역본으로는 서진西晋시대 축법호竺法護가 한역한 『불설존상경佛說尊上經』이 있다.

어느 때 부처님께서 사위국을 유행하실 적에 승림급고독원에 계셨다. 그때 존자 노이강기盧夷强耆[9]는 석釋[10]씨 중에 노닐면서 일이 없는 선실〔無事禪室〕에 머물고 있었다. 그때 존자 노이강기는 먼동이 트는 새벽에 그 선실에서 나와 선실 바깥 그늘에 있는 평상에 니사단尼師檀을 펴고 가부좌를 하고 앉았다.

그때 몸이 지극히 아름답고 얼굴이 의젓한 한 하늘이 있었다. 그 하늘은 먼동이 트는 새벽에 존자 노이강기에게 가서 머리를 조아려 절하고 물러나 한쪽에 서 있었다. 그 하늘의 얼굴은 위엄스럽고 지극히 아름다웠으며 광명이 그 선실을 두루 비추었다. 그 하늘은 한쪽에 서서 존자 노이강기에게 여쭈었다.

"비구여, 발지라제跋地羅帝의 게송과 그 뜻을 받아 가지고 계십니까?"[11]

존자 노이강기가 그 하늘에게 대답하였다.

"나는 발지라제의 게송과 그 뜻을 받아 가지지 못했습니다."

그는 그 하늘에게 도로 물었다.

"그대는 발지라제의 게송과 그 뜻을 받아 가졌습니까?"

그 하늘이 대답했다.

"저는 발지라제의 게송은 받아 가졌지만 그 뜻은 받아 가지지 못했습니다."

존자 노이강기는 다시 그 하늘에게 물었다.

"어찌하여 발지라제의 게송은 받아 가졌으면서 그 뜻은 받아 가지지 못했습니까?"

---

9 팔리어로는 Lomasakaṅgiya이다. 석가족의 왕족 출신이다.

10 팔리어로는 Sakka이고, 석가족을 말한다.

11 원문은 '수지受持'이다. 이것을 의역하면 '기억하다, 외우다' 정도의 뜻이다.

그 하늘이 대답하였다.

“어느 때 부처님께서는 왕사성을 유행하실 적에 죽림가란다竹林迦蘭哆동산에 계셨습니다. 그때 세존께서는 모든 비구들을 위해 다음과 같은 발지라제의 게송을 말씀하셨습니다.

부디 과거를 생각지 말고
또한 미래를 바라지도 말라.
과거의 일은 이미 사라졌고
미래는 아직 이르지 않았느니라.

현재 존재하는 모든 것〔法〕
그것 또한 이렇게 생각해야 하나니
어느 것도 견고하지 못함을 기억하라.
슬기로운 사람은 이렇게 아느니라.

만일 성인의 행을 실천하는 이라면
어찌 죽음을 근심하리.
나는 결코 그것을 만나지 않으리니
큰 고통과 재앙 여기서 끝나리라.

이와 같이 열심히 힘써 행하며
밤낮으로 쉬지 말고 게으르지 말지니
그러므로 이 발지라제의 게송을
언제나 마땅히 설해야 하느니라.

비구여, 저는 이와 같이 발지라제의 게송을 받아 가졌지만 그 뜻은 받아 가지지 못했습니다."

존자 노이강기는 다시 그 하늘에게 물었다.

"누가 발지라제의 게송과 그 뜻을 받아 가지고 있습니까?"

하늘이 대답하였다.

"부처님께서는 사위국에 유행하실 적에 승림급고독원에 계시는데, 그 분은 발지라제의 게송과 그 뜻을 받아 가지고 계십니다. 비구여, 그대는 세존께 가서 세존에게 직접 발지라제의 게송과 그 뜻을 받아 잘 지니고 독송하십시오. 왜냐하면 발지라제의 게송과 그 뜻에는 이치가 있고 법이 있어 범행의 근본이 되며 지혜로 나아가고 깨달음으로 나아가며 열반으로 나아가게 하기 때문입니다. 따라서 큰 족성의 아들로서 지극한 믿음으로 출가하여 집 없이 도를 배우는 자는 마땅히 발지라제의 게송과 그 뜻을 잘 받아 가지고 독송해야 합니다."

그 하늘은 이렇게 말한 뒤 존자 노이강기의 발에 머리를 조아려 예배하고 세 번 돌고는 거기서 사라졌다.

그 하늘이 사라진 지 오래지 않아 이에 존자 노이강기는 석가족이 사는 곳에 있으면서 여름 안거를 마쳤다. 그는 3개월을 지낸 뒤 옷을 기우고 나서 옷과 발우를 챙겨 사위국을 향하였다. 그는 여러 곳을 거치며 앞으로 나아갔고 사위국에 이르러 승림급고독원에 머물렀다.

그때 존자 노이강기는 부처님께 나아가 머리를 조아려 예배하고 물러나 한쪽에 앉아 아뢰었다.

"세존이시여, 저는 어느 때 석가족이 사는 곳에서 노닐며 일이 없는 선실禪室에 머물고 있었습니다. 저는 그때 먼동이 트는 새벽 선실에서 나와 선실 바깥 그늘에 있는 평상에 니사단을 펴고 가부좌를 하고 앉아 있었습니다. 그때 몸은 지극히 아름답고 얼굴이 의젓한 어느 하늘이 먼동이 트는 새벽에 저에게 와서 머리를 조아려 절하고 물러나 한쪽에 머물러 있었습니다. 그 하늘은 얼굴이 위엄스럽고 지극히 아름다웠으며 그 광명은 선실을 두루 비쳤습니다. 그 하늘은 한쪽에 서서 제게 물었습니다.

'비구여, 발지라제의 게송과 그 뜻을 받아 가지고 계십니까?

저는 그 하늘에게 대답했습니다.

'발지라제의 게송도 받지 못했고 그 뜻도 받아 가지지 못했습니다.'

저는 도로 그 하늘에게 물었습니다.

'그대는 발지라제의 게송과 그 뜻을 받아 가졌습니까?

그 하늘이 대답했습니다.

'저는 발지라제의 게송은 받아 가졌지만 그 뜻은 받아 가지지 못했습니다.'

저는 다시 그 하늘에게 물었습니다.

'어찌하여 발지라제의 게송은 받아 가졌으면서 그 뜻은 받아 가지지 못했습니까?'

그 하늘은 제게 대답했습니다.

'어느 때 부처님께서 왕사성을 유행하실 적에 죽림가란다竹林迦蘭哆동산에 계셨습니다. 그때 세존께서는 모든 비구들을 위해 발지라제의 게송을 말씀하셨습니다.

부디 과거를 생각지 말고
또한 미래를 바라지도 말라.
과거의 일은 이미 사라졌고
미래는 아직 이르지 않았느니라.

현재 존재하는 모든 것
그것 또한 이렇게 생각해야 하나니
어느 것도 견고하지 못함을 기억하라
슬기로운 사람은 이렇게 아느니라.

만일 성인의 행을 실천하는 이라면
어찌 죽음을 근심하리.
나는 결코 그것을 만나지 않으리니
큰 고통과 재앙 여기서 끝나리라.

이와 같이 열심히 힘써 행하며
밤낮으로 쉬지 말고 게으르지 말지니
그러므로 이 발지라제의 게송을
언제나 마땅히 설해야 하느니라.

비구여, 저는 이와 같이 발지라제의 게송은 받아 가졌지만 그 뜻은 받아 가지지 못했습니다.'

저는 다시 하늘에게 물었습니다.

'누가 발지라제의 게송과 그 뜻을 받아 가지고 있습니까?'

그 하늘은 제게 대답했습니다.

'부처님께서는 사위국에 유행하실 적에 승림급고독원에 계시는데 그 분은 발지라제의 게송과 그 뜻을 받아 가지고 계십니다. 비구여, 그대는 가서 세존에게 직접 발지라제의 게송과 그 뜻을 잘 받아 지니고 독송하십시오. 왜냐하면 발지라제의 게송과 그 뜻은 의미가 있고 법이 있어 범행의 근본이 되며 지혜로 나아가고 깨달음으로 나아가며 열반으로 나아가게 하기 때문입니다. 그러므로 큰 족성의 아들로서 지극한 믿음으로 출가하여 집 없이 도를 배우는 사람은 마땅히 발지라제의 게송과 그 뜻을 잘 받아 지니고 독송해야 합니다.'

그 하늘은 이렇게 말한 뒤 제 발에 머리를 조아려 예를 올리고, 세 번 돌고는 거기서 사라졌습니다."

이에 세존께서는 존자 노이강기에게 물으셨다.

"너는 그 하늘이 어디서 왔으며, 그 하늘의 이름이 무엇인지 아느냐?"

"세존이시여, 저는 그 하늘이 어디서 왔으며 또 그 이름이 무엇인지 모릅니다."

"강기여, 그 하늘 남자의 이름은 반나般那[12]라 하며 삼십삼천 군사의 장수이니라."

그때 존자 노이강기가 아뢰었다.

"세존이시여, 지금이야말로 그때입니다. 선서善逝시여, 지금이야말로 그때입니다. 만일 세존께서 모든 비구들을 위하여 발지라제의 게송과 그 뜻을 말씀하신다면 모든 비구들은 세존의 말씀을 듣고 잘 받아 가질 것입니다."

세존께서 말씀하셨다.

"강기여, 자세히 듣고 잘 기억하여라. 나는 마땅히 너를 위하여 그 뜻을 자세히 설명해 주리라."

존자 노이강기가 아뢰었다.

"예, 분부대로 경청하겠습니다."

부처님께서 말씀하셨다.

---

12 팔리어로는 Candana이고, 전단栴檀으로도 음역한다. 『존상경』에는 반나말난般那末難으로 되어 있다.

부디 과거를 생각지 말고
또한 미래를 바라지도 말라.
과거의 일은 이미 사라졌고
미래는 아직 이르지 않았느니라.

현재 존재하는 모든 것
그것 또한 이렇게 생각해야 하나니
어느 것도 견고하지 못함을 기억하라
슬기로운 사람은 이렇게 아느니라.

만일 성인의 행을 실천하는 이라면
어찌 죽음을 근심하리.
나는 결코 그것을 만나지 않으리니
큰 고통과 재앙 여기서 끝나리라.

이와 같이 열심히 힘써 행하며
밤낮으로 쉬지 말고 게으르지 말지니
그러므로 이 발지라제의 게송을
언제나 마땅히 설해야 하느니라.

"강기여, 어떻게 비구가 과거를 생각하게 되는가? 만일 비구가 과거의 색色을 즐겨하여 욕심내고 집착하고 거기에 머무르며, 과거의 각覺[13]·상想·행行·식識을 즐겨하여 욕심내고 집착하고 거기에 머문다면 이와 같은 비구는 과거를 생각하게 되느니라.

13 5온蘊의 수受에 해당한다.

강기여, 어떻게 비구가 과거를 생각하지 않게 되는가? 만일 비구가 과거의 색을 즐겨하지 않아서 욕심 내지 않고 집착하지 않고 거기에 머무르지 않으며 과거의 각・상・행・식을 즐겨하지 않아서 욕심 내지 않고 집착하지 않고 거기에 머무르지 않는다면 이와 같은 비구는 과거를 생각하지 않게 되느니라.

강기여, 어떻게 비구가 미래를 원하게 되는가? 만일 비구가 미래의 색을 즐겨하여 욕심내고 집착하고 거기에 머무르며 미래의 각・상・행・식을 즐겨하여 욕심내고 집착하고 거기에 머문다면 이와 같은 비구는 미래를 원하게 되느니라.

강기여, 어떻게 비구가 미래를 바라지 않게 되는가? 만일 비구가 미래의 색을 즐겨하지 않아서 욕심 내지 않고 집착하지 않고 거기에 머무르지 않으며 미래의 각・상・행・식을 즐겨하지 않아서 욕심 내지 않고 집착하지 않고 거기에 머무르지 않는다면 이와 같은 비구는 미래를 바라지 않게 되느니라.

강기여, 어떻게 비구가 현재의 법을 받아들이게 되는가? 만일 비구가 현재의 색을 즐겨하여 않아서 욕심내고 집착하고 거기에 머무르며 현재의 각・상・행・식을 즐겨하여 욕심내고 집착하고 거기에 머문다면 이와 같은 비구는 현재의 법을 받아들이게 되느니라.

강기여, 어떻게 비구가 현재의 법을 받아들이지 않게 되는가? 만일 비구가 현재의 색을 즐겨하지 않아서 욕심 내지 않고 집착하지 않고 거기에 머무르지 않으며 현재의 각・상・행・식을 즐겨하지 않아서 욕심 내지 않고 집착하지 않고 거기서 머무르지 않는다면 이와 같은 비구는 현재의 법을 받아들이지 않게 되느니라."

부처님께서 이렇게 말씀하시자 존자 노이강기와 모든 비구들은 부처님 말씀을 듣고 기뻐하며 받들어 행하였다.

〔이 석중선실존경에 수록된 경문의 글자 수는 1,536자이다.〕

167) 아난설경阿難說經〔제4 분별송〕

나는 이와 같이 들었다.

어느 때 부처님께서는 사위국을 유행하실 적에 승림급고독원에 계셨다.

그때 존자 아난은 모든 비구들을 위하여 밤에 강당에 모여 발지라제跋地羅帝[14]의 게송과 그 뜻을 설명하였다. 그때 어떤 비구가 밤이 지나 이른 아침에 부처님 계신 곳에 나아가 머리를 조아려 예배하고 물러나 한쪽에 앉아 아뢰었다.

"세존이시여, 저 존자 아난이 모든 비구들을 위해 밤에 강당에 모여 발지라제의 게송과 그 뜻을 설명하였습니다."

이에 세존께서는 그 비구에게 말씀하셨다.

"너는 아난 비구에게 가서 '아난아, 세존께서 너를 부르신다'고 말하라."

그 비구는 세존의 분부를 받들고 곧 자리에서 일어나 부처님 발에 머리를 조아려 예를 올리고, 세 번 돌고 나서 떠났다. 그는 아난에게 가서 말하였다.

"세존께서 존자 아난을 부르십니다."

존자 아난은 곧 부처님께 나아가 머리를 조아려 예배하고 물러나 한쪽에 섰다. 세존께서는 물으셨다.

---

14 발지라제는 음역이고, '밤마다 날마다 한결같이 현명하고 착하게 생활하는 사람'이라는 뜻이다.

"아난아, 네가 정녕 모든 비구들을 위하여 밤에 강당에 모여 발지라제의 게송과 그 뜻을 설명하였느냐?"

"예, 그렇습니다."

"아난아, 너는 모든 비구들을 위하여 발지라제의 게송과 그 뜻을 어떻게 설명하였느냐?"

존자 아난이 곧 말씀드렸다.

부디 과거를 생각지 말고
또한 미래를 바라지도 말라.
과거의 일은 이미 사라졌고
미래는 아직 이르지 않았느니라.

현재 존재하는 모든 것〔法〕
그것 또한 이렇게 생각해야 하나니
어느 것도 견고하지 못함을 기억하라
슬기로운 사람은 이렇게 아느니라.

만일 성인의 행을 실천하는 이라면
어찌 죽음을 근심하리.
나는 결코 그것을 만나지 않으리니
큰 고통과 재앙 여기서 끝나리라.

이와 같이 열심히 힘써 행하며
밤낮으로 쉬지 말고 게으르지 말지니
그러므로 이 발지라제의 게송을

언제나 마땅히 설해야 하느니라.

세존께서 다시 물으셨다.

"아난아, 어떻게 비구가 과거를 생각하게 되느냐?"

"세존이시여, 만일 어떤 비구가 과거의 색色을 즐겨하여 욕심내고 집착하고 거기에 머무르며 과거의 각覺·상想·행行·식識을 즐겨하여 욕심내고 집착하고 거기서 머문다면 이와 같은 비구는 과거를 생각하게 됩니다."

세존께서 다시 물으셨다.

"아난아, 어떻게 비구가 과거를 생각하지 않게 되느냐?"

"세존이시여, 만일 비구가 과거의 색을 즐겨하지 않아서 욕심 내지 않고 집착하지 않고 거기에 머무르지 않으며 과거의 각·상·행·식을 즐겨하지 않아서 욕심 내지 않고 집착하지 않고 거기에 머무르지 않는다면 이와 같은 비구는 과거를 생각하지 않게 됩니다."

세존께서는 다시 물으셨다.

"아난아, 어떻게 비구가 미래를 원하게 되느냐?"

"세존이시여, 만일 비구가 미래의 색을 즐겨하여 욕심내고 집착하고 거기에 머무르며 미래의 각·상·행·식을 즐겨하여 욕심내고 집착하고 거기에 머문다면 이와 같은 비구는 미래를 원하게 됩니다."

세존께서 다시 물으셨다.

"아난아, 어떻게 비구는 미래를 바라지 않게 되느냐?"

"세존이시여, 만일 비구가 미래의 색을 즐겨하지 않아서 욕심 내지 않고 집착하지 않고 거기에 머무르지 않으며 미래의 각·상·행·식을 즐겨하지 않아서 욕심 내지 않고 집착하지 않고 거기에 머무르지 않는다면 이와 같은 비구는 미래를 바라지 않게 됩니다."

세존께서는 다시 물으셨다.

"아난아, 어떻게 비구가 현재의 법을 받아들이게 되느냐?"

"세존이시여, 만일 비구가 현재의 색을 즐겨하여 욕심내고 집착하고 거기에 머무르며 현재의 각·상·행·식을 즐겨하여 욕심내고 집착하고 거기에 머문다면 이와 같은 비구는 현재의 법을 받아들이게 됩니다."

세존께서 다시 물으셨다.

"아난아, 어떻게 비구가 현재의 법을 받아들이지 않게 되느냐?"

"세존이시여, 만일 비구가 현재의 색을 즐겨하지 않아서 욕심 내지 않고 집착하지 않고 거기에 머무르지 않으며 현재의 각·상·행·식을 즐겨하지 않아서 욕심 내지 않고 집착하지 않고 거기에 머무르지 않는다면 이와 같은 비구는 현재의 법을 받아들이지 않게 됩니다. 세존이시여, 저는 이렇게 모든 비구들을 위하여 밤에 강당에 모여 발지라제의 게송과 그 뜻을 설명하였습니다."

이에 세존께서는 모든 비구들에게 말씀하셨다.

"훌륭하고 훌륭하다. 내 제자는 안목이 있고 지혜가 있으며 이치가 있고 법이 있다. 왜냐하면 내 제자는 스승 앞에서 이런 글귀와 이런 글로써 그 이치를 자세하게 설명하였기 때문이니라. 진실로 아난 비구의 설명과 같다. 너희들은 마땅히 그와 같이 받아 가져라. 왜냐하면 내가 이치를 살펴 설명한다고 해도 응당 그러하기 때문이니라."

부처님께서 이렇게 말씀하시자 존자 아난과 모든 비구들은 부처님의 말씀을 듣고 기뻐하며 받들어 행하였다.

〔이 아난설경에 수록된 경문의 글자 수는 772자이다.〕

168) 의행경意行經〔제4 분별송〕

나는 이와 같이 들었다.

어느 때 부처님께서 사위국을 유행하실 적에 승림급고독원에 계셨다. 그때 세존께서는 모든 비구들에게 말씀하셨다.

"내가 이제 너희들에게 설법하리라. 이 법은 처음도 묘하고 중간도 묘하며 마지막도 또한 묘하다. 뜻도 있고 문채도 있으며 구족하고 청정하여 범행을 나타낸다. 이 경의 이름은 분별의행경分別意行經이고, 의행意行[15]대로 태어나는 것을 설한 것이니, 자세히 듣고 잘 기억하라."

그때 모든 비구들은 분부대로 경청하였다.

부처님께서 말씀하셨다.

"어떤 것이 의행대로 태어나는 것인가? 혹 어떤 비구는 욕심을 여의고 악하고 착하지 않은 법을 여의어 각覺도 있고 관觀도 있으며 여의는 데서 생기는 기쁨〔喜〕과 즐거움〔樂〕이 있는 초선初禪[16]을 성취하여 노닌다. 그가 이 선정〔定〕을 좋아하여 거기에 머무르려고 한다면 그는 이 선정을 좋아하여 거기에 머무르려고 한 뒤에 반드시 그렇게 되어 거기에 머무르고 그것을 즐기게 되며 목숨을 마치고는 범신천梵身天에 태어나게 된다. 모든 범신천은 그곳에 태어나 그곳에 머물며 여의는 데서 생기는 기쁨과 즐거움을 누리고 비구는 이곳에 머물며

---

15 팔리본에는 Saṅkhāra로 되어 있다. 팔리어 장경의 영역본 설명에 따르면 Saṅkhāra는 이 경에서 일반적인 의미와 좀 다르게 쓰였다고 한다. 즉 '의도적인 지적 작용'을 의미한다고 설명하였다. 이런 점을 고려해 볼 때 한역漢譯에서 Saṅkhāra를 행行으로 번역하지 않고, 의행意行으로 번역한 것은 매우 타당하다. 영역에서는 열망·포부·열정 등의 뜻이 있는 aspiration으로 번역하였다.

16 이생희락지離生喜樂地인 초선初禪은 각覺·관觀·희喜·낙樂·일경성一境性 다섯 가지를 함유하고 있다.

여의는 데서 생기는 기쁨과 즐거움을 누리는데 이 두 가지 '여의는 데서 생기는 기쁨과 즐거움〔離生喜樂〕'은 차별이 없고 두 가지가 똑같은 것이다. 무슨 까닭인가? 그들 범신천도 먼저 이곳에서 선정을 행한 뒤에 그곳에 태어났기 때문이다. 그들은 이 선정을 이렇게 닦고 이렇게 익히고 이렇게 널리 폈기 때문에 범신천에 태어난 것이다. 이와 같이 의행意行대로 태어나느니라.

또 비구는 각과 관이 이미 쉬고 안으로 고요히〔內靜〕 한마음이 되어〔一心〕, 각도 없고 관도 없으며, 선정에서 생기는 기쁨〔喜〕과 즐거움〔樂〕이 있는 제2선第二禪[17]을 성취하여 노닌다. 그가 이 선정을 좋아하여 거기에 머무르려고 한다면 그는 이 선정을 좋아하여 거기에 머무르려고 한 뒤에 반드시 그렇게 되어 거기에 머무르고 그것을 즐기게 되며 목숨을 마치고는 황욱천晃昱天[18]에 태어나게 된다. 모든 황욱천은 그곳에 태어나 그곳에 머물며 선정에서 생기는 기쁨과 즐거움을 누리고 비구는 이곳에 머물며 제2선에 들어가 선정에서 생기는 기쁨과 즐거움을 누리는데 이 두 가지 '정에서 생기는 기쁨과 즐거움〔定生喜樂〕'은 차별이 없고 두 가지가 똑같은 것이다. 무슨 까닭인가? 그들 황욱천도 먼저 이곳에서 선정을 행한 뒤에 그곳에 태어났기 때문이다. 그들은 이 선정을 이렇게 닦고 이렇게 익히며 이렇게 널리 폈기 때문에 황욱천에 태어난 것이다. 이와 같이 의행意行대로 태어나느니라.

또 비구는 기쁨의 욕심〔喜欲〕을 여의고, 평정하여 구함 없이 노닐며 바른 생각과 바른 지혜로 몸에 즐거움을 깨닫는다. 이른바 저 성인께서 말씀하신 성인의 평정〔捨〕·생각〔念〕·즐거움에 머묾〔樂住〕·공空[19]

---

17 정생희락지定生喜樂地인 제2선은 내정內靜·희喜·낙樂·일심一心 네 가지를 함유하고 있다.

18 황욱천(晃昱天, Ābhassarā deva)은 곧 광음천光音天으로 색계 2선禪의 제3천이다.

이 있는 제3선禪[20]을 성취하여 노닌다. 그가 이 선정을 좋아하여 거기에 머무르려고 한다면 그는 이 선정을 좋아하여 거기에 머무르려고 한 뒤에 반드시 그렇게 되어 거기에 머무르고 그것을 즐기게 되며 목숨을 마치고는 변정천遍淨天에 태어나게 된다. 모든 변정천은 그곳에 태어나 그곳에 머물며 기쁨도 없고 즐거움도 없게 되고 비구는 이곳에 머물며 제3선에 들어가 기쁨도 없고 즐거움도 없게 되는데 이 두 가지 '기쁨도 없고 즐거움도 없음〔無喜樂〕'은 차별이 없고 두 가지가 똑같은 것이다. 무슨 까닭인가? 그들 변정천도 먼저 이곳에서 선정을 행한 뒤에 그곳에 태어났기 때문이다. 그들은 이 선정을 이렇게 닦고 이렇게 익히며 이렇게 널리 폈기 때문에 변정천에 태어난 것이다. 이와 같이 의행대로 태어나느니라.

비구는 즐거움이 멸하고 괴로움도 멸하는데 기쁨과 걱정의 뿌리는 이미 멸한 상태이며 괴로움도 없고 즐거움도 없으며 평정〔捨〕·기억〔念〕·청정淸淨이 있는 제4선禪[21]을 성취하여 노닌다. 그가 이 선정을 좋아하여 거기에 머무르려고 한다면 그는 이 선정을 좋아하여 거기에 머무르려고 한 뒤에 반드시 그렇게 되어 거기에 머무르고 그것을 즐기게 되며 목숨을 마치고는 과실천果實天에 태어나게 된다. 과실천은 그곳에 태어나 그곳에 머물며 평정과 기억과 청정의 즐거움을 누리고 비구는 이곳에 머물면서 제4선에 들어가 평정과 기억과 청정의 즐거움을 누리는데, 이 두 가지 '평정〔捨〕과 기억〔念〕과 청정의 즐거움〔淸淨

---

19 고려대장경에 '실室'로 되어 있는데 『중아함경』 제1권 세 번째 경인 「성유경城喩經」에 의거하여 '공空'으로 수정하였다.

20 이희묘락지離喜妙樂地인 제3선은 사捨·염念·낙樂·혜慧·일심一心 다섯 가지를 함유하고 있다.

21 사념청정지捨念淸淨地인 제4선은 불고불락不苦不樂·사捨·염念·일심一心 네 가지를 함유하고 있다.

樂〕'은 차별이 없고 두 가지가 똑같은 것이다. 무슨 까닭인가? 그들 과실천도 먼저 이곳에서 선정을 행한 뒤에 그곳에 태어났기 때문이다. 그들은 이 선정을 이렇게 닦고 이렇게 익히며 이렇게 널리 폈기 때문에 과실천에 태어난 것이다. 이와 같이 의행대로 태어나느니라.

또 비구는 일체의 빛깔에 대한 생각을 벗어나 상대가 있다는 생각을 멸하고 약간의 생각〔想〕도 기억〔念〕하지 않는 한량없는 공空이 되고 이 한량없는 공처〔無量空處〕를 성취하여 노닌다. 그가 이 선정〔定〕을 좋아하여 거기에 머무르려고 한다면 그는 이 선정을 좋아하여 거기에 머무르려고 한 뒤에 반드시 그렇게 되어 거기에 머무르고 그것을 즐기게 되며 목숨을 마치고는 무량공처천無量空處天에 태어나게 된다. 모든 무량공처천은 그곳에 태어나 그곳에 머물며 한량없는 공처의 생각을 누리고 비구는 이곳에 머물며 한량없는 공처의 생각을 누리는데 이 두 가지 '한량없는 공처의 생각〔無量空處想〕'은 차별이 없고 두 가지가 똑같은 것이다. 무슨 까닭인가? 그들 공처천空處天도 먼저 이곳에서 선정을 행한 뒤에 그곳에 태어났기 때문이다. 그들은 이 정을 이렇게 닦고 이렇게 익히며 이렇게 널리 폈기 때문에 무량공처천에 태어난 것이다. 이와 같이 의행대로 태어나느니라.

또 비구는 한량없는 공처를 벗어나 한량없는 식識이 되고 이 한량없는 식처〔無量識處〕를 성취하여 노닌다. 그가 이 선정을 좋아하여 거기에 머무르려고 한다면 그는 이 선정을 좋아하여 거기에 머무르려고 한 뒤에 반드시 그렇게 되어 거기에 머무르고 그것을 즐기게 되며 목숨을 마치고는 무량식처천無量識處天에 태어나게 된다. 모든 무량식처천은 그곳에 태어나 그곳에 머물며 한량없는 식처의 생각을 누리고 비구는 이곳에 머물며 한량없는 식처의 생각을 누리는데 이 두 가지 '한량없는 식처의 생각〔無量識處想〕'은 차별이 없고 두 가지가 똑같은 것이다. 무슨 까닭인가? 그들 식처천識處天도 먼저 이곳에서 선정을 행한 뒤에 그곳에 태어났기 때문이다. 그들은 이 선정을 이렇게 닦고 이렇게 익히며 이렇게 널리 폈기 때문에 무량식처천에 태어난 것이다. 이와 같이 의행대로 태어나느니라.

또 비구는 한량없는 식처를 벗어나 무소유가 되고, 이 무소유처無所有處를 성취하여 노닌다. 그가 이 선정을 좋아하여 거기에 머무르려고 한다면 그는 이 선정을 좋아하여 거기에 머무르려고 한 뒤에 반드시 그렇게 되어 거기에 머무르고 그것을 즐기게 되며 목숨을 마치고는 무소유처천에 태어나게 된다. 모든 무소유처천無所有處天은 그곳에 태어나 그곳에 머물며 무소유처의 생각을 누리고 비구는 이곳에 머물며 무소유처의 생각을 누리는데 이 두 가지 '무소유처의 생각〔無所有處想〕'은 차별이 없고 두 가지가 똑같은 것이다.

무슨 까닭인가? 그들 무소유처천無所有處天도 먼저 이곳에서 선정을 행한 뒤에 그곳에 태어났기 때문이다. 그들은 이 선정을 이렇게 닦고 이렇게 익히며 이렇게 널리 폈기 때문에 무소유처천에 태어난 것이다. 이와 같이 의행대로 태어나느니라.

또 비구는 일체 무소유처의 생각을 벗어나 비유상비무상이 되고 이 비유상비무상처非有想非無想處를 성취하여 노닌다. 그가 이 선정을 좋아하여 거기에 머무르려고 한다면 그는 이 선정을 좋아하여 거기에 머무르려고 한 뒤에 반드시 그렇게 되어 거기에 머무르고 그것을 즐기게 되며 목숨을 마치고는 비유상비무상처천에 태어나게 된다. 모든 비유상비무상처천은 그곳에 태어나 그곳에 머물며 비유상비무상처의 생각〔非有想非無想處想〕을 누리고 비구는 이곳에 머물며 비유상비무상처의 생각을 누리는데 이 두 가지 생각〔想〕은 차별이 없고 두 가지가 똑같은 것이다. 무슨 까닭인가? 그들 비유상비무상처천도 먼저 이곳에서 선정을 행한 뒤에 그곳에 태어났기 때문이다. 그들은 이 선정을 이렇게 닦고 이렇게 익히며 이렇게 널리 폈기 때문에 비유상비무상처천에 태어난 것이다. 이와 같이 의행대로 태어나느니라.

또 비구는 일체 비유상비무상처를 벗어나 상想과 지(知 : 受)가 멸한 촉觸을 성취하여 노닐고 혜慧로 모든 번뇌가 사라진 지혜〔諸漏盡斷智〕를 본다. 저 모든 선정〔定〕 가운데서 이 선정을 가장 제일이요, 가장 위대하며 가장 높고 가장 훌륭하며 가장 묘하다고 말한다. 마치 소로 인해 젖이 있고 젖으로 인해 낙酪이 있으며 낙으로 인해 생소生酥가 있고 생소로 인해 숙소熟酥가 있으며 숙소로 인해 소정酥精[22]이 있는데, 이 소정을 가장 제일이요 가장 위대하며 가장 높고 가장 훌륭하며 가장 묘하다고 말하는 것과 같다. 이와 같이 저 모든 선정 가운데서 이 선정을 가장 제일이요 가장 위대하며 가장 높고 가장 훌륭하며 가장 묘하다고 말한다. 이 선정을 얻어 이 선정에 의지하고 이 선정에 머무르고 나면 다시는 생·노·병·사의 괴로움을 받지 않나니 이것을 괴로움의 끝이라 하느니라."

부처님께서 이렇게 말씀하시자 모든 비구들은 부처님 말씀을 듣고 기뻐하며 받들어 행하였다.

〔이 의행경에 수록된 경문의 글자 수는 1,319자이다.〕

169) 구루수무쟁경拘樓瘦無諍經[23]〔제4 분별송〕

나는 이와 같이 들었다.

---

22 제호醍醐라고도 한다.

23 이 경의 참조가 될 경으로는 『장아함경』 제32권 904번째 경이 있다.

어느 때 부처님께서 바기수婆奇瘦[24]의 도읍인 검마슬담劍磨瑟曇이라는 곳을 유행하셨다. 그때 세존께서는 모든 비구들에게 말씀하셨다.

"내가 너희들을 위해 설법하리라. 이 법은 처음도 묘하고 중간도 묘하며 마지막도 또한 묘하다. 뜻도 있고 문채도 있으며 구족하고 청정하여 범행梵行을 나타낸다. 그 이름은 분별무쟁경分別無諍經이니 너희들은 자세히 듣고 잘 기억하라."

그때 모든 비구들은 분부를 받고 경청하였다.

부처님께서는 말씀하셨다.

"극히 하천下賤한 업이고 범부의 행인 탐욕의 즐거움을 구하지 말고 또한 지극히 괴롭고 거룩한 행이 아니며 이치와 서로 걸맞지 않는 자신의 고행苦行도 구하지 말라. 이 두 가지 치우침을 여의면 곧 중도中道가 되나니, 그것은 눈을 이루고 지혜를 이루어 자재로이 선정〔定〕을 이루며 지혜로 나아가고 깨달음으로 나아가며 열반으로 나아간다. 또 칭찬하는 경우도 있고 꾸짖는 경우도 있으며 칭찬도 꾸짖음도 없이 사람을 위해 설법하는 경우도 있다. 재齋를 결정하며 결정된 사실을 안 뒤에는 언제나 마음속의 즐거움을 구하라. 서로 끌어 들여 말하지 말고 또한 면전에서 칭찬하지도 말며 절도 있게 말하고 절도 없이 말하진 말라. 그 나라의 풍속과 법을 따라 옳거니 그르거니 따지지 말라. 이것이 분별무쟁경分別無諍經이니라.

'지극히 하천한 업이고 범부의 행인 탐욕의 즐거움을 구하지 말고 또한 지극히 괴롭기만 하고 거룩한 행이 아니며 이치와 서로 걸맞지 않는 자신의 고행을 구하지 말라' 함은 무슨 까닭으로 그렇게 말하는 것인가? '지극히 하천한 업이고 범부의 행인 탐욕의 즐거움을 구하지

24 팔리어로는 Bhaggesu이고, '바기국婆奇國'이라는 뜻이다.

말라' 함은 하나의 치우친 견해를 말한 것이고 '또한 지극히 괴롭기만 하고 거룩한 행이 아니며 이치와 서로 걸맞지 않는 자신의 고행을 구하지 말라' 함은 또 다른 치우친 견해를 말한 것이다. '지극히 하천한 업이고 범부의 행인 탐욕의 즐거움을 구하지 말고, 또한 지극히 괴롭기만 하고 거룩한 행이 아니며 이치와 서로 걸맞지 않는 자신의 고행을 구하지 말라' 함은 이 때문에 그렇게 말한 것이니라.

'이 두 가지 극단적 견해를 여의면 곧 중도로서 눈이 되고 지혜가 되어 자재로이 선정을 이루며 지혜로 나아가고 깨달음으로 나아가며 열반으로 나아간다' 함은 무엇 때문에 그렇게 말한 것인가?

8지성도支聖道가 있으니 바른 소견〔正見〕에서부터 나아가 바른 선정〔正定〕까지의 여덟 가지이다. '이 두 가지 극단적 견해를 여의면 곧 중도로서 눈이 되고 지혜가 되어 자재로이 선정을 이루며 지혜로 나아가고 깨달음으로 나아가며 열반으로 나아간다' 함은 이 때문에 그렇게 말한 것이니라.

'칭찬하는 경우도 있고 꾸짖는 경우도 있으며 칭찬도 꾸짖음도 없이 사람을 위해 설법하는 경우도 있다'고 한 것은 무엇 때문에 그렇게 말했는가?

왜 칭찬하거나 꾸짖고 설법은 하지 않는가? 만일 탐욕과 서로 호응하고 기쁨·즐거움과 함께하여 지극히 하천한 업인 범부의 행을 짓는 자가 있다고 하자. 이 법은 괴로움〔苦〕이 있고 번민〔煩〕이 있으며 흥분〔熱〕이 있고 걱정〔憂〕과 슬픔〔慼〕과 삿된 행〔邪行〕이 있다. 그는 이것을 알고는 곧 몸소 꾸짖는다. 무슨 까닭인가? 탐욕이란 무상無常한 것이고 괴로운 것이며 닳아 없어지는 법이기 때문이다. 그는 탐욕은 무상하므로 저들 모두에게 괴로움이 있고 번민이 있으며 흥분이 있고 걱정과 슬픔과 삿된 행이 있게 된다는 것을 안다. 그는 이것을 알기 때문에 곧 몸소 꾸짖는 것이니라.

지극히 괴롭고 거룩한 행이 아니며 서로 호응하는 어떤 이치도 없는 자신의 고행苦行을 하는 자가 있다고 하자. 이 법은 괴로움이 있고 번민이 있으며 흥분이 있고 걱정과 슬픔과 삿된 행이 있다. 그는 이것을 알고는 곧 몸소 꾸짖는다. 무슨 까닭인가? 저 사문 범지는 괴로움을 두려워하여 수염과 머리를 깎고 가사를 입고 지극한 믿음으로 출가하여 집 없이 도를 배우는 자들이다. 그런데 저 사문 범지가 도리어 이 괴로움을 끌어안는다면 저들 모두에게는 괴로움이 있고 번민이 있으며 흥분이 있고 걱정과 슬픔과 삿된 행이 있게 될 것이다. 그는 이것을 알기 때문에 곧 몸소 꾸짖는 것이니라.

가령 유결有結[25]이 다하지 않은 자가 있다고 하자. 이 법은 괴로움이 있고 번민이 있으며 흥분이 있고 걱정과 슬픔과 삿된 행이 있다. 그는 이것을 알고는 곧 몸소 꾸짖는다. 무슨 까닭인가? 만일 유결有結이 다하지 않으면 그 생명〔有〕도 또한 다하지 않기 때문이다. 그러므로 저들 모두에게는 번민이 있고 흥분이 있으며 걱정과 슬픔과 삿된 행이 있게 된다. 그는 이것을 알기 때문에 곧 몸소 꾸짖는 것이니라.

유결有結이 다한 자가 있다고 하자. 이 법은 괴로움도 없고 번민도 없으며 흥분도 없고 걱정과 슬픔이 없고, 바른 행이 있다. 그는 이것을 알고는 곧 몸소 칭찬한다. 무슨 까닭인가? 만일 유결이 다하면 그 생명〔有〕도 또한 다하기 때문이다. 그러므로 저들 모두에게는 괴로움이 없고 번민도 없으며 흥분도 없고 걱정과 슬픔도 없으며 바른 행이 있게 된다. 그는 이것을 알기 때문에 곧 몸소 칭찬하는 것이니라.

마음속의 즐거움을 구하지 않는 자가 있다고 하자. 이 법은 괴로움

25 유결(有結, bhavasaṃyojana)의 유有는 생사生死의 과보를 말하고, 결結은 그 과보를 초래하는 번뇌를 말한다.

이 있고 번민이 있으며 흥분이 있고 걱정과 슬픔과 삿된 행이 있다. 그는 이것을 알고는 곧 몸소 꾸짖는다. 무슨 까닭인가? 만일 마음속의 즐거움을 구하지 않는 자라면 또한 마음도 구하지 않기 때문이다. 그러므로 저들 모두에게는 괴로움이 있고 번민이 있으며 흥분이 있고 걱정과 슬픔과 삿된 행이 있게 된다. 그는 이것을 알기 때문에 곧 몸소 꾸짖는 것이니라.

마음속의 즐거움을 구하는 자가 있다고 하자. 이 법은 괴로움도 없고 번민도 없으며, 흥분도 없고 걱정과 슬픔이 없으며, 바른 행이 있다. 그는 이것을 알고는 곧 몸소 칭찬한다. 무슨 까닭인가? 만일 마음속의 즐거움을 구하는 자라면 그는 또한 마음도 구하기 때문이다. 그러므로 저들 모두에게는 괴로움도 없고 번민도 없으며 흥분도 없고 걱정과 슬픔이 없으며 바른 행이 있게 된다. 그는 이것을 알기 때문에 곧 몸소 칭찬한다. 이와 같은 경우에는 칭찬하거나 꾸짖고 설법은 하지 않는다.

칭찬하거나 꾸짖지 않고 사람을 위해 설법하는 경우가 있다. 왜 칭찬하거나 꾸짖지 않고 사람을 위해 설법하는가? 만일 탐욕과 서로 호응하고 기쁨·즐거움과 함께하여 지극히 하천한 업인 범부의 행을 짓는 자가 있다고 하자. 이 법은 괴로움이 있고 번민이 있으며 흥분이 있고 걱정과 슬픔과 삿된 행이 있다. 그는 이것을 알고는 곧 설법한다. 왜냐하면 '탐욕은 무상한 것이고 괴로운 것으로서 닳아 없어지는 법이다'라고 저 사람이 말하지 않기 때문이다. 그는 탐욕은 무상한 것이므로 저들 모두에게 괴로움이 있고 번민이 있으며 흥분이 있고 걱정과 슬픔과 삿된 행이 있게 된다는 것을 안다. 그런데 저 사람은 이 법을 알지 못하여 오직 괴로운 법이 있고 번민이 있으며 흥분이 있고 걱정과 슬픔과 삿된 행이 있다. 그는 이것을 알기 때문에 곧 설법하는 것이니라.

지극히 괴롭고 거룩한 행이 아니며 서로 호응하는 어떤 이치도 없는 고행을 하는 자가 있다고 하자. 이 법은 괴로움이 있고 번민이 있으며, 흥분이 있고 걱정과 슬픔과 삿된 행이 있다. 그는 이것을 알고는 곧 설법한다. 왜냐하면 '지극히 괴롭고 거룩한 행이 아니며 서로 호응하는 어떤 이치도 없는 고행을 하면 이 법은 괴로움이 있고 번민이 있으며 흥분이 있고 걱정과 슬픔과 삿된 행이 있다'고 저 사람이 말하지 않기 때문이다. 저 사람은 이 법을 알지 못하므로 오직 괴로운 법이 있고 번민이 있으며 흥분이 있고 걱정과 슬픔과 삿된 행이 있다. 그는 이것을 알기 때문에 곧 설법하는 것이니라.

유결有結이 다하지 않은 자가 있다고 하자. 이 법은 괴로움이 있고 번민이 있으며 흥분이 있고 걱정과 슬픔과 삿된 행이 있다. 그는 이것을 알고는 곧 설법한다. 왜냐하면 '만일 유결이 다하지 않으면 그 생명〔有〕도 다하지 않는다. 따라서 그들 모두에게는 괴로움이 있고 번민이 있으며 흥분이 있고 걱정과 슬픔과 삿된 행이 있게 된다'고 저 사람이 말하지 않기 때문이다. 저 사람은 이 법을 알지 못하여 오직 괴로운 법이 있고 번민이 있으며 흥분이 있고 걱정과 슬픔과 삿된 행이 있다. 그는 이것을 알기 때문에 곧 설법하는 것이니라.

유결有結이 다한 자가 있다고 하자. 이 법은 괴로움도 없고 번민도 없으며 흥분도 없고 걱정과 슬픔도 없으며 바른 행이 있다. 그는 이것을 알고는 곧 설법한다. 무슨 까닭인가? '만일 유결이 다하면 그 생명〔有〕도 또한 다한다. 그러므로 그들 모두에게는 괴로움도 없고 흥분도 없고 걱정과 슬픔도 없으며 바른 행이 있게 된다'고 저 사람이 말하지 않기 때문이다. 저 사람은 이 법은 통달하지 못하고 그저 괴로운 법이 없고 번민이 없으며 흥분이 없고 걱정과 슬픔이 없으며 바른 행이 있을 뿐이다. 그는 이것을 알기 때문에 곧 설법하는 것이니라.

마음속의 즐거움을 구하지 않는 자가 있다고 하자. 이 법은 괴로움이 있고 번민이 있으며, 흥분이 있고 걱정과 슬픔과 삿된 행이 있다. 그는 이것을 알고는 곧 설법한다. 무슨 까닭인가? '만일 마음속의 즐거움을 구하지 않으면 그는 또한 마음을 구하지도 않는다. 그러므로 그들 모두에게는 괴로움이 있고 번민이 있으며, 흥분이 있고 걱정과 슬픔과 삿된 행이 있게 된다'고 저 사람이 말하지 않기 때문이다. 저 사람은 이 법을 통달하지 못하여 오직 괴로운 법이 있고 번민이 있으며 흥분이 있고 걱정과 슬픔과 삿된 행이 있을 뿐이다. 그는 이것을 알기 때문에 곧 설법하는 것이니라.

마음속의 즐거움을 구하는 자가 있다고 하자. 이 법은 괴로움도 없고 번민도 없으며 흥분도 없고 걱정과 슬픔도 없으며 바른 행이 있다. 그는 이것을 알고는 곧 설법한다. 무슨 까닭인가? '만일 마음속의 즐거움을 구하면 그는 또한 마음도 구한다. 그러므로 그들 모두에게는 괴로움도 없고 번민도 없으며 흥분도 없고 걱정과 슬픔도 없으며 바른 행이 있게 된다'고 저 사람이 말하지 않기 때문이다. 저 사람은 이 법은 통달하지 못하고 오직 괴로운 법이 없고 번민이 없으며 흥분이 없고 걱정과 슬픔이 없으며 바른 행이 있을 뿐이다. 그는 이것을 알기 때문에 곧 설법하는 것이다. 이와 같은 경우 칭찬하거나 꾸짖지 않고 사람을 위해 설법하느니라.

'칭찬하는 경우도 있고 꾸짖는 경우도 있으며 칭찬도 꾸짖음도 없이 사람을 위해 설법하는 경우도 있다' 함은 이 때문에 그렇게 말한 것이니라.

'제齊를 결정하고, 결정된 줄 안 뒤에는 언제나 마음속의 즐거움을 구하라' 함은 무엇 때문에 그렇게 말한 것인가? 어떤 즐거움이 있다.

이는 성인의 즐거움이 아닌 범부의 즐거움이며 병의 근본·등창의 근본·화살이나 가시의 근본이다. 식食[26]이 있고 나고 죽음이 있으니, 닦아서는 안 되고 익혀서도 안 되며 널리 펴서도 안 된다. 그래서 나는 그런 즐거움은 닦지 않아야 한다고 말한다. 어떤 즐거움이 있다. 이는 성인의 즐거움이며 욕심이 없는 즐거움·악을 여윈 즐거움·마음을 쉰 즐거움·바르게 느낀 즐거움이다. 식食이 없고 나고 죽음이 없으니 닦아야 할 것이요 익혀야 할 것이며 널리 펴야 할 것이다. 그래서 나는 그런 즐거움을 닦아야 한다고 말한다.

어떤 즐거움이 있다. 이는 성인의 즐거움이 아닌 범부의 즐거움이며 병의 근본·종기의 근본·화살이나 가시의 근본이다. 식이 있고 나고 죽음이 있으니 닦아서는 안 되고 익혀서도 안 되며 널리 펴서도 안 된다. 왜 나는 그런 즐거움을 닦지 않아야 한다고 말하는가? 그가 만일 5욕의 공덕으로 인해서 기뻐하고 즐거워하는 마음을 낸다면 이 즐거움은 성인의 즐거움이 아닌 범부의 즐거움이며 병의 근본·종기의 근본·화살이나 가시의 근본이다. 식이 있고 나고 죽음이 있으니, 닦아서는 안 되고 익혀서도 안 되며 널리 펴서도 안 된다. 그래서 나는 그런 즐거움을 닦지 않아야 한다고 말하는 것이니라.

어떤 즐거움이 있다. 이는 성인의 즐거움이며 욕심이 없는 즐거움·악을 여읜 즐거움·마음을 쉰 즐거움·바르게 느낀 즐거움이다. 식이 없고 나고 죽음이 없으니, 닦아야 할 것이요 익혀야 할 것이며 널리 펴야 할 것이다. 왜 나는 그런 즐거움을 닦아야 한다고 말하는가? 만일 어떤 비구가 욕심을 여의고 착하지 않은 악한 법을 여의며 나아가 제4선을 얻게 되어 성취하여 노닐면 이 즐거움은 성인의 즐거

26 식食은 범어로 Ahāra이고, 끌어들이다[牽引]·유지시키다[任持]는 뜻이다. 음식뿐만 아니라 몸과 마음을 증장시키는 것을 모두 식食이라 한다.

움이며 욕심이 없는 즐거움·악을 여읜 즐거움·마음이 쉰 즐거움·바르게 느낀 즐거움이다. 식이 없고 나고 죽음이 없으니 닦아야 할 것이요 익혀야 할 것이며 널리 펴야 할 것이다. 그래서 나는 그런 즐거움을 닦아야 한다고 말하는 것이다. '제齊를 결정하고 결정된 줄 안 뒤에는 언제나 마음속의 즐거움을 구하라' 함은 이 때문에 그렇게 말한 것이니라.

'서로 끌어들여 말하지 말고 또한 면전에서 칭찬하지도 말라' 함은 무엇 때문에 그렇게 말한 것인가? 서로 끌어들여 하는 말 중에 어떤 것은 진실하지 않고 허망하며 이치와 서로 호응하지 않고 서로 끌어들여 하는 말 중에 어떤 것은 진실하고 허망하지는 않으나 이치와 서로 호응하지 않으며 서로 끌어들여 하는 말 중에 어떤 것은 진실하고 허망하지 않으며 이치와 서로 호응한다.

그 중에서 만일 끌어들여 하는 말이 진실하지 않고 허망하며 이치와 서로 호응하지 않으면 그것은 끝내 말하지 말아야 한다. 그 중에서 만일 끌어들여 하는 말이 진실하고 허망하지는 않지만 이치와 서로 호응하지 않으면 그것도 또한 배우기는 하되 말하지는 말아야 한다. 그 중에서 만일 끌어들여 하는 말이 진실하여 허망하지 않고 이치와도 서로 호응하면 그는 때를 알아 바른 지혜와 바른 생각으로 그것을 성취시켜야 한다. 면전에서 칭찬하는 것도 마찬가지다. '서로 끌어들여 말하지 말고 또한 면전에서 칭찬하지도 말라' 함은 이 때문에 그렇게 말한 것이다.

'절도 있게 말하고 절도 없이 말하지 말라' 함은 무엇 때문에 그렇게 말한 것인가? 절도 없이 말하면 몸이 번거롭고 잊어버리기 쉬우며 마음은 지극히 피로하고 목소리가 쉬기도 하여 지혜로 나아가는 사람이 자재하지 못하게 된다. 절도 있게 말하면 몸이 번거롭지 않고 쉽게 잊어버리지 않으며 마음도 피로하지 않고 목소리도 쉬지 않아서 지혜로 나아가는 사람이 자재하게 되느니라. '절도 있게 말하고 절도 없이 말하지 말라' 함은 이 때문에 그렇게 말한 것이니라.

'그 나라의 풍속과 법을 따라 옳거니 그르거니 말하지 말라' 함은 무엇 때문에 그렇게 말한 것인가? 무엇이 그 나라의 풍속과 법에 따라 혹은 옳다고 하고 혹은 그르다고 말하는 것인가? 이런 저런 지방에서 이런 저런 사람은 이런 저런 것을 두고 혹은 사발이라 말하고 혹은 발우라 말하며 혹은 종지라 말하고 혹은 주발이라 말하며 혹은 그릇이라 말한다. 이런 저런 지방에서 이런 저런 사람이 이런 저런 일에 대해서 혹은 사발이라 말하고 발우라 말하며 종지라 말하고 주발이라 말하며 혹은 그릇이라 말한다고 하자. 이런 경우 만일 이런 저런 것에 대해 그 힘을 따라 '이것은 진실이요 다른 것은 허망하다'고 한결같이 주장한다면 이와 같은 것은 그 나라의 풍속과 법에 따라 옳다고도 하고 또는 그르다고도 하는 것이다.

무엇이 그 나라의 풍속과 법을 따라 옳다고도 하지 않고 그르다고도 하지 않는 것인가? 이런 저런 지방에서 이런 저런 사람은 이런 저런 것을 두고 혹은 사발이라 말하고 발우라 말하며 종지라 말하고 주발이라 말하며 혹은 그릇이라 말한다. 이런 저런 지방에서 이런 저런 사람이 이런 저런 것을 두고 혹은 사발이라 말하고 발우라 말하며 종지라 말하고 주발이라 말하며 혹은 그릇이라 말한다고 하자. 이런 경우 만일 이런 저런 것에 대해 그 힘을 따르지 않고 '이것은 진실이요 다른 것은 허망하다'고 한결같이 주장하지 않는다면 이와 같은 것은 그 나라의 풍속과 법을 따라 옳다고 하지 않고 그르다고도 하지 않는 것이다. '그 나라의 풍속과 법을 따라 옳거니 그르거니 말하지 말라' 함은 이 때문에 그렇게 말한 것이니라.

다툼〔諍〕이 있는 법과 다툼이 없는 법이 있다. 어떤 것이 다툼이 있는 법이며 어떤 것이 다툼이 없는 법인가? 만일 탐욕과 서로 호응하고 기쁨·즐거움과 함께하여 지극히 하천한 업業인 범부의 행을 지으면 이 법은 다툼이 있다. 무엇 때문에 이 법은 다툼이 있는가? 이 법은 괴로움이 있고 번민이 있으며 홍분이 있고 걱정과 슬픔과 삿된 행이 있기 때문이다. 그러므로 이 법은 곧 다툼이 있다. 만일 지극히 괴롭고 거룩한 행이 아니며 이치와 서로 호응하지 않는 고행을 한다면 이 법은 다툼이 있다. 무엇 때문에 이 법은 다툼이 있는가? 이 법은 괴로움이 있고 번민이 있으며 홍분이 있고 걱정과 슬픔과 삿된 행이 있기 때문이다. 그러므로 이 법은 곧 다툼이 있느니라.

이 두 가지 치우침을 떠나면 곧 중도이다. 그것은 눈이 되고 지혜가 되어 자재로이 선정을 이루며 지혜로 나아가고 깨달음으로 나아가며 열반으로 나아가나니 이 법은 다툼이 없다. 왜 이 법은 다툼이 없는가? 이 법은 괴로움이 없고 번민이 없으며 홍분도 없고 걱정과 슬픔도 없으며 바른 행이 있기 때문이다. 그러므로 이 법은 곧 다툼이 없느니라.

유결有結이 다하지 않으면 이 법은 다툼이 있다. 무엇 때문에 이 법은 다툼이 있는가? 이 법은 괴로움이 있고 번민이 있으며 홍분이 있고 걱정과 슬픔과 삿된 행이 있기 때문이다. 그러므로 이 법은 곧 다툼이 있다. 유결이 다하면 이 법은 다툼이 없다. 무엇 때문에 이 법은 다툼이 없는가? 이 법은 괴로움도 없고 번민도 없으며 홍분도 없고 걱정과 슬픔도 없으며 바른 행이 있기 때문이다. 그러므로 이 법은 곧 다툼이 없느니라.

마음속의 즐거움을 구하지 않으면 이 법은 다툼이 있다. 무엇 때문에 이 법은 다툼이 있는가? 이 법은 괴로움이 있고 번민이 있으며 홍분이 있고 걱정과 슬픔과 삿된 행이 있기 때문이다. 그러므로 이 법은 곧 다툼이 있다. 마음속의 즐거움을 구하면 이 법은 다툼이 없다. 무엇 때문에 이 법은 다툼이 없는가? 이 법은 괴로움도 없고 번민도 없으며 흥분도 없고 걱정과 슬픔도 없으며 바른 행이 있기 때문이다. 그러므로 이 법은 곧 다툼이 없느니라.

그 중에서 만일 어떤 즐거움이 성인의 즐거움이 아닌 범부의 즐거움이라면 그것은 병의 근본·종기의 근본·화살이나 가시의 근본이다. 식이 있고 나고 죽음이 있으니 닦아서는 안 되고 익혀서도 안 되며 널리 펴서도 안 된다. 그래서 나는 그런 즐거움은 닦지 않아야 한다고 말한다. 이 법은 다툼이 있다. 무엇 때문에 이 법은 다툼이 있는가? 이 법은 괴로움이 있고 번민이 있으며, 흥분이 있고 걱정과 슬픔과 삿된 행이 있기 때문이다. 그러므로 이 법은 곧 다툼이 있다.

그 중에서 만일 어떤 즐거움이 성인의 즐거움이라면, 그것은 욕심이 없는 즐거움·악을 여읜 즐거움·마음을 쉰 즐거움·바르게 느낀 즐거움이다. 식이 없고 나고 죽음이 없으니 닦아야 할 것이요 익혀야 할 것이며 널리 펴야 할 것이다. 그래서 나는 그런 즐거움을 닦아야 한다고 말한다. 이 법은 다툼이 없다. 무엇 때문에 이 법은 다툼이 없는가? 이 법은 괴로움도 없고 번민도 없으며, 흥분도 없고 걱정과 슬픔도 없으며, 바른 행이 있기 때문이다. 그러므로 이 법은 곧 다툼이 없느니라.

그 중에서 만일 서로 끌어들여 하는 말이 진실하지 못하고 허망하며 이치와 서로 호응하지 못한다면 이 법은 다툼이 있다. 무엇 때문에 이 법은 다툼이 있는가? 이 법은 괴로움이 있고 번민이 있으며, 흥분이 있고 걱정과 슬픔과 삿된 행이 있기 때문이다. 그러므로 이 법은 곧 다툼이 있다.

그 중에서 만일 서로 끌어들여 하는 말이 진실하여 허망하지는 않지만 이치와 서로 호응하지 못한다면 이 법은 다툼이 있다. 무엇 때문에 이 법은 다툼이 있는가? 이 법은 괴로움이 있고 번민이 있으며 흥분이 있고 걱정과 슬픔과 삿된 행이 있기 때문이다. 그러므로 이 법은 곧 다툼이 있다.

그 중에서 만일 서로 끌어들여 하는 말이 진실하여 허망하지 않고 이치와 서로 호응한다면 이 법은 다툼이 없다. 무엇 때문에 이 법은 다툼이 없는가? 이 법은 괴로움도 없고 번민도 없으며 흥분도 없고 걱정과 슬픔도 없으며 바른 행이 있기 때문이다. 그러므로 이 법은 곧 다툼이 없느니라.

절도 없이 말하면 이 법은 다툼이 있다. 무엇 때문에 이 법은 다툼이 있는가? 이 법은 괴로움이 있고 번민이 있으며 흥분이 있고 걱정과 슬픔과 삿된 행이 있기 때문이다. 그러므로 이 법은 다툼이 있다. 절도 있게 말하면 이 법은 다툼이 없다. 무엇 때문에 이 법은 다툼이 없는가? 이 법은 괴로움도 없고 번민도 없으며 흥분도 없고 걱정과 슬픔도 없으며 바른 행이 있기 때문이다. 그러므로 이 법은 곧 다툼이 없느니라.

그 나라의 풍속과 법에 따라 옳다고 하고 또는 그르다고 하면 이 법은 다툼이 있다. 무엇 때문에 이 법은 다툼이 있는가? 이 법은 괴로움이 있고 번민이 있으며, 흥분이 있고 걱정과 슬픔과 삿된 행이 있기 때문이다. 그러므로 이 법은 다툼이 있다. 그 나라의 풍속과 법에 따라 옳다고도 하지 않고 그르다고도 하지 않으면 이 법은 다툼이 없다. 무엇 때문에 이 법은 다툼이 없는가? 이 법은 괴로움도 없고 번민도 없으며 흥분도 없고 걱정과 슬픔도 없으며 바른 행이 있기 때문이다. 그러므로 이 법은 곧 다툼이 없느니라.

이것을 다투는 법〔諍法〕이라 하나니, 너희들은 마땅히 다툼이 있는 법과 다툼이 없는 법을 알라. 그리고 다툼이 있는 법과 다툼이 없는 법을 안 뒤에는 다툼이 있는 법은 버리고 다툼이 없는 법만 닦아 익혀라. 너희들은 이렇게 배워야 하느니라."

이렇게 큰 족성의 아들 수보리須菩提는 다툼이 없는 도로써 뒷날에 법을 법다이 알게 되었다.

법을 진실 그대로 알아
수보리는 게송을 읊었네.
이 행은 진실한 공空이니라.
이것을 버리고 푹 쉬어라.

부처님께서 이렇게 말씀하시자 모든 비구들은 부처님 말씀을 듣고 기뻐하며 받들어 행하였다.

〔이 구루수무쟁경에 수록된 경문의 글자 수는 3,016자이다. 『중아함경』 제43권에 수록된 경문의 글자 수는 모두 9,223자이다.〕

중아함경 제 44 권

13. 근본분별품 ③

170) 앵무경鸚鵡經[1]〔제4 분별송〕

나는 이와 같이 들었다.

어느 때 부처님께서 사위국을 유행하실 적에 승림급고독원勝林給孤獨園에 계셨다. 그때 세존께서는 밤이 지나고 이른 새벽이 되자 가사를 입고 발우를 들고 사위성에 들어가 밥을 비실 때에 앵무 마납鸚鵡摩納[2]의 집으로 가셨다. 이때 도제都提의 아들 앵무 마납은 볼 일이 있어 밖

1 이 경의 이역본으로 송宋 시대 천식재天息災가 한역한 『분별선악보응경分別善惡報應經』, 실역失譯 『불설도조경佛說兜調經』, 유송劉宋시대 구나발타라가 한역한 『불설앵무경佛說鸚鵡經』, 수隋시대 구담범지가 한역한 『불위수가장자설업보차별경佛爲首迦長者說業報差別經』, 송시대 시호施護가 한역한 『불설정의우바새소문경佛說淨意優婆塞所問經』이 있다.

2 앵무는 이름이고 마납(摩納, mānava)은 바라문 동자를 가리키는 말이다. 앵무는 바라문 도제(都提, Todeyya)의 아들이다.

에 나가고 집에 없었다. 그때 도제의 아들 앵무 마납의 집에 있던 흰 개가 큰 평상 위에 올라가서 금쟁반에 담긴 밥을 먹고 있다가 멀리 세존께서 오시는 것을 보고 곧 짖었다. 세존께서는 흰 개에게 말씀하셨다.

"네가 그래서는 안 된다. 으르렁거리다가 짖기까지 하는구나."

흰 개는 그 말을 듣고 몹시 성질을 부리다가 평상에서 내려와 나무더미 주변으로 가더니 시름에 잠겨 누웠다. 조금 뒤 도제의 아들 앵무 마납은 집으로 돌아왔다. 그는 크게 성질을 부리고는 평상에서 내려와 나무더미 주변에 가서 시름에 잠겨 누워 있는 흰 개를 보고 집안사람에게 물었다.

"누가 우리 개를 건드렸기에 개가 몹시 성이 나서 평상에서 내려와 나무더미 주변에 가서 시름에 잠겨 누웠는가?"

집안 사람들이 대답하였다.

"저희들이 저 흰 개를 건드려 몹시 성나게 하고 평상에서 내려와 나무더미 주변에 가서 시름하면서 누워 있게 한 것이 아닙니다. 마납께서는 마땅히 아셔야 합니다. 오늘 사문 구담瞿曇께서 밥을 빌러 오셨을 때 저 흰 개가 그 분을 보고 곧 쫓아가며 짖었습니다. 사문 구담께서는 흰 개를 보고 '너는 그래서는 안 된다. 너는 으르렁거리더니 짖기까지 하는구나'라고 하셨습니다. 마납이시여, 그 때문에 저 흰 개가 몹시 성이나 평상에서 내려와 나무더미 주변으로 가서 시름하며 누워 있는 것입니다."

도제의 아들 앵무 마납은 이 말을 듣고 화를 발칵 내며 세존을 모함하고 세존을 비방하고 세존을 떨어뜨리려고 하였다. 이렇게 사문 구담을 모함하고 비방하고 떨어뜨리려는 생각으로 곧 사위성을 나가 승림급고독원으로 갔다.

그때 세존께서는 한량없는 대중에게 앞뒤로 둘러싸여 설법하고 계셨다. 세존께서는 멀리서 도제의 아들 앵무 마납이 오는 것을 보고 모든 비구들에게 말씀하셨다.

"너희들은 도제의 아들 앵무 마납이 오는 것이 보이느냐?"

"예, 보입니다."

세존께서는 말씀하셨다.

"도제의 아들 앵무 마납은 이제 목숨을 마치면 팔을 굽혔다 펴는 짧은 시간 내에 틀림없이 지옥에 떨어질 것이다. 왜냐하면 그는 내게 몹시 화를 내었기 때문이다. 어떤 중생이라도 마음으로 크게 화를 내면 몸이 무너지고 목숨이 끝난 뒤에는 반드시 지옥에 태어나게 된다."

이때 도제의 아들 앵무 마납이 부처님께 나아가 말했다.

"사문 구담이여, 오늘 우리 집에 와서 밥을 빌었습니까?"

세존께서는 대답하셨다.

"내가 오늘 너의 집에 가서 밥을 빌었다."

"구담이여, 우리 집 흰 개를 보고 무슨 말을 하였기에 우리 개가 몹시 성이 나서 평상에서 내려와 나무더미 주변에 가서 시름하며 누워 있는 겁니까?"

세존께서는 대답하셨다.

"나는 오늘 이른 아침에 가사를 입고 발우를 들고 사위성에 들어가 밥을 빌러 이집 저집 다니다가 너의 집에 가서 밥을 빌게 되었다. 그때 흰 개가 멀리서 내가 오는 것을 보고 짖기에 나는 그 흰 개를 보고 말했다.

'너는 그래서는 안 된다. 너는 으르렁거리더니 짖기까지 하는구나.'

그랬더니 그 흰 개가 몹시 성을 내며 평상에서 내려와 나무더미 주변으로 가서 시름하며 누웠다."

앵무 마납이 세존에게 여쭈었다.

"저 흰 개는 전생에 나와 어떤 관계였습니까?"

세존께서는 말씀하셨다.

"그만두라, 그만두라. 마납아, 부디 내게 묻지 말라. 네가 그것을 들으면 틀림없이 언짢아 할 것이다."

앵무 마납은 두 번 세 번 세존에게 여쭈었다.

"저 흰 개는 전생에 나와 어떤 관계였습니까?"

세존께서도 또한 두 번 세 번 말씀하셨다.

"그만두라, 그만두라. 마납아, 부디 내게 묻지 말라. 네가 그것을 들으면 틀림없이 언짢아 할 것이다."

세존께서는 다시 마납에게 말씀하셨다.

"너는 두 번 세 번 내게 묻기를 그치지 않는구나. 마납아, 마땅히 알라. 저 흰 개는 전생에 네 아버지였고 이름은 도제都提[3]이었느니라."

앵무 마납은 이 말을 듣고 몇 배나 더 화가 나서 세존을 모함하고 세존을 비방하고 세존을 떨어뜨리려 하였다. 이렇게 사문 구담을 모함하고 비방하고 떨어뜨리려는 생각으로 세존께 말하였다.

"우리 아버지는 크게 보시를 행하였고 큰 사당을 지었으니 몸이 무너지고 목숨이 끝나서는 바로 범천에 나셨을 것입니다. 그러니 무슨 인연으로 저 하천한 개로 태어났겠습니까?"

세존께서는 말씀하셨다.

"네 아버지 도제는 증상만增上慢 때문에 저 하천한 개로 태어났느니라.

3 코살라국에 살았던 유명한 바라문이다.

범지로서 증상만을 가지고서
그 생을 마치면 여섯 곳에 태어나니
닭 · 개 · 돼지 · 승냥이
다섯째는 나귀 여섯째는 지옥이라네.

앵무 마납아, 만일 네가 내 말을 믿지 못하겠거든 너는 돌아가 흰 개에게 '흰 개야, 만일 전생에 내 아버지였다면 저 큰 평상 위로 돌아가거라'고 말해 보라. 마납아, 그러면 그 흰 개는 반드시 평상 위로 올라갈 것이다. 그리고 '흰 개야, 만일 네가 전생에 내 아버지였다면 다시 저 금쟁반에 담긴 밥을 먹거라'고 말해 보라. 마납아, 그러면 그 흰 개는 반드시 또 금쟁반의 밥을 먹을 것이다. 그리고 또 '만일 네가 전생에 내 아버지였다면 내가 모르고 있는 금 · 은 · 수정 등의 보물을 숨겨 둔 장소를 내게 가르쳐다오'라고 말해 보라. 마납아, 그 흰 개는 반드시 그가 이전에 가졌던 금 · 은 · 수정 등의 보물이 숨겨진 장소를 너에게 가르쳐 줄 것이다. 또 그것은 네가 모르던 것이리라."

이에 앵무 마납은 부처님의 말씀을 듣고 잘 받아 가져 외웠으며 세존의 주위를 돌고는 자기 집으로 돌아가 흰 개에게 말했다.

"흰 개야, 만일 네가 전생에 내 아버지였다면 저 큰 평상 위로 돌아가거라."

그러자 흰 개는 곧 큰 평상 위로 돌아갔다.

"흰 개야, 만일 네가 전생에 내 아버지였다면 저 금쟁반에 담긴 밥을 다시 먹거라."

그러자 흰 개는 곧 돌아가 금쟁반에 담긴 밥을 먹었다.

"만일 네가 전생에 내 아버지였다면 아버지가 예전에 가졌던 금 · 은 · 수정 등의 보물이 숨겨진 내가 모르는 장소를 가르쳐다오."

흰 개는 곧 큰 평상 위에서 내려와 전생에 잠을 자던 방으로 가서 입과 발로 침상의 네 다리 밑을 파헤쳤다. 앵무 마납은 그곳에서 많은 보물을 얻었다. 이에 도제의 아들 앵무 마납은 뜻밖의 보물을 얻고 매우 기뻐하며 오른 무릎을 땅에 대고 합장하고는 승림급고독원을 향해 두 번 세 번 큰 소리로 세존을 찬탄하였다.

"사문 구담의 말씀은 거짓이 아니다. 사문 구담의 말씀은 진실이다. 사문 구담의 말씀은 참되다."

이렇게 두 번 세 번 찬탄한 뒤에 사위성을 나서 승림급고독원으로 갔다.

그때 세존께서는 한량없는 대중에게 앞뒤로 둘러싸여 설법하고 계셨다. 세존께서는 멀리서 앵무 마납이 오는 것을 보시고 모든 비구들에게 말씀하셨다.

"너희들은 앵무 마납이 오는 것이 보이느냐?"

"예, 보입니다."

세존께서는 말씀하셨다.

"앵무 마납은 이제 목숨을 마치면 팔을 굽혔다 펴는 짧은 시간 내에 틀림없이 좋은 곳으로 갈 것이다. 왜냐하면 그는 나에 대해 지극히 착한 마음을 가지고 있기 때문이다. 만일 어떤 중생이라도 착한 마음을 가지면 반드시 좋은 곳으로 가서 하늘에 태어나게 될 것이다."

그때 앵무 마납은 부처님께 나아가 문안드리고 물러나 한쪽에 앉았다.

세존께서 말씀하셨다.

"어떻더냐, 마납아. 그 흰 개가 내 말대로 하더냐?"

"구담이시여, 진실로 그 말씀과 같았습니다. 구담이시여, 저는 다시 여쭐 말씀이 있습니다. 들어 주신다면 감히 여쭙겠습니다."

"네 마음대로 물으라."

"구담이시여, 어떤 인연으로 저 중생들은 다 같이 사람 몸을 받고도 지위에 높고 낮음이 있고 얼굴이 묘하고 묘하지 않습니까? 무엇 때문입니까? 구담이시여, 제가 살펴보니 단명하는 자와 장수하는 자가 있고 병이 많은 이와 병이 적은 이가 있으며 얼굴이 단정한 자와 얼굴이 단정하지 못한 자가 있고 위덕이 없는 자와 위덕이 있는 자가 있으며 비천한 종족과 존귀한 종족이 있고 재물이 없는 자와 재물이 있는 자가 있으며 나쁜 지혜를 가진 자와 착한 지혜를 가진 자가 있습니다."

세존께서 말씀하셨다.

"저 중생들은 자기가 행한 업으로 말미암아 업에 따라 과보를 받는다. 업을 인연하고 업을 의지하여 업에 따른 장소에서 중생은 그 업에 따라 높아지기도 하고 낮아지기도 하며 묘하고 묘하지 않은 곳에 태어난다."

앵무 마납이 세존께 여쭈었다.

"사문 구담의 말씀은 너무 간략하고 자세하지 않아 저는 알지 못하겠습니다. 원컨대 사문 구담이시여, 자세히 말씀하시어 저로 하여금 그 뜻을 알게 하소서."

세존께서는 말씀하셨다.

"마납아, 자세히 듣고 잘 기억하라. 내가 너를 위해 자세히 분별해서 설명해 주리라."

"예, 분부를 받들어 경청하겠습니다."

부처님께서 말씀하셨다.

"마납아, 무슨 인연으로 어떤 남자나 여자는 수명이 지극히 짧은가? 어떤 남자나 여자는 생물을 죽인다. 그들은 지극히 흉악하여 피를 마시고 해칠 뜻을 가지며 언제나 모질어 모든 중생과 나아가 곤충에 이르기까지도 사랑하는 마음이 없다. 그들은 이 업을 빠짐없이 받아 몸이 무너지고 목숨이 끝난 뒤에는 반드시 나쁜 곳으로 가서 지옥에 날 것이요 사람으로 태어나더라도 그 수명이 지극히 짧을 것이다. 왜냐하면 이 길은 짧은 수명을 받나니 이른바 그 남자나 여자는 지극히 흉악하여 생물을 죽이고 피를 마셨기 때문이다. 마납아, 마땅히 알라. 이런 업에는 이런 갚음〔報〕이 있느니라.

마납아, 무슨 인연으로 어떤 남자나 여자는 수명이 지극히 긴가? 혹 어떤 남자나 여자는 살생을 여의고 살생을 끊는다. 그들은 칼이나 막대기를 버리고 제 자신이나 남에 대해 부끄러움을 가지며 사랑하고 가엾이 여기는 마음이 있어 모든 중생들은 물론 나아가 곤충에 이르기까지도 이익을 준다. 그들은 이 업을 빠짐없이 받아 몸이 무너지고 목숨이 끝난 뒤에는 반드시 좋은 곳으로 올라가 하늘에 날 것이요 혹 사람으로 태어나더라도 그 수명이 지극히 길 것이다. 왜냐하면 이 길은 긴 수명을 받나니 그 남자나 여자는 살생을 여의고 살생을 끊었기 때문이다. 마납아, 마땅히 알라. 이런 업에는 이런 갚음이 있느니라.

마납아, 무슨 인연으로 어떤 남자나 여자는 질병이 많은가? 혹 어떤 남자나 여자는 중생을 못살게 군다. 그들은 혹은 주먹으로 혹은 막대기나 돌로 혹은 칼이나 몽둥이로 중생을 못살게 군다. 그들은 이 업을 남김없이 받아 몸이 무너지고 목숨이 끝난 뒤에는 반드시 나쁜 곳으로 가서 지옥에 날 것이요, 혹 사람으로 태어나더라도 질병이 많을 것이다. 왜냐하면 이 길은 많은 질병을 받나니 그 남자나 여자는 중생을 못살게 굴었기 때문이니라. 마납아, 마땅히 알라. 이런 업에는 이런 갚음이 있느니라.

마납아, 무슨 인연으로 어떤 남자나 여자는 질병이 없는가? 혹 어떤 남자나 여자는 중생을 못살게 굴지 않는다. 그들은 주먹으로 막대기 돌이나 칼이나 몽둥이로 중생을 못살게 굴지 않는다. 그들은 이 업을 빠짐없이 받아 몸이 무너지고 목숨이 끝난 뒤에는 반드시 좋은 곳으로 올라가 하늘에 날 것이요, 혹 사람으로 태어나더라도 질병이 없을 것이다. 왜냐하면 이 길은 질병 없음을 받나니, 이른바 그 남자나 여자는 중생을 못살게 굴지 않았기 때문이니라. 마납아, 마땅히 알라. 이런 업에는 이런 갚음이 있느니라.

무슨 인연으로 어떤 남자나 여자는 형체가 단정하지 못한가? 혹 어떤 남자나 여자는 성질이 급하고 번민이 많다. 그들은 조금만 말을 들어도 곧 몹시 화를 내고 증오와 질투로 괴로워하며 여러 사람들과 다툰다. 그들은 이 업을 빠짐없이 받아 몸이 무너지고 목숨이 끝난 뒤에는 반드시 나쁜 곳으로 가서 지옥에 날 것이요, 혹 사람으로 태어나더라도 형체가 단정하지 못할 것이다. 무슨 까닭인가? 이 길은 단정하지 못한 형체를 받나니 이른바 그 남자나 여자는 성질이 급하고 번민이 많았기 때문이다. 마납아, 마땅히 알라. 이런 업에는 이런 갚음이 있느니라.

마납아, 무슨 인연으로 어떤 남자나 여자는 형체가 단정한가? 혹 어떤 남자나 여자는 성질이 급하지 않고 번민도 많지 않다. 그들은 부드러운 말을 듣건 추악하고 나쁜 말을 듣건 몹시 화내지 않고 미워하거나 질투하고 걱정하지 않으며 여러 사람들과 다투지도 않는다. 그들은 이 업을 빠짐없이 받아 몸이 무너지고 목숨이 끝난 뒤에는 반드시 좋은 곳으로 올라가 하늘에 날 것이요, 혹 사람으로 태어나더라도 형체가 단정할 것이다. 왜냐하면 이 길은 단정한 형체를 받나니 이른바 그 남자나 여자는 성질이 급하지 않고 번민이 많지 않았기 때문이다. 마납아, 마땅히 알라. 이런 업에는 이런 갚음이 있느니라.

마납아, 무슨 인연으로 어떤 남자나 여자는 위덕威德이 없는가? 혹 어떤 남자나 여자는 속으로 질투를 품는다. 그들은 남이 공양과 공경을 받는 것을 보고는 곧 질투를 내며 혹 남이 물건을 가진 것을 보면 곧 내 소유로 만들고 싶어한다. 그들은 이 업을 빠짐없이 받아 몸이 무너지고 목숨이 끝난 뒤에는 반드시 나쁜 곳으로 가서 지옥에 날 것이요 혹 사람으로 태어나더라도 위덕이 없을 것이다. 왜냐하면 이 길은 위덕 없음을 받나니 이른바 그 남자나 여자는 속으로 질투를 품었기 때문이다. 마납아, 마땅히 알라. 이런 업에는 이런 갚음이 있느니라.

마납아, 무슨 인연으로 어떤 남자나 여자는 큰 위덕이 있는가? 혹 어떤 남자나 여자는 질투하지 않는다. 그들은 남이 공양과 공경을 받는 것을 보아도 질투를 내지 않으며, 혹 남이 물건을 가진 것을 보아도 내 소유로 만들고 싶어하지 않는다. 그들은 이 업을 빠짐없이 받아 몸이 무너지고 목숨이 끝난 뒤에는 반드시 좋은 곳으로 올라가 하늘에 날 것이요 혹 사람으로 태어나더라도 큰 위덕이 있을 것이다. 왜냐하면 이 길은 위덕을 받나니 이른바 그 남자나 여자는 질투하지 않았기 때문이다. 마납아, 마땅히 알라. 이런 업에는 이런 갚음이 있느니라.

마납아, 무슨 인연으로 어떤 남자나 여자는 비천한 종족으로 태어나는가? 혹 어떤 남자나 여자는 매우 방자하고 거만하다. 그들은 공경해야 할 사람을 공경하지 않고 소중히 여겨야 할 사람을 소중히 여기지 않으며 귀하게 여겨야 할 사람을 귀하게 여기지 않고 받들어야 할 사람을 받들지 않으며 공양해야 할 사람을 공양하지 않고 길을 비켜 주어야 할 사람에게 길을 비켜 주지 않으며 자리를 내주어야 할 사람에게 자리를 내주지 않고 합장하고 절하며 문안드려야 할 사람에게 합장하고 절하며 문안드리지 않는다. 그들은 이 업을 빠짐없이 받아 몸이 무너지고 목숨이 끝난 뒤에는 반드시 나쁜 곳으로 가서 지옥에 날 것이요, 혹 사람으로 태어나더라도 비천한 종족으로 태어날 것이다. 왜냐하면 이 길은 비천한 종족에 태어남을 받나니 이른바 그 남자와 여자는 매우 방자하고 거만했기 때문이다. 마납아, 마땅히 알라. 이런 업에는 이런 갚음이 있느니라.

마납아, 무슨 인연으로 어떤 남자나 여자는 존귀한 종족으로 태어나는가? 혹 어떤 남자나 여자는 매우 방자하거나 거만하지 않다. 그들은 공경해야 할 사람을 공경하고 소중히 여겨야 할 사람을 소중히 여기며 귀하게 여겨야 할 사람을 귀하게 여기고 받들어야 할 사람을 받들며 공양해야 할 사람을 공양하고 길을 비켜 주어야 할 사람에게는 길을 비켜 주며 자리를 내주어야 할 사람에게는 자리를 내주고 합장하고 절하며 문안드려야 할 사람에게는 합장하고 절하며 문안드린다. 그들은 이 업을 빠짐없이 받아 몸이 무너지고 목숨이 끝난 뒤에는 반드시 좋은 곳으로 올라가 하늘에 날 것이요, 혹 사람으로 태어나더라도 존귀한 종족으로 태어날 것이다. 왜냐하면 이 길은 존귀한 종족에 태어남을 받나니 이른바 그 남자나 여자는 매우 방자하거나 거만하지 않았기 때문이다. 마납아, 마땅히 알라. 이런 업에는 이런 갚음이 있느니라.

마납아, 무슨 인연으로 어떤 남자나 여자는 재물이 없는가? 혹 어떤 남자나 여자는 시주가 되지 않고 보시를 행하지 않는다. 그들은 사문 범지·빈궁한 사람·고독한 사람·나그네·거지에게 음식·의복·꽃다발·바르는 향·집·평상·등불·급사를 보시하지 않는다. 그들은 이 업을 빠짐없이 받아 몸이 무너지고 목숨이 끝난 뒤에는 반드시 나쁜 곳으로 가서 지옥에 날 것이요, 혹 사람으로 태어나더라도 재물이 없을 것이다. 왜냐하면 이 길은 많은 재물이 없음을 받나니,

이른바 그 남자나 여자는 시주가 되지 않고 보시를 행하지 않았기 때문이다. 마납아, 마땅히 알라. 이런 업에는 이런 갚음이 있느니라.

마납아, 무슨 인연으로 어떤 남자나 여자는 재물이 많은가? 혹 어떤 남자나 여자는 시주가 되어 보시한다. 그는 사문 범지 · 빈궁한 사람 · 고독한 사람 · 나그네 · 거지에게 음식 · 의복 · 꽃다발 · 바르는 향 · 집 · 평상 · 등불 · 급사를 보시한다. 그들은 이 업을 빠짐없이 받아 몸이 무너지고 목숨이 끝난 뒤에는 반드시 좋은 곳으로 올라가 하늘에 날 것이요 혹 사람으로 태어나더라도 재물이 많을 것이다. 왜냐하면 이 길은 많은 재물을 받나니 이른바 그 남자나 여자는 시주가 되어 보시를 행하였기 때문이다. 마납아, 마땅히 알라. 이런 업에는 이런 갚음이 있느니라.

마납아, 무슨 인연으로 어떤 남자나 여자는 나쁜 지혜만 있는가? 혹 어떤 남자나 여자는 저들에게 자주 가서 일을 묻지 않는다. 그들은 혹 이름과 덕망이 있는 사문 범지가 있더라도 수시로 저들을 찾아가 이렇게 그 뜻을 묻지 않는다.

'여러 존자시여, 어떤 것이 착한 것이며 어떤 것이 착하지 않은 것입니까? 어떤 것이 죄가 되며 어떤 것이 죄가 되지 않습니까? 어떤 것이 묘하며 어떤 것이 묘하지 않습니까? 어떤 것이 백법白法이고 어떤 것이 흑법黑法입니까? 흑법과 백법은 어디서 생깁니까? 어떤 이유로 현세에 과보를 받고 어떤 이유로 후세에 과보를 받습니까?'

또 설사 묻더라도 그대로 행하지 않는다. 그들은 이 업을 빠짐없이 받아 몸이 무너지고 목숨이 끝난 뒤에는 반드시 나쁜 곳으로 가서 지옥에 날 것이요, 혹 사람으로 태어나더라도 나쁜 지혜가 있을 것이다. 왜냐하면 이 길은 나쁜 지혜를 받나니 이른바 그 남자나 여자는 저들에게 자주 가서 일을 묻지 않았기 때문이다. 마납아, 마땅히 알라. 이런 업에는 이런 갚음이 있느니라.

마납아, 무슨 인연으로 어떤 남자나 여자는 착한 지혜가 있는가? 혹 어떤 남자나 여자는 저들에게 자주 가서 일을 묻는다. 그들은 혹 이름과 덕망이 있는 사문 범지가 있으면 수시로 저들에게 자주 찾아가 이렇게 그 뜻을 묻는다.

'여러 존자시여, 어떤 것이 착한 것이며 어떤 것이 착하지 않은 것입니까? 어떤 것이 죄가 되며 어떤 것이 죄가 되지 않습니까? 어떤 것이 묘한 것이며 어떤 것이 묘하지 않은 것입니까? 어떤 것이 백법白法이고 어떤 것이 흑법黑法입니까? 흑법과 백법은 어디서 생깁니까? 어떤 이유로 현재에 과보를 받고 어떤 이유로 후세에 과보를 받습니까?'

이렇게 그 뜻을 물은 뒤에는 그것을 잘 실천한다. 그는 이 업을 빠짐없이 받아 몸이 무너지고 목숨이 끝난 뒤에는 반드시 좋은 곳으로 가서 하늘에 날 것이요, 혹 사람으로 태어나더라도 훌륭한 지혜가 있을 것이다. 왜냐하면 이 길은 훌륭한 지혜를 받나니 이른바 그 남자와 여자는 저들에게 자주 가서 일을 물었기 때문이다. 마납아, 마땅히 알라. 이런 업에는 이런 갚음이 있느니라.

마납아, 마땅히 알라. 짧은 수명에 알맞은 업을 지으면 반드시 수명이 짧고 긴 수명에 알맞은 업을 지으면 반드시 수명이 길며 병이 많기에 알맞은 업을 지으면 반드시 병이 많고 병이 적기에 알맞은 업을 지으면 반드시 병이 적으며 단정하지 않기에 알맞은 업을 지으면 반드시 단정하지 않고 단정하기에 알맞은 업을 지으면 반드시 단정하며 위덕이 없기에 알맞은 업을 지으면 반드시 위덕이 없고 위덕이 있기에 알맞은 업을 지으면 반드시 위덕이 있으며 비천한 종족에 알맞은 업을 지으면 반드시 비천한 종족으로 태어나고 존귀한 종족에 알맞은 업을 지으면 반드시 존귀한 종족으로 태어나며 재물이 없기에 알맞은 업을 지으면 반드시 재물이 없고 재물이 많기에 알맞은 업을 지으면 반드시 재물이 많으며 나쁜 지혜에 알맞은 업을 지으면 반드시 나쁜 지혜를 얻고 착한 지혜에 알맞은 업을 지으면 반드시 착한 지혜를 얻는다.

마납아, 이것이 내가 앞에서 말한 '저 중생들은 자기가 행한 업을 말미암아 그 업에 따라 과보를 얻는다. 업을 인연하고 업을 의지하여 업에 따른 장소에서 중생은 그 업에 따라 높아지기도 하고 낮아지기도 하며 묘하고 묘하지 않은 곳에 태어난다'고 한 것이니라."

도제의 아들 앵무 마납이 아뢰었다.

"세존이시여, 저는 이미 이해했습니다. 선서시여, 저는 이미 알았습니다. 세존이시여, 저는 지금부터 부처님과 법과 비구 스님들께 귀의합니다. 원하옵건대 세존이시여, 저를 우바새로 받아 주소서. 오늘부터 몸이 마치도록 귀의하여 목숨을 다하겠나이다. 세존이시여, 오늘부터 도제의 집에 들어가기를 이 사위국 땅 여느 우바새 집에 들어가시듯 하시어 도제 가문이 늘 이익과 진리를 얻게 하시고 요익과 안온과 즐거움을 얻게 해 주소서."

부처님께서 이렇게 말씀하시자 도제의 아들 앵무 마납과 한량없는 대중들은 부처님 말씀을 듣고 기뻐하며 받들어 행하였다.

〔이 앵무경에 수록된 경문의 글자 수는 3,465자이다.〕

171) 분별대업경分別大業經〔제4 분별송〕

나는 이와 같이 들었다.

어느 때 부처님께서 왕사성을 유행하실 적에 죽림가란다竹林迦蘭哆동산에 계셨다. 그때 존자 삼미제三彌提[4]도 또한 왕사성에 유행하면서 일이 없는 선실〔無事禪屋〕[5]에 머물고 있었다.

이때 이교도〔異學〕 포라타자哺羅陀子[6]는 오후에 천천히 거닐어 존자 삼미제에게로 가서 서로 안부를 묻고 물러나 한쪽에 앉아 물었다.

"현자 삼미제여, 묻고 싶은 일이 있는데 들어 주겠습니까?"

존자 삼미제가 대답했다.

"현자 포라타자여, 묻고 싶으면 편히 물어보십시오. 저는 듣고 나서 생각해 보겠습니다."

이교도 포라타자가 곧 물었다.

"현자 삼미제여, 저는 사문 구담에게서 직접 들었고, 사문 구담에게서 직접 받았습니다. 곧 '몸과 입으로 짓는 업은 허망하고, 오직 뜻으로 짓는 업〔意業〕만이 진실하다. 어떤 선정이 있는데 비구가 그 선정에 들면 아무 감각이 없다'고 하셨습니다."

존자 삼미제가 말했다.

"현자 포라타자여, 그대는 그런 말을 하지 마시오. 세존을 모함하고 비방하지 마시오. 세존을 모함하고 비방하는 것은 좋지 못한 일입니다. 세존께서는 그렇게 말씀하지 않으셨습니다. 현자 포라타자여, 세존께서는 한량없는 방편으로 말씀하셨습니다.

'일부러 업을 지어 이룬 것이면 나는 〈그 갚음〔報〕을 받지 않을 수 없으니 혹은 현세에서 받기도 하고 혹은 후세에서 받기도 한다〉고 말한다. 그러나 만일 일부러 업을 지어 이룬 것이 아니면 나는 〈반드시

---

4 삼미제(三彌提, Samiddhi)는 삼밀리제三蜜離提라고도 하며, 선각善覺으로 한역한다.
5 팔리어로는 araññakuṭika이고, 한적한 숲에 있는 방사를 말한다.
6 팔리어로는 Potaliputta이다.

그 갚음을 받는다〉고는 말하지 않는다.'"

이교도 포라타자는 존자 삼미제에게 두 번 세 번 말했다.

"현자 삼미제여, 저는 사문 구담에게 직접 들었고 사문 구담에게 직접 받았습니다. 곧 '몸과 입으로 짓는 업은 허망하고 오직 뜻으로 짓는 업만이 진실하다. 어떤 선정이 있는데 비구가 그 선정에 들면 아무 감각이 없다'고 하셨습니다."

존자 삼미제도 또한 두 번 세 번 말했다.

"현자 포라타자여, 그대는 그런 말마시오. 세존을 모함하고 비방하지 마시오. 세존을 모함하고 비방하는 것은 좋지 못한 일입니다. 세존께서는 그렇게 말씀하지 않으셨습니다. 현자 포라타자여, 세존께서는 한량없는 방편으로 말씀하셨습니다.

'일부러 업을 지어 이룬 것이면 나는 〈그 갚음을 받지 않을 수 없으니 혹은 현세에서 받기도 하고 혹은 후세에서 받기도 한다〉고 말한다. 그러나 만일 일부러 업을 지어 이룬 것이 아니면 나는 〈반드시 그 갚음을 받는다〉고는 말하지 않는다.'"

이교도 포라타자는 존자 삼미제에게 물었다.

"만일 일부러 업을 지어 이룬 것이면 어떤 갚음을 받습니까?"

존자 삼미제가 대답했다.

"현자 포라타자여, 만일 일부러 업을 지어 이룬 것이면 반드시 괴로운 과보를 받습니다."

이교도 포라타자가 다시 존자 삼미제에게 물었다.

"현자 삼미제여, 그대는 이 법法과 율律[7]에서 도를 배운 지 얼마나 됩니까?"

---

7 법(法, dhamma)과 율(律, vinaya)은 불법의 총칭이다.

“현자 포라타자여, 저는 이 법과 율에서 도를 배운 지 오래되지 않았습니다. 겨우 3년 되었습니다.”

그러자 이교도 포라타자는 곧 이렇게 생각했다.

‘나이 젊은 비구도 오히려 그 스승을 보호할 줄 아는데 하물며 오래 배운 상존인上尊人[8]이겠는가?’

이에 이교도 포라타자는 존자 삼미제의 말을 듣고 옳다고도 않고 그르다고도 않고 곧 자리에서 일어나 머리를 저으면서 떠나갔다.

그때 존자 대주나大周那[9]는 존자 삼미제가 낮에 좌선하는 곳〔晝行坐處〕에서 멀지 않은 곳에 있었다. 이에 존자 대주나는 존자 삼미제와 이교도 포라타자가 서로 토론한 내용을 다 외워 익히고 잘 받아 가진 뒤에 곧 존자 아난의 처소로 찾아가 서로 문안드리고 물러나 한쪽에 앉았다. 그리고 존자 삼미제와 이교도 포라타자가 토론한 내용을 존자 아난에게 모두 말했다. 존자 아난은 그 말을 듣고 말했다.

“현자 주나여, 이 토론이면 가지고 가서 부처님을 뵈옵고 여쭐 만합니다. 현자 주나여, 지금 같이 부처님께 나아가 세존께 이 뜻을 말씀드립시다. 아마도 이것으로 인해 세존에게서 특별한 가르침을 들을 수 있을 것입니다.”

이에 존자 아난은 존자 대주나와 함께 부처님께 나아갔다. 존자 대주나는 부처님 발에 머리를 조아리고 물러나 한쪽에 앉았다. 존자 아난도 또한 부처님 발에 머리를 조아리고 물러나 한쪽에 앉았다. 그때 존자 아난이 말했다.

‘현자 대주나여, 말씀하십시오. 말씀하십시오.’

---

8 팔리본에는 장로비구(長老比丘, there bhikkhu)로 되어 있다.

9 대주나(大周那, Mahācunda)는 주나周那 · 존나尊那라고도 한다. 마가다국 바라문 출신으로 사리불의 제자이다.

이에 세존께서 물으셨다.

"아난아, 주나 비구가 무슨 말을 하려고 하느냐?"

존자 아난이 아뢰었다.

"세존이시여, 지금 들으실 수 있을 것입니다."

이에 존자 대주나는 존자 삼미제와 이교도 포라타자가 서로 토론한 내용을 부처님께 모두 아뢰었다. 세존께서 그 말을 들으시고 말씀하셨다.

"아난아, 삼미제 비구를 보라. 어리석고 미련한 사람이로구나. 왜냐하면 이교도 포라타자의 물음이 일정하지 못한데 어리석은 삼미제 비구는 한결같이 대답하였기 때문이다."

존자 아난이 아뢰었다.

"세존이시여, 만일 삼미제 비구가 이 일로 인해 '감수하는 것은 괴로운 것이다'라고 말했다면 무슨 잘못이 있습니까?"

세존께서는 존자 아난을 꾸짖으시면서 말씀하셨다.

"보라, 아난 비구 너도 또한 미련하구나. 아난아, 이 삼미제 비구는 어리석은 사람이다. 저 이교도 포라타자는 즐거운 느낌〔樂覺〕·괴로운 느낌〔苦覺〕·괴롭지도 않고 즐겁지도 않은 느낌〔不苦不樂覺〕 세 가지 느낌〔三覺〕[10]을 다 물었다. 아난아, 어리석은 삼미제가 이교도 포라타자의 물음에 이렇게 대답했다고 하자.

'현자 포라타자여, 만일 일부러 즐거움을 얻을 만한 업을 지어 이루었다면 마땅히 즐거운 갚음〔報〕을 받을 것이요, 만일 일부러 괴로움을 얻을 만한 업을 지어 이루었다면 마땅히 괴로운 갚음을 받을 것이며, 만일 괴롭지도 않고 즐겁지도 않음을 얻을 만한 업을 지어 이루었다

10 3수受라고도 한다.

면 마땅히 괴롭지도 않고 즐겁지도 않은 갚음을 받을 것이다.'

아난아, 만일 어리석은 삼미제가 이교도 포라타자의 물음에 이렇게 답하였다면 이교도 포라타자는 눈으로 감히 어리석은 삼미제를 쳐다보지도 못했을 것이다. 하물며 그런 일을 물을 수 있었겠느냐? 아난아, 네가 만일 나에게서 분별대업경分別大業經을 듣는다면 여래에 대한 믿음이 몇 곱이나 더하고 마음도 편안해져 기쁨을 얻을 것이다."

이에 존자 아난이 합장하고 부처님을 향해 아뢰었다.

"세존이시여, 지금이 바로 그때입니다. 선서善逝시여, 지금이 바로 그때입니다. 만일 세존께서 모든 비구들을 위하여 분별대업경을 말씀하신다면 모든 비구들은 그것을 듣고 잘 받아 가질 것입니다."

세존께서 말씀하셨다.

"아난아, 자세히 듣고 잘 기억하라. 내가 너희들을 위하여 자세히 분별하여 설명해 주리라."

존자 아난이 대답했다.

"예."

모든 비구들도 분부를 받들어 경청하였다.

부처님께서 말씀하셨다.

"아난아, 혹 어떤 사람은 살생·도둑질·사음·거짓말 내지 삿된 소견을 여의지 못한다. 그러나 그는 악을 여의지 못하고 몸을 보호하지 못하고도 몸이 무너지고 목숨이 끝난 뒤에 하늘과 같은 좋은 곳에 태어난다. 아난아, 혹 어떤 사람은 살생·도둑질·사음·거짓말 내지 삿된 소견을 여읜다. 그러나 그는 악을 여의고 몸을 보호하고도 몸이 무너지고 목숨이 끝난 뒤에 지옥과 같은 나쁜 곳에 태어난다. 아난아, 혹 어떤 사람은 살생·도둑질·사음·거짓말 내지 삿된 소견을 여의지 못한다. 그리고 그는 악을 여의지 못하고 몸을 보호하지 못했으므로 몸이 무너지고 목숨이 끝난 뒤에 지옥과 같은 나쁜 곳에 태어난다. 아난아, 혹 어떤 사람은 살생 · 도둑질 · 사음 · 거짓말 내지 삿된 소견을 여읜다. 그리고 그는 악을 여의고 몸을 보호하였으므로 몸이 무너지고 목숨이 끝난 뒤에 하늘과 같은 좋은 곳에 태어난다.

아난아, 만일 어떤 사람이 살생 · 도둑질 · 사음 · 거짓말 내지 삿된 소견을 여의지 못했는데, 그가 악을 여의지 못하고 몸을 보호하지 못하고도 몸이 무너지고 목숨이 끝난 뒤에 하늘과 같은 좋은 곳에 태어났다고 하자. 만일 어떤 사문 범지가 천안통을 얻고 그 천안통을 성취하여 이것을 본다면 그는 보고 나서 곧 이렇게 생각할 것이다.

'몸으로 짓는 나쁜 행도 없고 또한 몸으로 짓는 나쁜 행의 갚음〔報〕도 없으며 입과 뜻으로 짓는 나쁜 행도 없고 또한 입과 뜻으로 짓는 나쁜 행의 갚음도 없다. 왜냐하면 나는 그가 살생 · 도둑질 · 사음 · 거짓말 내지 삿된 소견을 여의지 못함으로써 악을 여의지 못하고 몸을 보호하지 못하고도 몸이 무너지고 목숨이 끝난 뒤에는 하늘과 같은 좋은 곳에 태어난 것을 보았기 때문이다. 그러므로 만일 살생 · 도둑질 · 사음 · 거짓말 내지 삿된 소견을 여의지 못함으로써 악을 여의지 못하고 몸을 보호하지 못하는 무리가 있다면 그들도 모두 몸이 무너지고 목숨이 끝난 뒤에는 하늘과 같은 좋은 곳에 태어날 것이다. 이렇게 보는 것은 바른 소견이고 이와 다르게 본다면 그것은 삿된 지혜이다.'[11]

이처럼 그는 본 바와 아는 바를 맘껏 집착하여 한결같이 주장할 것

---

11 고려대장경에는 '피지취야彼智趣耶'로 되어 있다. 그러나 팔리본을 살펴보면, '그들은 삿된 지혜를 가지고 있다'는 내용으로 되어 있다. 또 적사장磧砂藏에도 '피지취사彼智趣邪'로 되어 있다. 여기서는 적사장에 의거하여 사邪자로 고쳐 번역한다. 뒤에서도 모두 '피지취사彼智趣耶'를 '피지취사彼智趣邪'로 수정하여 번역하였다.

이다.

'이것만이 진실이요 다른 것은 다 허망하다.'

아난아, 만일 어떤 사람이 살생 · 도둑질 · 사음 · 거짓말 내지 삿된 소견을 여의였는데 그가 악을 여의고 몸을 보호하고도 몸이 무너지고 목숨이 끝난 뒤에 지옥과 같은 나쁜 곳에 태어났다고 하자. 만일 어떤 사문 범지가 천안통天眼通을 얻고 천안통을 성취하여 이것을 본다면 그는 보고 나서 곧 이렇게 생각할 것이다.

'몸으로 짓는 묘한 행도 없고, 또한 몸으로 짓는 묘한 행의 갚음도 없으며 입과 뜻으로 짓는 묘한 행도 없고 또한 입과 뜻으로 짓는 묘한 행의 갚음도 없다. 왜냐하면 나는 그가 살생 · 도둑질 · 사음 · 거짓말 내지 삿된 소견을 여읨으로써 악을 여의고 몸을 보호하고도 몸이 무너지고 목숨이 끝난 뒤에는 지옥과 같은 나쁜 곳에 태어난 것을 보았기 때문이다. 그러므로 만일 살생 · 도둑질 · 사음 · 거짓말 내지 삿된 소견을 여읨으로써 악을 여의고 몸을 보호하는 무리가 있다면, 그들도 모두 몸이 무너지고 목숨이 끝난 뒤에는 지옥과 같은 나쁜 곳에 태어날 것이다. 이렇게 보는 것은 바른 소견이고, 이와 다르게 본다면 그것은 삿된 지혜이다.'

이처럼 그는 본 바와 아는 바를 맘껏 집착하여 한결같이 이렇게 주장할 것이다.

'이것만이 진실이요 다른 것은 다 허망하다.'

아난아, 만일 어떤 사람이 살생 · 도둑질 · 사음 · 거짓말 내지 삿된 소견을 여의지 못함으로써 그가 악을 여의지 못하고 몸을 보호하지 못하여 몸이 무너지고 목숨이 끝난 뒤에 지옥과 같은 나쁜 곳에 태어났다고 하자. 만일 어떤 사문 범지가 천안통을 얻고 그 천안통을 성취하여 이것을 본다면 그는 보고 나서 곧 이렇게 생각할 것이다.

'몸으로 짓는 악한 행도 있고, 또한 몸으로 짓는 악한 행의 갚음도 있으며 입과 뜻으로 짓는 악한 행도 있고 또한 입과 뜻으로 짓는 나쁜 행의 갚음도 있다. 왜냐하면 나는 그가 살생·도둑질·사음·거짓말 내지 삿된 소견을 여의지 못함으로써 악을 여의지 못하고 몸을 보호하지 못하여 몸이 무너지고 목숨이 끝난 뒤에는 지옥과 같은 나쁜 곳에 태어난 것을 보았기 때문이다. 그러므로 만일 살생·도둑질·사음·거짓말 내지 삿된 소견을 여의지 못함으로써 악을 여의지 못하고, 몸을 보호하지 못하는 무리가 있다면 그들도 모두 몸이 무너지고 목숨이 끝난 뒤에는 지옥과 같은 나쁜 곳에 태어날 것이다. 이렇게 보는 것은 바른 소견이고 이와 다르게 본다면 그것은 삿된 지혜이다.'

이처럼 그는 자신이 본 바와 아는 바를 맘껏 집착하여 한결같이 이렇게 주장할 것이다.

'이것만이 진실이요 다른 것은 다 허망한 것이다.'

아난아, 만일 어떤 사람이 살생·도둑질·사음·거짓말 내지 삿된 소견을 여읨으로써 그가 악을 여의고 몸을 보호하여 몸이 무너지고 목숨이 끝난 뒤에 하늘과 같은 좋은 곳에 태어났다고 하자. 만일 어떤 사문 범지가 천안통을 얻고 천안통을 성취하여 이것을 본다면 그는 보고 나서 곧 이렇게 생각할 것이다.

'몸으로 짓는 묘한 행도 있고 또한 몸으로 짓는 묘한 행의 갚음도 있으며 입과 뜻으로 짓는 묘한 행도 있고 입과 뜻으로 짓는 묘한 행의 갚음도 있다. 왜냐하면 나는 그가 살생·도둑질·사음·거짓말 내지 삿된 소견을 여읨으로써 그가 악을 여의고 몸을 보호하여 몸이 무너지고 목숨이 끝난 뒤에는 하늘과 같은 좋은 곳에 태어난 것을 보았기 때문이다. 그러므로 만일 살생·도둑질·사음·거짓말 내지 삿된 소견을 여읨으로써 악을 여의고 몸을 보호하는 무리가 있다면 그들도 모두 몸이 무너지고 목숨이 끝난 뒤에는 하늘과 같은 좋은 곳에 날 것이다. 이렇게 보는 것은 바른 소견이고 이와 다르게 본다면 그것은 삿된 지혜이다.'

이처럼 그는 자신이 본 바와 아는 바를 맘껏 집착하여 한결같이 이렇게 주장할 것이다.

'이것만이 진실이요 다른 것은 다 허망하다.'

아난아, 그 중에서 만일 어떤 사문 범지가 천안통을 얻고 그 천안통을 성취하여 이렇게 말한다고 하자.

'몸으로 짓는 악한 행도 없고 몸으로 짓는 악한 행의 갚음도 없으며 입과 뜻으로 짓는 악한 행도 없고 입과 뜻으로 짓는 악한 행의 갚음도 없다.'

나는 그 말을 인정하지 않을 것이다. 만일 그가 이렇게 말한다고 하자.

'나는 그가 살생 · 도둑질 · 사음 · 거짓말 내지 삿된 소견을 여의지 못함으로써 악을 여의지 못하고 몸을 보호하지 못했는데도 몸이 무너지고 목숨이 끝난 뒤에 하늘과 같은 좋은 곳에 태어난 것을 보았다.'

나는 그 말을 인정할 것이다. 만일 이렇게 말한다고 하자.

'만일 이처럼 살생 · 도둑질 · 사음 · 거짓말 내지 삿된 소견을 여의지 못함으로써 악을 여의지 못하고 몸을 보호하지 못하는 무리가 있다면 그들도 또한 몸이 무너지고 목숨이 끝난 뒤에는 하늘과 같은 좋은 곳에 태어날 것이다.'

나는 그 말을 인정하지 않을 것이다.

만일 이렇게 말한다고 하자.

'이렇게 보는 것은 바른 소견이고 이와 다르게 보는 것은 삿된 지혜이다.'

나는 그 말을 인정하지 않을 것이다. 그리고 만일 본 바와 아는 바를 맘껏 집착하여 한결같이 이렇게 주장한다고 하자.

'이것만이 진실이요 다른 것은 허망하다.'

나는 그 말을 인정하지 않을 것이다. 왜냐하면 아난아, 여래는 그 사람과 다르게 알고 있기 때문이니라.

아난아, 그 중에서 만일 어떤 사문 범지가 천안통을 얻고 천안통을 성취하여 이렇게 말한다고 하자.

'몸으로 짓는 묘한 행도 없고 또한 몸으로 짓는 묘한 행의 갚음도 없으며 입과 뜻으로 짓는 묘한 행도 없고, 또한 입과 뜻으로 짓는 묘한 행의 갚음도 없다.'

나는 그 말을 인정하지 않을 것이다. 만일 그가 이렇게 말한다고 하자.

'나는 그가 살생 · 도둑질 · 사음 · 거짓말 내지 삿된 소견을 여윔으로써 악을 여의고 몸을 보호했는데도 몸이 무너지고 목숨이 끝난 뒤에 지옥과 같은 나쁜 곳에 태어난 것을 보았다.'

나는 그 말을 인정할 것이다. 만일 그가 이렇게 말한다고 하자.

'만일 이처럼 살생 · 도둑질 · 사음 · 거짓말 내지 삿된 소견을 여윔으로써 악을 여의고 몸을 보호하는 무리가 있다면 그들도 또한 몸이 무너지고 목숨이 끝난 뒤에는 지옥과 같은 나쁜 곳에 태어날 것이다.'

나는 그 말을 인정하지 않을 것이다.

만일 이렇게 말한다고 하자.

'이렇게 보는 것은 바른 소견이고 이와 다르게 보는 것은 삿된 지혜이다.'

나는 그 말을 인정하지 않을 것이다. 그리고 만일 본 바와 아는 바를 맘껏 집착하여 한결같이 이렇게 주장한다고 하자.

'이것만이 진실이요 다른 것은 다 허망하다.'

나는 그 말을 인정하지 않을 것이다. 왜냐하면 아난아, 여래는 그 사람과 다르게 알고 있기 때문이니라.

아난아, 그 중에서 만일 어떤 사문 범지가 천안통을 얻고 천안통을 성취하여 이렇게 말한다고 하자.

'몸으로 짓는 악한 행도 있고 또한 몸으로 짓는 악한 행의 갚음도 있으며 입과 뜻으로 짓는 악한 행도 있고 또한 입과 뜻으로 짓는 악한 행의 갚음도 있다.'

나는 그 말을 인정할 것이다. 만일 그가 이렇게 말한다고 하자.

'나는 그가 살생・도둑질・사음・거짓말 내지 삿된 소견을 여의지 못함으로써 악을 여의지 못하고 몸을 보호하지 못하여 몸이 무너지고 목숨이 끝난 뒤에 지옥과 같은 나쁜 곳에 태어난 것을 보았다.'

나는 그 말을 인정할 것이다. 그리고 이렇게 말한다고 하자.

'만일 이처럼 살생・도둑질・사음・거짓말 내지 삿된 소견을 여의지 못함으로써 악을 여의지 못하고 몸을 보호하지 못하는 무리가 있다면 그들도 또한 모두 몸이 무너지고 목숨이 끝난 뒤에 지옥과 같은 나쁜 곳에 태어날 것이다.'

나는 그 말을 인정하지 않을 것이다. 그리고 만일 이렇게 말한다고 하자.

'이렇게 보는 것은 바른 소견이고 이와 다르게 보는 것은 삿된 지혜이다.'

나는 그 말을 인정하지 않을 것이다. 만일 본 바와 아는 바를 맘껏 집착하여 한결같이 이렇게 주장한다고 하자.

'이것이 진실이요 다른 것은 다 허망하다.'

나는 그 말을 인정하지 않을 것이다. 왜냐하면 아난아, 여래는 그 사람과 다르게 알고 있기 때문이니라.

아난아, 그 중에서 만일 어떤 사문 범지가 천안통을 얻고 천안통을 성취하여 이렇게 말한다고 하자.

'몸으로 짓는 묘한 행이 있고, 또한 몸으로 짓는 묘한 행의 갚음도 있으며 입과 뜻으로 짓는 묘한 행도 있고 또한 입과 뜻으로 짓는 묘한 행의 갚음도 있다.'

나는 그 말을 인정할 것이다. 그리고 만일 그가 이렇게 말한다고 하자.

'나는 그가 살생·도둑질·사음·거짓말 내지 삿된 소견을 여읨으로써 악을 여의고 몸을 보호하여 몸이 무너지고 목숨이 끝난 뒤에는 하늘과 같은 좋은 곳에 태어난 것을 보았다.'

나는 그 말을 인정할 것이다. 만일 이렇게 말한다고 하자.

'만일 이처럼 살생·도둑질·사음·거짓말 내지 삿된 소견을 여의는 무리가 있다면 그들도 또한 모두 몸이 무너지고 목숨이 끝난 뒤에 하늘과 같은 좋은 곳에 태어날 것이다.'

나는 그 말을 인정하지 않을 것이다. 그리고 만일 이렇게 말한다고 하자.

'이렇게 보는 것은 바른 소견이고 이와 다르게 보는 것은 삿된 지혜이다.'

나는 그 말을 인정하지 않을 것이다. 만일 본 바와 아는 바를 맘껏 집착하여 한결같이 이렇게 주장한다고 하자.

'이것만이 진실이요 다른 것은 다 허망하다.'

나는 그 말을 인정하지 않을 것이다. 왜냐하면 아난아, 여래는 그 사람과 다르게 알고 있기 때문이니라.

아난아, 혹 어떤 사람은 살생·도둑질·사음·거짓말 내지 삿된 소견을 여의지 못함으로써 악을 여의지 못하고 몸을 보호하지 못했는데도 몸이 무너지고 목숨이 끝난 뒤에는 하늘과 같은 좋은 곳에 태어난다. 그가 만일 과거에 착하지 않은 업을 지은 자라면 그는 악을 여의지 못하고 몸을 보호하지 못한 갚음〔報〕을 현재에서 모두 받고 나서 그곳에 태어난 것이다. 혹은 나중에 그 갚음을 받을 것이기 때문에 그는 이 업을 인연하지 않았고 몸이 무너지고 목숨이 끝난 뒤에 하늘과 같은 좋은 곳에 태어난 것이다. 혹은 또 과거에 착한 업을 지어 악을 여의고 몸을 보호하였고 좋은 곳에 태어나는 갚음을 아직 다 받지 못한 경우이다. 그는 이것을 인연하여 몸이 무너지고 목숨이 끝난 뒤에 하늘과 같은 좋은 곳에 태어난 것이다. 혹은 또 죽을 때에 착한 마음이 생겨 심소법心所法이 바른 견해와 서로 호응한 경우이다. 그는 이것을 인연하여 몸이 무너지고 목숨이 끝난 뒤에 하늘과 같은 좋은 곳에 태어난 것이다. 아난아, 여래는 그 사람이 이러하다는 것을 아느니라.

아난아, 혹 어떤 사람은 살생·도둑질·사음·거짓말 내지 삿된 소견을 여읨으로써 악을 여의고 몸을 보호하였더라도 몸이 무너지고 목숨이 끝난 뒤에 지옥과 같은 나쁜 곳에 태어난다. 그가 만일 과거에 착한 업을 지은 자라면 그는 악을 여의고 몸을 보호한 갚음〔報〕을 현재에 모두 받고 나서 그곳에 태어난 것이다. 혹은 또 나중에 그 갚음을 받을 것이기 때문에 그는 이 업을 인연하지 않았고 몸이 무너지고 목숨이 끝난 뒤에 지옥과 같은 나쁜 곳에 태어난 것이다. 혹은 과거에 착하지 않은 업을 지어 악을 여의지 못하고 몸을 보호하지 못하였고 아직 그 지옥의 갚음을 다 받지 못한 경우이다. 그는 이것을 인연하여 몸이 무너지고 목숨이 끝난 뒤에 지옥과 같은 나쁜 곳에 태어난 것이다. 혹은 또 죽을 때 착하지 않은 마음이 생겨 심소법心所法이 삿된 소견과 서로 호응한 경우이다. 그는 이것을 인연하여 몸이 무너지고 목숨이 끝난 뒤에 지옥과 같은 나쁜 곳에 태어난 것이다. 아난아, 여래는 그 사람이 이러하다는 것을 아느니라.

아난아, 혹 어떤 사람은 살생·도둑질·사음·거짓말 내지 삿된 소견을 여의지 못했으므로 그는 악을 여의지 못하고 몸을 보호하지 못하여 몸이 무너지고 목숨이 끝난 뒤에 지옥과 같은 나쁜 곳에 태어난다. 그것은 다음과 같은 경우이다. 그는 곧 이것을 인연하여 몸이 무너지고 목숨이 끝난 뒤에 지옥과 같은 나쁜 곳에 태어난 것이다. 혹은 또 과거에 착하지 못한 업을 지어 악을 여의지 못하고 몸을 보호하지 못했고 아직 지옥의 갚음을 다 받지 못한 경우이다. 그는 이것을 인연하여 몸이 무너지고 목숨이 끝난 뒤에 지옥과 같은 나쁜 곳에 태어난 것이다. 혹은 또 죽을 때에 착하지 않은 마음이 생겨 심소법이 삿된 소견과 서로 호응한 경우이다. 그는 이것을 인연하여 몸이 무너지고 목숨이 끝난 뒤에 지옥과 같은 나쁜 곳에 태어난 것이다. 아난아, 여래는 그 사람이 이러하다는 것을 아느니라.

아난아, 혹 어떤 사람은 살생·도둑질·사음·거짓말 내지 삿된 소견을 여읨으로써 그는 악을 여의고 몸을 보호하여 몸이 무너지고 목숨이 끝난 뒤에는 하늘과 같은 좋은 곳에 태어난다. 그것은 다음과 같은 경우이다. 그는 곧 이것을 인연하여 몸이 무너지고 목숨이 끝난 뒤에 하늘과 같은 좋은 곳에 태어난 것이다. 혹은 또 과거에 착한 업을 지어 악을 여의고 몸을 보호하였고 아직 그 갚음을 다 받지 못한 경우이다. 그는 이것을 인연하여 몸이 무너지고 목숨이 끝난 뒤에 하늘과 같은 좋은 곳에 태어난 것이다. 혹은 또 죽을 때에 착한 마음이 생겨 심소법이 바른 소견과 서로 호응한 경우이다. 그는 이것을 인연하여 몸이 무너지고 목숨이 끝난 뒤에 하늘과 같은 좋은 곳에 태어난 것이다. 아난아, 여래는 그 사람이 이러하다는 것을 아느니라.

또 네 종류의 사람이 있다. 혹 어떤 사람은 없으면서 있는 것 같고 혹은 있으면서 없는 것 같으며 혹은 없어서 없는 것 같고 혹은 있어서 있는 것 같다. 아난아, 마치 네 종류의 사과와 같으니라. 혹 어떤 사과는 익지 않았는데 익은 것과 같고 혹은 익었는데 익지 않은 것 같으며 혹은 익지 않아서 익지 않은 것 같고 혹은 익어서 익은 것 같다. 이와 같이 아난아, 네 종류의 사과로 사람을 비유하면 혹 어떤 사람은 없으면서 있는 것 같고 혹은 있으면서 없는 것 같고 혹은 없어서 없는 것 같고 혹은 있어서 있는 것 같으니라."

부처님께서 이렇게 말씀하시자 존자 아난과 모든 비구들은 부처님 말씀을 듣고 기뻐하며 받들어 행하였다.

〔이 분별대업경에 수록된 경문의 글자 수는 3,507자이다. 또 『중아함경』 제44권에 수록된 경문의 글자 수는 모두 6,972자이며, 「근본분별품」에 수록된 경문의 글자 수는 모두 24,589자이다.〕

중아함경 제 45 권

14. 심품心品 ①

〔이 「심품」에는 모두 열 개의 소경이 수록되어 있다.〕

심경心經 · 부미경浮彌經과 두 개의 수법경受法經과
행선경行禪經 · 설경說經 · 엽사경獵師經과
오지물주경五支物主經과
구담미경瞿曇彌經 · 다계경多界經이다.

172) 심경心經[1]〔제4 분별송〕

나는 이와 같이 들었다.

어느 때 부처님께서 사위국에 유행하실 적에 승림급고독원에 계셨다.

---

1 이 경의 이역본으로 서진西晉시대 축법호竺法護가 한역한 『불설의경佛說意經』이 있다.

그때 어떤 비구가 혼자 조용한 곳에서 편안하게 앉아 깊이 사색하다가 마음으로 이렇게 생각했다.

'무엇이 이 세상을 이끌고 가는가? 무엇이 탐욕에 물들어 집착하는가? 무엇이 자재自在를 일으키는가?'

그때 그 비구는 해질 무렵에 선정에서 일어나 부처님께 나아가 머리를 조아려 부처님 발에 예배하고 물러나 한쪽에 앉아 여쭈었다.

"세존이시여, 저는 오늘 혼자 조용한 곳에서 좌선하며 깊이 사색하다가 마음으로 이렇게 생각했습니다.

'무엇이 이 세상을 이끌고 가는가? 무엇이 탐욕에 물들어 집착하는가? 무엇이 자재自在[2]를 일으키는가?'"

세존께서 그 말을 들으시고 찬탄하며 말씀하셨다.

"훌륭하고 훌륭하다, 비구야. 좋은 도가 있어야 좋은 관찰이 있고 지극히 묘한 변재가 있으며 좋은 생각이 있는 것이다. 비구야, 너는 '무엇이 이 세상을 이끌고 가는가. 무엇이 탐욕에 물들어 집착하는가. 무엇이 자재를 일으키는가' 하고 그렇게 물었는가?"

"그렇습니다. 세존이시여."

세존께서 말씀하셨다.

"비구야, 마음〔意〕이 이 세상을 이끌어 가고 마음이 탐욕에 물들어 집착하며 마음이 자재를 일으킨다. 비구여, 그것이 이 세상을 이끌어 가고 그것이 탐욕에 물들어 집착하며 그것이 자재를 일으킨다. 비구야, 많이 들은 거룩한 제자는 마음으로 세상을 이끌 가지 않고 마음이 물들어 집착하지 않으며 마음으로 자재하지 않는다. 비구야, 많이 들은 거룩한 제자는 마음의 자재함을 따르지 않고 마음이 많이 들은 거

2 여기서 자재自在는 '해탈의 자재'가 아니라 탐착심貪着心이 마음대로 좌지우지하는 것을 말한다. 즉 염심染心에 지배당하는 것이다.

룩한 제자를 따르느니라."

비구가 아뢰었다.

"훌륭하십니다, 훌륭하십니다. 그렇습니다, 세존이시여."

그때 그 비구는 부처님 말씀을 듣고 기뻐하며 받들어 행하였다.

비구가 또 여쭈었다.

"세존이시여, 많이 들은 비구〔多聞比丘〕, 많이 들은 비구라고들 말합니다. 세존이시여, 어떤 자를 많이 들은 비구라 하며, 많이 들은 비구를 어떻게 시설施設하십니까?"

세존께서 그 말을 들으시고 칭찬하며 말씀하셨다.

"훌륭하고 훌륭하다, 비구야. 이른바 좋은 도가 있어야 좋은 관찰이 있고 지극히 묘한 변재가 있으며 좋은 생각이 있는 법이다. 비구야, 너는 '세존이시여, 많이 들은 비구, 많이 들은 비구라고들 말합니다. 세존이시여, 어떤 자를 많이 들은 비구라 하며, 많이 들은 비구를 어떻게 시설하십니까?' 하고 그렇게 물었는가?"

비구가 대답했다.

"그렇습니다, 세존이시여."

세존께서 말씀하셨다.

"비구야, 내가 설한 것은 매우 많다. 이른바 정경正經·가영歌詠·기설記說·게타偈他·인연因緣·찬록撰錄·본기本起·차설此說·생처生處·광해廣解·미증유법未曾有法 및 설의說義가 그것이니라. 비구야, 만일 어떤 족성族姓의 아들이 내가 말한 사구게四句偈에 대해 그 뜻을 알고 그 법을 알아서 법으로 나아가고 법으로 향하며 범행梵行을 따라 나아간다면 비구야, 많이 들은 비구를 말하는 데 있어서 이보다 더 뛰어난 것은 없을 것이니라. 비구야, 이와 같은 자를 많이 들은 비구라고 하며 여래는 많이 들은 비구를 이렇게 시설하느니라."

비구가 아뢰었다.

"훌륭하십니다, 훌륭하십니다. 그렇습니다, 세존이시여."

그때 그 비구는 부처님 말씀을 듣고 기뻐하며 받들어 행하였다.

비구가 또 여쭈었다.

"세존이시여, 많이 들어 밝은 지혜가 있는 비구〔多聞比丘明達智慧〕, 많이 들어 밝은 지혜가 있는 비구라고들 말합니다. 세존이여, 어떤 자를 많이 들어 밝은 지혜가 있는 비구라 하며, 많이 들어 밝은 지혜가 있는 비구를 어떻게 시설하십니까?"

세존께서 그 말을 들으시고 칭찬하며 말씀하셨다.

"훌륭하고 훌륭하다. 비구야, 이른바 좋은 도가 있어야 좋은 관찰이 있고 지극히 묘한 변재가 있으며 좋은 생각이 있는 것이다. 비구야, 너는 '세존이시여, 많이 들어 밝은 지혜가 있는 비구, 많이 들어 밝은 지혜가 있는 비구라고들 합니다. 세존이시여, 어떤 자를 많이 들어 밝은 지혜가 있는 비구라 하며, 많이 들어 밝은 지혜가 있는 비구를 어떻게 시설하십니까?' 하고 그렇게 물었는가?"

"그렇습니다, 세존이시여."

세존께서 말씀하셨다.

"비구야, 만일 비구가 괴로움〔苦〕에 대해 듣고 다시 지혜로써 괴로움을 사실 그대로 바르게 본다면 괴로움의 발생〔苦集〕과 괴로움의 소멸〔苦滅〕과 괴로움의 소멸에 이르는 길〔苦滅道〕에 대해 듣고 다시 지혜로써 괴로움의 발생과 괴로움의 소멸과 괴로움의 소멸에 이르는 길에 대하여 사실 그대로 바르게 본다면, 비구야, 이런 자를 많이 들어 밝은 지혜가 있는 비구라고 하며, 여래는 많이 들어 밝은 지혜가 있는 비구를 이와 같이 시설하느니라."

비구가 여쭈었다.

"훌륭하십니다, 훌륭하십니다. 그렇습니다, 세존이시여."

그때 비구는 부처님의 말씀을 듣고 기뻐하며 받들어 행하였다.

비구가 다시 여쭈었다.

"세존이시여, 영리하고 큰 지혜가 있는 총명한 비구[聰明比丘黠慧廣慧], 영리하고 큰 지혜가 있는 총명한 비구라고들 말합니다. 세존이시여, 어떤 자를 영리하고 큰 지혜가 있는 총명한 비구라 하며 영리하고 큰 지혜가 있는 총명한 비구를 어떻게 시설하십니까?"

세존께서 그 말을 들으시고 칭찬하며 말씀하셨다.

"훌륭하고 훌륭하다. 비구야, 이른바 좋은 도가 있어야 좋은 관찰이 있고 지극히 묘한 변재가 있으며 좋은 생각이 있는 것이다. 비구야, 너는 '세존이시여, 어떤 자를 영리하고 큰 지혜가 있는 총명한 비구라 하며, 영리하고 큰 지혜가 있는 비구를 어떻게 시설하십니까?' 하고 그렇게 물었는가?"

"그렇습니다, 세존이시여."

세존께서 말씀하셨다.

"만일 비구가 자기 자신을 해칠 생각을 하지 않고 남을 해칠 생각을 하지 않으며 또한 자기와 남을 한꺼번에 해칠 생각을 하지 않고 비구가 다만 자기를 요익하게 하고 남을 요익하게 하며 또한 많은 사람을 요익하게 하기를 생각하며 세상을 불쌍히 여겨 하늘과 사람을 위해 이치와 요익을 구한다면 비구야, 이런 자를 영리하고 큰 지혜가 있는 총명한 비구라 하며 여래는 영리하고 큰 지혜가 있는 총명한 비구를 이렇게 시설하느니라."

비구가 아뢰었다.

"훌륭하십니다, 훌륭하십니다. 그렇습니다, 세존이시여."

그때 그 비구는 부처님 말씀을 듣고 잘 받아 가지고 잘 외워 익힌 뒤에 자리에서 일어나 부처님 발에 머리를 조아리고는 부처님을 세 번 돌고 나서 돌아갔다.

그때 그 비구는 부처님의 가르침을 듣고 멀리 떠나 혼자 머물러 있으면서 게으른 마음이 없이 꾸준히 힘써 수행하였다. 그는 멀리 떠나 혼자 살면서 게으른 마음이 없이 꾸준히 힘써 수행한 뒤에는 큰 종족의 아들이 수염과 머리를 깎고 가사를 입고 지극한 믿음으로 출가하여 집 없이 도를 배우는 자가 현재 세상에서 오직 위없는 범행을 이루어 마쳤다. 그래서 스스로 알고 스스로 깨닫고 스스로 증득하여 성취하여 노닐었다. 그리하여 생生이 이미 다하고 범행은 이미 서고 할 일을 이미 마쳐 다시는 후세의 목숨을 받지 않는다는 것을 사실 그대로 알았다. 그리고 그 존자는 법을 알아 결국 아라하가 되었다."

부처님께서 이렇게 말씀하시자 모든 비구들은 부처님 말씀을 듣고 기뻐하며 받들어 행하였다.

〔이 심경에 수록된 경문의 글자 수는 1,054자이다.〕

173) 부미경浮彌經〔제4 분별송〕

나는 이와 같이 들었다.

어느 때 부처님께서 왕사성에 유행하실 적에 죽림가란다竹林迦蘭哆동산에 계셨다. 그때 존자 부미浮彌[3]도 또한 왕사성에 있는 일이 없는 선실〔無事禪室〕[4]에 있었다.

이때에 존자 부미는 밤이 지나고 이른 아침이 되자 가사를 입고 발

3 팔리어로는 Bhūmija이다.

4 무사선실(無事禪室, araññakuṭikā)은 한적한 숲에 있는 방사를 말한다.

우를 들고 왕사성으로 들어가 밥을 빌려고 하다가 이렇게 생각하였다.

'왕사성으로 들어가 밥을 비는 것은 우선 중단하고 나는 지금 왕자 기바선나동자耆婆先那童子[5]의 집으로 가는 것이 좋겠다.'

그리하여 존자 부미는 곧 왕자 기바선나 동자의 집으로 갔다. 왕자 기바선나 동자는 멀리서 존자 부미가 오는 것을 보고 곧 자리에서 일어나 가사 한 자락을 벗고 합장하고 존자 부미를 향해 이렇게 말하였다.

"잘 오셨습니다, 존자 부미시여. 오랜만에 오셨습니다, 존자 부미시여. 이 평상에 앉으십시오."

존자 부미가 자리에 앉았다. 왕자 기바선나 동자는 존자 부미의 발에 머리를 조아려 예를 올리고 물러나 한쪽에 앉아서 아뢰었다.

"존자 부미시여, 제가 여쭙고 싶은 것이 있습니다. 들어 주시겠습니까?"

존자 부미가 대답하였다.

"왕동자王童子여, 묻고 싶으면 물으십시오. 제가 듣고 나서 마땅히 생각해 보겠습니다."

왕동자는 곧 존자 부미에게 물었다.

"혹 어떤 사문 범지가 제게 와서 이렇게 말했습니다.

'왕동자여, 어떤 사람이 원願을 세우고 바른 범행梵行을 행하면 그는 곧 과果[6]를 얻습니다. 혹은 원이 없거나 혹은 원이 있기도 하고 원이

---

5 기바선나동자는 팔리어로 환원시키면 Jīvasena kumāra, 즉 수군동자壽軍童子이다. 그러나 팔리본에는 Jayasena rājakumāra, 즉 승군동자勝軍童子로 되어 있다.

6 선악善惡 등의 결과[果]과 아니라 '성문사과聲聞四果' 등의 용어에 쓰인 과果의 의미이다. 즉 수행修行의 결과로 얻게 되는 훌륭한 경지를 말한다.

없기도 하거나 혹은 원이 있는 것도 아니요 원이 없는 것도 아니라 하더라도 바른 범행을 행하면 그는 반드시 결과를 얻습니다.'

존자 부미의 스승님께서는 이 말에 대해 어떻게 생각하시며 어떻게 말씀하셨습니까?"

존자 부미가 말하였다.

"왕동자여, 저는 세존에게서 직접 듣지 못하였고 또 모든 범행자에게서도 직접 듣지 못하였습니다. 왕동자여, 세존께서도 아마 이렇게 말씀하실 것입니다.

'혹 어떤 사람이 원을 세우고 바른 범행을 행하면 그는 틀림없이 과果를 얻는다. 혹은 원이 없거나 혹은 원이 있기도 하고 원이 없기도 하거나 혹은 원이 있는 것도 아니요 원이 없는 것도 아니더라도 바른 범행을 행하면 그는 반드시 과를 얻는다.'"

왕동자가 아뢰었다.

"만일 존자 부미의 스승님께서도 그렇게 생각하고 그렇게 말씀하신다면 그 분은 이 세상의 하늘·악마·범梵·사문 범지 등 사람에서 하늘에 이르기까지 그 가운데 제일 높으신 분입니다. 존자 부미시여, 여기서 공양을 받으소서."

존자 부미는 잠자코 그 청을 받아 들였다. 왕동자는 존자 부미가 잠자코 청을 허락한 것을 알고 곧 자리에서 일어나 몸소 손 씻을 물을 돌리고 매우 깨끗하고 맛있는 여러 가지 음식을 직접 집어 드리며 맘껏 배불리 드시게 하였다. 공양이 끝나자 그릇을 거두고 다시 손 씻을 물을 돌린 뒤에 조그만 평상을 가지고 와서 따로 앉아 설법을 들었다. 존자 부미는 그를 위해 설법하여 간절히 우러르는 마음을 내게 하고 성취하여 기쁘게 하였다. 한량없는 방편으로 그를 위해 설법하여 간절히 우러르는 마음을 내게 하고 성취하여 기쁘게 한 뒤에 자리에서 일어나 부처님께 나아갔다. 그는 부처님 발에 머리를 조아려 예배하고 물러나 한쪽에 앉아 왕동자와 함께 의논한 것을 모두 부처님께 말씀드렸다. 세존께서는 그 말을 듣고 나서 말씀하셨다.

"부미야, 왜 왕동자를 위하여 네 가지 비유를 말하지 않았느냐?"

존자 부미가 여쭈었다.

"세존이시여, 어떤 것이 네 가지 비유입니까?"

세존께서 말씀하셨다.

"부미야, 만일 어떤 사문 범지가 삿된 소견〔邪見〕이 있고 삿된 소견의 선정〔邪見定〕이 있다면 그는 원을 세우고 삿된 범행을 행하지만 결코 과果를 얻지 못할 것이다. 원이 없거나 원이 있기도 하고 원이 없기도 하거나 원이 있는 것도 아니요 원이 없는 것도 아니거나 간에 삿된 범행을 행하면 반드시 과를 얻지 못할 것이다. 왜냐하면 삿된 방법 즉 도道가 없는 것으로 기도 하거나 과果를 구했기 때문이다.

부미야, 이는 마치 어떤 사람이 소의 뿔에서 우유를 얻으려고 하는 것과 같다. 그는 결코 우유를 얻지 못할 것이다. 바라지 않거나 바라기도 하고 바라지 않기도 하거나 바라는 것도 바라지 않는 것도 아니거나 간에 우유를 얻으려는 사람이 쇠뿔에서 젖을 짜내려고 한다면 그는 결코 우유를 얻지 못할 것이다. 왜냐하면 잘못된 방법 즉 쇠뿔을 짜서 우유를 얻으려 했기 때문이다. 이와 같이 부미야, 만일 어떤 사문 범지가 삿된 소견과 삿된 소견의 선정이 있다면 그는 원을 세워 삿된 범행을 행하더라도 결코 그 과를 얻지 못할 것이다. 원이 없거나 원이 있기도 하고 원이 없기도 하거나 원이 있는 것도 아니요 원이 없는 것도 아니거나 간에 삿된 범행을 행하면 결코 그 과를 얻지 못할 것이다. 왜냐하면 삿된 방법 즉 도가 없는 것으로 결과를 구했기 때문이다.

부미야, 만일 어떤 사문 범지가 바른 소견〔正見〕과 바른 소견의 선정〔正見定〕이 있다면 그는 원을 세워 바른 범행을 행하면 반드시 과를 얻을 것이다. 원이 없거나 원이 있기도 하고 원이 없기도 하거나 원이 있는 것도 아니요 원이 없는 것도 아니거나 간에 바른 범행을 행하면 그는 반드시 과를 얻을 것이다. 왜냐하면 바른 방법 즉 도가 있는 것으로 과를 얻으려 했기 때문이다.

부미야, 이는 마치 어떤 사람이 우유를 얻기 위하여 소를 배불리 잘 먹이고 소의 젖을 짜는 것과 같아서 그는 반드시 우유를 얻을 것이다. 바라지 않거나 바라기도 하고 바라지 않기도 하거나 바라는 것도 바라지 않는 것도 아니거나 간에 우유를 얻으려는 사람이 소를 배불리 잘 먹이고 소의 젖을 짠다면 그는 반드시 우유를 얻을 것이다. 왜냐하면 바른 방법 즉 소의 젖을 짜서 우유를 얻으려 했기 때문이다. 이와 같이 부미야, 만일 어떤 사문 범지가 바른 소견과 바른 소견의 선정이 있다면 그는 원을 세워 바른 범행을 행하면 반드시 과를 얻을 것이다. 원이 없거나 원이 있기도 하고 원이 없기도 하거나 원이 있는 것도 아니요 원이 없는 것도 아니거나 간에 바른 범행을 행하면 그는 반드시 과를 얻을 것이다. 왜냐하면 바른 방법 즉 도가 있는 것으로 과를 구했기 때문이다.

부미야, 만일 어떤 사문 범지가 삿된 소견이 있고 삿된 소견의 선정이 있다면 그는 원을 세워 삿된 범행을 행하지만 결코 과를 얻지 못할 것이다. 원이 없거나 원이 있기도 하고 원이 없기도 하거나 원이 있는 것도 아니요 원이 없는 것도 아니거나 간에 삿된 범행을 행하면 반드시 과를 얻지 못할 것이다. 왜냐하면 삿된 방법 즉 도가 없는 것으로 과를 구했기 때문이다.

부미야, 이는 마치 어떤 사람이 소酥를 얻으려고 하면서 그릇에 물을 가득 담아 놓고 두드리는 것과 같으니 그는 결코 소를 얻지 못할 것이다. 바라지 않거나 바라기도 하고 바라지 않기도 하거나 바라는 것도 바라지 않는 것도 아니거나 간에 소酥를 얻으려는 사람이 그릇에 물을 가득 담아 놓고 두드린다면 그는 결코 소를 얻지 못할 것이다. 왜냐하면 잘못된 방법 즉 물을 두드려서 소를 얻으려 했기 때문이다. 이와 같이 부미야, 만일 어떤 사문 범지가 삿된 소견과 삿된 소견의 선정이 있다면 그는 원을 세워 삿된 범행을 행하더라도 결코 과를 얻지 못할 것이다. 원이 없건 원이 있기도 하고 원이 없기도 하거나 원이 있는 것도 아니요 원이 없는 것도 아니거나 간에 삿된 범행을 행하면 결코 과를 얻지 못할 것이다. 왜냐하면 삿된 방법 즉 도가 없는 것으로 결과를 구했기 때문이다.

부미야, 만일 어떤 사문 범지가 바른 소견과 바른 소견의 선정이 있다면 그는 원을 세워 바른 범행을 행하면 반드시 과를 얻을 것이다. 원이 없거나 원이 있기도 하고 없기도 하거나 원이 있는 것도 아니요 원이 없는 것도 아니거나 간에 바른 범행을 행하면 그는 반드시 과를 얻을 것이다. 왜냐하면 바른 방법 즉 도가 있는 것을 가지고 과를 구했기 때문이다.

부미야, 마치 어떤 사람이 소酥를 얻으려고 그릇에 낙酪을 가득 채우고 두드리는 것과 같다. 그는 반드시 소를 얻을 것이다. 바라지 않거나 바라기도 하고 바라지 않기도 하거나 바라는 것도 바라지 않는 것도 아니거나 간에 소를 얻으려는 사람이 그릇에 낙을 가득 채우고 두드린다면 그는 반드시 소를 얻을 것이다. 왜냐하면 바른 방법 즉 낙酪을 두드려서 소酥를 얻으려 했기 때문이다. 이와 같이 부미야, 만일 어떤 사문 범지가 바른 소견과 바른 소견의 선정이 있다면 그는 원을 세워 바른 범행을 행하면 반드시 과를 얻을 것이다. 원이 없거나 원이 있기도 하고 없기도 하거나 원이 있는 것도 아니요 원이 없는 것도 아니거나 간에 바른 범행을 행하면 그는 반드시 과를 얻을 것이다. 왜냐하면 바른 방법 즉 도가 있는 것으로 결과를 구했기 때문이다.

부미야, 만일 어떤 사문 범지가 삿된 소견과 삿된 소견의 선정이 있다면 그는 원을 세워 삿된 범행을 행하지만 결코 과를 얻지 못할 것이다. 원이 없거나 원이 있기도 하고 원이 없기도 하거나 원이 있는 것도 아니요 원이 없는 것도 아니거나 간에 삿된 범행을 행하면 그는 결코 과를 얻지 못할 것이다. 왜냐하면 삿된 방법 즉 도가 없는 것으로 과를 구했기 때문이다.

부미야, 이는 마치 어떤 사람이 기름을 얻으려고 하면서 기름 짜는 기구에 모래를 가득 담아 냉수에 담갔다가 꺼내 눌러 짜는 것과 같다. 그는 결코 기름을 얻지 못할 것이다. 바라지 않거나 바라기도 하고 바라지 않기도 하거나 바라는 것도 바라지 않는 것도 아니거나 간에 기름을 얻으려는 사람이 기름 짜는 기구에 모래를 담아 냉수에 담갔다가 꺼내 눌러 짠다면 결코 기름을 얻지 못할 것이다. 왜냐하면 잘못된 방법 즉 모래를 짜서 기름을 얻으려 했기 때문이다. 이와 같이 부미야, 만일 어떤 사문 범지가 삿된 소견과 삿된 소견의 선정이 있다면 그는 원을 세워 삿된 범행을 행하지만 결코 과를 얻지 못할 것이다. 원이 없거나 원이 있기도 하고 원이 없기도 하거나 원이 있는 것도 아니요 원이 없는 것도 아니거나 간에 삿된 범행을 행하면 결코 과를 얻지 못할 것이다. 왜냐하면 삿된 방법 즉 도가 없는 것으로 과를 구했기 때문이다.

부미야, 만일 어떤 사문 범지가 바른 소견과 바른 소견의 선정이 있다면 그는 원을 세워 바른 범행을 행하면 반드시 과를 얻을 것이다. 원이 없거나 원이 있기도 하고 없기도 하거나 원이 있는 것도 아니요 원이 없는 것도 아니거나 간에 바른 범행을 행하면 그는 반드시 과를 얻을 것이다. 왜냐하면 바른 방법, 즉 도가 있는 것으로 결과를 구했기 때문이다.

부미야, 이는 마치 어떤 사람이 기름을 얻기 위해서 기름 짜는 기구에 깨를 가득 담아 따뜻한 물에 담갔다가 그것을 꺼내 눌러 짜는 것과 같다. 그는 반드시 기름을 얻을 것이다. 바라지 않거나 바라기도 하고 바라지 않기도 하거나 바라는 것도 바라지 않는 것도 아니거나 간에 기름을 얻으려는 사람이 기름 짜는 기구에 깨를 담아 따뜻한 물에 담갔다가 꺼내 눌러 짠다면 그는 반드시 기름을 얻을 것이다. 왜냐하면 바른 방법 즉 깨를 짜서 기름을 얻으려 했기 때문이다. 이와 같이 부미야, 만일 어떤 사문 범지가 바른 소견과 바른 소견의 선정이 있다면 그는 원을 세워 바른 범행을 행하면 반드시 과를 얻을 것이다. 원이 없거나 원이 있기도 하고 원이 없기도 하거나 원이 있는 것도 아니요 원이 없는 것도 아니거나 간에 바른 범행을 행하면 그는 반드시 과를 얻을 것이다. 왜냐하면 바른 방법 즉 도가 있는 것으로 결과를 구했기 때문이다.

부미야, 만일 어떤 사문 범지가 삿된 소견과 삿된 소견의 선정이 있다면 그는 원을 세워 삿된 범행을 행하지만 결코 과를 얻지 못할 것이다. 원이 없거나 원이 있기도 하고 원이 없기도 하거나 원이 있는 것도 아니요 원이 없는 것도 아니거나 간에 삿된 범행을 행하면 결코 과를 얻지 못할 것이다. 왜냐하면 삿된 방법 즉 도가 없는 것으로 과를 구했기 때문이다.

부미야, 이는 마치 어떤 사람이 불을 얻으려고 하면서 젖은 나무로 불 섶을 삼고 젖은 비비개로 비비는 것과 같다. 그는 결코 불을 얻지 못할 것이다. 바라지 않거나 바라기도 하고 바라지 않기도 하거나 바라는 것도 바라지 않는 것도 아니거나 간에 불을 얻으려는 사람이 젖은 나무로 불 섶을 삼고 젖은 비비개로 비비다면 결코 불을 얻지 못할 것이다. 왜냐하면 잘못된 방법 즉 젖은 나무에 불 비비개를 가지고 비벼 불을 얻으려 했기 때문이다. 이와 같이 부미야, 만일 어떤 사문 범지가 삿된 소견과 삿된 소견의 선정이 있다면 그는 원을 세워 삿된 범행을 행하지만 결코 과를 얻지 못할 것이다. 원이 없거나 원이 있기도 하고 원이 없기도 하거나 원이 있는 것도 아니요 원이 없는 것도 아니거나 간에 삿된 범행을 행하면 결코 과를 얻지 못할 것이다. 왜냐하면 삿된 방법 즉 도가 없는 것으로 과를 구했기 때문이다.

부미야, 만일 어떤 사문 범지가 바른 소견과 바른 소견의 선정이 있다면 그는 원을 세워 바른 범행을 행하면 반드시 과를 얻을 것이다. 원이 없거나 원이 있기도 하고 원이 없기도 하거나 원이 있는 것도 아니요 원이 없는 것도 아니거나 간에 바른 범행을 행하면 그는 반드시 과를 얻을 것이다. 왜냐하면 바른 방법 즉 도가 있는 것으로 과를 구했기 때문이다.

부미야, 이는 마치 어떤 사람이 불을 얻으려고 할 때 마른 나무로 불 섶을 삼고 마른 비비개로 비비는 것과 같다. 그는 반드시 불을 얻을 것이다. 원이 없거나 원이 있기도 하고 원이 없기도 하거나 원이 있는 것도 아니요 원이 없는 것도 아니거나 간에 불을 얻으려는 사람이 마른 나무로 불 섶을 삼고 마른 비비개로 비빈다면 그는 반드시 불을 얻을 것이다. 왜냐하면 바른 방법 즉 마른 나무를 비벼서 불을 얻으려 했기 때문이다. 이와 같이 부미야, 만일 어떤 사문 범지가 바른 소견과 바른 소견의 선정이 있다면 그는 원을 세워 바른 범행을 행하면 반드시 과를 얻을 것이다. 원이 없거나 원이 있기도 하고 원이 없기도 하거나 원이 있는 것도 아니요 원이 없는 것도 아니거나 간에 바른 범행을 행하면 그는 반드시 과를 얻을 것이다. 왜냐하면 바른 방법 즉 도가 있는 것으로 과를 구했기 때문이다.

부미야, 만일 네가 왕동자를 위해 이 네 가지 비유를 들어 말했더라면 왕동자는 이것을 듣고 분명 매우 기뻐하며 한평생 너에게 의복·음식·침구·탕약과 여러 가지 생활 도구를 공양했을 것이니라."

존자 부미가 아뢰었다.

"세존이시여, 저는 이 네 가지 비유를 들어 본 적도 없는데 어떻게 말할 수 있었겠습니까? 지금 세존에게서 처음 듣는 것입니다."

부처님께서 이렇게 말씀하시자 존자 부미와 모든 비구들은 부처님 말씀을 듣고 기뻐하며 받들어 행하였다.

〔이 부미경의 경문 글자 수는 2,083자이다.〕

174) 수법경受法經 ①〔제4 분별송〕

나는 이와 같이 들었다.

어느 때 부처님께서 사위국을 유행하실 적에 승림급고독원勝林給孤獨園[7]에 계셨다. 그때에 세존께서는 모든 비구들에게 말씀하셨다.

"세상에는 진실로 네 가지 수법受法[8]이 있다. 어떤 것이 네 가지인가? 혹 어떤 수법은 현재는 즐겁지만 미래에는 괴로운 과보〔苦報〕를 받고 혹 어떤 수법은 현재는 괴롭지만 미래에는 즐거운 과보〔樂報〕를

7 기수급고독원祇樹給孤獨園이라고도 한다. 바사닉왕의 태자인 제타Jeta가 숲을 보시하였다. 제타는 기타祇陀·제다制多로 음역하기도 하고, 승勝·전승戰勝으로 한역하기도 한다.

8 본문에서 현재의 고苦·락樂 등 감수작용感受作用과 그에 따른 과보를 이야기하고 있다. 따라서 수법受法은 곧 감수작용이나 느낌을 말한다.

받으며 혹 어떤 수법은 현재도 괴롭고 미래에도 또한 괴로운 과보를 받고 혹 어떤 수법은 현재도 즐겁고 미래에도 또한 즐거운 과보를 받는다.

어떤 것이 현재는 즐겁지만 미래에는 괴로운 과보를 받는 수법受法인가? 혹 어떤 사문 범지는 아름답게 꾸민 여자와 즐기면서 이렇게 말한다.

'저 사문과 범지는 애욕에서 미래에 어떠한 두려움이 있고 어떠한 재환災患이 있는 것을 보았기에 애욕을 끊고 애욕을 끊기를 주장하는가?'

그러면서 아름답게 꾸민 여자 몸에서 즐거운 촉감을 느끼며 그 여자와 서로 즐기고 유희한다. 그는 이 법을 빠짐없이 받고는 몸이 무너지고 목숨이 끝난 뒤에는 나쁜 곳으로 가서 지옥에 태어난다. 그제야 그들은 이렇게 생각한다.

'저 사문과 범지는 애욕에서 이 미래의 두려움과 이 재환을 보았으므로 애욕을 끊고 애욕을 끊으라고 시설하였구나. 우리는 애욕을 시설하고 애욕을 다투고 애욕을 인연하였기 때문에 이렇게 극심한 고통과 매우 심한 괴로움을 받는 것이다.'

마치 여름날 몹시 뜨거운 한낮에 등나무나 칡의 열매가 햇볕에 바짝 말라 씨가 튕겨져 사라娑羅나무 밑에 떨어지는 것과 같다. 그때 그 사라나무의 신이 그 때문에 두려워하게 되면 그 나무신의 인근 종자촌種子村이나 신촌神村에 사는 친척과 친구들 즉 온갖 곡식과 약초와 나무의 신들은 그 종자에서 미래에 두려움과 재환이 있을 것을 보고 곧 그 나무신을 찾아가 위로하여 말한다.

'나무신이여, 두려워하지 말라. 나무신이여, 두려워하지 말라. 지금 이 종자는 혹은 사슴에게 먹히기도 하고 공작에게 먹히기도 하며 혹은 바람에 날려 가기도 하고 마을 사람들이 지른 불에 타기도 하며 혹은 들불에 타기도 하고 혹은 부서져서 종자노릇을 못하게 되기도 한다. 이렇게 되면 나무신이여, 너는 안전할 것이다. 그러나 만일 이 종자가 사슴에게 먹히지도 않고 공작에게 먹히지도 않으며 바람에 날려 가지도 않고 마을 사람들이 지른 불에 타지도 않으며 들불에 타지도 않고 또 부서져서 종자노릇을 못하지도 않는다고 하자. 그러면 이 종자는 깨어지지도 않았고 구멍이 뚫리지도 않았으며 쪼개지지도 않았고 바람이나 비나 햇볕에 상하지도 않았으므로 큰비를 만나 젖게 되면 곧 빠른 속도로 자라날 것이다.'

그 나무신은 이렇게 생각한다.

'저 변방의 종자촌이나 신촌에 사는 친척과 친구들, 즉 온갖 곡식과 약초와 나무의 신들은 종자에서 미래의 어떤 두려움과 어떤 재환이 있는 것을 보았기에 내게 와서 이렇게 말했을까?

〈나무신이여, 두려워하지 말라. 나무신이여, 두려워하지 말라. 이 종자는 혹 사슴에게 먹히기도 하고 혹은 공작에게 먹히기도 하며 혹은 바람에 날려가기도 하고 혹은 마을 사람들이 지른 불에 타기도 하며 혹은 들불에 타기도 하고 혹은 부서져서 종자노릇을 못하게 되기도 한다. 이렇게 되면 나무신이여, 너는 안전할 것이다. 그러나 만일 이 종자가 사슴에게 먹히지도 않고 공작에게 먹히지도 않으며 바람에 날려가지도 않고, 마을 사람들이 지른 불에 타지도 않으며 들불에 타지도 않고 또한 부서져서 종자노릇을 못하지도 않는다고 하자. 그러면 이 종자는 깨어지지도 않았고 구멍 나지도 않았으며 또한 쪼개지지도 않았고 바람이나 비나 햇볕에 상하지도 않았으므로 큰비를 만나 젖게 되면 곧 빠른 속도로 자라날 것이다.〉'

그 씨앗에서 싹이 터 줄기와 가지와 잎사귀가 생기고 부드러운 마디가 생겨 몸에 부딪치면 사라나무는 기뻐한다. 이 줄기와 가지와 잎사귀가 생기고 부드러운 마디를 이루어 몸에 부딪치면 사라나무는 기뻐하며 즐거운 촉감을 느낀다.

그러나 덩굴은 나무에 의지하여 큰 가지와 마디와 잎사귀를 이루어 그 나무를 둘러싸고 그 위를 뒤덮는다. 온통 뒤덮이고 나면 그때서야 그 나무신은 이렇게 생각한다.

'저 인근 종자촌이나 신촌에 사는 친척과 친구들 즉 온갖 곡식과 약초와 나무의 신들은 종자에서 이 미래의 두려움과 이 재환을 보았기 때문에 나를 찾아와 위로하며 이렇게 말했었구나.

〈나무신이여, 두려워하지 말라. 나무신이여, 두려워하지 말라. 이 종자는 혹 사슴에게 먹히기도 하고, 혹은 공작에게 먹히기도 하며. 혹은 바람에 날려가기도 하고 혹은 마을 사람들이 지른 불에 타기도 하며 혹은 들불에 타기도 하고 혹은 부서져서 종자노릇을 못하게 되기도 한다. 이렇게 되면 나무신이여, 너는 안전할 것이다. 그러나 만일 이 종자가 사슴에게 먹히지도 않고 공작에게도 먹히지도 않으며 바람에도 날려가지도 않고 마을 사람들이 지른 불에 타지도 않으며 들불에도 타지도 않고 또 부서져서 종자노릇을 못하게 되지도 않는다고 하자. 이 종자는 깨어지지도 않았고 구멍이 나지도 않았으며 또한 쪼개지지도 않았고 바람이나 비나 햇볕에 상해를 입지도 않았다. 따라서 큰비를 맞아 촉촉해지면 곧 빠른 속도로 싹이 자라날 것이다.〉

나는 종자를 말미암고 종자를 반연하였기 때문에 이 극심한 고통과 매우 심한 괴로움을 받는구나.'

이와 같이 어떤 사문 범지는 아름답게 장식한 여자와 서로 즐기면서 이렇게 말한다.

'저 사문과 범지들은 애욕에서 미래의 어떤 두려움과 어떤 재환이

있는 것을 보았기에 욕심을 끊고 욕심을 끊으라고 시설施設하는가?'

그들은 아름답게 치장한 여자 몸에서 기분 좋은 촉감을 느껴 그 여자와 서로 즐기고 유희한다. 그들은 이 법을 빠짐없이 받고는 몸이 무너지고 목숨이 끝난 뒤에 나쁜 곳으로 가서 지옥에 태어난다. 그제야 그들은 이렇게 생각한다.

'저 사문과 범지들은 애욕에서 이 미래의 두려움과 재환을 보았기 때문에 애욕을 끊고 애욕을 끊으라고 시설하였구나. 우리는 애욕을 말미암고 애욕을 다투고 애욕을 인연하였기 때문에 이렇게 극심한 고통과 매우 심한 괴로움을 받는 것이다.'

이상의 법을 현재는 즐겁지만 미래에는 괴로움의 과보를 받는 수법이라 하느니라.

어떤 것이 현재는 괴롭지만 미래에는 즐거운 과보를 받는 수법受法인가? 혹 어떤 사람에게는 타고난 무겁고 탁한 탐욕·무겁고 탁한 성냄·무겁고 탁한 어리석음이 있다. 그는 자주 욕심을 따라 괴로움을 받고 걱정하고 슬퍼하며 자주 성내는 마음과 어리석은 마음을 따라 괴로움을 받고 걱정하고 슬퍼한다. 그는 그 괴로움과 걱정 때문에 한평생 범행을 닦고 눈물을 흘리면서 울기까지 한다. 그는 이 법을 받아 완전히 이루고는 몸이 무너지고 목숨이 끝난 뒤에 반드시 좋은 곳으로 올라가 하늘에 태어난다. 이것을 현재는 괴롭지만 미래에는 즐거운 과보를 받는 수법이라 하느니라.

어떤 것이 현재도 괴롭고 미래에도 또한 괴로운 과보를 받는 수법受法인가? 어떤 사문 범지는 옷을 입지 않고 맨몸이 되어 혹은 손으로 옷을 삼기도 하고 혹은 나뭇잎으로 옷을 삼기도 하며 혹은 구슬로 옷을 삼기도 한다. 혹은 병으로 물을 뜨지 않기도 하고 혹은 두레박으로 물을 뜨지 않기도 한다. 칼이나 몽둥이를 사용해서 빼앗은 음식은 먹지 않고 남을 속여서 얻은 음식도 먹지 않는다. 직접 찾아가지도 않고 소식을 보내지도 않는다. 존자를 오게 하지도 않고 존자를 좋게 여기지도 않으며 존자를 머물게 하지도 않는다. 만일 둘이서 음식을 먹으면 그 가운데 끼어서 먹지 않고 아이 밴 여자가 있는 집 음식은 먹지 않으며 개를 기르는 집 음식은 먹지 않고 똥파리가 날아다니는 집 음식은 먹지 않는다. 생선을 먹지 않고 고기도 먹지 않으며 술을 마시지 않고 더러운 물도 마시지 않으며 혹은 물을 전혀 마시지 않거나 마시지 않는 행을 배운다. 혹은 한 입만 먹고 그 한 입으로 만족하기도 하고, 혹은 2·3·4 내지 일곱 입을 먹고 일곱 입으로 만족하기도 한다. 혹은 한 집에서 얻은 음식을 먹고 한 번 얻은 것으로 만족하기도 하며, 혹은 2·3·4 내지 일곱 집에서 음식을 얻고 일곱 집에서 얻은 음식으로 만족기도 한다. 혹은 하루에 한 끼를 먹고 한 끼를 먹는 것으로 만족기도 하며, 혹은 2·3·4·5·6·7일이나 반 달, 한 달에 한 끼를 먹고 그 한 끼로 만족하기도 한다. 혹은 들판의 채소를 먹기도 하고 혹은 피〔稗子〕를 먹기도 하며 혹은 메기장을 먹기도 하고 혹은 보리 기울을 먹기도 하며 혹은 두두라頭頭邏[9]로 지은 밥을 먹기도 하고 혹은 거친 밥을 먹기도 한다. 혹은 일 없는 곳으로 가서 일 없이 지내기도 하며 혹은 나무뿌리를 먹기도 하고 혹은 나무열매를 먹기도 하며 혹은 저절로 떨어진 과일을 먹기도 한다.

혹은 여러 조각의 천을 이어 만든 옷을 입기도 하고 혹은 털옷을 입기도 하며 혹은 두사頭舍옷을 입기도 하고 혹은 털두사옷을 입기도 하며 혹은 통가죽 옷을 입기도 하고 혹은 구멍 난 가죽옷을 입기도 하며 혹은 완전히 너덜거리는 가죽옷을 입기도 한다.

9 두두라(頭頭邏, daddula)는 쌀의 일종이다.

혹은 머리를 흩트리기도 하고 혹은 머리를 땋기도 하며 혹은 머리를 흐트러지게 땋기도 하며 혹은 머리를 깎기도 하고 혹은 수염을 깎기도 하고 혹은 수염과 머리를 깎기도 하며 혹은 머리를 뽑기도 하고 혹은 수염을 뽑기도 하며 혹은 수염과 머리를 뽑기도 한다.

혹은 섰기만 하기도 하고 혹은 앉기만 하기도 하며 혹은 앉은걸음을 배기도 한다. 혹은 가시덤불에 누워 가시덤불로 평상을 삼기도 하고 풀 위에 누워 풀로 평상을 삼기도 한다.

혹은 물을 섬겨 밤낮 손으로 물을 긷기도 하고 혹은 불을 섬겨 밤이 새도록 불을 피우기도 하며 혹은 해와 달을 섬겨 높고 큰 신이라 하며 그를 향해 합장기도 한다.

이러한 무리들은 한량없는 괴로움을 받고 번거롭고 갑갑한 행을 배운다. 그들은 이 법을 받아 완성하고는 몸이 무너지고 목숨이 끝난 뒤에 반드시 나쁜 곳으로 가서 지옥에 태어난다. 이런 것들을 현재도 괴롭고 미래에도 또한 괴로움의 과보를 받는 수법이라 하느니라.

어떤 것이 현재도 즐겁고 미래에도 또한 즐거운 과보를 받는 수법受法인가? 어떤 사람은 애초부터 무겁고 탁한 탐욕·무겁고 탁한 성냄·무겁고 탁한 어리석음이 없다. 그는 자주 욕심을 따르지 않아 괴로움과 걱정과 슬픔을 받지 않으며 자주 성내는 마음과 어리석은 마음을 따르지 않아 괴로움과 걱정과 슬픔을 받지 않는다. 그는 기쁨과 즐거움으로 한평생 범행을 닦아 그 마음이 즐겁고 기쁘다. 그는 이 법을 받아 완전히 이룬 뒤에 다섯 가지 하분결下分結이 다하고 저곳에 화생하여 반열반般涅槃에 들어가 물러나지 않는 법을 얻어 이 세상으로 돌아오지 않는다. 이것을 현재도 즐겁고 미래에도 즐거운 과보를 받는 수법이라 한다. 따라서 세간에는 진실로 이 네 가지 수법受法이 있다고 말한 것이니라.

부처님께서 이렇게 말씀하시자 모든 비구들은 부처님 말씀을 듣고 기뻐하며 받들어 행하였다.

〔이 수법경에 수록된 경문의 글자 수는 1,583자이다.〕

175) 수법경 ②[10]〔제4 분별송〕

나는 이와 같이 들었다.

어느 때 부처님께서 구루수拘樓瘦의 도읍인 검마슬담劍磨瑟曇이라는 곳을 유행하셨다. 그때 세존께서 모든 비구들에게 말씀하셨다.

"이 세상 사람들은 이러한 탐욕을 부리고 이렇게 희망하며 이렇게 애착하고 이렇게 소원하며 이렇게 생각한다. 곧 기쁘지 않고 사랑스럽지 않으며 옳지 않은 법은 멸하게 하고 기쁘고 사랑스럽고 옳은 법만 생겨나게 해달라고 한다. 그러나 그들은 이러한 탐욕을 부리고 이렇게 희망하며 이렇게 애착하고 이렇게 원하며 이렇게 생각하지만 기쁘지 않고 사랑스럽지 않으며 옳지 않은 법만 생기고 기쁘고 사랑스러우며 옳은 법은 멸한다. 이것은 어리석은 법이기 때문이다.

내 법은 매우 심오하여 보기도 어렵고 깨닫기도 어려우며 통달하기도 어렵다. 이렇게 내 법은 매우 심오하여 보기도 어렵고 깨닫기도 어려우며 통달하기도 어렵지만 기쁘지 않고 사랑스럽지 않으며 옳지 않은 법은 멸하고 기쁘고 사랑스러우며 옳은 법만 생기게 한다. 이것은 어리석지 않은 법이기 때문이니라.

세상에는 진실로 네 가지 수법受法이 있다. 어떤 것이 그 네 가지인

10 이 경의 이역본으로 서진西晋시대 축법호가 한역한 『불설응법경佛說應法經』이 있다.

가? 혹 어떤 수법은 현재는 즐겁지만 미래에는 괴로운 과보를 받고 혹 어떤 수법은 현재는 괴롭지만 미래에는 즐거운 과보를 받는다. 혹 어떤 수법은 현재에도 괴롭고 미래에도 또한 괴로운 과보를 받고 혹 어떤 수법은 현재에도 즐겁고 미래에도 또한 즐거운 과보를 받는다.

어떤 것이 현재에는 즐겁지만 미래에는 괴로운 과보를 받는 수법受法인가? 혹 어떤 사람은 스스로 좋아하고 스스로 기뻐하면서 살생하는데 살생함으로 말미암아 즐거움이 생기고 기쁨이 생긴다. 또 그는 스스로 좋아하고 스스로 기뻐하면서 도둑질·사음·거짓말 내지 삿된 소견을 가지는데 삿된 소견으로 말미암아 즐거움이 생기고 기쁨이 생긴다. 이렇게 몸도 즐겁고 마음도 즐겁지만 불선不善을 따르고 불선을 일으켜 지혜로 나아가지 못하고 깨달음으로 나아가지 못하며 열반으로 나아가지 못한다. 이것을 현재는 즐겁지만 미래에는 괴로운 과보를 받는 수법이라 하느니라.

어떤 것이 현재는 괴롭지만 미래에는 즐거운 과보를 받는 수법受法인가? 어떤 사람은 스스로 괴로워하고 스스로 근심하면서 살생을 끊는데 살생을 끊음으로 말미암아 괴로움이 생기고 근심이 생긴다. 또 그는 스스로 괴로워하고 스스로 근심하면서 도둑질·사음·거짓말 내지 삿된 소견을 끊는데 삿된 소견을 끊음으로 말미암아 괴로움이 생기고 근심이 생긴다. 이렇게 몸도 괴롭고 마음도 괴롭지만 선을 따르고 선을 일으켜 지혜로 나아가고 깨달음으로 나아가며 열반으로 나아간다. 이것을 현재는 괴롭지만 미래에는 즐거운 과보를 받는 수법이라 하느니라.

어떤 것이 현재도 괴롭고 미래에도 또한 괴로운 과보를 받는 수법受法인가? 혹 어떤 사람은 스스로 괴로워하고 스스로 근심하면서 살생하고 살생으로 말미암아 괴로움이 생기고 근심이 생긴다. 또 그는 도둑질·사음·거짓말 내지 삿된 소견을 가지고 삿된 소견으로 말미암아 괴로움이 생기고 근심이 생긴다. 이렇게 몸도 괴롭고 마음도 괴로워하면서 불선을 따르고 불선을 일으켜 지혜로 나아가지 못하고 깨달음으로 나아가지 못하며 열반으로 나아가지 못한다. 이것을 현재도 괴롭고 미래에도 괴로운 과보를 받는 수법이라 하느니라.

어떤 것이 현재도 즐겁고 미래에도 또한 즐거운 과보를 받는 수법受法인가? 혹 어떤 사람은 스스로 즐거워하고 스스로 기뻐하면서 살생을 끊고 살생을 끊음으로 말미암아 즐거움이 생기고 기쁨이 생긴다. 또 그는 스스로 즐거워하고 스스로 기뻐하면서 도둑질·사음·거짓말 내지 삿된 소견을 끊고 삿된 소견을 끊음으로 말미암아 즐거움이 생기고 기쁨이 생긴다. 이렇게 몸도 즐겁고 마음도 즐거워하면서 선을 따르고 선을 일으켜 지혜로 나아가고 깨달음으로 나아가며 열반으로 나아간다. 이것을 현재도 즐겁고 미래에도 또한 즐거운 과보를 받는 수법이라 하느니라.

혹 어떤 수법受法은 현재는 즐겁지만 미래에는 괴로운 과보를 받는다. 그러나 저 어리석은 사람은 이 수법이 현재는 즐겁지만 미래에 괴로운 과보가 따르는 줄을 사실 그대로 알지 못한다. 그것을 사실 그대로 알지 못하므로 곧 자꾸 익히고 행해 끊지 못하고 자꾸 익히고 행해 끊지 못하므로 곧 기쁘지 않고 사랑스럽지 않으며 옳지 않은 법은 생기고 기쁘고 사랑스러우며 옳은 법은 사라진다. 이것은 마치 좋은 빛깔에 향기롭고 맛있는 아마니약阿摩尼藥에 독을 섞은 것과 같다. 어떤 사람이 병을 치료하기 위해 그것을 복용한다면 먹을 때에는 좋은 빛깔과 향기와 맛이 입에도 맞고 또 목도 상하게 하지 않지만 먹고 난 뒤에 배에 들어가서는 약이 되지 못한다. 이와 같이 그 수법은 현재에는 즐겁지만 미래에는 괴로운 과보를 받는다. 그러나 저 어리석은 사람은 그 수법이 현재는 즐겁지만 미래에 괴로운 과보가 있는 줄을 사실 그대로 알지 못한다. 그것을 사실 그대로 알지 못하므로 곧 자꾸 익히고 행해 끊지 못하며 자꾸 익히고 행해 끊지 못하므로 곧 기쁘지 않고 사랑스럽지 않으며 옳지 않은 법만 생기고 기쁘고 사랑스러우며 옳은 법은 사라진다. 이것을 어리석은 법〔癡法〕이라 하느니라.

혹 어떤 수법은 현재는 괴롭지만 미래에는 즐거운 과보를 받는다. 그러나 저 어리석은 사람은 이 수법이 현재는 괴롭지만 미래에 즐거운 과보가 있는 것을 사실 그대로 알지 못한다. 그것을 사실 그대로 알지 못하므로 곧 익히고 행하지 않아 그것을 끊고 익히고 행하지 않아 그것을 끊으므로 곧 기쁘지 않고 사랑스럽지 않으며 옳지 않은 법만 생기고 기쁘고 사랑스러우며 옳은 법은 사라진다. 이것을 어리석은 법이라 하느니라.

혹 어떤 수법은 현재도 괴롭고 미래에도 또한 괴로운 과보를 받는다. 그러나 저 어리석은 사람은 이 수법이 현재도 괴롭고 미래에 괴로운 과보를 받는 줄을 사실 그대로 알지 못한다. 그것을 사실 그대로 알지 못하므로 곧 자꾸 익히고 행해 끊지 못하고 자꾸 익히고 행해 끊지 못하므로 곧 기쁘지 않고 사랑스럽지 않으며 옳지 않은 법만 생기고 기쁘고 사랑스러우며 옳은 법은 사라진다. 이는 마치 대소변에 또 독약까지 섞은 것과 같다. 어떤 사람이 병을 치료하기 위해 그것을 복용한다면 먹을 때에도 색깔과 냄새가 지독하고 맛이 없어 입에 맞지 않고 또 목도 상하게 하며 먹고 난 뒤에 배에 들어가서도 약이 되지 못하는 것과 같다. 이와 같이 그 수법은 현재도 괴롭고 미래에도 또한 괴로운 과보를 받는다. 그러나 그 어리석은 사람은 이 수법이 현재도 괴롭고 미래에도 또한 괴로운 과보를 받는 줄을 사실 그대로 알지 못한다. 그것을 사실 그대로 알지 못하므로 곧 자꾸 익히고 행해 끊지 못하고 자꾸 익히고 행해 끊지 못하므로 곧 기쁘지 않고 사랑스럽지 않으며 옳지 않은 법만 생기고 기쁘고 사랑스러우며 옳은 법은 사라진다. 이것을 어리석은 법이라 하느니라.

혹 어떤 수법은 현재도 즐겁고 미래에도 또한 즐거운 과보를 받는다. 그러나 저 어리석은 사람은 그 수법이 현재도 즐겁고 미래에도 또한 즐거운 과보가 있는 줄을 사실 그대로 알지 못한다. 그것을 사실 그대로 알지 못하므로 곧 익히고 행하지 않아 그것을 끊고 익히고 행하지 않아 그것을 끊으므로 곧 기쁘지 않고 사랑스럽지 않으며 옳지 않은 법만 생기고 기쁘고 사랑스러우며 옳은 법은 사라진다. 이것을 어리석은 법이라 하느니라.

그들은 익히고 행해야 할 법도 사실 그대로 알지 못하고 익히고 행하지 않아야 할 법도 사실 그대로 알지 못한다. 익히고 행해야 할 법도 사실 그대로 알지 못하고 익히고 행하지 않아야 할 법도 사실 그대로 알지 못하므로 익히고 행하지 않아야 할 법만 익히고 익히고 행해야 할 법은 익히지 않는다. 익히고 행하지 않아야 할 법만 익히고 익히고 행해야 할 법은 익히지 않으므로 곧 기쁘지 않고 사랑스럽지 않으며 옳지 않은 법만 생기고 기쁘고 사랑스럽고 올바른 법은 사라진다. 이것을 어리석은 법이라 하느니라.

혹 어떤 수법은 현재는 즐겁지만 미래에는 괴로운 과보를 받는다. 그리고 저 슬기로운 사람은 그 수법이 현재는 즐겁지만 미래에 괴로운 과보를 받는 줄을 사실 그대로 안다. 그것을 사실 그대로 알기 때문에 곧 그것을 익히고 행하지 않아 그것을 끊고 익히고 행하지 않아 그것을 끊으므로 곧 기쁘고 사랑스러우며 옳은 법이 생기고 기쁘지 않고 사랑스럽지 않으며 옳지 않은 법은 사라진다. 이것을 슬기로운 법〔慧法〕이라 한다.

혹 어떤 수법은 현재는 괴롭지만 미래에는 즐거운 과보를 받는다. 그리고 저 슬기로운 사람은 그 수법이 현재는 괴롭지만 미래에 괴로운 과보를 받는 줄을 사실 그대로 안다. 그것을 사실 그대로 알기 때문에 자꾸 익히고 행해 끊지 않고 자꾸 익히고 행해 끊지 않으므로 곧 기쁘고 즐겁고 올바른 법만 생기고 기쁘지 않고 즐겁지 않으며 옳지 않은 법은 사라진다. 이는 마치 대소변에 여러 가지 약을 섞은 것과 같다. 어떤 사람이 병을 치료하기 위해 그것을 복용한다면 먹을 때에는 색깔과 냄새가 지독하고 맛이 없어 입에도 맞지 않고 목도 상하게 하지만 먹고 난 뒤에 배에 들어가면 곧 약이 된다. 이와 같이 그 수법은 현재는 괴롭지만 미래에는 즐거운 과보를 받는다. 그리고 저 슬기로운 사람은 그 수법이 현재는 괴롭지만 미래에 즐거운 과보를 받는 줄을 사실 그대로 안다. 그것을 사실 그대로 알기 때문에 자꾸 익히고 행해 끊지 않고, 자꾸 행해 끊지 않으므로 곧 기쁘고 사랑스럽고 올바른 법만 생기고, 기쁘지 않고 즐겁지 않으며 옳지 않은 법은 사라진다. 이것을 슬기로운 법이라 하느니라.

혹 어떤 수법은 현재도 괴롭고 미래에도 또한 괴로운 과보를 받는다. 그리고 저 슬기로운 사람은 그 수법이 현재도 괴롭고 미래에도 괴로운 과보를 받는 줄을 사실 그대로 안다. 그것을 사실 그대로 앎으로 익히고 행하지 않아 그것을 끊고 익히고 행하지 않아 그것을 끊으므로 곧 기쁘고 사랑스러우며 옳은 법은 생기고 기쁘지 않고 사랑스럽지 않으며 옳지 않은 법은 사라진다. 이것을 슬기로운 법이라 하느니라.

혹 어떤 수법은 현재도 즐겁고 미래에도 또한 즐거운 과보를 받는다. 그리고 저 슬기로운 사람은 그 수법이 현재도 즐겁고 미래에도 또한 즐거운 과보를 받는 줄을 사실 그대로 안다. 그것을 사실 그대로 알기 때문에 자꾸 익히고 행해 끊지 않고 자꾸 익히고 행해 끊지 않으므로 기쁘고 사랑스럽고 올바른 법만 생기고 기쁘지 않고 즐겁지 않으며 옳지 않은 법은 사라진다. 이는 마치 소酥나 꿀에 여러 가지 약을 섞은 것과 같다. 어떤 사람이 병을 치료하기 위해 그것을 복용한다면 먹을 때에도 좋은 빛깔과 향기와 맛이 있어 입에도 맞고 목을 상하게도 하지 않으며 먹고 난 뒤에도 배에 들어가서 곧 약이 된다. 이와 같이 그 수법은 현재도 즐겁고 미래에도 또한 즐거운 과보를 받는다. 그리고 저 슬기로운 사람은 그 수법이 현재도 즐겁고 미래에도 즐거운 과보를 받는 줄을 사실 그대로 안다. 그것을 사실 그대로 알기 때문에 자꾸 익히고 행해 끊지 않고 자꾸 행해 끊지 않으므로 곧 기쁘고 사랑스럽고 올바른 법만 생기고 기쁘지 않고 사랑스럽지 않으며 옳지 않은 법은 사라진다. 이것을 슬기로운 법이라 하느니라.

그들은 익히고 행해야 할 법을 사실 그대로 알고 익히고 행하지 않아야 할 법도 사실 그대로 안다. 익히고 행해야 할 법을 사실 그대로 알고 익히고 행하지 않아야 할 법도 사실 그대로 알기 때문에 곧 익히고 행해야 할 법은 익히고, 익히고 행하지 않아야 할 법은 익히지 않는다. 익히고 행해야 할 법은 익히고, 익히고 행하지 않아야 할 법은 익히지 않으므로 곧 기쁘고 사랑스럽고 올바른 법만 생기고 기쁘지 않고 사랑스럽지 않으며 올바르지 않은 법은 사라진다. 이것을 슬기로운 법이라 하느니라. 따라서 세상에는 진실로 이 네 가지 수법受法이 있다고 말한 것이니라."

부처님께서는 이렇게 말씀하시자 모든 비구들은 부처님 말씀을 듣고 기뻐하며 받들어 행하였다.

〔이 수법경에 수록된 경문의 글자 수는 1,575자이다. 또 『중아함경』 제45권에 수록된 경문의 글자 수는 모두 6,295자이다.〕

■ 김 월 운

경기도 장단에서 태어나 한학을 수학하고, 남해 화방사에서 당대의 대강백 운허 스님을 은사로 출가하였다. 통도사와 해인사 강원을 졸업하고 강사가 되었으며, 동국역경원 역경위원을 거쳐 동국역경원 원장을 역임하였다. 중앙승가대학 교수와 제25교구 본사 봉선사 주지를 역임하였고, 현재 조실로 있으면서 능엄학림과 불경서당을 통해 후학 양성에 매진하고 있다. 저서로는 『삼화행도집』·『일용의식수문기』·『금강경강화』·『원각경강화』·『대승기신론강화』·『구름처럼 달처럼』 등이 있고, 번역서로는 『전등록』·『조당집』·『선문염송』을 비롯한 80여 종의 책이 있다.

중아함경 3

1985년 5월 30일 신 판 1쇄 발행
2006년 11월 30일 개정판 1쇄 발행
2011년 4월 25일 개정판 2쇄 발행

옮긴이 김월운
펴낸이 김희옥
펴낸곳 동국역경원

주소 100-715 서울시 중구 필동 3가 26
전화 02) 2260-3482~3
팩스 02) 2268-7851
Home page http://www.tripitaka.or.kr
E-mail book@dongguk.edu
출판등록 제2-159(1964. 10)
인쇄처 서진인쇄

ISBN 978-89-5590-438-3 03220
ISBN 978-89-5590-435-2 (전4권)

값 20,000원